教育部经济管理类主干课程教材

会计与财务系列

Tax Accounting

纳税会计

盖 地 编著

中国人民大学出版社

· 北京 ·

前　言

在现代企业制度下，财务会计、税务会计与管理会计提供的三类会计信息在经济界广泛使用、不可或缺，税务会计与财务会计的密切程度远远高于管理会计。在会计理论与实务界，有人将会计工作岗位分工混同于会计学科划分，认为税务会计没必要独立。如果在20世纪90年代以前，我国还不完全具备财务会计与税务会计分离的外部环境，但目前的税收与会计法规制度已完全具备两者分离的外部环境。改革开放30多年来，我国的税收、会计等法规制度建设，已经明显地体现基于会计权益的分权观，而非基于财税权益的集权观。在基于会计权益的分权观下，税务会计已经成为一种制度安排。

鉴于我国高校会计专业有一、二、三本和高职等层次差异，有的学校课程名称是“纳税会计”，有的是“税务会计”。在出版社的提议下，本书冠以《纳税会计》，可供读者和用书单位选用。与本人此前编著的《税务会计学》相比，《纳税会计》的主要特点：一是内容比较简化，二是突出实务操作。书中对主要税种单独设章，选择几个常见的小税种汇总为一章，按纳税会计程序，以我国现行税收法规为依据，对其会计确认、计量与申报进行阐述；在会计记录环节，按纳税会计与财务会计混合模式予以阐述。

需要说明的是，第8章中的第5节“财务会计中的所得税会计基础”和第6节“财务会计中的所得税会计记录”本属财务会计范畴，之所以在本章中阐述，是因为其与纳税会计中的所得税会计密切相关，尤其是在“一套账”的账簿体系下，会计记录环节更是密不可分。将两种会计中的所得税会计集中在一起，便于理解两者的联系与区别，从而可以比较完整、系统地掌握所得税会计。当然，如果在财务会计中已经比较系统地学习过这两节的内容或者受课时所限，可以不讲。

在体例结构上，每章前面设置了“学习目标”和“引言”两个栏目，每章后面设置了“本章重点”和“本章难点”两个栏目，努力做到先导入后总结、前后呼应、掌握巩固。在每章的“基本训练”部分，设置了简答题、单项选择题、多项选择题、计算题、会计核算题和案例分析题等，并给出了参考答案（读者可登录人大经管图书在线（www.rdjg.com.cn）下载）。学生可以通过动手练习，掌握并巩固每章所学知识；同时，也可以作为老师指导学生的参考。本书既可以作为高校教材，也可以作为会计业务培训或自学教材。

书中所涉法规制度，若理解有误，应以法规为准；若以后有变，应以新法规为准。变化总是在发生，唯有变化是永恒的，让我们适应变化、享受变化，并努力去追踪变化。

感谢中国人民大学出版社及本书编辑，感谢家人；当然，更要感谢本书的广大读者，你们的支持、指正是拙书不断进步的动力。

盖地
2015 年 5 月
于天津财经大学会计与财务研究中心

目　　录

第1章

纳税会计概述

学习目标

1. 了解纳税会计的产生及其发展；
2. 理解纳税会计目标和基本前提；
3. 掌握纳税会计原则和要素及其关系。

引　言

在学习财务会计时，总会出现“税金”这个“干扰项”。根据会计准则能够确认计量税金负债（即“应交税费”）吗？当然不能。税金负债的确认计量必须依据国家现行税收法规制度，但会计记录一般都是“一套账”，这就要求我们正确处理财务会计与纳税会计的关系——是两者分离，还是两者合一？哪些税种分离，哪些税种合一？财务会计不能代替纳税会计，同样，纳税会计也不能代替财务会计，两者应该“合而不同”。

第1节　纳税会计的产生与发展

一、纳税会计的产生

在国家产生并开始征税后，作为税款的缴纳者，与关心自己的生产耗费一样，也必然会关心自己的税收负担，自然也会有纳税计量和记录的要求。但在一个相当长的历史阶段，社会生产力水平低下，各国的税制也远未走向法制化，在这种纳税环境下，纳税人纳税的原始记录和计量不可能形成规范的体系。随着19世纪末20世纪初现代所得税的产生，各国税收逐步走上了法制化的轨道，社会也从自给自足的自然经济（农业经济）逐步走向工业经济，纳税会计的产生也就逐步具备了经济、法律等环境。正如美国著名会计学家 E.S. 亨德里克森在其《会计理论》一书中写道，很多小型企业的会计目的主要是为了填制所得税申报表，它们在报税以前都不记账。甚至在大公司，收益的纳税也是会计师们的一个主要问题。因此，所得税法规对建立会计的通用程序具有一定的影响就不足为怪了。相应地，这些程序也会有助于会计理论的形成。

纳税会计的产生和发展过程中，现代所得税法的诞生和不断完善对其影响最大，因为企业所得税涉及企业的经营、投资和筹资等各环节各方面，涉及收入、收益、成本、费用等会计核算的全过程；其次，科学先进的增值税的产生和不断完善，也对纳税会计的发展起了重要的促进作用，因为它对企业会计提出了更高的要求，迫使企业在会计凭证、会计账簿的设置、记载上分别反映收入的形成和物化劳动的转移价值及转移价值中所包括的已纳税金，这样才能正确核算其增值额，从而正确计算企业应纳增值税额。为了适应纳税人的需要，或者说，纳税人为了适应纳税的需要，纳税会计有必要从财务会计中独立出来，以充分发挥现代会计的多重功能。现在，国内外已经有越来越多的人承认，纳税会计与财务会计、管理会计（成本会计可以与管理会计融合，也可以独立）构成会计学科三大分支。纳税会计是为了适应纳税人的需要，或者说，是纳税人为了适应纳税的需要而产生的。

二、纳税会计的概念

纳税会计亦称税务会计，它是以所涉税境的现行税收法规为准绳，运用会计学的理论、方法和程序，对企业经营过程中的涉税事项进行计算、调整和税款缴纳、退补等，即对企业涉税会计事项进行确认、计量、记录和申报（报告），以实现企业最大税收利益的一门专业会计。纳税会计是社会经济发展到一定阶段（社会成熟到能够把征税、纳税看做社会自我施加的约束，财务会计已不能满足纳税会计信息使用者的要求等）后，从财务会计中分离出来的。它是介于税收学与会计学之间的一门新兴的边缘学科，是融国家税收法令和会计记录为一体的一种特种专业会计，可以说是税务中的会计、会计中的税务。

纳税会计是企业会计的一个特殊领域，其以财务会计为基础，对财务会计中按会计准则、会计制度进行的会计记录与国家现行税收法规不一致的会计事项，或者出于纳税筹划的目的，由纳税会计进行纳税调整或重新计算。因此，纳税会计并不是要求企业在财务会计的凭证、账簿、报表之外再设一套会计账表（纳税报表及其附表除外）。各企业均应设置专职纳税会计人员（办税员），大企业还应设置专门的纳税会计机构和税务总监（CTO）或税务经理。

《中华人民共和国税收征收管理法》（以下简称《税收征管法》）规定，从事生产、经营的纳税人的财务会计制度或者财务会计记录办法与国务院或者国务院财政、税务主管部门有关税收的规定抵触的，应当依照国务院或者国务院财政、税务部门有关税收的规定计算应纳税款、代扣代缴和代收代缴税款。

三、纳税会计的特点

纳税会计有别于财务会计的主要特点有：

（一）法定性

企业财务会计在企业会计准则的规范下，可以对某些交易事项进行会计政策选择。纳税会计则是以国家现行税收法律、法规为依据，税收的法定性决定了纳税会计的法定性，这是它区别于其他专业会计的一个最重要的特点。当财务会计处理与税法的计税方法、计税范围等有差异时，纳税会计必须按现行税收法律、法规规定进行纳税调整。对某些不便按照税法规定反映而按会计准则规定处理的交易事项，纳税会计必须单独设置备查分类账簿、单独核算其应税收入（收益）和成本费用等。

（二）协调性

对财务会计确认、计量、记录和报告的事项及其结果，只要与税法规定不悖，纳税会计就可以直接采用。只有对与税法规定有差异或者不符合税法规定的事项，才需要进行纳税调整，即进行纳税会计记录，使之符合税法的要求。因此，纳税会计是对财务会计的调整，两者具有协调性。

（三）广泛性

按税法规定，所有法人和自然人都可能是纳税权利义务人。法定纳税人的广泛性，决定了纳税会计的广泛性。虽然小型企业执行《小企业会计准则》，但对涉税事项的会计处理，则是体现以税法为导向的会计处理原则；其他企业执行《企业会计准则》，以体现财务会计的投资人导向，但为了纳税需要，为了降低涉税风险，还必须设置纳税会计。由此可见，各类企业、单位都需要纳税会计，纳税会计具有广泛性。

（四）税务筹划性

企业通过纳税会计履行纳税义务，同时还应体现其作为纳税人享有的权利。具体体现在“应交税费”账户的作用上：它既可以反映企业上缴税金的数额，即实际履行的纳税义务；又可以反映企业应缴未缴的税金数额，它是企业对国家的一笔负债，其金额的大小、滞留企业时间的长短，可以反映企业“无偿使用”该项资金的能力。减轻税负、提高盈利水平是每个企业不懈追求的目标。通过纳税会计的筹划（谋划、对策），正确处理涉税会计事项，以实现企业财务目标。

四、纳税会计与财务会计的联系和区别

（一）纳税会计与财务会计的联系

会计的法规制度对我国会计工作影响是方向性的。税收对会计的影响，往往与法律对会计的影响分不开，税收通过法律发挥作用，法律保障税收的执行，但它们对会计影响的着重点不同。法律规定会计“能做什么”和“不能做什么”，税收则引导企业及其会计“怎样做”，从而影响企业及其会计的具体行为。例如，当纳税会计与财务会计在实务中允许存在合理差异时，会计计量模式的选择必须遵

循分别反映的原则，否则，两者之间量的差异将无法揭示出来。因此，税收对会计的影响是调节性的。企业决策者则要求在国家法律、制度许可的范围内，进行某些会计政策选择，如选择会计原则、会计程序、会计方法等。会计的规范、计量方法、处理方法等也会反作用于法律、税收和企业决策者。

纳税会计资料大多来源于财务会计，它对财务会计记录中与现行税法不相符的会计事项，或出于税务筹划目的需要调整的事项，按纳税会计的方法计算、调整，并作调整会计分录，再融入财务会计账簿或财务会计报告之中。对以税法为导向的小型企业会计，不对外提供会计报告，两者融为一体，其会计可以称为企业会计或纳税会计。

（二）纳税会计与财务会计的区别

两者除目标不同、对象不同（见本章第 2 节）外，主要还有以下区别：

1. 核算基础、处理依据不同。税收制度是收付实现制与权责发生制的结合，因为计算应税所得是要确定纳税人立即支付货币资金的能力、管理上的方便性和征收当期收入的必要性，这与财务会计所依据的持续经营假定（假设）是相矛盾的，这便是纳税年度自身存在独立性的倾向。财务会计只是遵循财务会计准则、制度处理各种经济业务，会计人员对某些相同的经济业务可能有不同的表述，出现不同的会计结果，应该认为是正常情况。纳税会计要遵循纳税会计的一般原则，也要遵守与税收法规不相矛盾的那些财务会计一般原则（质量要求）。

2. 计算损益的程序不同。纳税会计坚持历史成本，不考虑货币时间价值的变动，更重视可以预见的事项，而财务会计却有某些不同。各国都在力图缩小财务会计与纳税会计的差异，但两者的差异不可能消失，因为两者的目标不同。此外，承认纳税会计与财务会计的区别，实际上是承认政府有权对纳税人的非营业收益等进行确认和征税。抹杀两者的区别，可能对征纳双方都是无益的。因此，既不必要求对方适应自己，也不必削足适履去迎合对方。应该各自遵循其本身的规律和规范，在理论上不断发展自己，在方法上不断完善自己，更好地体现各自的具体目标，共同服务于企业的整体目标。

第 2 节　纳税会计的对象与目标

一、纳税会计对象

在企业中，凡是涉税事项都是纳税会计对象。因此，纳税人因纳税而引起的税款的形成、计算、缴纳、补退、罚款等经济活动就是纳税会计对象。

（一）计税基础、计税依据

1. 流转额（金额、数额）。流转额是企业在经营过程中的销售（购进）量、销售（购进）额、营业额等，它是各种流转税的计税依据，又是所得税的计税基础和前提。

2. 成本、费用额。成本、费用是企业在生产经营过程中的耗费和支出，包括生产过程的生产费用和流通过程的流通费用。成本、费用主要反映企业资金的垫支和耗费，是企业资金补偿的尺度。一定会计期间的成本、费用总额与同期经营收入总额相比，可以反映企业的生产经营成果。财务会计记录的成本、费用、支出额，按税法规定允许在税前扣除的部分是计算应纳税所得额的基础。

3. 利润额与收益额。财务会计核算的经营利润、投资收益，都需要按税法规定调整、确认为应税利润、应税收益，它是正确计税的基础。

4. 财产额（金额、数额）。对各种财产税，如房产税、车船税、契税等，需要在财务会计对各类资产确认、计量、记录的基础上，按税法规定的税种，正确确认应税财产金额或数额。

5. 行为计税额。对行为税（如印花税、车辆购置税），应以财务会计确认、记录的应税行为交易额或应税标准为课税依据。

（二）税款的计算与核算

按税法规定的应缴税种，在正确确认计税依据的基础上，正确计算各种应缴税金，并作相应的会计记录。

（三）税款的缴纳、退补与减免

由于各种税的计税依据和征收方法不同，不同行业、不同纳税人对同一种税的会计记录也有所不同，因此，各种税款的缴纳方法也不尽一致。企业应按税法规定，根据企业会计准则、制度，正确进行税款缴纳的会计记录。对企业多缴税款、按规定应该退回的税款或应该补缴的税款，要进行相应的会计记录。减税、免税是对某些纳税人的一些特殊情况、特殊事项的特殊规定，从而体现税收政策的灵活性和税收杠杆的调节作用。因此对减免税款，企业应正确地进行会计记录。

（四）税收滞纳金与罚款、罚金

企业因逾期缴纳税款或违反税法规定而支付的各项税收滞纳金、罚款、罚金，也属纳税会计对象，应该如实记录和反映。

二、纳税会计的任务

纳税会计作为会计的一个重要分支，既要以国家税法为准绳，认真履行纳税义务，又要在国家税法允许的范围内，寻求企业税收利益。因此，纳税会计的任务主要是：

1. 反映和监督企业对国家税收法令、制度的贯彻执行情况，认真履行纳税义务，正确处理企业与国家的关系。

2. 按照国家现行税法所规定的税种、计税依据、纳税环节、税目、税率等，正确计算企业在纳税期内的各种应缴税款，并进行相应的会计记录。

3. 按照税务机关的规定，及时、足额地缴纳各种税金，并进行相应的会计记录。

4. 正确编制、及时报送会计报表和纳税申报表，认真执行税务机关的审查意见。

5. 正确进行企业税务活动的财务分析，不断提高企业执行税法的自觉性，不断提高涉税核算和税务管理水平，降低纳税成本。

6. 充分利用现行税法和有关法规、制度赋予企业的权利，积极进行税务筹划，尽可能降低企业的税务风险和税收负担，争取企业税收利益。

三、纳税会计的目标

纳税会计的基本目标是遵从税法，即合法和不违法，最大限度地降低税务风险，具体目标是向纳税会计信息使用者提供有助于其进行税务决策的会计信息。纳税会计信息的使用者首先是各级税务机关，可以凭以进行税款征收、监督、检查，并作为税收立法的主要依据；其次是企业的经营者、投资人、债权人等，可以据以从中了解企业纳税义务的履行情况和税收负担，并为其进行经营决策、投融资决策等提供涉税因素的会计信息，最大限度地争取企业的税收利益。对纳税主体来说，纳税会计更看重的是其自身的税收利益。

第3节 纳税会计的基本前提

纳税会计的目标是提供有助于企业税务决策的信息，而企业错综复杂的经济业务会使企业会计实务存在种种不确定因素，因此，要保证纳税会计信息质量，要正确进行确认和计量，必须要明确纳税会计的基本前提（基本假定）。由于纳税会计以财务会计为基础，财务会计中的基本前提有些也适用于纳税会计，如会计分期、货币计量等，但因纳税会计的法定性等特点，纳税会计的基本前提也有其特殊性。

一、纳税会计主体

税法规定的直接负有纳税义务并享有纳税人权利的实体，包括单位和个人（法人和自然人）。正确界定纳税会计主体（应税实体），就是要求每个纳税会计主体应与其他纳税会计主体分开，保持单独的会计记录并报告其经营状况。国家规定各税种的不同纳税人，有利于体现税收政策中合理负担和区别对待的原则，协调国民经济各部门、各地区、各层次的关系。

纳税会计主体与财务会计中的“会计主体”（会计实体）有密切联系，但不一定等同。会计主体是财务会计为之服务的特定单位或组织，会计记录的数据和提供的财务信息，被严格限制在一个特定的独立的或相对独立的经营单位之内，典型的会计主体是企业。纳税会计主体必须是能够独立承担纳税义务的纳税人。在一般情况下，会计主体应是纳税会计主体；但在特殊或特定情况下，会计主体不一定就是纳税会计主体。

二、持续经营

持续经营这一前提意味着该企业个体将继续存在足够长的时间以实现其现在

的承诺，如预期所得税在将来被继续课征。这是所得税款递延、亏损前溯或后转以及暂时性差异能够存在并且能够使用纳税影响会计法进行所得税跨期摊配的理论依据。以折旧为例，它意味着，在缺乏相反证据的时候，人们总是假定该企业将在足够长的时间内为转回暂时性的纳税利益而经营并获得收益。

三、货币时间价值

货币（资金）在其运行过程中具有增值能力。即使不考虑通货膨胀的因素，今天的 1 元钱比若干年后收到（或付出）1 元钱的价值要大得多。这说明，同样一笔资金，不同时间具有不同的价值。随着时间的推移，投入周转使用的资金价值将会发生增值，这种增值的能力或数额，就是货币的时间价值。这一基本前提已成为税收立法、税收征管的基点，因此，各个税种都明确规定纳税义务的确认原则、纳税期限、交库期等。它深刻地揭示了纳税人进行税务筹划的目标之一——纳税最晚，也说明了所得税会计中采用纳税影响会计法进行纳税调整的必要性。

四、纳税会计期间

纳税会计期间是指纳税人按照税法规定选定的纳税年度期间。因此，纳税会计期间亦称纳税年度。应税实体必须以年度为基础报告其经营成果，确定其纳税年度，即所有应税实体都必须选择一个年度会计期间，向政府报告其经营成果。我国纳税会计期间统一规定为日历年度，不由纳税人自己选择。虽然纳税会计也可将会计年度划分为月、季，但强调的是年度应税收益，尤其是所得税。纳税会计期间不等同于纳税期限，如增值税、消费税的纳税期限是日或月。如果纳税人在一个纳税年度的中间开业，或者由于改组、合并、破产、清算等原因，使该纳税年度的实际经营期限不足 12 个月的，应当以其实际经营期限为一个纳税年度。纳税人清算时，应当以清算期间作为一个纳税年度。

五、年度会计核算

年度会计核算是纳税会计中最基本的前提，各国税制都是建立在年度会计核算而非某一特定业务的基础上的。课税只针对某一特定纳税期间发生的全部事项的净结果，而不考虑当期事项在后续年度中的可能结果如何，后续事项将在其发生的年度内考虑。比如，在“所得税跨期摊配”中应用递延法时，由于强调原始差异对税额的影响而不强调转回差异对税额的影响，因此，它与未来税率没有关联性。当暂时性差异后来转回时，按暂时性差异产生时递延的同一数额调整所得税费用，从而使纳税会计数据具有更多的可稽核性，以揭示税款分配的影响金额。

第 4 节 纳税会计的原则

为了实际有效地对纳税人稽征税款，在税收原则指导下，通过税法体现并逐步形成了税收核算原则。如果站在纳税人的角度，税收核算（税款稽征）原则就是纳税会计原则。纳税会计虽然要遵循（财务）会计的一般程序和方法[1]，但它必须以税法为导向。本书认为，包括我国在内的世界各国，其纳税会计原则都隐含在税法中，它虽然远远不如（财务）会计原则那么明确、那么公认[2]、那么耳熟能详，但其刚性、其硬度，却要明显高于（财务）会计原则，纳税人一旦违反，就要受到税法等相关法律的惩处。

在《企业会计准则——基本准则》第二章“会计信息质量要求”中，提出了真实性原则、相关性原则、清晰性原则、可比性原则、实质重于形式原则、重要性原则、谨慎性原则、及时性原则等八项原则。财务会计的会计信息质量要求（特征）原则、会计要素的确认与计量原则、确认与计量的修正原则，其基本精神大多也适用于纳税会计，但因纳税会计与税法的特定联系，税收原则理论和税收立法原则会非常明显地影响甚至主导纳税会计原则；此外，还应体现纳税会计主体的税收利益，逐步形成了纳税会计原则。本书认为，纳税会计原则主要应有：

一、税法导向原则

税法导向原则亦称税法遵从原则。纳税会计应以税法为准绳，在财务会计确认、计量的基础上，再以税法为判断标准（或以税务筹划为目标）进行重新确认和计量，在遵从或不违反税法的前提下，履行纳税义务，寻求税收利益。该原则体现“税法至上”，税法优先于会计法规等其他普通法规。

二、以财务会计核算为基础原则

此项原则适用于纳税会计与财务会计混合的会计模式。只有当某一交易事项按会计准则、制度在财务会计报告日确认以后，才能确认该交易事项按税法规定确认的应课税款；依据会计准则、制度在财务报告日尚未确认的交易事项可能影响到当日已确认的其他交易事项的最终应课税款，但只有在根据会计准则、制度确认导致征税效应的交易事项之后，才能确认这些征税效应，其基本含义是：(1) 对于已在财务会计报表中确认的全部交易事项的当期或递延税款，应确认为当期或递延所得税负债或资产；(2) 根据现行税法的规定计量某一交易事项的当期或递延应纳税款，以确定当期或未来年份应付或应退还的所得税金额；(3) 为确认和计量递延所得税负债或资产，不预期未来年份赚取的收益或发生的费用的应纳税款或已颁布税法、税率变更的未来执行情况。

三、应计制原则与实现制原则

由于收付实现制不符合财务会计要素的确认、计量原则，不适用于财务会计报告[3]，为了更多地借助于财务会计记录，降低税收征管成本，目前大多数国家的税法都接受应计制原则。但在其被用于纳税会计时，与财务会计的应计制还是存

---

① 尤其是所得税、增值税。

② 尽管各国（财务）会计原则并不完全相同，但相差不多。我国的会计原则属于（财务）会计法规体系的组成部分，不仅具有“公认性”，而且具有强制性。

③ 现金流量表则是将以应计制为基础的财务会计信息转换为以实现制为基础的会计信息。

在明显差异：第一，应该考虑税款支付能力原则，使得纳税人在最有能力支付时支付税款。第二，确定性的需要，要求收入和费用的实际实现具有确定性。例如，在收入的确认上，应计制的纳税会计由于在一定程度上被支付能力原则所覆盖而包含着一定的收付实现制的方法，而在费用的扣除上，财务会计采用稳健原则列入的某些估计、预计费用，在纳税会计中是不能够接受的，后者强调"该经济行为已经发生"（在费用发生时而不是实际支付时确认扣除）的限制条件，从而起到保护政府税收收入的目的。第三，保护政府税收收入。由此可见，纳税会计（实质是税法）是有条件地接受应计制原则，体现的是税收实用主义。

各国早期的税法都是按收付实现原则计税，因为它体现了现金流动原则（具体化为公平负税和支付能力原则），该原则是确保纳税人有能力支付应纳税款而使政府获取财政收入的基础。目前，实现制原则一般只适用于小企业、非营利组织和个人的纳税申报。如果税法明确规定某些涉税事项采用收付实现制原则，纳税会计则应以实际收付现金为标准确认、计量应税收入与可扣除成本、费用。

四、历史（实际）成本计价原则

按历史成本计价原则进行会计记录，既有利于对资产、负债、所有者权益的存量计量，也有利于对收入、费用、利润的流量计量，因此，能够客观、真实地反映企业的财务状况和财务成果。在财务会计中，该原则有一定的局限性，为纠正其不足，可以根据判断标准，对资产计提减值准备等，从而对历史成本计价原则进行修正。但在纳税会计中，除税法另有规定外，纳税人必须遵循历史成本计价原则，因为它具有确定性与可验证性。正如诺贝尔经济学奖获得者萨缪尔森所言："会计人员之所以使用历史成本，是因为它反映的是客观的评价，并且容易证实。"

五、相关性原则

与财务会计的相关性原则的含义不同，纳税会计的相关性体现在所得税负债的计算，是指纳税人当期可扣除的费用从性质和根源上必须与其取得的收入相关。

六、配比原则

配比原则是财务会计中对某一会计期间的收入与其相关的费用相配比，以正确计算当期损益并据以进行收益分配。纳税会计的配比原则是在所得税负债计算时，应按税法确定收入（法定收入）并界定同期可扣除费用，即纳税人发生的费用应在费用应配比或应分配的当期申报扣除。

七、确定性原则

确定性原则是指在所得税会计记录过程中，按所得税税法的规定，在应税收入与可扣除费用的实际实现上应具有确定性，即纳税人可扣除的费用不论何时支付，其金额必须是确定的。该原则适用于所得税的税前扣除，凡税前扣除的费用，如财产损失等，必须是真实发生且其金额必须是可确定的。

八、合理性原则

合理性原则是指纳税人可扣除费用的计算与分配方法应符合一般的经营常规和会计惯例。该原则属于定性原则而非定量原则，具有较大的弹性。对同一交易事项的认定和会计记录，征纳双方角度不同、利益不同，对是否合理会有不同的解释。纳税会计信息应该具有合理性的充分说服力。

九、税款支付能力原则

税款支付能力与纳税能力有所不同。纳税能力是指纳税人应以合理的标准确定计税基数（税基），有同等计税基数的纳税人应负担同一税种的同等税款。因此，纳税能力体现的是合理负税原则。与企业的其他费用支出有所不同，税款支付必须全部是现金支出，因此，在考虑纳税能力的同时，也应考虑税款的支付能力。纳税会计在确认、计量、记录收入、收益、成本、费用时，应尽可能选择保证税款支付能力的会计记录方法（包括销售方式、结算方式、结算工具的选择等）。

第5节　纳税会计要素

纳税会计要素是对纳税会计对象的进一步分类，其分类既要服从于纳税会计目标，又受纳税会计环境的影响。纳税会计环境决定了纳税会计主体的具体涉税事项和特点，按涉税事项的特点和纳税会计信息使用者的要求进行的分类，即形成纳税会计要素，它同时也是纳税会计报表（纳税申报表）要素。纳税会计要素主要有以下几个：

一、计税依据

计税依据是税法中规定的计算应纳税额的根据。在税收理论中称为税基。纳税人的各种应缴税款是各税的计税依据与其税率相乘之积。不同税种的计税依据不同，有收入额、销售（营业）额（量）、增值额（率）、所得额等。

二、应税收入

应税收入是企业因销售商品、提供劳务等应税行为所取得的收入，即税法所认定的收入。因此，也可称为法定收入。应税收入与财务会计收入（简称“会计收入”）有密切联系，但不一定等同。确认应税收入的原则有两项：一是与应税行为相联系，即发生应税行为才能产生应税收入。换言之，如果纳税人发生非应税行为或免税行为，其所取得的收入就不是应税收入，而只是会计收入。二是与某一具体税种相关。纳税人取得一项收入，如果是应税收入，那必然与某一具体税种相关，即是某一特定税种的应税收入，而非其他税种的应税收入。

对应税收入的确认和计量，一般也是按财务会计原则和标准。但在具体掌握上，税法又有例外，如对权责发生制的修正，税法对某些应税行为按收付实现制确认应税收入。

三、扣除费用

扣除费用是企业因发生应税收入而必须支付的相关成本、费用、税金、损失，即税法所认可的允许在计税时扣除项目的金额，亦称法定扣除项目金额。属于扣除项目的成本、费用、税金、损失是在财务会计确认、计量、记录的基础上，分不同情况确认：一是按其与应税收入的发生是否为因果关系，如为因果关系，可按比例扣除；二是在受益期内，按税法允许的会计方法进行折旧、摊销；三是对财务会计中已经确认、计量、记录的某些项目，凡超过税法规定扣除标准的，一律按税法规定的限额作为“扣除费用”。由此可见，财务会计确认、计量、记录的成本、费用、支出与法定扣除项目金额虽然有密切关系，但两者并不等同。

四、应税所得（亏损）

在经济学、财务会计学与纳税会计学中，关于“所得”的含义有所不同。财务会计中的“所得”就是账面利润或会计利润。纳税会计中的“所得”即指应税所得，或称应纳税所得，它是应税收入与法定扣除项目金额（扣除费用）的差额，也是所得税的计税依据①。在纳税会计实务中，企业是在财务会计提供的账面利润的基础上，按现行税法与财务会计的差异及其选定的所得税会计方法（详见本书第 8 章），确认应税所得，进而计算应纳税额。如果“应税所得”是负数，则为“应税亏损”。

五、应纳税额

应纳税额亦称应缴税款。它是计税依据与其适用税率或（和）单位税额之乘积。应纳税额是纳税会计特有的一个会计要素，其他会计没有这个要素。影响应纳税额的因素有计税依据、税率、单位税额和减免税规定。计税依据体现征税的广度，每个税种都要明确规定其计税依据，除附加税外，各个税种均有独立的计税依据。税率体现征税的深度，各个税种一般都有其特定的税率。如果是对税基的减免，减免税则体现在计税依据中；如果是对应纳税额的减免，减免税则是一个单独的因素。

六、纳税会计等式

在我国财务会计的六项会计要素中，资产、负债和所有者权益构成资产负债表，收入、费用和利润构成利润表，通过两张主要会计报表，分别体现了静态、动态会计要素之间的关系。在混合模式下，当财务会计要素的确认与纳税会计一致时，按财务会计记录；当两者不一致时，按税法要求进行调整，调整后再融入财务会计之中。纳税会计要素是税制构成要素在纳税会计中的具体体现，它们之

① 应税所得是计税依据，但计税依据并非都是应税所得。

间的关系构成以下两个会计等式：

应税收入－扣除费用＝应税所得

计税依据×适用税率(或单位税额)＝应纳税额

前者仅适用于所得税，后者适用于包括所得税在内的所有税种。

本章重点

纳税会计的一般原则（信息质量特征）和纳税会计要素。

本章难点

纳税会计的基本前提，它与财务会计基本前提的区别与联系。

基本训练

一、简答题

1. 试述纳税会计的概念。
2. 纳税会计与财务会计有何联系与区别？
3. 简述纳税会计的目标和任务。
4. 简述纳税会计的基本前提。
5. 简述纳税会计的一般原则（质量要求）。
6. 简述纳税会计要素及其关系。

二、单项选择题

1. 纳税会计是以（　　）为准绳，运用会计学的理论和方法，连续、系统、全面地对税款的形成、调整计算和缴纳，即对企业涉税事项进行确认、计量、记录和报告的一门专业会计。

A. 会计制度　　B. 会计准则

C. 国家税收法令　　D. 会计法

2. 纳税会计作为一项实质性工作并不是独立存在的，而是企业会计的一个特殊领域，是以（　　）为基础的。

A. 企业会计　　B. 财务会计

C. 管理会计　　D. 税收会计

3. 纳税会计既要保证依法计税，又要尽可能地争取纳税人的最大税收利益，是指（　　）。

A. 合理性原则　　B. 税款支付能力原则

C. 历史（实际）成本计价原则　　D. 筹划性原则

4. 纳税会计的（　　）原则体现在所得税负债的计算，是指纳税人当期可扣除的费用从性质和根源上必须与其取得的收入相关。

A. 配比　　B. 确定性

C. 相关性　　D. 合理性

5. 在税收理论中被称为税基的是（　　）。

A. 应税收入　　B. 计税依据

C. 税率　　D. 允许扣除的费用

6. 我国纳税会计的类型为（　　）。

A. 以所得税会计为主题的纳税会计　B. 以流转税会计为主体的纳税会计

C. 流转税与所得税并重的纳税会计　D. 以财产税为主体的纳税会计

三、多项选择题

1. 纳税会计的特点有（　　）。

A. 法定性　　B. 税务筹划性

C. 固定性　　D. 广泛性

2. 纳税会计与财务会计的区别主要表现在以下方面（　　）。

A. 目标不同　　B. 对象不同

C. 核算基础、处理依据不同　　D. 计算损益的程序不同

3. 纳税会计的对象主要包括（　　）。

A. 计税基础和计税依据　　B. 税款的计算与核算

C. 税款的缴纳、退补与减免　　D. 税收滞纳金与罚款、罚金

4. 以下属于纳税会计要素的有（　　）。

A. 计税依据　　B. 税率

C. 应税收入　　D. 扣除费用

5. 纳税会计信息的使用者包括（　　）。

A. 各级税务机关　　B. 债务人

C. 企业的经营者、投资者、债权人　D. 社会公众

6. 纳税会计要素是税制构成要素在纳税会计中的具体体现，它们之间的两个会计等式为（　　）。

A. 组成的计税价格×税率＝应纳税额

B. 计税依据×适用税率（或单位税额）＝应纳税额

C. 应税收入—必要费用＝应税所得

D. 应税收入一扣除费用＝应税所得

第2章

纳税基础

学习目标

1. 了解税收的特点和作用；
2. 理解纳税人的权利和义务；
3. 掌握税制构成基本要素、纳税申报与税款缴纳程序和方法。

引　言

美国独立战争领袖、美国宪法的起草人本杰明·富兰克林曾经说过："在这个世界上，任何人都逃脱不掉死亡和纳税。"既然纳税无法避免，为何不去主动了解和掌握？作为财务与会计人员，为企业正确计税、报税是一项基本职责。为此，必须要掌握纳税的基础知识。

第1节　税收概述

一、税收的产生

税收的故事神秘古老，税收的设计智慧精巧；税收是国之血脉，税收是公共需要。古今中外，税收都是遵循"无商无税、无税无国"的运行轨迹而变化和发展的，它深刻地揭示了税收同经济、税收同国家的内在辩证关系。归根结底，税收是为适应人类社会经济发展的需要，特别是国家的需要而存在和发展的，同时，它又是执行国家职能的必不可少的重要经济杠杆。历史发展到今天，税收由一国一制向国际化方向发展，税收的国际协调也日趋明显。

税收的产生必须具备两个前提条件：一是国家的产生和存在；二是私有财产制度的存在和发展。只有同时具备这两个条件时，税收才能产生。因此，税收是国家和私有财产制度并存这一特定历史条件下的产物。

二、税收的特征

税收自产生以来，一直是国家取得财政收入的主要形式。与其他财政收入形式相比较，具有以下基本特征：

（一）强制性

“没有，从不曾有，也绝不可能有‘自愿’的税收制度。”（唐纳德·C·亚历山大）任何社会制度下的税收，都是国家凭借政治权力，通过税法所进行的强制征收。税法是国家法律的重要组成部分，任何纳税人都必须依法纳税，否则就要受到法律的制裁。因此，税收是国家取得财政收入的最普遍和最可靠的形式。

（二）无偿性①

税收是国家对纳税人的无偿征收。征收以后的税款，就成为国家的财政收入，不付给任何报酬，也不再直接偿还给纳税人。税收的这种无偿性，同债权收入有根本区别。

（三）固定性

税收是以法律形式存在的。在征税以前，税法预先对纳税人、纳税对象、税目、税率、应纳税额、纳税期限等作了具体规定，有一个比较稳定的适用期间，是一种固定的连续性收入。税收的这种固定性，使征纳双方都有法可依。税收的固定性也并非一成不变，国家依据政治、经济环境的变化，可以修改现行税法，调整税收的有关规定。

税收的上述特征是相互联系、不可分离的，这些特征使其与利润、信贷、利息、折旧、罚没、规费、摊派等分配形式有明显的区别，成为一个特殊的分配范畴。税收的三个特征也是区别税与非税的根本标志。

三、税收的作用

税收的作用是税收职能在一定社会环境、法律环境和经济环境下具体体现的效果。新中国成立后，我国税收走过了曲折的道路。改革开放后，尤其是提出建立社会主义市场经济后，我国税制建设取得了巨大成绩，税收收入逐年大幅增长，税收在国民经济中的重要作用日趋明显。“民以食为天，国以税为本”。强有力的政府，完善的公共服务和公共物品，都是靠税收支撑的。只有不断完善税制，做到依法治税，才能充分发挥税收的重要作用。

---

① 有人对此持异议，认为应是整体补偿性或不对应补偿性。

第 2 节 税收实体法及其构成要素

税收实体法①是税收法律关系主体的实体权利和义务的法律规范总称。税收实体法直接关系征纳双方的权力和责任/权利和义务的界定，是税法的核心内容。如果没有税收实体法，政府就没有权力向纳税人征税，纳税人就没有纳税义务，也就没有税法体系。由于国家设置并征收的每个税种的特定目的不同，因此，一般都是按照每个税种立法，即一个税种一部税收实体法（一税一法）；而且每个税种的构成要素（基本要素）具有统一性，一般包括纳税人、课税对象（纳税对象）、税目、税率、计税依据等。

一、纳税权利义务人

（一）纳税权利义务人

纳税权利义务人简称“纳税人”。纳税人可以是自然人，也可以是法人。

自然人是依法享有民事权利，并承担民事义务的公民。在税收上，自然人依法对国家负有纳税义务并享有纳税人权利。法人是依法成立、能够独立支配财产并能以其名义享受民事权利并承担民事义务的社会组织。法人负有依法向国家纳税的义务并享有相应的权利。

（二）负税人

负税人是最终承担税收负担的人。某种税的纳税人可能同时也是其负税人，但也可能不承担税负或承担部分税负，即不是其负税人。因此，两者可能是统一的，也可能是分离的，关键看税负能否转嫁，而税负转嫁取决于市场环境和供求关系。一般情况下，税负②都是部分分离的，即供求双方都会承担一定的税负。

二、纳税对象

纳税对象亦称征税对象。它是征税的目的物，也是缴纳税款的客体。纳税对象的计量标准是计税依据，即课税依据。以纳税对象的价值单位计算时，其计税依据为从价计税；以纳税对象的数量单位计算时，其计税依据为从量计税。既以价值又以数量为依据计税时，为复合计税。税法中规定的计算应纳税额的依据，在理论上也称为税基，纳税人的应交税款就是根据计税依据乘以税率（或单位税额）计算出来的。各税种的计税依据不同，有的是以收入额计税，有的是以所得额计税，有的是以销售量计税……如果计税依据是价值形态，则纳税对象与计税依据一致；如果计税依据是实物形态，以纳税对象的数量、重量等作为计税依据，

---

① 与税收实体法相对的是税收程序法，即规范税务机关和税务行政相对人在行政程序中权力和责任/权利和义务的法规总称。它可以保障实体法的有效实施，弥补其不足；维护纳税人的权益，规范和制约行政权的行使，提高执法水平和执法效率。

② 一般指流转税（货物与劳务税）。

则纳税对象与计税依据一般不一致，如车船税，其纳税对象是各种车辆、船舶，而其计税依据则是车船的辆、吨、米等。

三、税目

税目是纳税对象的具体化，反映具体的征税范围，体现每个税种的征收广度。不是所有的税种都规定税目，对那些纳税对象简单明确的税种，如增值税、房产税等，就不必另行规定税目。对征税对象比较复杂的税种，在税种内部不同征税对象需要采取不同的税率档次进行调节时，就需要对该税种的征税对象进一步划分，其划分类别就是税目。

四、税率

税率是应纳税额与计税依据之间的关系或比例，是计算应纳税额的尺度，体现课税的深度。每种税的税率高低，直接关系国家财政收入的多少和纳税人的税收负担的大小。因此，税率是体现税收政策的中心环节，是构成税制的基本要素。税率可以从不同的角度进行分类。

（一）按照税率的经济意义划分

税率可以分为名义税率和实际税率两种。名义税率就是税法上规定的税率；实际税率就是纳税人实际缴纳的税额与其全部收益额的比例（比重）。在一般情况下，同种税的实际税率可能低于其名义税率。

（二）按照税率的表现形式划分

税率可以分为以绝对量形式表示的税率和以百分比形式表示的税率。我国目前主要有以下几种：

1. 定额税率。按纳税对象的一定计量单位规定固定的税额，而不是规定纳税比例，因此又称“固定税额”。它是税率的一种特殊形式，一般适用于从量征收的某些税种、税目。在具体运用上，又分为地区差别定额税率、幅度定额税率、分类分级定额税率等不同形式。

2. 比例税率。对同一征税对象，不论金额大小，都按同一比例纳税。税额与纳税对象之间的比例是固定的。比例税率在具体运用上又可分为产品比例税率、行业比例税率、地区差别比例税率、幅度比例税率等多种形式。

比例税率的优点是：对同一纳税对象的不同纳税人税收负担相同，有利于企业在大体相同的条件下展开竞争，促进企业加强管理，提高经济效益；计算方便，也便于税收稽征管理。主要缺点是：不分纳税人的环境、条件差异及收入多少等，都按同一税率征税，这与纳税人的实际负担能力不完全相符，在调节企业利润水平方面有一定的局限性。

3. 累进税率。按照纳税对象数额的大小，实行等级递增的税率，即把纳税对象按一定的标准划分为若干个等级，从低到高分别规定逐级递增的税率。这种税率制度既可适应纳税人的负担能力，又便于充分发挥调节纳税人收入水平的作用，而且适应性强，灵活性大，一般适用于对所得和财产的征税。按累进税率结构的不同，又可分为以下几种：

(1) 全额累进税率。对纳税对象的全部数额，均按与之相适应的等级的累进税率计算纳税。当纳税对象提高到一个新的级距时，对其全额都提高到一级新的与之相适应的税率计算纳税。它的累进幅度较大，对纳税人的应税所得具有较强的调节作用，计算方法简单，但存在税负不尽合理的弊端。

(2) 超额累进税率。把纳税对象按数额大小划分为若干等级，从低到高对每个等级分别规定相应的税率，一定数额的纳税对象可以同时适用几个等级的税率，每超过一级，超过部分则按提高一级的税率计税，这样分别计算税额，各等级应纳税额之和，就是纳税人的应纳税额。它的累进程度比较缓和，纳税人的税负比全额累进税率要轻一些，但在计算上比较复杂。

(3) 超率累进税率。它与超额累进税率在原理上是相同的，不过税率累进的依据不是绝对数，而是相对数，如我国现行土地增值税，就是采用超率累进税率。

五、纳税环节

纳税环节是指对处于不断运动中的纳税对象选定应该缴纳税款的环节。税法对每一种税都要确定纳税环节，有的税种纳税环节单一，有的税种则需要在许多流转环节中选择和确定。从对流转额的纳税来看，由于产品从生产到消费，中间要经过工业生产、商业批发、商业零售等环节，可以选择在产品的生产环节或第一次批发环节纳税，对其他环节可以不纳税，即实行“一次课征制”，如资源税；也可以在产品出厂销售时缴纳一次工业环节的税，经过商业零售环节时再缴纳一次税，而对商业批发等中间环节不纳税，即实行“两次课征制”；还可以在工业品的产制、批发和零售环节都纳税，即实行“多次课征制”（如增值税）。

六、纳税申报期限

纳税申报期限是指纳税人在发生纳税义务后，应向税务机关申报纳税的起止时间。它是税收的强制性、固定性在时间上的体现。不同税种、不同纳税人的具体纳税申报期限不同。纳税申报一般分为按期申报与按次申报两种类型。纳税人应在纳税申报期限内进行纳税申报，超过限期未申报纳税的，属于税收违法行为，应受到相应的处罚。

七、税额计算

税额的计算是根据纳税人的生产经营或其他具体情况，对其应税事项，按照国家规定的税率，采取一定的计算方法，计算出纳税人的应纳税额。每种税都明确规定了应纳税额的具体计算公式，但其基本计算方法相同，即

应纳税额＝计税依据×适用税率(单位税额)

公式中的“计税依据”在具体运用时，涉及两个概念：一是计税单位，亦称计税标准、课税单位。它是课税对象的计量单位和缴纳标准，是课税对象的量化。计税单位分为从价计税、从量计税和混合计税三种。二是计税价格。对从价计征

的税种、税率一经确定，应纳税额的多少就取决于计税价格，按计税价格是否包含税款划分，计税价格又分为含税计税价格和不含税计税价格两种。

八、税负调整

纳税人负担的轻重，除了通过税率体现外，还可以通过其他措施来调整纳税人的负担。从税负看，税率主要体现税负的统一性，而税负调整则体现税负的灵活性，税负调整分减轻税负（税收减免）和加重税负（税收加征）两种情况。

（一）税收减免

1. 税收减免及其要求。税收减免是减税与免税的合称。减免税是国家对特定纳税人或征税对象给予减轻或者免除税收负担的一种税收优惠措施，包括税基式减免、税率式减免和税额式减免，但不包括出口退税和财政部门办理的减免税。减免税体现税收在原则性基础上的灵活性，但也存在扭曲资源配置的可能性。

纳税人同时从事减税、免税项目与非减免项目的，应分别确认计量。纳税人依法可以享受减免税待遇，但因故未享受而多缴税款的，纳税人可以在税收征管法规定期限内申请减免税，要求退还多缴税款。

税务机关应当遵循依法、公开、公正、高效、便利原则，规范减免税管理，及时受理和核准纳税人申请的减免税事项。税务机关应当结合税收风险管理，将享受减免税的纳税人履行纳税义务情况纳入风险管理，加强监督检查。

2. 税收减免的类型。减免税分为核准类减免税和备案类减免税。

核准类减免税是指法律、法规规定应由税务机关核准的减免税项目。纳税人申请核准类减免税的，应当在政策规定的减免税期限内，向税务机关提出书面申请，并按要求报送相应的材料。纳税人对报送材料的真实性和合法性承担责任。纳税人享受核准类减免税，应当提交核准材料，提出申请，经依法具有批准权限的税务机关按规定核准确认后执行。未按规定申请或虽申请但未经有批准权限的税务机关核准确认的，纳税人不得享受减免税。

备案类减免税是指不需要税务机关核准的减免税项目。纳税人享受备案类减免税，应当具备相应的减免税资质，并履行规定的备案手续。纳税人在首次享受减免税的申报阶段在纳税申报表中附列或附送材料进行备案，也可以要求纳税人在申报征期后的其他规定期限内提交报备资料进行备案。税务机关对备案材料进行收集、录入，纳税人在符合减免税资质条件期间，备案材料一次性报备，在政策存续期可一直享受。

3. 税收减免的形式。除减税（对纳税人涉税事项的税基、税率或应纳税额打一定折扣或予以降低而少征部分税款）、免税（对纳税人的应税行为免予征税）基本形式外，还有：

起征点。它是税法规定的对课税对象开始征税的临界点。课税对象未达到起征点的不征税；达到或超过起征点的，就其全部金额征税，而不是仅就超过部分征税。

免征额。它是税法规定的对课税对象中免予征税的临界点。它是按税法规定的数额，从计税依据总额中预先减除的部分。即免征额部分不纳税，只对超过免征额的部分征税。

(二) 税收加征

1. 地方附加，简称附加。其是指地方政府按照国家规定的比例，随同正税一起征收的作为地方财政收入的款项。附加是对税种的附加，适用于该税种的所有纳税人。

2. 加成征收。其是指在按法定税率计算出应纳税额后，再加征一定“成数”的税额。一成是税额的 10%，依此类推，一般最高为十成。“加成”实际上是税率的延伸，是对税率的补充规定。

3. 加倍征收。其是指在按法定税率计算出税额后，再加征一定倍数的税额。加倍征收是累进税率的一种特别补充，其延伸程度远远大于加成征收。由于加成征收并未超过税率自身的规定范围，最大的加成幅度才是一倍，而加倍征收则最少是一倍，因此，其调控跨度较大。加成征收与加倍征收是针对特定纳税人的，是对累进税率的一种特别补充，因此，只适用于直接税。

第 3 节　纳税申报与税款缴纳

一、纳税申报制度

纳税申报制度是指纳税人在发生纳税义务后，按国家有关法律、行政法规规定和税务机关的具体要求，向主管税务机关如实申报有关纳税事项及应缴税款时，应履行法定手续的制度。纳税申报不仅是征纳双方核定应纳税额、开具纳税凭证的主要依据，也是税务机关研究经济信息，加强税源管理的重要手段。实行纳税申报制度，可以促使纳税人增强纳税意识，提高税款计算的正确性，而且有利于税务机关依法征收税款，查处税务违法事件，保证税款及时、足额入库。

(一) 纳税申报方式

目前，我国纳税申报方式主要有三种：

1. 直接申报。其是指纳税人、扣缴义务人直接到主管税务机关办理纳税申报或扣缴税款的报告。如增值税采用的就是直接申报方式。

2. 邮寄申报。其是指纳税人、扣缴义务人采用邮寄方式向主管税务机关办理纳税申报或扣缴税款的报告。邮寄申报必须使用税务机关发放的专用信封，必须寄挂号信，并保管好邮件收据，以此作为纳税申报的凭据。邮寄申报时间：个人所得税每月 7 日之前申报；营业税、城建税、教育费附加每月 15 日之前申报；企业所得税、印花税按季申报；车船税每年 1 月 15 日前申报；房产税、土地使用税等每年 4 月 1 日至 15 日申报。申报期限的最后一日如为法定节假日，以节假日次日为申报期限的最后一日，过期罚款。

3. 数据电文申报。其是指纳税人、扣缴义务人经税务机关批准，经由电子、光学或类似手段生成、存储或传递纳税申报或扣缴税款的报告。这些手段包括电子数据交换、电子邮件、电报、电传、传真等。

（二）纳税申报的范围

凡是有纳税义务的单位和个人，不论当期是否有应纳税款，都应办理纳税申报。此外，下列单位和个人，也应办理纳税申报：

1. 经税务机关批准，实行“自行核税、自行开票、自行缴库”的纳税人，应定期向税务机关提交纳税申报，接受税务机关的监督。

2. 采取定期定额缴纳税款的纳税人，按评估核定的销售额、营业额、所得额等分月计算缴纳税款，并定期办理申报纳税，以反映其实际经营情况，以便税务机关检查原先核定的税款定额是否合理。

3. 经税务机关批准减免税的纳税人，须定期申报减免税款的发生结果，以真实地反映减免税的成效。

4. 扣缴义务人须定期办理纳税申报，以防止不扣或少扣等情况的发生。

（三）纳税申报的期限

纳税申报的期限分为两类：

1. 税收实体法。根据各税种的单项法律、行政法规确定各税种的纳税期限，如企业所得税法规定“在月份或季度终了后15日内”、“年度终了后5个月内”申报纳税。

2. 具体确定法。税务机关根据具体纳税人的实际情况核定纳税期限，如流转税的纳税期限可以是按日或按月。以1个月为一期计算纳税的纳税人，于期满后15天内必须申报缴纳税款；按日（1，5，10，15日等）纳税的纳税人，必须于期满后5天内申报缴纳税款。

根据税法的规定，纳税人在纳税申报期最后一日为法定休假日的，应顺延至第1个工作日，在纳税申报期若遇3日（含）以上法定休假日的，可以顺延。假设某企业某税种是每月1日至10日为纳税申报期，元旦1日至3日为法定休假日，1月10日是星期六，其纳税申报的最后一日应是1月13日，还是1月15日？答案应该是后者。

（四）纳税申报的内容

纳税人在进行纳税申报时，所填纳税申报表中应将税种、税目、计税依据、适用税率或单位税额、应纳税额、税款所属期限、计算机代码、单位名称等逐项填写清楚，并加盖有关印章。如果纳税人采用邮寄方式申报纳税，应将税款缴纳的回单连同纳税申报表邮寄到指定的税务机关；如果纳税人采用直接到税务机关申报纳税的方式，除纳税申报表和税款缴纳书外，还需连同企业有关的财务会计报表，与纳税有关的合同、协议书，以及税务机关规定报送的其他有关资料一起报送主管税务机关。

应当履行扣缴税款义务的扣缴义务人，在填写纳税申报表时应将税种、税目、计税依据、适用税率或单位税额、应代扣代缴或代收代缴税额、税款所属期限、计算机代码、单位名称等填写清楚，并加盖有关印章。如果纳税人采用邮寄申报纳税方式，应将税款缴纳回单连同纳税申报表邮寄到指定的税务机关；如果纳税人采用直接到税务机关申报纳税的方式，除纳税申报表和税款缴纳书外，还须连同企业与纳税有关的代扣代缴或代收代缴合同、协议书以及税务机关规定报送的其他有关资料一起报送有关税务机关。

纳税人应当按照国家相关法律、法规的规定编制和报送财务会计报表，不得编制提供虚假的财务会计报表。纳税人的法定代表人或负责人对其报送的财务会计报表的真实性和完整性负责。

纳税人应当在规定期间，按照现行税收征管范围的划分，分别向主管国家税务局、地方税务局报送财务会计报表。除有特殊要求外，同样的报表只报送一次。主管税务机关应指定部门采集录入，实行"一户式"存储，实现信息共享，不得要求纳税人按税种或者在办理其他涉税事项时重复报送财务会计报表。

纳税人无论有无应税收入、所得和其他应税项目，或者在减免税期间，均必须依照《税收征管法》的规定，按其所适用的会计制度编制财务报表，并按规定的时限向主管税务机关报送；其所适用的会计制度规定需要编报相关附表以及会计报表附注、财务情况说明书、审计报告的，应当随同财务会计报表一并报送。

（五）延期申报

纳税申报在以下两种情况下可以延期：一种是法定延期，当纳税申报期限的最后一天是星期天或法定节假日时，可以顺延到实际休假日的次日；一种是核准延期，纳税人、扣缴义务人不能按期办理纳税申报，经税务机关核准，可以延期申报，但应按上期实际缴纳的税款或税务机关核定的税款预缴，并在核准的延期期限内办理税款结算。

二、税款缴纳制度

税款缴纳制度是指纳税人根据国家有关法律、行政法规规定按一定程序缴纳税款的制度。税务机关不得违反法律法规规定开征、停征、多征、少征、提前征收、延缓征收或摊派税款。

（一）税款缴纳方式

目前，纳税人的税款缴纳方式（税务机关称之为税款征收方式）主要有以下几种：

1. 查账征收方式。其是指纳税人按其财务会计账簿记录，依照适用税率计算缴纳税款的方式。这种方式适用于会计账簿、凭证等会计核算制度比较健全，能够据以如实核算企业收入、成本、费用和财务成果，并能正确计算应纳税款的纳税人。

2. 核定征收方式。其是指对不能完整准确地提供纳税会计资料的纳税人，税务机关采用特定方法确定其应纳税收入或应纳税额，纳税人据以缴纳税款的一种方式。它又分为：

（1）查定征收。其是指由税务机关根据纳税人的从业人数、生产设备、耗用原材料等因素，在正常生产经营条件下，对其生产的应税产品查实核定产量、销售额，并据以征收税款的一种方式。这种方式适用于生产规模较小、账册不健全、产品零星、税源分散的小型厂矿和作坊。

（2）查验征收。其是指税务机关对纳税人的应税商品，通过查验数量，按市场一般销售单价计算其销售收入，并据以征税的方式。这种方式适用于城乡集贸市场的临时经营和机场、码头等场外经销商品的课税。

（3）定期定额征收。其是指对一些营业额、所得额不能准确计算的小型工商户，经过自报评议，由税务机关核定一定时期的营业额和所得税附征率，实行多税种合并征税的一种方式。纳税人在核定期内经营额达到或超过核定定额的20%～30%时，应及时向税务机关申报调整定额。

（4）核定应税所得率。实行核定应税所得率缴纳所得税办法的纳税人，其应纳税所得额按税法规定的公式计算，详见第 9 章第 2 节。

3. 代扣代缴、代收代缴方式。前者指持有纳税人收入的单位和个人，从持有的纳税人收入中扣缴其应纳税款并向税务机关解缴的方式；后者指与纳税人有经济往来关系的单位和个人，借助经济往来关系向纳税人收取其应纳税款并向税务机关解缴的方式。这两种方式适用于税源零星分散、不易控管的纳税人。

（二）税款缴纳凭证——税收票证

1. 税收票证的意义。税收票证是指税务机关、扣缴义务人依照规定，代征人、代售人按照委托协议，征收税款、基金、费、滞纳金、罚没款等各项收入（以下统称税款）的过程中，开具的收款、退款和缴库凭证。税收票证是纳税人实际缴纳税款或者收取退还税款的法定证明。

税收票证的形式包括纸质形式和数据电文形式。数据电文税收票证是指通过横向联网电子缴税系统办理税款的征收缴库、退库时，向银行、国库发送的电子缴款、退款信息。

税收票证的基本要素包括：税收票证号码、征收单位名称、开具日期、纳税人名称、纳税人识别号、税种（费、基金、罚没款）、金额、所属时期等。

2. 税收票证的种类。税收票证包括税收缴款书、税收收入退还书、出口货物劳务专用税收票证、印花税专用税收票证、税收完税证明以及国家税务总局规定的其他税收票证。

（1）税收缴款书。税收缴款书是纳税人据以缴纳税款，税务机关、扣缴义务人以及代征、代售人据以征收、汇总税款的税收票证。具体包括：

《税收缴款书（银行经收专用）》。由纳税人、税务机关、扣缴义务人、代征、代售人向银行传递，通过银行划缴税款（出口货物劳务增值税、消费税除外）到国库时使用的纸质税收票证。其适用范围是：纳税人自行填开或税务机关开具，纳税人据以在银行柜面办理缴税（转账或现金），由银行将税款缴入国库；税务机关收取现金税款、扣缴义务人扣缴税款、代征、代售人代征税款后开具，据以在银行柜面办理税款汇总缴入国库；税务机关开具，据以办理“待缴库税款”账户款项缴入国库。

《税收缴款书（税务收现专用）》。纳税人以现金、刷卡（未通过横向联网电子缴税系统）方式向税务机关缴纳税款时，由税务机关开具并交付纳税人的纸质税收票证。代征人代征税款时，也应开具本缴款书并交付纳税人。为方便流动性零散税收的征收管理，本缴款书可以在票面印有固定金额，具体面额（单种面额不得超过100元）种类由各省税务机关确定。

《税收缴款书（代扣代收专用）》。扣缴义务人依法履行税款代扣代缴、代收代缴义务时开具并交付纳税人的纸质税收票证。扣缴义务人代扣代收税款后，已经向纳税人开具了税法规定或国家税务总局认可的记载完税情况的其他凭证的，可不再开具本缴款书。

《税收电子缴款书》。税务机关将纳税人、扣缴义务人、代征、代售人的电子缴款信息通过横向联网电子缴税系统发送给银行，银行据以划缴税款到国库时，由税收征管系统生成的数据电文形式的税收票证。

(2) 税收收入退还书。税收收入退还书是税务机关依法为纳税人从国库办理退税时使用的税收票证。具体包括：

《税收收入退还书》。税务机关向国库传递，依法为纳税人从国库办理退税时使用的纸质税收票证。

《税收收入电子退还书》。税务机关通过横向联网电子缴税系统依法为纳税人从国库办理退税时，由税收征管系统生成的数据电文形式的税收票证。

税收收入退还书应当由县以上税务机关税收会计开具并向国库传递或发送。

(3) 出口货物劳务专用税收票证。出口货物劳务专用税收票证是由税务机关开具、专门用于纳税人缴纳出口货物劳务增值税、消费税或者证明该纳税人再销售给其他出口企业的货物已缴纳增值税、消费税的纸质税收票证。具体包括：

《税收缴款书（出口货物劳务专用）》。由税务机关开具，专门用于纳税人缴纳出口货物劳务增值税、消费税时使用的纸质税收票证。纳税人以银行经收方式、税务收现方式，或者通过横向联网电子缴税系统缴纳出口货物劳务增值税、消费税时，均使用本缴款书。

《出口货物完税分割单》。已经缴纳出口货物增值税、消费税的纳税人将购进货物再销售给其他出口企业时，为证明所售货物完税情况，便于其他出口企业办理出口退税，到税务机关换开的纸质税收票证。

(4) 印花税专用税收票证。印花税专用税收票证是税务机关或印花税票代售人在征收印花税时向纳税人交付、开具的纸质税收票证。具体包括：

印花税票。印有固定金额、专门用于征收印花税的有价证券。纳税人缴纳印花税，可以购买印花税票贴花缴纳，也可以开具税收缴款书缴纳。采用开具税收缴款书缴纳的，应当将纸质税收缴款书或税收完税证明粘贴在应税凭证上，或者由税务机关在应税凭证上加盖印花税收讫专用章。

印花税票销售凭证。税务机关和印花税票代售人销售印花税票时，一并开具的专供购买方报销的纸质凭证。

(5) 税收完税证明。税收完税证明是税务机关为证明纳税人已经缴纳税款或者已经退还纳税人税款而开具的纸质税收票证。其适用范围是：

1) 纳税人、扣缴义务人、代征、代售人通过横向联网电子缴税系统划缴税款到国库（经收处）后或收到从国库退还的税款后，当场或者事后需要取得税收票证的；

2）扣缴义务人代扣代收税款后，已经向纳税人开具税法规定或国家税务总局认可的记载完税情况的其他凭证，纳税人需要换开正式完税凭证的；

3）纳税人遗失已完税的各种税收票证，需要重新开具的；

4）对纳税人特定期间完税情况出具证明的；

5）国家税务总局规定的其他需要为纳税人开具完税凭证情形。

税务机关在确保纳税人缴退税信息全面、准确、完整的前提下，方能开具税收完税证明。

第 4 节　纳税人的权利与义务

纳税人是税收法律关系中享有权利并承担义务的当事人之一，是税收法律关系的权利主体之一。在税收法律关系中，权利主体双方法律地位是平等的，只因主体双方是行政管理者与被管理者的关系，因此，双方的权利与义务/权力与责任并不对等，它与一般民事法律关系中主体双方权利与义务/权力与责任的平等有所不同。作为纳税人，应该全面了解自己有哪些权利，充分享有法律、法规赋予自己的权利；同时，又应忠实履行纳税义务，做到诚信纳税。①

一、纳税人的权利

纳税人在履行纳税义务过程中，依法享有下列基本权利：

（一）知情权

纳税人有权向税务机关了解国家税收法律、行政法规的规定以及与纳税程序有关的情况，包括现行税收法律、行政法规和税收政策规定；办理税收事项的时间、方式、步骤以及需要提交的资料；应纳税额核定及其他税务行政处理决定的法律依据、事实依据和计算方法；与税务机关在纳税、处罚和采取强制执行措施时发生争议或纠纷时，纳税人可以采取的法律救济途径及需要满足的条件。

（二）保密权

纳税人有权要求税务机关为纳税人的情况保密。税务机关应依法为纳税人的商业秘密和个人隐私（主要包括纳税人的技术信息、经营信息和纳税人、主要投资人以及经营者不愿公开的个人事项）保密。上述事项，如无法律、行政法规明确规定或者纳税人的许可，税务机关不能对外部门、社会公众和其他个人提供。但根据法律规定，税收违法行为信息不属于保密范围。

（三）税收监督权

纳税人对税务机关违反税收法律、行政法规的行为，如税务人员索贿受贿、徇私舞弊、玩忽职守，不征或者少征应征税款，滥用职权多征税款或者故意刁难等，可以进行检举和控告。同时，纳税人对其他纳税人的税收违法行为也有权进

① 如依法申领发票是纳税人的权利，而依法开具发票，则是纳税人的义务。

行检举。

（四）纳税申报方式选择权

纳税人可以直接到办税服务厅办理纳税申报或者报送代扣代缴、代收代缴税款报告表，也可以按照规定采取邮寄、数据电文或者其他方式办理上述申报、报送事项；但采取邮寄或数据电文方式办理上述申报、报送事项的，需经纳税人的主管税务机关批准。

纳税人如采取邮寄方式办理纳税申报，应当使用统一的纳税申报专用信封，并以邮政部门收据作为申报凭据。邮寄申报以寄出的邮戳日期为实际申报日期。

数据电文方式是指税务机关确定的电话语音、电子数据交换和网络传输等电子方式。纳税人如采用电子方式办理纳税申报，应当按照税务机关规定的期限和要求保存有关资料，并定期书面报送。

（五）申请延期申报权

纳税人如不能按期办理纳税申报或者报送代扣代缴、代收代缴税款报告表，应当在规定的期限内向税务机关提出书面延期申请，经核准，可在核准的期限内办理。经核准延期办理申报、报送事项的，应当在税法规定的纳税期内按照上期实际缴纳的税额或者税务机关核定的税额预缴税款，并在核准的延期内办理税款结算。

（六）申请延期缴纳税款权

纳税人如因特殊困难，不能按期缴纳税款的，经省、自治区、直辖市国家税务局、地方税务局批准，可以延期缴纳税款，但是最长不得超过三个月。计划单列市国家税务局、地方税务局可以参照省级税务机关的批准权限，审批纳税人的延期缴纳税款申请。

纳税人满足以下任何一个条件，均可以申请延期缴纳税款：一是因不可抗力，导致纳税人发生较大损失，正常生产经营活动受到较大影响的；二是当期货币资金在扣除应付职工工资、社会保险费后，不足以缴纳税款的。

（七）申请退还多缴税款权

对纳税人超过应纳税额缴纳的税款，税务机关发现后，将自发现之日起 10 日内办理退还手续；如纳税人自结算缴纳税款之日起三年内发现的，可以向税务机关要求退还多缴的税款并加算银行同期存款利息。税务机关应自接到纳税人退还申请之日起 30 日内查实并办理退还手续，涉及从国库中退库的，依照法律、行政法规有关国库管理的规定退还。

（八）依法享受税收优惠权

纳税人可以依照法律、行政法规的规定书面申请减税、免税。减税、免税申请须经法律、行政法规规定的减税、免税审查批准机关审批。① 减税、免税期满，应当自期满次日起恢复纳税。减税、免税条件发生变化的，应当自发生变化之日

① 在减免税期间，如果纳税人的会计核算不符合要求，主管税务机关有权核定其应纳税所得额并恢复征税。

起15日内向税务机关报告；不再符合减税、免税条件的，应当依法履行纳税义务。

如果纳税人享受的税收优惠需要备案的，应当按照税收法律、行政法规和有关政策规定，及时办理事前或事后备案。

（九）委托税务代理权

纳税人有权就以下事项委托税务代理人代为办理：办理、变更或者注销税务登记，除增值税专用发票外的发票领购手续，纳税申报或扣缴税款报告，税款缴纳和申请退税，制作涉税文书，审查纳税情况，建账建制，办理财务、税务咨询，申请税务行政复议，提起税务行政诉讼以及国家税务总局规定的其他业务。

（十）陈述与申辩权

纳税人对税务机关作出的决定，享有陈述权、申辩权。如果纳税人有充分的证据证明自己的行为合法，税务机关就不得对纳税人实施行政处罚；即使纳税人的陈述或申辩不充分合理，税务机关也应向纳税人解释实施行政处罚的原因，不应因纳税人的申辩而加重处罚。

（十一）对未出示税务检查证和税务检查通知书的拒绝检查权

税务机关派出人员进行税务检查时，应当向纳税人出示税务检查证和税务检查通知书；对未出示税务检查证和税务检查通知书的，纳税人有权拒绝检查。

（十二）税收法律救济权

纳税人对税务机关作出的决定，依法享有申请行政复议、提起行政诉讼、请求国家赔偿等权利。

纳税人、纳税担保人同税务机关在纳税上发生争议时，必须先依照税务机关的纳税决定缴纳或者解缴税款及滞纳金或者提供相应的担保，然后可以依法申请行政复议；对行政复议决定不服的，可以依法向人民法院起诉。如纳税人对税务机关的处罚决定、强制执行措施或者税收保全措施不服的，可以依法申请行政复议，也可以依法向人民法院起诉。

（十三）依法要求听证的权利

对纳税人作出规定金额以上罚款的行政处罚之前，税务机关应向纳税人送达《税务行政处罚事项告知书》，告知纳税人已经查明的违法事实、证据、行政处罚的法律依据和拟将给予的行政处罚。对此，纳税人有权要求举行听证；税务机关应纳税人的要求组织听证。如纳税人认为税务机关指定的听证主持人与本案有直接利害关系，纳税人有权申请主持人回避。

对应当进行听证的案件，税务机关若不组织听证，行政处罚决定不能成立；但纳税人放弃听证权利或者被正当取消听证权利的除外。

（十四）索取有关税收凭证的权利

税务机关征收税款时，必须给纳税人开具完税凭证。扣缴义务人代扣、代收税款时，纳税人要求扣缴义务人开具代扣、代收税款凭证时，扣缴义务人应当开具。税务机关扣押商品、货物或者其他财产时，必须开付收据；查封商品、货物或者其他财产时，必须开付清单。

二、纳税人的义务

依照宪法、税收法律和行政法规的规定，纳税人在纳税过程中负有以下基本义务：

（一）依法进行税务登记的义务

纳税人应当自领取营业执照之日起30日内，持有关证件，向税务机关申报办理税务登记。税务登记主要包括领取营业执照后的设立登记，税务登记内容发生变化后的变更登记，依法申请停业、复业登记，依法终止纳税义务的注销登记等。

在各类税务登记管理中，纳税人应根据税务机关的规定分别提交相关资料，及时办理。同时，纳税人应当按照税务机关的规定使用税务登记证件；税务登记证件不得转借、涂改、损毁、买卖或者伪造。

（二）依法设置账簿、保管账簿和有关资料以及依法开具、使用、取得和保管发票的义务

纳税人应当按照有关法律、行政法规和国务院财政、税务主管部门的规定设置账簿，根据合法、有效凭证记账，进行核算；从事生产、经营的，必须按照国务院财政、税务主管部门规定的保管期限保管账簿、记账凭证、完税凭证及其他有关资料；账簿、记账凭证、完税凭证及其他有关资料不得伪造、变造或者擅自损毁。

此外，纳税人在购销商品、提供或者接受经营服务以及从事其他经营活动中，应当依法开具、使用、取得和保管发票。

（三）财务会计制度和会计核算软件备案的义务

纳税人的财务、会计制度或者财务、会计记录办法和会计核算软件，应当报送税务机关备案。纳税人的财务、会计制度或者财务、会计记录办法与国务院或者国务院财政、税务主管部门有关税收的规定抵触的，应依照国务院或者国务院财政、税务主管部门有关税收的规定计算应纳税款、代扣代缴和代收代缴税款。

（四）按照规定安装、使用税控装置的义务

国家根据税收征收管理的需要，积极推广使用税控装置。纳税人应当按照规定安装、使用税控装置，不得损毁或者擅自改动税控装置。如果纳税人未按规定安装、使用税控装置，或者损毁或者擅自改动税控装置的，税务机关将责令纳税人限期改正，并可根据情节轻重处以规定数额内的罚款。

（五）按时、如实申报的义务

纳税人必须依照法律、行政法规规定或者税务机关依照法律、行政法规的规定确定的申报期限、申报内容如实办理纳税申报，报送纳税申报表、财务会计报表以及税务机关根据实际需要要求纳税人报送的其他纳税资料。

作为扣缴义务人，纳税人必须依照法律、行政法规规定或者税务机关依照法律、行政法规规定确定的申报期限、申报内容如实报送代扣代缴、代收代缴税款报告表，以及税务机关根据实际需要要求纳税人报送的其他有关资料。

纳税人即使在纳税期内没有应纳税款，也应当按照规定办理纳税申报；享受减税、免税待遇的，在减税、免税期间应当按照规定办理纳税申报。

（六）按时缴纳税款的义务

纳税人应当按照法律、行政法规规定或者税务机关依照法律、行政法规的规定确定的期限，缴纳或者解缴税款。

未按照规定期限缴纳税款或者未按照规定期限解缴税款的，税务机关除责令限期缴纳外，从滞纳税款之日起，按日加收滞纳税款万分之五的滞纳金。

（七）代扣、代收税款的义务

如果纳税人按照法律、行政法规规定负有代扣代缴、代收代缴税款义务，必须依照法律、行政法规的规定履行代扣、代收税款义务。在依法履行代扣、代收税款时，若遇拒绝，应及时报告税务机关处理。

（八）接受依法检查的义务

纳税人有接受税务机关依法进行税务检查的义务，应主动配合税务机关按法定程序进行的税务检查，如实向税务机关反映自己的生产经营情况和执行财务制度的情况，并按有关规定提供报表和资料，不得隐瞒和弄虚作假，不能阻挠、刁难税务机关的检查和监督。

（九）及时提供信息的义务

纳税人除通过税务登记和纳税申报向税务机关提供与纳税有关的信息外，还应及时提供其他信息；如果纳税人有歇业、经营情况变化，遭受各种灾害等特殊情况的，应及时向税务机关说明，以便税务机关依法妥善处理。

（十）报告其他涉税信息的义务

为了保障国家税收能够及时、足额征收入库，税收法律还规定了纳税人有义务向税务机关报告如下涉税信息：

1. 纳税人有义务就纳税人与关联企业之间的业务往来，向当地税务机关提供有关的价格、费用标准等资料。

纳税人有欠税情形而以财产设定抵押、质押的，应当向抵押权人、质权人说明纳税人的欠税情况。

2. 企业合并、分立的报告义务。纳税人有合并、分立情形的，应当向税务机关报告，并依法缴清税款；合并时未缴清税款的，应当由合并后的纳税人继续履行未履行的纳税义务；分立时未缴清税款的，分立后的纳税人对未履行的纳税义务应当承担连带责任。

3. 报告全部账号的义务。如果纳税人从事生产、经营，应当按照国家有关规定，持税务登记证件，在银行或者其他金融机构开立基本存款账户和其他存款账户，并自开立基本存款账户或者其他存款账户之日起 15 日内，向纳税人的主管税务机关书面报告全部账号；发生变化的，应当自变化之日起 15 日内，向纳税人的主管税务机关书面报告。

4. 处分大额财产报告的义务。如果纳税人的欠缴税款数额在5万元以上，纳税人在处分不动产或者大额资产之前，应当向税务机关报告。

本章重点

我国税收实体法的基本构成要素、纳税申报与税款缴纳程序与方法。

本章难点

如何正确行使纳税人权利，如何正确履行纳税人义务，除税法规定的权利与义务外，企业还有哪些权利和义务。

基本训练

一、简答题

1. 税收有何特点和作用。
2. 纳税人与负税人有何联系与区别。
3. 我国现行税制中有几种税率？
4. 税负调整有哪些形式？它与税收优惠是什么关系？
5. 简述纳税申报制度与税款缴纳制度。
6. 简述纳税人的权利与义务。

二、单项选择题

1. 税制构成要素中，用以区分不同税种的是（　　）。

A. 税率　　B. 征税对象
C. 纳税人　　D. 税目

2. 在税制的构成要素中，（　　）是计算应纳税额的尺度，体现课税的深度。

A. 纳税对象　　B. 纳税期限
C. 税率　　D. 税目

3. 我国目前采用超额累进税率的税种为（　　）。

A. 企业所得税　　B. 土地增值税
C. 个人所得税　　D. 契税

4. 根据税法规定，有义务从其持有的纳税人收入或从纳税人收款中按其应纳税款代为缴纳税款的单位或个人为（　　）。

A. 代征人　　B. 代扣义务人
C. 代缴义务人　　D. 扣缴义务人

5. 定额税率是税率的一种特殊形式，一般适用于（　　）的某些税种、税目。

A. 从价加从量征收　　B. 从价征收

C. 从量征收　　D. 以上都不对

6. 在计税依据总额中免予征税的数额是指（　　）。

A. 起征点　　B. 免征额　　C. 减税　　D. 免税

7. 不属于纳税申报方式的是（　　）。

A. 数据电文申报　　B. 直接申报

C. 电话申报　　D. 邮寄申报

三、多项选择题

1. 税收的特征包括（　　）。

A. 强制性　　B. 无偿性　　C. 有偿性　　D. 固定性

2. 我国目前的税率表现形式有（　　）。

A. 定额税率　　B. 比例税率

C. 全额累进税率　　D. 累进税率

3. 我国目前使用累进税率的形式有（　　）。

A. 全额累进税率　　B. 超额累进税率

C. 超率累进税率　　D. 超倍累进税率

4. 按税法的有关规定，税收减免的类型包括（　　）。

A. 免税　　B. 报批类减免税

C. 减税　　D. 备案类减免税

5. 以下属于纳税人权利的有（　　）。

A. 纳税申报权　　B. 保密权

C. 延期纳税权　　D. 委托税务代理权

6. 税款征收方式有（　　）。

A. 查账征收　　B. 查验征收

C. 定额征收　　D. 核定征收

7. 以下属于纳税人义务的有（　　）。

A. 依法办理税务登记的义务　　B. 按时纳税的义务

C. 配合税务部门检查的义务　　D. 提供有关纳税会计信息的义务

四、案例题

案例1：2003年1月底，山东费县地税局稽查分局对该县某厂上年度企业所得税进行专项检查，了解到该厂2002年账面利润在弥补以前年度亏损后，余额为387 642.38元，已自行申报缴纳企业所得税127 921.98元。在查阅其账簿、报表时，未发现异常申报现象，但在检查其会计凭证时，发现一份金额为50 000元的可疑凭证。该凭证“摘要栏”写明：提取2001年度应提未提利息。后经了解，该厂2001年度经营虽有起色，但仍未完成“军令状”上的考核目标，为实现2001年度的“扭亏目标”，厂领导决定将当年应提银行贷款利息支出的一部分（50 000元）留至2002年。在2002年企业实现盈利后，补提了上年的50 000元利息。

对此，税务机关认定该厂偷税，责成补缴税款16 500元，并罚款1倍。（资料

来源：根据《中国税务报》2003 年 4 月 16 日报道整理。）

分析要求： 你认为税务机关的责任认定是否正确？

案例 2： 某年 3 月 3 日，某市国税局稽查队在对当地一家以个人名义申请登记的仪器设备厂（增值税一般纳税人）上年度增值税纳税情况进行检查时，发现该厂在上年采用预收账款的形式销售仪器设备，虽然货物已发到客户手中，但该仪器设备厂上年底预收账款余额仍有 1 672 万元未进行及时结转。于是，国税局稽查队于当年 3 月 7 日向该厂下达了补缴增值税 242.94 万元的《税务处理决定书》，限该仪器设备厂在 15 日内缴纳税款。

该仪器设备厂法人代表不服，遂欲向国税局提出复议申请，但由于其没有足够的资金先预缴税款，便向甲公司求援，请求以甲公司的名义为其提供纳税担保。

当年 3 月 10 日，经国税局认可，两家企业一起到国税局签订了纳税担保书，即甲公司保证仪器设备厂按期缴纳所查补的税款。否则，由甲公司缴纳全部税款以及由于仪器设备厂延迟缴纳税款而产生的税收滞纳金。

当年 3 月 11 日，仪器设备厂依法向国税局提出复议申请，要求撤销稽查队的处理决定。

当年 3 月 17 日，国税局经过对案件的审查，依法作出复议决定：维持国税局稽查队的处理决定。但由于仪器设备厂还是拿不出这么多税款，虽然国税局稽查队多次催缴，至当年 6 月 18 日也未能缴纳查补的税款。于是，国税局稽查队在查询仪器设备厂银行账户还是没有现款可供扣缴，又没有货物可供扣押后，于当年 6 月 19 日，在未向甲公司进行任何告知的情况下，即从甲公司的银行账户中直接扣缴了 242.94 万元的增值税税款和 19.43 万元的税收滞纳金。（资料来源：根据《中国税务报》2006 年 7 月 24 日报道整理。）

分析要求：

1. 国税局稽查队的处理意见是否正确？

2. 如果仪器设备厂的法人拥有一辆价值 30 万元的私人轿车（该车主要供仪器设备厂使用），并且仪器设备厂的财产和法人的家庭财产在实质上是无法准确划分的。那么，国税局稽查队在没有对仪器设备厂以及法人家庭和个人财产采取任何税收强制执行的情况下就对甲公司采取强制执行措施，是否合法？为什么？

第3章

增值税会计

学习目标

1. 了解增值税的特点及其要素；
2. 理解增值税会计的确认与计量；
3. 掌握增值税的会计记录与申报。

引　言

自1954年法国正式开征增值税以来，短短几十年，世界上就有170多个国家和地区采用，不能不说是世界税收史的一个奇迹。它怎么会有这么大的魅力呢？国际货币基金组织（IMF）的文件称：增值税是20世纪下半叶世界税制改革中的最重大事件之一，增值税是目前我国第一大税种，增值税的会计记录也是税务会计中最为复杂的税种。

第1节　增值税税制要素

一、增值税的基本含义

（一）增值税的概念

从计税原理上说，增值税（value added tax）是对商品生产流通、劳务服务中各个环节的新增价值或商品的附加值征收的一种流转税。但是，商品新增价值或商品附加值在商品生产和流通过程中难以准确计算，对征纳双方都不易操作。因此，世界各国一般采用税额抵扣的办法，即根据货物或应税劳务的销售额，按照规定税率计算出销项税额，然后从中扣除上一环节已纳增值税款，其差额即为纳税人应缴纳的增值税额，这种计算方法体现了按增值因素计税的原理。只是各国及各国的不同时期增值税税法规定的扣除项目和税率有所不同而已。

按照我国现行增值税税法，增值税是对在我国境内销售货物、进口货物以及应税劳务和服务的单位和个人，就其取得货物的销售额、进口货物金额、应税劳务服务额计算税款，并实行税款抵扣制的一种流转税。

（二）增值税的特点

1. 不重复征税。增值税以增值额作为计税依据，只对销售额中本企业新创造的、未征过税的价值征税。因此，在理论上不存在重复征税的问题。但由于各国采用的增值税类型不同，有的尚存在部分重复征税的问题。

2. 既普遍征收又多环节征收。传统流转税虽然也是普遍征收、多环节征收，但都是全额计征，而增值税仅对纳税人在该环节的增值额部分征收。

3. 若同种商品最终售价相同，其税负相同。在增值税下，同一种商品，不论经过多少流转环节，只要其最终售价相同，其总体税负就相同。

二、增值税的纳税人

（一）增值税的纳税人

在我国境内销售货物、提供应税劳务、服务以及进口货物的单位和个人，为增值税的纳税人。“境内”销售货物、提供应税劳务、服务是指销售货物的起运地或者所在地在境内，提供的应税劳务服务发生在境内。“单位”是指企业、行政单位、事业单位、军事单位、社会团体及其他单位；“个人”是指个体工商户和其他个人。

（二）小规模纳税人

为了便于增值税的征收管理并简化计税，我国将增值税纳税人划分为小规模纳税人与一般纳税人。小规模纳税人的认定标准是：

（1）从事货物生产或者提供应税劳务的纳税人，以及以从事货物生产或者提供应税劳务为主，并兼营货物批发或者零售的纳税人，年应征增值税销售额（以下简称应税销售额）在50万元（含，下同）以下的；“从事货物生产或者提供应税劳务为主”是指纳税人的年货物生产或者提供应税劳务的销售额占年应税销售额的比重在50%以上。

（2）其余纳税人，年应税销售额在80万元以下的。

（3）年应税销售额超过小规模纳税人标准的其他个人按小规模纳税人纳税；非企业性单位、不经常发生应税行为的企业（非增值税纳税人），可选择按小规模纳税人纳税。

（4）非企业性单位、不经常发生应税行为的企业，对于应税服务年销售额超过规定标准但不经常提供应税服务的单位和个体工商户，可选择按小规模纳税人纳税。

（5）应税服务年销售额未超过500万元标准的纳税人。

（三）一般纳税人

一般纳税人是指年应纳增值税销售额超过增值税税法规定的小规模纳税人标

准的企业和企业性单位。年应纳增值税销售额未超过小规模纳税人标准的企业、个人、非企业性单位以及不经常发生增值税应税行为的企业，一般不认定为一般纳税人。

符合一般纳税人标准的纳税人，要向主管税务机关办理认定手续，要提交书面报告，并提供营业执照、银行账号证明、有关合同、章程或协议书等资料、证件。税务机关审核后，填写《增值税一般纳税人申请认定表》，经县以上税务机关批准后，在其《税务登记证》副本首页上方加盖“增值税一般纳税人”确认专章。已开业的小规模企业，当其年应纳增值税销售额超过小规模纳税人标准时，可以在次年1月底以前申请办理一般纳税人认定手续。经税务机关审核认定的一般纳税人，可以按规定领购和使用增值税专用发票，按增值税条例规定计算缴纳增值税。除国家税务总局另有规定外，企业一经认定为一般纳税人后，不得再转为小规模纳税人。

三、增值税的税率和征收率

（一）增值税税率

1. 基本税率。一般纳税人销售货物、进口货物以及提供应税劳务，提供有形动产租赁服务，基本税率为17%。

2. 低税率。一般纳税人销售或者进口下列货物，适用低税率13%：农产品（种植业、养殖业、林业、牧业、水产业生产的各种植物、动物的初级产品）、食用植物油、食用盐；自来水、暖气、冷气、热水、煤气、石油液化气、天然气、沼气、居民用煤炭制品；图书、报纸、杂志、音像制品、电子出版物；饲料、化肥、农药、农机、农膜、二甲醚；国务院规定的其他货物。

提供交通运输业服务、邮政业服务、基础电信服务，税率为11%；提供现代服务业服务（有形动产租赁服务除外）、增值电信服务，税率为6%。

3. 零税率。

（1）出口货物税率为零（国务院另有规定的除外）。出口货物税率为零不等于出口货物免税。出口货物免税仅指在出口环节不征收增值税，而零税率是指对出口货物除了在出口环节免征增值税外，还要对产品在出口前已经缴纳的增值税退税或抵扣，以使出口产品在出口时完全不含增值税税款，从而以无税产品进入国际市场。①

（2）特定应税服务税率为零。境内单位和个人提供的国际运输服务、向境外单位提供的研发服务和设计服务，境内单位和个人提供的往返香港、澳门、台湾的交通运输服务以及在香港、澳门、台湾提供的交通运输服务，适用增值税零税率；国际服务外包，实行增值税零税率或免税。境内单位和个人提供期租、程租和湿租服务，如果租赁的交通运输工具用于国际运输服务和港澳台运输服务，不适用增值税零税率，由承租方按规定申请适用零税率。

---

① 但在实务中，并非全部出口产品都完全实行零税率。政府基于宏观经济调控政策，规定出口产品的不同出口退税率，大部分出口产品实行零税率，小部分出口产品未能实行零税率。

境内单位和个人提供适用零税率的应税服务，如果属于适用增值税一般计税方法的，实行免抵退税办法，退税率为其按照规定适用的增值税税率；如果属于适用简易计税方法的，实行免征增值税办法。外贸企业兼营适用零税率应税服务的，统一实行免退税办法。

纳税人提供应税服务同时适用免税和零税率规定的，可优先适用零税率。

(二) 增值税征收率

1. 下列销售行为适用3%的征收率，且可以开具专用发票：(1) 寄售商店代销寄售物品（含居民个人寄售的物品）；(2) 典当业销售死当物品；(3) 经国务院或国务院授权机关批准的免税商店零售的免税品；(4) 拍卖行受托拍卖增值税应税货物，向买方收取的全部价款和价外费用；(5) 药品经营企业销售生物制品。

2. 小规模纳税人适用3%的征收率。

3. 一般纳税人选择简易计税方法的，增值税征收率为3%，选择后36个月内不得变更。除另有规定外，不得抵扣进项税额，也不得开具增值税专用发票。

四、增值税的优惠政策

(一) 免税规定

免税是指对货物、应税劳务服务在本环节的应纳税额全部免缴增值税。免税只免征本环节的应纳税额，对货物在以前生产流通环节所缴纳的税款不予退还。因此，免税货物仍然承担一定的增值税负。现行规定的免税项目主要有：

1. 从事农业（种植业、养殖业、林业、牧业、水产业）生产的单位和个人销售的自产初级农产品①；

2. 批发、零售环节销售蔬菜（包括经过挑选、清洗、切分、晾晒、包装、脱水、冷藏、冷冻等工序加工的蔬菜，但不包括各种蔬菜类罐头），销售鲜活肉蛋；

3. 直接用于科学研究、科学试验和教学的进口仪器、设备；

4. 境内单位和个人提供工程、矿产资源在境外的工程勘察勘探服务、会议展览地点在境外的会议展览服务、储存地点在境外的仓储服务、标的物在境外使用的有形动产租赁服务、在境外提供的广播影视节目（作品）的发行播映服务，免征增值税（适用零税率的除外）；

5. 外国政府、国际组织无偿援助的进口物资和设备；

6. 由残疾人的组织直接进口供残疾人专用的物品；

7. 其他个人销售的自己使用过的物品。

纳税人兼营免税、减税项目的，应当分别核算免税、减税项目的销售额；未分别核算销售额的，不得免税、减税。

(二) 增值税的即征即退、先征后退

1. 销售软件产品。增值税一般纳税人销售其自行开发生产的软件产品（含电

---

① 具体范围由财政部、国家税务总局确定。从事蔬菜（未加工和经挑选、清洗、切分、晾晒、包装、脱水、冷藏、冷冻等加工）批发、零售的纳税人销售蔬菜，免征增值税。

子出版物)，或将进口软件进行转换等本地化改造（重新设计、改进、转换等，不含单纯进行汉字化处理）后对外销售，按 17%的税率缴纳增值税后，对其增值税实际税负超过 3%的部分，实行即征即退。

$$即征即退税额=\frac{当期软件产品}{增值税应纳税额}-当期软件产品销售额\times 3\%$$

2. 资源综合利用产品和劳务。增值税一般纳税人销售自产的资源综合利用产品和提供资源综合利用劳务，符合《资源综合利用产品和劳务增值税优惠目录》的相关规定时，可享受增值税即征即退政策，退税比例有 100%，70%，50%，30%四个档次。

(1) 即征即退 100%增值税。包括以下情况所产生的电力、热力：以煤炭开采过程中产生的煤层气（煤矿瓦斯)，以垃圾及利用垃圾发酵产生的沼气，以工业生产过程中产生的余热、余压，以餐厨垃圾、畜禽粪便、农作物秸秆（渣、壳、芯等）以及利用这类资源发酵产生的沼气。

(2) 即征即退 70%增值税。以油母页岩生产的页岩油，以废渣生产的水泥等建筑材料，以工业废气为原料生产的高纯度二氧化碳产品、工业氢气、甲烷，以废弃动物油和植物油生产的生物柴油、工业级混合油，污水处理劳务和工业废气处理劳务等。

(3) 即征即退 50%增值税。以建（构）筑废物、煤矸石、粉煤灰、煤矸石、废旧沥青混凝土、废矿物油、煤焦油、荒煤气（焦炉煤气)、废纸、农作物秸秆等生产的产品。

(4) 即征即退 30%增值税。以废旧电池及其拆解物，以废显（定）影液、废胶片、废像纸、废感光剂等废感光材料，以废旧电机、废旧电线电缆、废铝制易拉罐、报废汽车、报废摩托车、报废船舶、废旧电器电子产品、废旧太阳能光伏器件、废旧灯泡（管）及其拆解物，以报废汽车、报废摩托车、报废船舶、废旧电器电子产品、废旧农机具、报废机器设备、废旧生活用品、工业边角余料、建筑拆解物等产生或拆解出来的废钢铁。

3. 销售自产电力产品。装机容量超过 100 万千瓦的水力发电站（含抽水蓄能电站）销售自产电力产品，自 2013 年 1 月 1 日至 2015 年 12 月 31 日，对其增值税实际税负超过 8%的部分实行即征即退政策；自 2016 年 1 月 1 日至 2017 年 12 月 31 日，对其增值税实际税负超过 12%的部分实行即征即退政策。

4. 民政福利企业和安置残疾人企业。民政福利企业自行生产的非消费税应税产品内销时，如在规定的纳税期内如实申报，填开税票解缴入库，实行先征后退增值税。企业安置残疾人比例达到 25%（含）以上时，按实际安置人数，限额即征即退增值税、营业税。限额标准为当地政府规定的最低工资标准的 6 倍，但最高不超过 3.5 万元/人年。

5. 文化企业。某些机关报、机关刊物，大、中、小学生课本，科普图书与科普期刊，凡符合规定具体条件的，在一定时期内，实行增值税先征后退办法。

6. 符合规定条件的学校、科学研究和技术开发机构、外资研发中心，凭其采购的国产设备取得的增值税专用发票，在规定的认证期限内办理认证手续后，可以全额退税。退税以后，如果移作他用或将设备转让，应向主管退税税务机关补缴已退税款。

$$应补税款=专用发票注明的金额\times\frac{设备折余价值}{设备原值}\times适用增值税税率$$

（三）增值税的减征

1. 纳税人（一般指旧货经营单位）销售旧货。依3%的征收率减按2%征收增值税，且只能开具普通发票，不得自行或由税务机关代开增值税专用发票。“旧货”是指进入二次流通的具有部分使用价值的货物（含旧汽车、旧摩托车和旧游艇），但不包括自己使用过的物品。

2. 一般纳税人销售自己使用过的如下特定固定资产（在财务会计中已经计提折旧），按简易办法依3%的征收率减按2%计缴增值税：

（1）购进或自制固定资产时为小规模纳税人，认定为一般纳税人后，销售该固定资产；

（2）适用一般计税方法的增值税一般纳税人，销售其按暂行条例规定不得抵扣且未抵扣进项税额的固定资产；

（3）一般纳税人发生按简易办法计缴增值税应税行为，销售其按规定不得抵扣且未抵扣进项税额的固定资产；

（4）“营改增”试点纳税人中的一般纳税人，销售本地区试点实施之日（含）以前购进或者自制的、自己使用过的固定资产。

（四）减免增值税的放弃

纳税人销售货物、提供应税劳务、应税服务，适用免税、减税规定的，可以放弃免税、减税。要求放弃减免税权应当以书面形式提交放弃减免税权声明，报主管税务机关备案。一经放弃减免税权，其生产销售的全部增值税应税货物、劳务、服务均应按照适用税率缴税，不得选择某一减免税项目放弃减免税权，也不得根据不同的销售对象选择部分货物、劳务、服务放弃减免税权，而且在36个月内不得再申请减免税。

纳税人也可以放弃适用零税率，选择减免税或按规定缴纳增值税。放弃适用零税率后，36个月内不得再申请适用零税率。

（五）增值税的起征点

增值税小规模纳税人（含个体工商户、其他个人、企业和非企业性单位），月销售额2万元至3万元的，免征增值税；以一个季度为纳税期限的纳税人，季度销售额6万元至9万元的，免征增值税。符合免征收增值税条件的纳税人，同时也免征文化事业建设费。

兼有增值税应税项目和营业税应税项目的纳税人，既属于增值税纳税人，又属于营业税纳税人，纳税人分别核算增值税应税项目销售额和营业税应税项目营业额，分别享受月销售额2万元至3万元免征增值税和月营业额2万元至3万元免征营业税的优惠政策。

第2节 增值税纳税义务及应纳税额的确认计量

一、增值税纳税义务的确认

1. 销售货物、提供应税劳务、服务。为收讫销售款项或者取得索取销售款项凭据的当天，按销售结算方式的不同，具体为：

（1）纳税人生产经营活动中采取直接收款方式销售货物，已将货物移送对方并暂估销售额入账，但既未取得销售款或取得索取销售款凭据也未开具销售发票的，其增值税纳税义务的确认为取得销售款或取得索取销售款凭据的当天；先开具发票的，为开具发票的当天。

（2）采取托收承付和委托银行收款方式销售货物，为发出货物并办妥托收手续的当天。

（3）采取赊销和分期收款方式销售货物，为书面合同约定的收款日期的当天，无书面合同的或者书面合同没有约定收款日期的，为货物发出的当天。

（4）采取预收货款方式销售货物，为货物发出的当天，但生产销售生产工期超过12个月的大型机械设备、船舶、飞机等货物，为收到预收款或者书面合同约定的收款日期的当天。

（5）委托其他纳税人代销货物，为收到代销单位的代销清单或者收到全部或者部分货款的当天。未收到代销清单及货款的，为发出代销货物满180天的当天。

（6）提供应税劳务、服务，为提供劳务、服务同时收讫价款或者取得索取价款凭据的当天。

（7）纳税人发生按税法规定的视同销售货物行为（不包括委托和受托代销行为），为货物移送的当天。

2. 其他情况。先开具发票的，为开具发票的当天；进口货物，为报关进口的当天；增值税扣缴义务发生时间为纳税人增值税纳税义务发生的当天。

二、增值税销项税额的确认计量

（一）销售额的确认计量

增值税的应税销售额包括纳税申报销售额、稽查查补销售额、纳税评估调整销售额、税务机关代开发票销售额和免税销售额。应税销售额为纳税人销售货物或者提供应税劳务而向购买方收取的全部价款和价外费用。价外费用是指在价外向购买方收取的手续费、补贴、基金、集资费、返还利润、奖励费、违约金、滞纳金、延期付款利息、赔偿金、代收款项、代垫款项等各种性质的价外收费。但下列项目不包括在内：

（1）受托加工应征消费税的消费品所代收代缴的消费税。

（2）同时符合以下条件代为收取的政府性基金或者行政事业性收费：由国务院或者财政部批准设立的政府性基金，由国务院或者省级人民政府及其财政、价格主管部门批准设立的行政事业性收费；收取时开具省级以上财政部门印制的财政票据；所收款项全额上缴财政。

(3) 销售货物的同时代办保险等而向购买方收取的保险费，以及向购买方收取的代购买方缴纳的车辆购置税。

不论会计准则如何规定，价外费用均应并入销售额计算销项税额。销售额应以人民币计算。如果纳税人以外汇结算销售额的，应当按外汇价格折合成人民币计算。其销售额的人民币折合率，可以选择销售额发生的当天或当月 1 日中国人民银行公布的市场汇价。纳税人应在事先确定采用何种汇率，一旦确定，在一个纳税年度内不得变更。

如果纳税人销售货物或应税劳务的价格明显偏低，又无正当理由，或者发生视同销售行为，应由主管税务机关核定其销售额。依次按如下顺序确认、计量：

(1) 按纳税人最近时期同类货物的平均销售价格确定。

(2) 按其他纳税人最近时期同类货物的平均销售价格确定。

(3) 按组成计税价格确定。组成计税价格的公式为：

组成计税价格＝成本×(1＋成本利润率)

属于应纳消费税的货物，其组成计税价格中还应加计消费税额。公式中的"成本"，属销售自产货物的，应为其实际生产成本；属销售外购货物的，应为其实际采购成本。成本利润率由国家税务总局确定；如果同时属于从价定率征收消费税的货物，其成本利润率应按消费税中规定的成本利润率。

(二) 含税销售额的换算

现行增值税是以不含增值税税款的销售额作为计税销售额，即实行价外计税。但在实务中，小规模纳税人一般会将销售货物、提供应税劳务服务采用销售额和销项税额合并定价的方法，一般纳税人有时也可能采用合并定价的方法。如果按含税销售额直接计税，会造成计税环节上的重复纳税现象。因此，应将含税销售额换算为不含税销售额后，再计算增值税税额。其换算公式如下：

不含税销售额＝含税销售额÷(1＋增值税税率或征收率)

例 3—1

某企业（一般纳税人）向某个体商店（小规模纳税人）销售商品，开具普通发票。发票上采用销售额和销项税额合并定价方法，注明交易额为 10 000 元，其不含税销售额换算如下：

不含税销售额＝10 000÷(1＋17%)＝8 547(元)

(三) 销项税额及其计算

纳税人销售货物、提供应税劳务服务，按照规定税率计算并向购买方收取的增值税额，称为销项税额。销项税额的计算公式如下：

销项税额＝销售额×税率

一般纳税人因销货退回或折让而退还给购买方的增值税额，应从发生销货退回或折让当期的销项税额中扣减。

出口企业出口国家规定不予退（免）税的货物，其销项税额的计算公式如下：

$$\text{销项税额}=\frac{\text{出口货物离岸价格}\times\text{外汇人民币牌价}}{1+\text{增值税税率或征收率}}\times\text{增值税税率或征收率}$$

例 3—2

依例 3—1 资料，其销项税额计算如下：

$$\text{销项税额}=8\ 547\times17\%=1\ 453(\text{元})$$

或

$$=10\ 000-8\ 547=1\ 453(\text{元})$$

三、增值税进项税额的确认计量

（一）进项税额的含义

纳税人购进货物、固定资产、接受应税劳务、服务所支付或所负担的增值税，称为进项税额。对购货方、接受方来说是进项税额，而对销货方、提供方来说，则是在价外收取的销项税额。

（二）准予抵扣进项税额的确认

1. 从销售方、提供劳务服务方取得的增值税专用发票、货物运输专用发票上注明的增值税额。

2. 从海关取得的海关进口增值税专用缴款书上注明的增值税额。

3. 购进农产品进项税额的抵扣。除取得增值税专用发票或者海关进口增值税专用缴款书外，按照农产品收购发票或者销售发票上注明的农产品买价和 13%的扣除率计算的进项税额。“买价”包括纳税人购进农产品在农产品收购发票或者销售发票上注明的价款。进项税额的计算公式如下：

$$\text{进项税额}=\text{买价}\times\text{扣除率}$$

为消除以农产品为原料生产加工适用税率 17%的货物而导致“高征低扣”的不合理情况，在部分行业开展农产品增值税进项税额核定扣除试点，涉及以购进农产品为原料生产销售液体乳及乳制品、酒及酒精、植物油行业。纳税人购进农产品增值税进项税额实施核定扣除办法，不再凭增值税扣税凭证抵扣增值税进项税额，进项税额的扣除率为销售货物的适用税率。农产品进项税额核定抵扣后，企业每月销售额不论多少，都不会出现“留抵进项税额”的情况，即每个纳税期都会有应纳税额。

试点纳税人以购进农产品为原料生产货物的增值税进项税额的核定方法有投入产出法、成本法和参照法三种方法。试点纳税人购进农产品直接销售的增值税进项税额的核定方法是：

$$\begin{aligned}\begin{matrix}\text{当期允许抵扣农产品}\\\text{增值税进项税额}\end{matrix}&=\text{当期销售农产品数量}\div(1-\text{损耗率})\\&\quad\times\text{农产品平均购买单价}\times13\%\div(1+13\%)\end{aligned}$$

$$\text{损耗率}=\text{损耗数量}\div\text{购进数量}$$

4. 一般纳税人购进（包括接受捐赠、实物投资、融资性售后回租业务中承租方购入）或者自制（包括改扩建、安装）固定资产①发生的进项税额（简称“固定资产进项税额”），凭增值税专用发票、货运专票、海关进口增值税专用缴款书从销项税额中抵扣。

（三）准予抵扣进项税额的申报

1. 增值税一般纳税人取得增值税专用发票、货运专票，应在开具之日起180日内到税务机关办理认证，并在认证通过的次月申报期内，向主管税务机关申报抵扣进项税额。一般纳税人丢失已开具的增值税专用发票，也应在180日内的规定期限办理。

2. 实行海关进口增值税专用缴款书（以下简称海关缴款书）“先比对后抵扣”管理办法的增值税一般纳税人，应在取得海关缴款书的当月向主管税务机关报送海关缴款书数据，申请稽核比对，以免因纳税人仍然在取得海关缴款书的次月申报期报送数据而影响税款及时抵扣。未实行海关缴款书“先比对后抵扣”管理办法的增值税一般纳税人取得海关缴款书，应在开具之日起180日后的第一个纳税申报期结束以前，向主管税务机关申报抵扣进项税额。

3. 一般纳税人接受应税劳务服务，必须在劳务服务费支付后才能申报抵扣进项税额；对接受应税劳务服务但尚未支付款项的，其进项税额不得作为当期进项税额抵扣。

4. 对企业接受投资、捐赠和分配的货物，则以收到增值税专用发票的时间为申报抵扣进项税额的时限。

违反规定的，按逃税论处。一经查出，则应从当期进项税额中剔除，并在该专用发票抵扣联上注明，以后不论货物是否到达、验收入库、支付款项等，均不得计入进项税额申报抵扣。

（四）不得抵扣进项税额的确认

下列项目的进项税额不得从销项税额中抵扣：

1. 用于非增值税应税项目和免征增值税项目，集体福利、个人消费的购进货物、应税劳务服务。

“非增值税应税项目”是指提供非增值税应税劳务、转让无形资产、销售不动产和不动产在建工程。

“个人消费”包括纳税人的交际应酬消费。“购进货物”不包括既用于增值税应税项目（不含免征增值税项目）又用于非增值税应税项目、免征增值税项目、集体福利或者个人消费的固定资产。

2. 非正常损失（因管理不善造成被盗、丢失、霉烂变质的损失）的购进货物及相关的应税劳务。

3. 非正常损失的在产品、产成品所耗用的购进货物、应税劳务不得从销项税

---

① 固定资产是指使用期限超过12个月的机器、机械、运输工具以及其他与生产经营有关的设备、工具、器具等。

额中抵扣。

4. 纳税人已抵扣进项税额的固定资产发生上述所列情形的，应在当月按下列公式计算不得抵扣的进项税额：

$$\text{不得抵扣的进项税额}=\text{固定资产净值}\times\text{适用税率}$$

固定资产净值是指纳税人按照财务会计制度计提折旧后计算的固定资产净值。

5. 已抵扣进项税额的购进货物、应税劳务服务，发生上述情况的（免税项目、非增值税应税劳务除外），应当将该项购进货物、应税劳务服务的进项税额从当期的进项税额中扣减；无法确定该项进项税额的，按当期实际成本计算应扣减的进项税额。

6. 一般纳税人兼营免税项目或者非增值税应税劳务服务而无法划分不得抵扣的进项税额的，按下列公式计算不得抵扣的进项税额：

$$\begin{array}{c}\text{不得抵扣的}\\\text{进项税额}\end{array}=\begin{array}{c}\text{当期无法划分的}\\\text{全部进项税额}\end{array}\times\left(\begin{array}{c}\text{当期简易计税方法}\\\text{计税项目销售额}\end{array}+\begin{array}{c}\text{非增值税应税劳务}\\\text{服务营业额}\end{array}+\begin{array}{c}\text{免征增值税}\\\text{项目销售额}\end{array}\right)\div(\text{当期全部销售额}+\text{当期全部营业额})$$

7. 按简易计税方法计算缴纳增值税的货物、劳务服务，不得抵扣进项税额。

8. 凡不得抵扣进项税额的购进货物、应税劳务、服务，其相应运费的进项税额也不得抵扣。

四、增值税应纳税额的计算

（一）一般纳税人应纳税额的计算

一般纳税人销售货物、提供应税劳务服务，其应纳税额在一般情况下为当期销项税额减去同期准予抵扣的进项税额后的余额，计算公式如下：

$$\text{应纳税额}=\text{当期销项税额}-\text{同期准予抵扣的进项税额}$$

若当期销项税额小于同期准予抵扣的进项税额而不足抵扣时，其不足部分结转下期继续抵扣。

例3—3

某企业为一般纳税人，1月份销售产品，开出增值税专用发票，销售额120 000元，销项税额20 400元；销售给小规模纳税人的产品，开普通发票，销售额40 000元（含税）；将一批成本100 000元的产品对外投资。当月购料（已入库），取得专用发票，价款60 000元，税额10 200元；购进免税农产品25 000元；当月用水27 600元，专用发票注明税额3 588元；购进设备一台，价款55 000元，专用发票注明税额9 350元。

计算该企业当月应纳增值税如下：

（1）销项税额的计算。

$$\text{销售给小规模纳税人的产品销项税额}=40\,000\div(1+17\%)\times17\%=5\,812(\text{元})$$

投资产品销项税额＝100 000×(1＋10％)×17％＝18 700(元)

销项税额合计＝20 400＋5 812＋18 700＝44 912(元)

(2) 允许抵扣的进项税额的计算。

允许抵扣的进项税额＝10 200＋25 000×13％＋3 588＋9 350
＝26 388(元)

(3) 应纳税额的计算。

应纳税额＝44 912－26 388＝18 524(元)

例 3—4

某电信集团某分公司系增值税一般纳税人。7月份利用固网、移动网、卫星、互联网提供语音通话服务，取得价税合计收入3 500万元；出租带宽、波长等网络元素取得价税合计服务收入830万元；出售带宽、波长等网络元素取得价税合计服务收入1 331万元。分公司在提供电信业服务时，还附带赠送用户识别卡、电信终端等货物或者电信业服务，给客户提供基础电信服务价税合计499万元。当月认证增值税专用发票进项税额280万元，符合进项税额抵扣规定。该分公司8月份应纳增值税计算如下：

应纳增值税＝(3 500＋830＋1 331＋499)÷1.11×11％－300
＝610－280＝330(万元)

(二) 简易计税方法应纳税额的计算

小规模纳税人销售货物、提供应税劳务服务，一般纳税人的特定货物、特定劳务服务①，按简易计税方法计算缴纳增值税。即按其销售额乘以征收率计算应纳税额，计算公式如下：

应纳增值税＝销售额×征税率

例 3—5

某具有矿山开采资质的小规模纳税人常年承包某铁矿的矿石开采业务，合同规定每吨矿石开采费用0.50元，上半年共开采矿石30万吨，承包人应纳增值税计算如下：

应纳增值税＝300 000×0.50÷(1＋3％)×3％＝4 368.93(元)

(三) 进口货物应纳税额的计算

对进口货物征税的同时，对某些进口货物也作出了减免税或不征税的规定，还规定实行保税的货物不征增值税。如对从国外进口的原材料、零部件、包装物，对这些货物实行保税监管，即进口时先不缴税，企业在海关的监管下，使用、加工这些进口料件，并且复出口；若不能再出口而销往国内时，则要按规定缴税。对于国外过境或转口货物，一般也采用这种方法。进口货物的适用税率与国内购

① 如提供公共交通运输服务的一般纳税人，即使年销售额超过500万元，也可选择按简易计税方法纳税。

销货物相同。

纳税人进口货物，按照组成计税价格和规定的税率计算应纳税额，其组成计税价格和应纳税额的计算公式如下：

组成计税价格＝关税完税价格＋关税＋消费税

应纳税额＝组成计税价格×增值税税率

第3节 增值税进项税额及其转出的会计记录

一、增值税会计的账表设置

（一）一般纳税人增值税会计账户的设置

增值税实行“价外计税”的办法，即以不含增值税税金的价格为计税依据。同时，根据增值税专用发票注明税额实行税款抵扣制度，按购进扣税法的原理计算应纳税额。因此，货物、应税劳务的价款与税款采用分别核算反映的方法。

一般纳税人应在“应交税费”账户下设置“应交增值税”二级账户。①

“应交税费——应交增值税”账户的借方发生额，反映企业购进货物、固定资产、接受应税劳务服务所支付的进项税额和实际已交的增值税额；“应交税费——应交增值税”账户的贷方发生额，反映销售货物、固定资产、提供应税劳务服务应交的增值税额、出口货物退税、转出已支付或应分摊的增值税；“应交税费——应交增值税”账户的期末借方余额，反映尚未抵扣的、多交的增值税额。“应交税费——应交增值税”账户的期末贷方余额，反映尚未交的增值税额。

在“应交税费——应交增值税”二级账户下，可设置以下明细账户：

（1）“进项税额”账户。记录企业购进货物、固定资产、接受应税劳务服务而支付的并准予从销项税额中抵扣的增值税额；若发生购货退回或折让，应以红字记入，以示冲销的进项税额。

（2）“已交税金”账户。记录企业当月上缴应交增值税额；收到退回的多交增值税额时，以红字记入。

（3）“出口抵减内销产品应纳税额”账户。记录出口企业按规定退税率计算的当期应予抵扣的税额。在实务中，生产企业如果在同期发生内销业务，当然会有“内销产品应纳税额”，在办理免抵退时，可以从中抵减。但在一般贸易出口、进料加工复出口业务中，即使没有发生内销业务，也有“应纳税额”的问题，依免抵退税办法，也可从中抵减，这样就可能出现“没有内销业务”而去“抵减内销产品应纳税额”的离奇情况。因此，可以将该明细账户改为“出口退税抵减应纳税额”。

（4）“销项税额”账户。记录企业销售货物、固定资产、提供应税劳务应收取的增值税额。若发生销货退回或销售折让，应以红字记入，以示冲减销项税额。

---

① 企业也可以增设“未交增值税”二级账户；需要进行增值税调整的企业，还应设置“增值税检查调整”二级账户。

(5)“出口退税”账户。记录企业向海关办理报关出口手续后，凭出口报关单等有关单证，向主管出口退税的税务机关申报办理出口退税而确认的应予退回的税款及应免抵税款；若办理退税后，又发生退货或者退关而补交已退增值税，则用红字记入（详见本章第6节）。

(6)“进项税额转出”账户。企业发生以下情况时，做进项税额转出处理：免税货物，非应税项目、集体福利、个人消费，非正常损失，纳税检查调减进项税额，未经认证已抵扣的进项税额，红字专用发票通知单注明的进项税额等。在出口退税业务中，还记录转出不予抵扣或退税的税额（对进口料件不得抵扣税额的抵减额，用红字反映）；退税凭证不全，不能退税，须结转至出口货物销售成本。若又发生冲销已转出的进项税额时，用红字记入。

（二）小规模纳税人增值税会计账户设置

小规模纳税人只需在“应交税费”账户下设置“应交增值税”二级账户，无须再设明细项目。贷方反映企业应交的增值税额，借方反映企业实际上交的增值税额；贷方余额反映企业尚未上交或欠交的增值税，借方余额则反映多交的增值税额。

（三）增值税会计账表的设置

1. 一般纳税人增值税账簿的设置。企业应设置“应交税费——应交增值税”二级账户，其账页格式的设置，有以下两种方法：

(1) 按“应交增值税”的明细项目设置多栏式明细账，如表3—1所示。

表3—1 应交税费——应交增值税

略	借方				贷方				余额
	合计	进项税额	已交税金	出口退税抵减应纳税额	合计	销项税额	出口退税	进项税额转出	

(2) 将“进项税额”、“销项税额”等明细项目在“应交税费”账户下分别设置明细账进行核算，如表3—2、表3—3所示。

表3—2 应交税费——销项税额明细账

年		凭证号	摘要	入账发票份数		借方	贷方				借或贷	余额
月	日			专用	普通		17%	13%	11%	6%		

表3—3 应交税费——进项税额明细账

年		凭证号	摘要	入账发票份数		借方				贷方	借或贷	余额
月	日			专用	普通	17%	13%	11%	6%			

期末，应结出各明细账的余额，并按期末余额转账：

1）将“出口退税”、“进项税额转出”明细账余额转入“进项税额”明细账的贷方。

2）将“已交税金”、“出口退税抵减应纳税额”明细账的余额转入“销项税额”明细账的借方。

3）作上述转账后，将“进项税额”明细账余额与“销项税额”明细账余额进行比较。如果销项税额大于进项税额，则将“进项税额”明细账的余额转入“销项税额”明细账的借方；转账后的“销项税额”明细账的余额，表示企业尚未交纳的增值税。如果进项税额大于销项税额，则应将“销项税额”明细账的余额转入“进项税额”明细账的贷方；转账后的“进项税额”明细账的余额，表示企业多交或待扣的增值税。“进项税额”或“销项税额”明细账的余额（对同一纳税人来说，同一纳税期，二者必居其一）应与“应交税费——应交增值税”二级明细账的余额相同。

2. 小规模纳税人增值税账簿的设置。小规模纳税人采用简易计税方法，其“应交税费——应交增值税”账户，可设借、贷、余三栏式明细账页。

二、增值税进项税额的会计记录

若增值税采用税款抵扣制，被确认的进项税额均可从同期销项税额中抵扣。对不准抵扣的进项税额，应将专用发票上注明的增值税额计入采购货物的成本，借记“工程物资”、“在建工程”等，贷记“银行存款”、“应付账款”等。

对准予抵扣的进项税额，如果采购业务发生时就符合抵扣条件，如已付款或货物已入库，则可直接将进项税额借记“应交税费——应交增值税（进项税额）”；若当时还不具备抵扣条件，如企业采购商品（材料），尚未付款时，其进项税额虽然符合抵扣范围，但尚不具备抵扣条件，为避免提前抵扣而被罚款，企业可增设“待扣税金——待扣增值税”或“待扣进项税额”账户，取得专用发票时，按注明的增值税额，先借记“待扣税金——待扣增值税”；待符合抵扣条件时，再借记“应交税费——应交增值税（进项税额）”，贷记“待扣税金——待扣增值税”。

（一）国内采购货物进项税额的会计记录

企业外购应税货物，应按货物的实际采购成本借记“材料采购”、“原材料”、“库存商品”等，按应预交或垫支的增值税额借记“应交税费——应交增值税（进项税额）”，按货物的实际成本和增值税进项税额之和贷记“银行存款”、“其他货币资金”、“应付票据”、“应付账款”等。

例3—6

天华工厂9月9日收到银行转来的购买光明工厂丙材料的托收承付结算凭证及发票，数量为5 000千克，11元/千克，增值税进项税额为9 350元，支付运输费600元（不含税），进项税额66元。采用验单付款。验收付款后作会计分录如下：

借：在途物资（光明工厂）　　55 600
　　应交税费——应交增值税（进项税额）　　9 416

贷：银行存款　65 016

企业购进货物并取得防伪税控增值税专用发票后，如果在未到主管税务机关进行认证之前入账，其购进货物的进项税额还不能确认是否符合抵扣条件。若作上述会计记录，容易与符合抵扣条件的进项税额混淆。为避免因错账而给企业带来税收损失，企业可增设“待扣税金”账户过渡。

仍按上例，在未进行比对认证之前入账时，先作会计分录如下：

借：在途物资（光明工厂）　55 600
　　待扣税金——待扣增值税　9 416
　贷：银行存款　65 016

材料验收入库时：

借：原材料——丙材料　55 600
　贷：在途物资（光明工厂）　55 600

企业在 180 天之内进行比对认证并获得通过后，记：

借：应交税费——应交增值税（进项税额）　9 416
　贷：待扣税金——待扣增值税　9 416

如果企业在规定时间内进行比对认证，但未获得通过；或者在规定时间内进行比对认证并获得通过后，但未在当月申报抵扣；或者超过规定时间未到税务机关进行比对认证，则记：

借：原材料——丙材料　9 416
　贷：待扣税金——待扣增值税　9 416

例 3—7

天利工厂 8 月份收到电力公司开来的电力增值税专用发票，因该工厂生产经营用电和职工生活用电是一个电表，增值税专用发票的增值税税额中有属于职工个人消费的部分。10 月份该工厂用电总价 20 000 元，其中：生产用电 18 000 元，职工生活用电 2 000 元。电力公司开来的增值税专用发票，电价 20 000 元，税额 3 400 元，价税合计 23 400 元。该工厂对职工个人用电的价税计算到人，在发工资时扣回。作会计分录如下：

借：制造费用　18 000
　　应交税费——应交增值税（进项税额）　3 060
　　应付职工薪酬　2 340
　贷：银行存款　23 400

例 3—8

大华工厂 9 月份付水费 12 000 元，其中：车间用水 9 500 元，管理用水 2 500 元，增值税专用发票注明增值税额 1 560 元（税率 13%）。作会计分录如下：

借：制造费用　9 500
　　管理费用　2 500
　　应交税费——应交增值税（进项税额）　1 560
　贷：银行存款　13 560

零售商业企业在采用售价（含税）金额核算时，其会计记录有所不同。在商品验收入库时，借记“库存商品”，以商品的进价（不含税）金额，贷记“材料采购”，以商品含税零售价大于不含税进价的差额，贷记“商品进销差价”。“商品进销差价”账户是商品零售企业用来核算商品售价（含税）与进价（不含税）之间的差额（毛利＋销项税额）的专门账户。借方反映取得商品进价大于零售价的差额，月终分摊商品进销差价和商品售价调整时，调低售价的差额；贷方反映企业购进商品的零售价大于其进价的差额和库存商品售价调整时调高售价的差额；贷方余额反映库存商品进价小于售价的差额，借方余额则反映库存商品进价大于售价的差额，正常情况下应为贷方余额。

如果购进免税农产品的价格中所含增值税不予抵扣，农产品的流通和以农产品为原料的轻工产品的生产，必然存在重复征税因素。因此，企业在农产品免税的同时，允许扣除购进农产品价格中所含有的税金。实际支付价款时，借记“材料采购”，贷记“银行存款”或“库存现金”；如果需要缴纳相关税费，在计算应缴税费时，借记“材料采购”，贷记“应交税费”；农产品验收入库时，按收购金额和应交税费之和及13%的扣除率计算的抵扣额，借记“应交税费——应交增值税（进项税额）”；按收购价款和应交税费之和减去抵扣税额，借记“库存商品”。

例3—9

某食品加工企业，10月份收购粮食，价款100 000元。已知当月贷记增值税销项税额为24 000元。

（1）支付收购货款时：

借：材料采购　　100 000

　贷：库存现金　　100 000

（2）农产品验收入库时：

可抵扣进项税额＝100 000×13%＝13 000(元)

借：库存商品　　87 000

　　应交税费——应交增值税（进项税额）　　13 000

　贷：材料采购　　100 000

（3）根据销项税额与进项税额的“顺差”进行纳税申报并缴纳税款时：

借：应交税费——应交增值税（已交增值税）　　11 000

　贷：银行存款　　11 000

（4）如果本期销项税额为9 500元，不足以被进项税额抵扣，出现“逆差”3 500元，则作为“留抵税额”结转下期，月末需进行三级明细科目结转。

借：应交税费——应交增值税（转出多交税金）　　3 500

　贷：应交税费——应交增值税（进项税额）　　3 500

（二）国外进口货物进项税额的会计记录

从国外进口货物时，应根据海关开具的完税凭证记账。增值税的计税依据是以海关审定的关税完税价格，加上应交关税、消费税（属于应纳消费税的货物），其计算公式如下：

$$\text{进项税额}=\text{组成计税价格}\times\text{增值税税率}$$
$$=(\text{关税完税价格}+\text{关税}+\text{消费税})\times\text{增值税税率}$$

例 3—10

某商业企业由国外进口 A 商品一批，完税价格 400 000 美元，采取汇付结算方式，关税税率为 20%，增值税税率为 17%。开出人民币转账支票 2 400 000 元，从银行购入 400 000 美元，转入美元存款户，假设计税日外汇牌价 1∶6。支付国内运输费 2 400 元，进项税额 264 元。作会计分录如下：

（1）买入外汇时：

借：银行存款——美元户（USD400 000×6）	2 400 000	
贷：银行存款——人民币		2 400 000

（2）支付货款时：

借：材料采购	2 400 000	
贷：银行存款——美元户		2 400 000

（3）支付进口关税和增值税时：

应纳关税＝2 400 000×20%＝480 000（元）

增值税组成计税价格＝2 400 000＋480 000＝2 880 000（元）

增值税进项税额＝2 880 000×17%＝489 600（元）

借：材料采购	480 000	
应交税费——应交增值税（进项税额）	489 600	
贷：银行存款		969 600

（4）支付国内运输费时：

借：材料采购	2 400	
应交税费——应交增值税（进项税额）	264	
贷：银行存款		2 664

（5）结转商品采购成本时：

借：库存商品——A 商品	2 882 400	
贷：材料采购		2 882 400

（三）委托加工材料进项税额的会计记录

委托方根据专用发票上注明的加工费的增值税额，借记“应交税费——应交增值税（进项税额）”。

例 3—11

天华工厂委托东方木器厂加工产品包装用木箱，发出材料 16 000 元，支付加工费 3 600 元和增值税额 612 元，支付给承运部门的往返运输费 400 元（含税）。作会计分录如下：

（1）发出材料时：

借：委托加工物资　16 000

　　贷：原材料　16 000

（2）支付加工费和增值税额时：

借：委托加工物资　3 600

　　应交税费——应交增值税（进项税额）　612

　　贷：银行存款　4 212

（3）用银行存款支付往返运输费时：

应计进项税额＝400÷(1＋11%)×11%＝39.64(元)

借：委托加工物资　360.36

　　应交税费——应交增值税（进项税额）　39.64

　　贷：银行存款　400

（4）结转加工材料成本时：

借：包装物——木箱　19 960.36

　　贷：委托加工物资　19 960.36

（四）购建固定资产进项税额的会计记录

企业购买、自制固定资产时，取得增值税专用发票并支付进项税额，会计记录方法与增加存货基本相同。外购时，借记“应交税费——应交增值税（进项税额）”，按专用发票记载的应计入固定资产价值的金额，借记“固定资产”等账户，按应付或实际支付的金额，贷记“应付账款”、“应付票据”、“银行存款”、“长期应付款”等账户。

例 3—12

某制造企业购进专门用于研发的不需安装的数控机床一台，价款 850 000 元，税金 144 500 元，价税合计 994 500 元，以银行存款支付。

（1）设备购进时：

借：固定资产——数控机床　850 000

　　应交税费——应交增值税（进项税额）　144 500

　　贷：银行存款　994 500

（2）如果该企业是在 2014 年 1 月 1 日后购进用于研发的仪器、设备，单位价值不超过 100 万元的，允许一次性计入当期成本费用在税前扣除，可作会计分录如下①：

借：研发支出——费用化支出　850 000

　　贷：累计折旧　850 000

（3）如果该企业两年后将当初用于新产品研发的数控机床出售，价税合计 409 500 元，货款已收讫。作会计分录如下：

借：银行存款　409 500

　　贷：研发支出——费用化支出　350 000

　　　　应交税费——应交增值税（销项税额）　59 500

① 如果财务会计按预计使用年限分期折旧，就会形成一项暂时性差异，年末需要纳税调整。

同时，

借：累计折旧 850 000

　贷：固定资产——数控机床 850 000

例 3—13

欣华公司 9 月 10 日购入环保处理设备一台，增值税专用发票载明价款为 45 万元，增值税为 7.65 万元，支付设备安装费 0.9 万元，款项均从银行支付。根据有关规定，该项设备得到市级财政一次性补助 21 万元，款已到账。该设备预计使用 5 年，假定无残值。

（1）购入环保设备并安装时：

借：在建工程——环保设备 459 000

　　应交税费——应交增值税（进项税额） 76 500

　贷：银行存款等 535 500

（2）设备交付使用时：

借：固定资产——环保设备 459 000

　贷：在建工程——环保设备 459 000

（3）收政府补助时：

借：银行存款 210 000

　贷：递延收益——环保设备补助 210 000

每月计提固定资产折旧＝459 000÷5÷12＝7 650(元)

借：制造费用——折旧费用 7 650

　贷：累计折旧 7 650

（4）每月摊销递延收益时：

与设备有关的收益＝210 000÷5÷12＝3 500(元)

借：递延收益——环保设备补助 3 500

　贷：营业外收入——政府补助 3 500

（五）小规模纳税人购进货物的会计记录

由于小规模纳税人不实行税款抵扣制，因此，不论是收到普通发票还是专用发票，其所付税款均不应单独反映，可直接计入采购成本，按应付或实际支付的价款和进项税额，借记“材料采购或商品采购”、“原材料或库存商品”、“管理费用”等，贷记“应付账款”、“银行存款”、“库存现金”等。

例 3—14

天朋厂系小规模纳税人，3 月份购入原材料一批，增值税专用发票上注明：材料价款 8 800 元，增值税 1 496 元；购入包装物一批，普通发票上所列价款 2 500 元。已付款并验收入库。作会计分录如下：

借：原材料 10 296

　　包装物 2 500

贷：银行存款　12 796

三、增值税进项税额转出的会计记录

当企业购进的货物发生非正常损失、用于免税项目或改变用途时，当企业提供的应税服务免征增值税时，其进项税额不得从销项税额中扣除。但因这些货物的增值税额在其购进时已作为进项税额从当期的销项税额中作了扣除，故应将其转出，从本期的进项税额中抵减，借记有关成本、费用、损失等账户，贷记“应交税费——应交增值税（进项税额转出）”。根据我国出口退税政策规定，对进项税额与出口退税额的差额，也应作“进项税额转出”的会计记录。如果企业因故注销存货，既不应作视同销售处理，也不应作“进项税额转出”，而应不涉及增值税。

（一）购进货物改变用途转出进项税额的会计记录

若企业购进的生产、经营用货物日后用于非应税项目、集体福利、个人消费（不开具发票，只填开出库单），即改变其用途时，应将其相应的增值税额从进项税额中转出，随同货物成本记入有关账户。这类业务与在购入时就能明确用于非应税项目、集体福利等不同（应将发票上注明的增值税额直接计入购进货物及接受应税劳务的成本）。这类业务与“视同销售”也不相同，视同销售是指自行加工、委托加工的货物用于上述目的或未经加工货物对外投资和赠送的（可开具发票，增值税额作为“销项税额”）。

例 3—15

某企业 9 月份购进一批钢材 112 吨，3 500 元/吨，增值税专用发票上注明钢材进价 392 000 元，进项税额 66 640 元，款已支付，货物已验收入库，已作相应会计处理。10 月份因改建扩建工程需要，从仓库中领用上月购入生产用钢材 28 吨。工程领用时作会计分录如下：

借：在建工程　114 660
　贷：原材料——钢材　98 000
　　　应交税费——应交增值税（进项税额转出）　16 660

（二）用于免税项目的进项税额转出的会计记录

如果企业生产的产品全部是免税项目，其购进货物的进项税额应计入采购成本，不存在进项税额转出的问题。如果企业购进的货物既用于应税项目又用于免税项目，而进项税额又不能单独核算时，月末应按免税项目销售额与全部销售总额之比计算免税项目不予抵扣的进项税额，然后作“进项税额转出”的会计记录。

例 3—16

某超市为增值税一般纳税人，其中经营当地蔬菜、水果等农产品。在上年 12 月末增值税纳税申报表中，“期末留抵税额”中蔬菜、水果全额共计 88 000 元。按有关规定，从当年 1 月份起，蔬菜、水果分别属于免税货物和应税货物。该超市 1 月份销售蔬菜 240 000 元、水果 160 000 元。本月销售上述业务，共发生（分摊）

电费 8 000 元、运输费 6 000 元，均取得符合规定的抵扣凭据，但无法在水果与蔬菜之间进行划分。进行相关会计处理如下：

计算期初留抵税额中进项税额转出数 $=88\,000\times240\,000\div(240\,000+160\,000)=52\,800$(元)

本月发生的电费和运输费可抵扣进项税额 $=8\,000\times17\%+6\,000\times11\%=2\,020$(元)

也按上述公式计算其进项税额转出数：

本月进项税额转出数 $=2\,020\times240\,000\div400\,000=1\,212$(元)

进项税额转出合计数 $=52\,800+1\,212=54\,012$(元)

作会计分录如下：

借：主营业务成本——蔬菜　　54 012

　贷：应交税费——应交增值税（进项税额转出）　　54 012

(三) 非正常损失货物进项税额转出的会计记录

增值税一般纳税人在生产经营过程中，可能因管理不善，造成存货被盗、霉烂变质等损失。按照税法规定，非正常损失购进货物的进项税额和非正常损失的在产品、产成品所耗用的购进货物或应税劳务的进项税额，不得从销项税额中抵扣。

对非正常损失存货进行会计记录，关键是正确计算其涉及的不得从销项税额中抵扣的进项税额。由于非正常损失的购进货物与非正常损失的在产品、产成品所耗用的购进货物或者应税劳务的进项税额，一般都已在此前作了抵扣，发生损失后，一般很难核实所损失的货物是在过去何时购进的，其原始进价和进项税额也无法准确核定，因此，可按货物的实际成本计算不得抵扣的进项税额。因损失的在产品、产成品中耗用外购货物或应税劳务的实际成本，还需要参照企业近期的成本资料加以计算。存货损失还涉及企业所得税，其税前扣除见第 9 章。

例 3—17

某企业一批原材料被盗，其账面价值 150 000 元，该批原材料增值税进项税额为 27 200 元。因被盗而发生的损失属于非正常损失，其进项税额不可抵扣。会计处理如下：

(1) 毁损发生时：

借：待处理财产损溢——待处理流动资产损溢　　175 500

　贷：原材料　　150 000

　　　应交税费——应交增值税（进项税额转出）　　25 500

(2) 报经批准后：

借：营业外支出　　175 500

　贷：待处理财产损溢——待处理流动资产损溢　　175 500

假定该项损失是因火灾造成的，收到各项赔款 14 000 元，残料入库 2 200 元。火灾造成的损失不属于非正常损失，其进项税额可以抵扣，不需要转出。其损失额计算＝150 000－14 000－2 200＝133 800（元）。

会计处理如下：

（1）毁损发生时：

借：待处理财产损溢——待处理流动资产损溢　133 800
　　原材料　2 200
　　其他应收款　14 000
　贷：原材料　150 000

（2）报经批准后：

借：营业外支出　133 800
　贷：待处理财产损溢——待处理流动资产损溢　133 800

第 4 节　增值税销项税额的会计记录

货物销售、提供应税劳务服务所涉及的会计账户主要有“主营业务收入”、“长期应收款”、“应交税费——应交增值税（销项税额）”、“银行存款”、“应收账款”、“应收票据”等账户。由于销售（结算）方式多种多样，其会计记录也有差异。企业销售免税货物时，无须计提销项税额。

一、现销方式销售货物销项税额的会计记录

现销方式销售货物即直接收款方式销售货物，按收入确认的原则和条件，不论货物是否发出，均应以收到货款或取得索取销货款凭据、销货发票交给购货方的当日，确认销售成立并发生纳税义务。即使对不完全符合收入确认条件的销售业务，只要已向对方开出专用发票，也应确认销项税额。企业应根据销售结算凭证和银行存款进账单等，借记“银行存款”、“应收账款”等；按专用发票上所列增值税额或普通发票上所列货款按征收率折算增值税额，贷记“应交税费——应交增值税（销项税额）”，按销售额，贷记“主营业务收入”。

例 3—18

天华工厂采用汇兑结算方式向光明厂销售甲产品 360 件，600 元/件，增值税额 36 720 元，开出转账支票，支付代垫运杂费 1 000 元。货款尚未收到。

借：应收账款——光明工厂　253 720
　贷：主营业务收入　216 000
　　　应交税费——应交增值税（销项税额）　36 720
　　　银行存款　1 000

若该笔业务不完全符合财务会计中的收入确认条件，企业可按销售产品成本转账，并确认销项税额，即借记“发出商品”，贷记“产成品”或“库存商品”；同时：

借：应收账款——光明工厂　36 720
　贷：应交税费——应交增值税（销项税额）　36 720

例 3—19

某商品零售企业 9 月 9 日各营业柜组交来销货款现金 8 775 元，货款已由财会部门集中送存银行。作会计分录如下：

销项税额＝8 775÷(1＋17%)×17%＝1 275(元)

借：银行存款　　8 775

　贷：主营业务收入　　7 500

　　　应交税费——应交增值税（销项税额）　　1 275

上述处理需要每天或每次计算销项税额，工作量大，容易出现误差。因此，对采用售价金额核算、实物负责制的零售企业，可按实收销货款（含税），借记“银行存款”，贷记“主营业务收入”；同时按售价金额结转成本，借记“主营业务成本”，贷记“库存商品”。月末，将含税商品销售收入换算为不含税销售额乘以税率算出全月的销项税额，借记“主营业务收入”，贷记“应交税费——应交增值税（销项税额）”，使主营业务收入由含税变为不含税。月末根据“商品进销差价表”结转实际成本时，借记“商品进销差价”（差价＋销项税额），贷记“主营业务成本”（含税），将“主营业务成本”账户调整为商品实际销售成本。

仍按例 3—19 的资料，9 月 9 日收到销货款时，作会计分录如下：

借：银行存款　　8 775

　贷：主营业务收入　　8 775

借：主营业务成本　　8 775

　贷：库存商品　　8 775

假设本月商场的含税销售收入总额为 350 000 元，作会计分录如下：

借：主营业务收入　　50 855

　贷：应交税费——应交增值税（销项税额）　　50 855

根据“商品进销差价表”结转实际成本，假设表中所列商品进销差价总额为 295 000 元（含税）：

借：商品进销差价　　295 000

　贷：主营业务成本　　295 000

当月实现毛利＝本期含税毛利－销项税额＝295 000－50 855＝244 145(元)

例 3—20

某建筑企业承建某房建项目并与业主签订房建固定造价合同，合同总金额 1 110 万元（其中合同价款 1 000 万元，增值税销项税额 110 万元），合同完工进度按照累计实际发生的合同成本占成本合同预计总成本的比例确定，工程于当年 1 月 1 日开工，预计工期两年，预计合同总成本 900 万元。3 月 31 日，企业累计发生施工成本 90 万元，并确认了相关增值税进项税额，同时业主对施工企业进行季度末验工计价金额为 122.1 万元，开具增值税专用发票，其中工程款计价 110 万元，增值税税率 11%，销项税额 12.1 万元。建筑企业相关计算和会计分录如下：

(1) 3 月 31 日，确认计量房建工程完工百分比及建造合同收入时：

完工百分比＝900 000÷9 000 000＝10％

当期确认建造合同收入＝10 000 000×10％＝1 000 000(元)

（2）确认当期合同收入时：

借：主营业务成本　900 000

　　工程施工——合同毛利　100 000

　贷：主营业务收入　1 000 000

（3）业主期末验工计价时：

借：应收账款　1 221 000

　贷：工程结算　1 100 000

　　　应交税费——应交增值税（销项税额）　121 000

二、分期收款方式销售货物销项税额的会计记录

企业采用赊销、分期收款方式销售货物，其纳税义务的发生时间为按合同约定的收款日期的当天。即不论在合同约定的收款日是否收到或如数收到货款，均应确认纳税义务发生，并在规定时间内缴纳增值税。发出商品时，借记“长期应收款”，贷记“主营业务收入”；同时，结转销售成本。按合同约定的收款日期开具发票，借记“银行存款”、“应收账款”等，贷记“长期应收款”、“应交税费——应交增值税（销项税额）”。而按会计准则的规定，如果收款期较短（通常在3年以下），以合同金额确认收入，其会计记录与税法规定基本相同。如果收款期较长（通常在3年以上），实质上是具有融资性质的销售商品，按应收合同或协议价款，借记“长期应收款”，按应收合同或协议价款的公允价值（未来现金流量现值），贷记“主营业务收入”，按专用发票上注明的增值税额，贷记“应交税费——应交增值税（销项税额）”，按其差额，贷记“未实现融资收益”。“未实现融资收益”在收款期内按实际利率法摊销，摊销结果与直线法相差不大时，也可以采用直线法摊销。

例3—21

新华工厂按销售合同向N公司销售A产品300件，售价1 000元/件，产品成本800元/件，税率17％。按合同规定付款期限为6个月，货款分3次平均支付。本月为第1期产品销售实现月，开出增值税专用发票：价款100 000元、增值税17 000元，款已如数收到。假定不计息。作会计分录如下：

（1）确认销售时：

借：长期应收款　300 000

　贷：主营业务收入　300 000

同时，

借：主营业务成本　240 000

　贷：库存商品　240 000

（2）在合同约定日收到款项时：

借：银行存款　117 000

贷：长期应收款　　100 000

　　应交税费——应交增值税（销项税额）　　17 000

（3）若在合同约定日没有收到款项，应：

借：其他应收款　　17 000

　　贷：应交税费——应交增值税（销项税额）　　17 000

三、销货退回及折让、折扣的销项税额的会计记录

增值税一般纳税人因销售货物退回或者折让而退还给购买方的增值税额，应从发生销售货物退回或者折让当期的销项税额中扣减；因购进货物退回或者折让而收回的增值税额，应从发生购进货物退回或者折让当期的进项税额中扣减。一般纳税人销售货物，开具增值税专用发票后，发生销售货物退回或者折让、开票有误等情形，应按国家税务总局的规定开具红字增值税专用发票。未按规定开具红字增值税专用发票的，增值税额不得从销项税额中扣减。

（一）销货退回销项税额的会计记录

1. 已开发票未入账退货的会计记录。当销货方收到退回发票时，可对原蓝字发票作废处理，收入成本等相关账务一般不作账务处理。当产品召回时，发生的相关费用如公告费、包装费、运输费等，则借记“销售费用”，贷记“银行存款”、“其他应付款”（购货方代垫）等。

2. 无退货条件已入账且退货非资产负债表日后事项的会计记录。如未确认收入，企业应按已计入发出商品的商品成本金额，借记“库存商品”，贷记“发出商品”。采用计划成本或售价核算的，应按计划成本或售价记入库存商品，同时计算产品成本差异或商品进销差价。

3. 如已确认收入，销货方在购货方提供《开具红字专用发票通知单》后，开具负数（红字）专用发票。借记“主营业务收入”、“应交税费——应交增值税（销项税额）”，贷记“应收账款”、“银行存款”、“财务费用”等；同时，借记“库存商品”，贷记“主营业务成本”。

4. 附退货条件已入账且退货非资产负债表日后事项的会计记录。附退货条件的商品销售方式的，企业根据以往经验能够合理估计退货可能性且确认与退货相关负债的，通常应在发出商品时确认收入；企业不能合理估计退货可能性的，通常应在售出商品退货期满后确认收入。其退货的会计记录也有差别。

例 3—22

A公司6月10日向B公司销售丙产品100件，单价2 000元（不含税），单位成本1 600元，款未收，约定3个月内可退货，经验退货率为25%；商品发出时纳税义务已发生，实际发生退货增值税允许冲减。

6月10日确认收入，作会计分录如下：

借：应收账款　　234 000

　　贷：主营业务收入　　200 000

　　　　应交税费——应交增值税（销项税额）　　34 000

估计退货时，作会计分录如下：

借：主营业务收入[①]　50 000

　贷：主营业务成本　40 000

　　　预计负债　10 000

8月9日，发生实际退货30件时，作会计分录如下：

借：库存商品　48 000

　　应交税费——应交增值税（销项税额）　10 200

　　主营业务收入[②]　10 000

　　预计负债　10 000

　贷：主营业务成本　8 000

　　　应收账款　70 200

假设无法确认退货率，则会计分录如下：

6月10日发出商品时：

借：应收账款　34 000

　贷：应交税费——应交增值税（销项税额）　34 000

借：发出商品　160 000

　贷：库存商品　160 000

8月9日，发生实际退货时：

借：应收账款　129 800

　　应交税费——应交增值税（销项税额）　10 200

　贷：主营业务收入　140 000

借：主营业务成本　112 000

　　库存商品　48 000

　贷：发出商品　160 000

（二）销货折让销项税额的会计记录

销售产品因质量等原因，购销双方协商后不需退货，按折让比例后的价款和增值税额收取。

1. 购货方尚未进行账务处理也未付款。销货方应在收到购货方转来的原开增值税专用发票的发票联和抵扣联上注明“作废”字样。

如属当月销售，销货方尚未进行账务处理，则不需要进行冲销当月产品销售收入和销项税额的账务处理，只需根据双方协商扣除折让后的价款和增值税额重新开具增值税专用发票，并进行账务处理。

2. 购货方已进行账务处理，发票联和抵扣联已无法退还。这时，销货方一般也已进行了账务处理，销货方应根据购货方转来的通知单，按折让金额（价款和税额）开具红字增值税专用发票，作为冲销当期主营业务收入和销项税额的凭据。

如属以前月份销售，销货方已进行账务处理，则应根据折让后的价款和增值

① 无论估计退货还是实际退货，记账时，均应用红字贷记“主营业务收入”，表示冲账。

② 实际记账时，包括本会计分录中的“主营业务收入”，均应用红字（或负数）记入贷方。

税额重新开具增值税专用发票，按原开增值税专用发票的发票联和抵扣联与新开的增值税专用发票的记账联的差额，冲销当月主营业务收入和当月销项税额，红字借记“应收账款”，红字贷记“主营业务收入”、“应交税费——应交增值税（销项税额）”。

例3—23

新华厂7月20日采用托收承付结算方式（验货付款）销售给光明厂乙产品40 000元，增值税税额6 800元，由于质量原因，双方协商折让30%。8月18日收到光明厂转来增值税专用发票的发票联和抵扣联。作会计分录如下：

7月20日办妥托收手续时：

借：应收账款——光明厂　　46 800

　贷：主营业务收入——乙产品　　40 000

　　应交税费——应交增值税（销项税额）　　6 800

8月18日转来增值税专用发票时，按扣除折让后的价款28 000元（40 000×(1−30%)）和增值税额4 760元（6 800×(1−30%)），重新开具专用发票，冲销主营业务收入12 000元（40 000−28 000）和增值税额2 040元（6 800−4 760）。作红字（或用负数）会计分录如下：

借：应收账款　　14 040

　贷：主营业务收入——乙产品　　12 000

　　应交税费——应交增值税（销项税额）　　2 040

（三）折扣销售方式销项税额的会计记录

在财务会计中，销售折扣分为商业折扣和现金折扣两种形式，而在税务会计（税法）中，折扣销售方式分为折扣销售和销售折扣两种方式。

1. 折扣销售销项税额的会计记录。折扣销售即财务会计中的商业折扣，是指销货方在销售货物时，因购货方购货数量较大或与销售方有特殊关系等原因而给予对方的价格优惠（打折）。纳税人采取折扣方式销售货物，如果销售额和折扣额在同一张发票上的“金额”栏分别注明，可按折扣后的销售额征收增值税；未在同一张发票“金额”栏注明折扣额，而仅在发票的“备注”栏注明折扣额的，折扣额不得从销售额中扣除。如果将折扣额另开发票，不论其在财务会计上如何处理，也不得从销售额中扣除折扣额，即要按折扣前的销售额全额作为计算销项税额的依据。折扣销售仅限于对货物价格的折扣，如果销售方将自产、委托加工和购买的货物用于实物折扣的，则该实物价款不能从货物销售额中减除，且该实物应按“视同销售货物”中的“将自产、委托加工或者购进的货物无偿赠送其他单位或者个人”的行为计算缴纳增值税。

“随货赠送”是组合销售本企业商品，应将总的销售金额按各项商品公允价值的比例进行分摊，以确认各项销售收入。它是指企业采用的一种促销行为：在销售主货物的同时赠送从货物，这种赠送是出于利润动机的正常交易，属于捆绑销售或降价销售。赠送的目的是诱导消费者购买，其实赠品的价值已经包含在销售商品的售价之中。

例 3—24

天力公司（增值税一般纳税人）是厨房用品生产企业，主要产品是微波炉，副产品是电磁炉。微波炉成本为每台800元，售价为每台1 000元；电磁炉成本为每台140元，售价为每台180元。为了减少库存、增加销售额，公司决定每售出1台微波炉赠购买者1台电磁炉，本月共卖出500台微波炉。

（1）将总销售金额按微波炉和电磁炉各自公允价值比例计算确认各自的销售收入。

$$\text{微波炉的销售收入}=500\times1\,000\times\frac{1\,000}{1\,000+180}=425\,000(\text{元})$$

$$\text{电磁炉的销售收入}=500\times1\,000\times\frac{180}{1\,000+180}=75\,000(\text{元})$$

开具发票时，应将微波炉的销售额500 000元、电磁炉的销售额90 000元和折扣额90 000元在同一张发票上的“金额”栏分别注明。

（2）相关会计分录如下：

借：银行存款	585 000	
贷：主营业务收入——微波炉		425 000
——电磁炉		75 000
应交税费——应交增值税（销项税额）		85 000
借：主营业务成本——微波炉	400 000	
——电磁炉	70 000	
贷：库存商品——微波炉		400 000
——电磁炉		70 000

2. 销售折扣销项税额的会计记录。销售折扣即财务会计中的现金折扣，销售折扣发生在销货之后，是企业的一种融资性质的理财费用，在纳税人销售货物发生纳税义务时，购货方能否获得此项折扣尚未得知。因此，销售折扣不得从销售额中减除，要按折扣前的销售额全额作为计算销项税额的依据。

四、售后回购的会计记录

例 3—25

A公司于4月1日与B公司签订一项销售合同。根据合同向B公司销售一批商品，开出的增值税专用发票上注明的销售价格为200万元，增值税金额为34万元，该批商品成本为160万元；同时签订的补充合同约定，A公司应于8月31日将所售商品回购，回购价为220万元（不含增值税税额）。A公司的会计处理如下：

4月1日，签订销售合同，发生增值税纳税义务时：

借：银行存款	2 340 000	
贷：库存商品		1 600 000

应交税费——应交增值税（销项税额）　　340 000
其他应付款——B公司　　400 000

回购价大于原售价的差额，应在回购期间按期计提利息费用，计入当期财务费用。回购期5个月，采用直线法计提利息费用。每月计提利息费用4万元。

借：财务费用　　40 000
贷：其他应付款——B公司　　40 000

8月31日回购商品时，收到的增值税专用发票上注明的商品价款为220万元，增值税额为37.4万元，款项已经支付。

借：库存商品　　2 200 000
应交税费——应交增值税（进项税额）　　374 000
贷：银行存款　　2 574 000

同时，

借：其他应付款　　600 000
贷：库存商品　　600 000

五、视同销售销项税额的会计记录

视同销售是指没有直接现金流入的“销售”。按税法要求，所有视同销售行为都应正常计税。在财务会计中，视同销售一般不符合收入确认原则。对视同销售行为的会计处理，关键是应否通过收入账户进行核算，有两种观点（两种做法）：一种是与正常的、真正的销售核算相同，即按售价记销售收入并相应计提销项税金，再按成本结转销售成本；另一种是不通过收入账户核算，直接按成本结转，同时按市价或公允价值计提销项税金；期末，还应进行所得税纳税调整。前者是财务会计与税务会计不分离，即会计准则与税法规定一致或财务会计服从税法；后者是两种会计分离的做法。对视同销售行为的会计处理，一般应遵循如下原则：

1. 视同销售行为是否会使企业获得收益。如果能获得收益，就应按销售收入处理；否则，按其成本进行结转。

2. 对视同销售计算的应交增值税额，与一般的“进项税额转出”意义不同，税务会计应将其作为“销项税额”处理。

3. 视同销售行为的价格（计税依据）应按税法规定确定（税务部门认定）。

4. 财务会计不作收入的视同销售的会计处理。企业将自产货物用于非应税项目、捐赠、赞助、广告等，不属于两个会计主体之间的利益交换。这类会计事项不符合会计准则收入确认标准（条件），因为不产生经济利益流入，主要风险和报酬也没有转移到另一个会计主体。因此，不作收入处理，直接结转产品成本，但按税法规定，应按公允价值确认计量其销项税额。

5. 财务会计也作收入的视同销售的会计处理。企业将自产或外购货物用于债务重组、奖励、职工福利、利润分配等，税务会计与财务会计均视同销售处理，即企业应交流转税、所得税要视同销售进行处理，财务会计也同步确认收入。这类会计事项，符合会计准则的收入确认条件。虽然没有直接的现金流入，但它减少了企业的负债或提升了企业形象，促进商品销售，提高潜在盈利能力。

(一)委托代销商品销项税额的会计记录

委托代销是委托其他单位代为销售商品的一种销售方式，它是为了扩大企业产品销售范围和销售量的一种经营措施，其涉税会计记录方法视委托代销方式不同而有所区别。

1. 以支付手续费方式的委托代销。委托单位应按商品售价（不含税）反映销售收入，所支付的手续费以“销售费用”列支。如果受托单位为一般纳税人，则应为其开具增值税专用发票，列明代销商品价款和增值税款；如果受托单位为小规模纳税人，应按税款和价款合计开具普通发票，借记“应收账款”或“银行存款”，贷记“主营业务收入”、“应交税费——应交增值税（销项税额）”。收到受托单位开来的手续费普通发票后，借记“销售费用——手续费”，贷记“应收账款”或“银行存款”。

例3—26

某商业批发企业委托天方商店（一般纳税人）代销B商品400件，合同规定含税代销价为234元/件，手续费按不含税销售额的5%支付，该商品进价150元/件。

(1) 拨付委托代销商品时（按进价）:

借：发出商品——委托代销商品　　60 000

　贷：库存商品——B商品　　60 000

(2) 当在180天内收到天方商店报来的代销清单时：

代销清单列明销售数量150件，金额35 100元，倒算销售额并开具增值税专用发票，列明价款30 000元、增值税额5 100元。

借：应收账款——天方商店　　35 100

　贷：主营业务收入　　30 000

　　　应交税费——应交增值税（销项税额）　　5 100

如果委托代销商品已满180天而未收到代销清单，应在当期确认销项税额，但不确认收入。

借：应收账款　　5 100

　贷：应交税费——应交增值税（销项税额）　　5 100

(3) 收到天方商店汇来的款项和手续费普通发票时：

普通发票列明：扣除手续费1 500元（30 000×5%），实收金额33 600元。

借：银行存款　　33 600

　　销售费用　　1 500

　贷：应收账款——天方商店　　35 100

(4) 结转委托代销商品成本时：

借：主营业务成本　　22 500

　贷：发出商品——委托代销商品　　22 500

2. 受托单位作为自购自销的委托代销。委托单位不采用支付手续费方式的委托代销商品，一般是通过商品售价调整，作为对代销单位的报酬。这种方式实质上是一种赊销，受托单位按什么价格销售，既可以约定，也可以由受托方自定。委托单位在收到受托单位的代销清单后，按商品代销价反映销售收入，其涉税会计记录基本同前，只是不支付手续费而已。

例 3—27

某商业零售企业委托天天商店代销A商品300件，双方协商含税代销价117元/件，原账面价128.90元/件，代销价小于原账面价的差额，冲销商品进销差价。作会计分录如下：

(1) 拨付委托代销商品时：

借：发出商品——委托代销商品 35 100
　　商品进销差价 3 570
　贷：库存商品——A商品 38 670

(2) 代销款收到存入银行时：

天天商店报来代销清单，按代销商品全部销售金额35 100元倒算销售额并开具增值税专用发票给受托单位（如为小规模纳税人应开具普通发票），销售额为30 000元，增值税额为5 100元。

借：银行存款 35 100
　贷：主营业务收入 30 000
　　　应交税费——应交增值税（销项税额） 5 100

收到代销清单时，也可以将代销货款（包括销项税额）借记“银行存款”，贷记“主营业务收入”。月份终了时，再根据全月的商品销售收入总额换算为不含税销售额，乘以税率，计算销项税额并登记入账，借记“主营业务收入”，贷记“应交税费——应交增值税（销项税额）”。

(3) 结转委托代销商品成本时：

借：主营业务成本 35 100
　贷：发出商品——委托代销商品 35 100

(二) 受托代销商品销项税额的会计记录

企业代销商品行为，无论财务会计是否作为销售处理，均应正确进行涉税会计记录。受托单位在代销商品入库时，应填制代销商品入库单并登记代销商品明细账；代销商品销售后，应定期填制代销商品清单，并将其提供给委托单位。由于受托代销商品的所有权不属于本企业，因此，应当在表外账户核算并登记受托代销商品登记簿。若企业受托代销商品业务规模较大，与本企业自有商品在实物形态上难以划分，企业也可以设置“受托代销商品”和“代销商品款”账户进行核算，并按不同代销方式分别进行涉税会计记录。

1. 以收取手续费方式的受托代销。受托方根据代销商品数量或金额的一定比例，向委托方收取手续费。受托方收取的手续费实际上是一种劳务收入。按照税法的有关规定，受托方代销商品应作为应税商品销售，计算增值税销项税额；收取的手续费属应税劳务，应缴纳营业税。

如果受托方只收取手续费而不是加价销售，只需将代销手续费及其应缴纳的营业税，通过“其他业务收入”账户核算，但税法规定代销商品应作为应税销售，计算销项税额，如果购货方为一般纳税人，就应为其开具增值税专用发票。

例 3—28

某商品零售企业接受代销 B 商品 600 件，委托方规定代销价为 60 元/件（含税），代销手续费为不含税代销额的 5%，增值税税率为 17%，代销手续费收入的营业税税率为 5%。

（1）收到代销商品时（按含税代销价）：

借：受托代销商品——××部、组（B 商品） 36 000

贷：代销商品款 36 000

（2）代销商品全部售出时：

本月 20 日代销商品全部售出，向委托单位报送代销清单，并向委托单位索要增值税专用发票。同时，计算代销商品的销项税额并调整“应付账款”、注销“代销商品款”和“受托代销商品”。

代销商品销项税额$=600\times60\div(1+17\%)\times17\%=5\,231$(元)

借：应付账款——××企业 5 231

贷：应交税费——应交增值税（销项税额） 5 231

借：代销商品款 36 000

贷：受托代销商品——××部、组（B 商品） 36 000

（3）收到委托单位的增值税专用发票时：

借：应交税费——应交增值税（进项税额） 5 231

贷：应付账款——××企业 5 231

（4）开具代销手续费收入普通发票时：

代销手续费收入$=30\,769\times5\%=1\,538$(元)

借：应付账款——××企业 1 538

贷：其他业务收入 1 538

（5）支付扣除代销手续费后的代销款时：

借：应付账款——××企业 34 462

贷：银行存款 34 462

（6）计算并结转代销手续费收入应纳的营业税时：

借：其他业务成本 76.90

贷：应交税费——应交营业税 76.90

零售企业销售商品品种繁多，企业不可能把每一笔销货款都按自营和代销商品分开登记，更不可能在每天营业终了时，对代销商品进行盘点，以存计销。因此，代销商品和自营商品在销售时可全部记入“主营业务收入”账户，待代销商品全部销售或月终时，则由各部、组填报代销商品分户盘存计销表，冲销商品销售收入，贷记“应付账款”。仍以上例，作会计分录如下：

（1）收到代销商品时，会计记录同上。

(2) 平时零售收到销货款 75 200 元（不分自营和代销）时：

借：银行存款　　75 200

　　贷：主营业务收入　　75 200

(3) 本月 26 日代销商品全部售出，根据各部、组填报的代销商品分户盘存计销表示的上列代销商品销售额 36 000 元，开具代销商品清单和计算销项税额 5 231 元时：

借：主营业务收入①　　36 000

　　贷：应付账款——××企业　　30 769

　　　　应交税费——应交增值税（销项税额）　　5 231

(4) 注销“代销商品款”和“受托代销商品”账户时：

借：代销商品款　　36 000

　　贷：受托代销商品——××部、组（B 商品）　　36 000

2. 作为自购自销的受托代销。委托方与受托方签订协议，委托方按协议价格收取代销商品货款，商品实际售价与协议价之间的差额归受托方所有，受托方不收取手续费。这种销售方式本质上仍是代销，委托方将商品交付给受托方时，商品所有权上的风险和报酬并未转移给受托方。因此，委托方在交付商品时不能确认收入，受托方也不作购进商品处理。但受托方在销售商品时，应向购货方开具增值税专用发票，作销售处理，计算缴纳增值税。

批发企业代销商品，按不含税价反映接受和销售商品，其涉税会计记录与基本销售业务相同。零售企业受托代销商品，根据代销商品收货单，按本企业规定的该商品含税零售价，借记“受托代销商品”；按不含税接收价，贷记“代销商品款”（因受托人没有取得委托方开具的增值税专用发票，还不能按代销商品价款和税款增加或有负债，只能按代销商品价款增加或有负债），按两者的差额，贷记“商品进销差价”。代销商品售出时，按含税零售价，借记“银行存款”，贷记“主营业务收入”。定期向委托单位开出代销清单，根据代销清单转销受托代销商品成本，借记“主营业务成本”，贷记“受托代销商品”。收到委托单位开来的增值税专用发票，借记“应交税费——应交增值税（进项税额）”，按已销售商品的不含税接收价，借记“代销商品款”，同时按委托方开具的增值税专用发票上的价款和税款之和，贷记“应付账款”。支付代销商品款时，借记“应付账款”，贷记“银行存款”。月末计算并结转代销商品的销项税额时，借记“主营业务收入”，贷记“应交税费——应交增值税（销项税额）”。月末计算分摊代销商品的进销差价，调整受托代销商品成本时，借记“商品进销差价”，贷记“主营业务成本”。

例 3—29

某零售企业 4 月份接收代销甲商品 400 件，含税接收价为 23.4 元/件，不含税接收价为 20 元/件。本企业规定该商品的含税零售价为 29.25 元/件。

(1) 接收代销商品时：

① 实务中，应该用红字或负数记贷方。

借：受托代销商品——甲商品　　11 700
　贷：代销商品款　　8 000
　　　商品进销差价　　3 700

在实务工作中，也可以把“受托代销商品”账户作为“库存商品”的二级账户处理。这样，在月末结转代销商品进销差价时，就不必区分是代销商品还是自营商品。

(2) 平时商品销售时：

设销售代销商品和自营商品共计货款6 500元。

借：银行存款　　6 500
　贷：主营业务收入　　6 500

(3) 月末结转本月代销商品成本时：

根据各部、组填报的代销商品分户盘存计销表所列代销商品销售240件，结转代销商品销售成本。

借：主营业务成本　　7 020
　贷：受托代销商品——甲商品　　7 020

(4) 给委托单位开出代销清单，待收到委托单位开来的增值税专用发票（专用发票列明销售货款4 800元，增值税816元）时：

借：代销商品款　　4 800
　　应交税费——应交增值税（进项税额）　　816
　贷：应付账款　　5 616

(5) 支付代销商品款时：

借：应付账款　　5 616
　贷：银行存款　　5 616

(6) 月末计算并结转代销商品销项税额时：

查“主营业务收入”账户，设本月包括代销商品销售在内的收入额为440 000元，应计销项税额为：

$$440\,000\div(1+17\%)\times 17\%=63\,932(\text{元})$$

借：主营业务收入　　63 932
　贷：应交税费——应交增值税（销项税额）　　63 932

(7) 月末计算分摊代销商品进销差价时：

由于“商品进销差价”不分自营商品和代销商品，因此，已销代销商品与自营商品应一并分摊进销差价，经计算，本月“综合差价率”为30.45%。

$$\text{应分摊的进销差价}=440\,000\times 30.45\%=133\,980(\text{元})$$

借：商品进销差价　　133 980
　贷：主营业务成本　　133 980

(三) 货物用于招待业务的销项税额会计记录

在企业视同销售行为中，如果属于外购资产，可按购入时的价格确定销售收入，借记科目金额按购入价计算；如果属于企业自制产品，应按企业同类资产同期对外销售价格确定销售收入，具体按下列顺序确定销售额：

（1）按纳税人最近时期同类货物的平均销售价格确定。

（2）按其他纳税人最近时期同类货物的平均销售价格确定。

（3）按组成计税价格确定。组成计税价格的公式为：组成计税价格＝成本×(1＋成本利润率)。属于应征消费税的货物，其组成计税价格中应加计消费税额。

例3—30

8月份，某企业购买了1.17万元（含税价）的礼品，准备赠送有关客户。购入时，作会计分录如下：

借：库存商品　　10 000
　　应交税费——应交增值税（进项税额）　　1 700
　贷：银行存款　　11 700

（1）计入业务招待费时，如果按财税分离原则处理，按货物的成本与其所用货物的计税价格乘以适用税率计算的应纳增值税之和，借记“管理费用”等；按货物的成本，贷记“库存商品”、“产成品”等；按应纳税额，贷记“应交税费——应交增值税（销项税额）”。作会计分录如下：

借：管理费用——业务招待费　　11 700
　贷：库存商品　　10 000
　　　应交税费——应交增值税（销项税额）　　1 700

（2）计入业务招待费时，如果按财税不分离原则处理（按销售处理），作会计分录如下：

借：管理费用　　11 700
　贷：主营业务收入　　10 000
　　　应交税费——应交增值税（销项税额）　　1 700
借：主营业务成本　　10 000
　贷：库存商品　　10 000

采用这种会计记录方法，企业不需要进行纳税调整，管理费用计入当期损益，影响利润11 700元，调增应纳税所得额4 680元（11 700×40％）。

（四）将自产、委托加工的货物用于非应税项目销项税额的会计记录

企业将自产、委托加工的货物用于非应税项目，根据会计准则规定，并非销售业务，但企业自产、委托加工的货物本身消耗的原材料、支付的加工费中，已有一部分“进项税额”从“销项税额”中抵扣。另外，如果这些非应税项目直接耗用外购的含有增值税的货物，则计入这些非应税项目的材料成本中含有增值税，为了使各非应税项目成本便于比较，非应税项目领用自产或委托加工货物应按税法规定视同销售货物计算应交增值税。在货物移送时，按自产或委托加工货物的成本及其所用货物的计税价格乘以适用税率计算的应纳增值税之和，借记“在建工程”、“固定资产”、“应付职工薪酬”等；按所用货物成本，贷记“产成品”、“原材料”等；按应纳增值税额，贷记“应交税费——应交增值税（销项税额）”。

例 3—31

某面粉有限公司系增值税一般纳税人，主营面粉、挂面加工等，共有职工 90 人，其中生产工人 80 人，厂部管理人员 10 人。8 月份，公司决定以其生产的特制面粉作为福利发放给职工，每人 2 袋面粉。每袋面粉单位生产成本 40 元，当月平均销售价格 67.80 元/袋（含增值税）。

（1）按实际发放的自产面粉确认计量应付职工薪酬。

计入生产成本的金额＝67.8×80×2＝10 848(元)

计入管理费用的金额＝67.8×10×2＝1 356(元)

借：生产成本　　10 848

　　管理费用　　1 356

　贷：应付职工薪酬　　12 204

（2）按实际发放的自产面粉确认计量销项税额。

应计提的销项税额＝[67.8÷(1＋13%)×90×2]×13%＝1 404(元)

借：应付职工薪酬　　12 204

　贷：主营业务收入　　10 800

　　　应交税费——应交增值税（销项税额）　　1 404

（3）结转发放的自产面粉成本。

借：主营业务成本　　7 200

　贷：库存商品　　7 200

上述会计处理已经按公允价值核算主营业务收入及主营业务成本，因此，在所得税纳税申报时，不再单独填报视同销售收入及视同销售成本。

（五）企业将自产、委托加工或购买的货物无偿赠送他人销项税额的会计记录

这类业务并非销售活动，因为企业并未获得经济利益，但按税法规定，要视同销售货物计算缴纳增值税。自产、委托加工货物本身所耗原材料和支付的加工费等的进项税额、购买货物中的进项税额已从销项税额抵扣，若不视同销售，买卖双方互相“赠送”，国家将无法收税。因此，这类业务要视同销售计税。按所赠货物的成本与所赠货物售价或组成计税价格乘以税率计算应纳税之和，借记“营业外支出”；按所赠货物的成本，贷记“产成品”、“原材料”等；按应纳增值税额，贷记“应交税费——应交增值税（销项税额）”。

例 3—32

天华工厂将所生产的乙产品无偿赠送他人，生产成本 9 000 元，计税价 11 000 元。将购进的 A 材料 400 公斤，每公斤计划价 30 元，无偿赠送他人，该材料计划成本差异率为－2%。已提跌价准备 1 100 元，作会计分录如下：

乙产品应计销项税额＝11 000×17%＝1 870(元)

A 材料实际成本＝400×30×(1－2%)＝11 760(元)

A 材料成本差异＝400×30×(－2%)＝－240(元)

或　　　　　　$=11\ 760-400\times 30=-240$(元)

A材料应计销项税额$=11\ 760\times 17\%=1\ 999.20$(元)

借：营业外支出　　24 629.20
　　材料成本差异　　240.00
　贷：产成品　　9 000.00
　　　原材料　　12 000.00
　　　应交税费——应交增值税（销项税额）　　3 869.20

六、转出、出售固定资产销项税额的会计记录

对于企业将自产或委托加工的固定资产用于非应税项目、集体福利或个人消费；将自产、委托加工或购买的固定资产作为投资，提供给其他单位、分配给股东、无偿赠送他人等都应视同销售货物，计算应交增值税。借记“在建工程”、“长期股权投资”、“利润分配——应付普通股股利”、“营业外支出”、“应付职工薪酬”等，按货物的公允价格，贷记“主营业务收入”等；按增值税税率计算的销项税额，贷记“应交税费——应交增值税（销项税额）”。同时结转相应的成本。

企业销售已使用过的、可抵扣增值税的固定资产，因该项固定资产在原来取得时，其增值税进项税额已记入“应交税费——应交增值税（进项税额）”，销售时按基本税率17%计算确定的增值税销项税额，应借记“固定资产清理”，贷记“应交税费——应交增值税（销项税额）”。

例3—33

某企业出售一台已经使用过的生产设备，含税价为117万元，已提折旧10万元，但未计提资产减值准备。该固定资产取得时，其进项税额17万元已记入“应交税费——应交增值税（进项税额）”，出售时收到价款80万元，不考虑城建税及附加税费。

(1) 转入清理时：

借：固定资产清理　　900 000
　　累计折旧　　100 000
　贷：固定资产　　1 000 000

(2) 出售时：

借：银行存款　　800 000
　贷：固定资产清理　　683 761
　　　应交税费——应交增值税（销项税额）　　116 239
借：营业外支出　　216 239
　贷：固定资产清理　　216 239

七、增值税简易计税方法的会计记录

(一) 小规模纳税人应交增值税的会计记录

小规模纳税人不实行税款抵扣办法，应以不含税销售额乘以征收率，计算应

纳增值税。因此，只需通过“应交税费——应交增值税”账户反映增值税的应交、上交和欠交情况。

例 3—34

某工业企业属小规模纳税人，5 月份产品含税销售收入 10 600 元，货款尚未收到。作会计分录如下：

（1）销售货款未收到时：

应纳增值税额＝10 600÷(1＋3%)×3%＝308.74(元)

借：应收账款　　10 600.00
　贷：主营业务收入　　10 291.26
　　应交税费——应交增值税　　308.74

（2）月末缴纳增值税时：

借：应交税费——应交增值税　　308.74
　贷：银行存款　　308.74

（二）一般纳税人简易计税方法的会计记录

一般纳税人适用简易计税方法销售货物或提供应税劳务服务时，借记“应收账款”等，贷记“主营业务收入”、“应交税费——应交增值税（销项税额）”等。

例 3—35

某公司系一般纳税人，主营钢材和商品混凝土业务，其中，自产商品混凝土选择简易计税方法。当月钢材销售额 700 万元，钢材采购额 800 万元；商品混凝土销售收入 159 万元（含税）。作会计分录如下：

（1）销售钢材时：

借：应收账款——××客户　　8 190 000
　贷：主营业务收入——钢材　　7 000 000
　　应交税费——应交增值税（销项税额）　　1 190 000

（2）采购钢材时：

借：库存商品　　8 000 000
　应交税费——应交增值税（进项税额）　　1 360 000
　贷：应付账款——××供应商　　9 360 000

（3）销售混凝土时：

借：应收账款——××客户　　1 590 000
　贷：主营业务收入——商品混凝土　　1 543 690
　　应交税费——应交增值税（销项税额）　　46 310

按上述会计分录填报纳税申报表时，适用一般计税方法的钢材业务与按简易计税方法的商品混凝土业务合并后填列，本期应纳税额和纳税申报表结果不一致，原因是会计处理将两种计税方法的纳税结果在未考虑期末留抵税额时，提前进行了合并。为克服此问题，可以将适用简易计税方法计算的税额记入“应交税费——未交增值税”，如上例，销售混凝土会计分录如下：

借：应收账款——××客户　　1 590 000

　　贷：主营业务收入——商品混凝土　　1 543 690

　　　　应交税费——未交增值税　　46 310

这样，上例中的销项税额只有 119 万元，而进项税额仍为 136 万元，按一般计税方法的应纳税额为 0，留抵税额为 17 万元；按简易计税方法的应纳税额为 46 310 元，与纳税申报表一致。当企业出现期末留抵税额时，就不会出现会计核算和纳税申报不一致的问题。

在实务中，对于简易计税方法减按 2%征收的会计处理，因为纳税申报表中没有 2%征收率一栏，为了完整地体现税收优惠，可以将少纳的 1%作为补贴收入，在主表第 23 行“应纳税额减征额”填写。

第 5 节　增值税减免、上缴及纳税调整的会计记录

一、减免增值税的会计记录

(一) 直接减免的会计记录

增值税免税收入的会计处理有价税分离记账法和价税合计记账法两种方法。在价税分离记账法下，销售免税项目时，借记“银行存款”等，贷记“主营业务收入”、“应交税费——应交增值税（销项税额）”；对直接减免的销项税额，借记“应交税费——应交增值税（减免税款）”，贷记“营业外收入——政府补助”。

例 3—36

某运输公司系增值税一般纳税人，当月运费收入（含税）144.3 万元，当月成本费用支出 90 万元（包括允许抵扣的进项税额 5 万元）。当年新招录失业人员 8 人，经税务机关依法确认，定额扣减增值税 3.2 万元。

实现收入时：

借：银行存款　　1 443 000

　　贷：主营业务收入　　1 300 000

　　　　应交税费——应交增值税（销项税额）　　143 000

支出成本费用时：

借：主营业务成本等　　850 000

　　应交税费——应交增值税（进项税额）　　50 000

　　贷：银行存款　　900 000

减免增值税时：

借：应交税费——应交增值税（减免税款）　　32 000

　　贷：营业外收入——政府补助　　32 000

对可以确定的增值税免税收入，适用价税合计记账法。如果符合企业所得税的不征税收入条件，可将免缴的增值税作为“营业外收入——政府补助”处理。

例 3—37

某设计公司系小规模纳税人（小微企业），11 月 10 日取得设计收入 5 150 元，26 日取得设计收入 19 570 元，均含税；本月无其他收入。

8 月 10 日取得收入时：

借：银行存款　　5 150

　贷：主营业务收入　　5 000

　　　应交税费——应交增值税　　150

8 月 26 日取得收入时：

借：银行存款　　19 570

　贷：主营业务收入　　19 000

　　　应交税费——应交增值税　　570

月底确认免征增值税收入时：

借：应交税费——应交增值税　　720

　贷：营业外收入——政府补助　　720

假设根据合同约定，26 日的那笔收入需要设计公司向主管税务机关申请代开专用发票。代开时，需按规定缴纳增值税：

借：应交税费——应交增值税　　570

　贷：银行存款　　570

确认收入时：

借：银行存款　　19 570

　贷：主营业务收入　　19 000

　　　应交税费——应交增值税　　570

月末，若追回已代开的专用发票所有联次，凭以向主管税务机关申请退税获批时：

借：银行存款或其他应收款　　570

　贷：营业外收入——政府补助　　570

例 3—38

某新华书店（增值税一般纳税人）本月购进图书 4 500 册，款项从银行支付，取得增值税普通发票注明价款 11 万元，税款 1.43 万元。本月销售图书 6 600 册，款项共计 16.5 万元，已全部存入银行。会计处理如下：

购进图书时：

借：库存商品　　124 300

　贷：银行存款　　124 300

销售图书时：

借：银行存款　　165 000

　贷：主营业务收入　　165 000

不征税收入＝165 000÷(1＋13％)×13％－14 300＝4 682(元)

借：主营业务收入　　4 682
　贷：营业外收入——政府补助　　4 682

（二）即征即退增值税的会计记录

对符合条件的应税事项，采用增值税即征即退的办法，即企业在向主管税务机关办理增值税纳税的同时，办理增值税的退税手续。办理即征即退手续后，凭有关单据，上缴时，借记“应交税费——应交增值税（已交税金）”或“应交税费——未交增值税”，贷记“银行存款”；同时，按即退税额，借记“银行存款”，贷记“营业外收入”等。

例 3—39

某外贸企业进口原棉一批，进口棉花征增值税实行即征即退办法。该批棉花价值折合人民币 500 000 元，应纳增值税 8.5 万元。作会计分录如下：

外贸企业入账时：

借：材料采购　　500 000
　　应交税费——应交增值税（进项税额）　　85 000
　贷：应付账款或银行存款等　　585 000

收到进口商品退税款时：

借：银行存款　　85 000
　贷：应付账款——待转销进口退税单　　85 000

外贸企业将进口商品销售给生产企业时（假设销售价格为 600 000 元，增值税为 102 000 元）：

借：应收账款等　　617 000
　　应付账款——待转销进口退税　　85 000
　贷：主营业务收入　　515 000
　　　营业外收入　　85 000
　　　应交税费——应交增值税（销项税额）　　102 000

生产企业购进上述商品时（外贸企业要出具退税款证明，按扣除退税额因素反映应付金额）：

借：材料采购　　515 000
　　应交税费——应交增值税（进项税额）　　102 000
　贷：应付账款等　　617 000

如果即征即退 50%，仅将退回的 50%部分贷记“营业外收入”。

二、上缴增值税的会计记录

小规模纳税人增值税的会计记录已在前文述及，这里仅指一般纳税人上缴增值税的会计记录。对一般纳税人来说，由于增值税账簿格式有三栏式和多栏式，即使同一栏式，具体栏目也有差异，因此，增值税结转和上缴的会计处理也有不同。

（一）按月缴纳增值税的会计记录

平时，企业通过“应交税费——应交增值税”明细账核算增值税涉税业务；

月末，结出借方、贷方发生额合计和差额（余额，下同）。

（二）按日缴纳增值税的会计记录

若税务机关核定纳税人按日缴纳增值税，企业平时按核定纳税期纳税时，属预缴性质；下月初，在核实上月应纳增值税额后，应于15日前清缴。

平时，企业在“应交税费——应交增值税”明细账中核算增值税涉税业务。其中，当月上缴当月应纳增值税时，作会计分录如下：

借：应交税费——应交增值税（已交税金）

　　贷：银行存款

月末，结出该账户借方、贷方合计和差额。

若“应交税费——应交增值税”账户为贷方差额，表示本月应交未交的增值税额。

若“应交税费——应交增值税”账户为借方差额，由于月中有预缴税款的情况，因此该借方差额不仅可能是尚未抵扣完的进项税额，而且还可能包含了多交的部分。

（三）实际上缴增值税的会计记录

当月预缴、上缴当月应纳增值税时，作会计分录如下：

借：应交税费——应交增值税（已交税金）

　　贷：银行存款

对以前月份的未缴增值税，企业也可以设置“应交税费——未交增值税”明细科目。月末，将未交增值税记入其贷方，实际上缴时，记入其借方。

三、增值税纳税调整的会计记录

增值税一般纳税人在税务机关对其增值税纳税情况进行检查后，凡涉及增值税账务调整的，应设立“应交税费——增值税检查调整”专门账户，账务调整应按纳税期逐期进行。对检查后应调减账面进项税额或调增销项税额和进项税额转出的数额，借记有关账户，贷记本账户；对检查后应调增账面进项税额或调减销项税额和进项税额转出的数额，借记本账户，贷记有关账户；全部调账事项入账后，应结出本账户的余额，并对该余额进行处理。若余额在借方，全部视同留抵进项税额，按借方余额数，借记“应交税费——应交增值税（进项税额）”账户，贷记本账户；若余额在贷方，借记本账户，贷记“应交税费——应交增值税”账户。

根据检查核实后一般纳税人当期全部的销项税额与进项税额（包括当期留抵税额），重新计算当期全部应纳税额，若应纳税额为正数，应当作补税处理；若应纳税额为负数，应当核减期末留抵税额。

例3—40

3月份，某市国税稽查局对AB公司（一般纳税人）上年度增值税进行检查时发现：上年12月，公司存货发生非正常损失，全部记入“营业外支出”账户，其中包括增值税进项税额3 400元；将自产产品作为福利发放给职工，未按视同销售进行税务处理，少计算增值税销项税额 4 250 元；公司上年 12 月底“应交税费——应交增值税”账户为借方余额 1 550 元。据此，稽查局做出补缴增值税 6 100 元、加收滞纳金和罚款 9 300 元的决定。公司当即缴纳了上述税款、滞纳金和罚款。作有关会计分录如下：

转出非正常损失存货的增值税进项税额：

借：以前年度损益调整	3 400	
贷：应交税费——增值税检查调整		3 400

补提视同销售的增值税销项税额：

借：应付职工薪酬	4 250	
贷：应交税费——增值税检查调整		4 250

入账后，“应交税费——增值税检查调整”明细账户的贷方余额为 7 650 元，作会计分录如下：

借：应交税费——增值税检查调整	7 650	
贷：应交税费——应交增值税		7 650

实际缴纳查补的增值税、滞纳金和罚款：

借：应交税费——应交增值税	6 100	
营业外支出	9 300	
贷：银行存款		15 400

AB 公司在申报上年企业所得税时，应调减应纳税所得额 3 400 元；当申报当年企业所得税时，因税款的滞纳金和罚款不得在税前扣除，因此，应调增应纳税所得额 9 300 元。

第 6 节　出口退免增值税的会计记录

一、出口货物退免税的管理

（一）出口企业的管理分类

对已按规定办理出口退免税资格认定的出口企业（含其他单位，下同）实行分类管理，管理类别划分为一至四类。

1. 管理类别为一类的出口企业。在上一年度内，应同时符合以下条件：

（1）属于骗税风险相对较低的有一定资产的企业，企业上年末的净资产大于其当年已办理的出口退免税额；

（2）纳税信用等级为 A 级或 B 级；

（3）纳税人的税收遵从度较高，能主动配合税务机关实施出口退免税管理，能按规定收集、装订、存放出口退税凭证及备案单证，企业内部建立了较为完善的出口退免税风险控制体系，未发生过违反退税规定的行为等；

（4）省级国家税务局规定的其他风险可控的条件。

2. 管理类别为三类的出口企业。符合下列条件之一的出口企业：

（1）新办出口企业自首笔申报出口退免税之月起至评定当月未满12个月，或尚未申报过出口退免税业务；

（2）出口业务不连续或未按规定申报退税，即上一年度，累计6个月以上未申报退税；

（3）上一年度内，纳税信用等级为C级；

（4）上一年度内，发生过违反出口退免税的有关规定行为，但情况不严重，尚未达到税务机关或司法机关处理标准的；

（5）发生过省级国家税务局规定的其他失信行为。

3. 管理类别为四类的出口企业。上一年度内，符合下列条件之一的出口企业：

（1）纳税信用等级为D级；

（2）拒绝向税务机关提供退免税的相关资料；

（3）发生过违反出口退免税的有关规定行为，且被税务机关或司法机关处理的；

（4）海关认定为失信的企业；

（5）外汇管理的分类管理等级为C级；

（6）发生过省级国家税务局规定的其他严重失信行为；

（7）截至评定之日，出口企业因骗取出口退税被停止出口退税权期限届满后未满2年的。

4. 管理类别为二类的出口企业。被评定为一类、三类、四类以外管理类别的出口企业。

（二）出口企业的差别化管理

1. 退免税申报。管理类别为一类的出口企业在出口退免税申报相关电子信息齐全并经预审通过后，即可进行正式申报，且申报退税时，仅提供申报资料和电子数据，无须提供原始凭证，但原始凭证应按规定留存企业备查；管理类别为二类、三类、四类的出口企业仍需在“单证齐、信息齐”的前提下，提供原始凭证、申报资料及电子数据申报退免税；管理类别为四类的出口企业申报退免税时，还需按规定提供收汇凭证。

2. 管理措施。

（1）管理类别为一类的出口企业。对该类企业申报的退免税，国税机关受理正式申报后，经核对申报信息齐全无误的，即可审批并办理退税，事后再进行复核；在下达的退税计划内，可优先为该类企业办理，以及可通过提供绿色办税通道并建立重点联系制度等措施，进一步优化对该类出口企业的服务；该类企业属于外贸企业的，国税机关应定期使用增值税专用发票稽核、协查信息对其申报的出口退税进行复核，对复核有误的，应按规定处理。

（2）管理类别为二类的出口企业。对该类企业申报的退免税，国税机关应先审核电子信息，再抽取一定比例的原始凭证进行人工审核，抽取比例不低于该类企业每个申报批次所附原始凭证的20%；该类企业属于外贸企业的，对其申报的出口退税，国税机关应先使用出口货物报关单电子信息和增值税专用发票认证信息审核办理退税，再定期用增值税专用发票稽核、协查信息进行复核，对复核有误的，应按规定处理；国税机关每年评估该类企业的退免税的户数，应不低于所辖有出口退（免）税申报业务的该类企业总户数的3%。

（3）管理类别为三类的出口企业。对该类企业的申报的退免税，国税机关应先审核电子信息，再抽取一定比例的原始凭证进行人工审核，抽取比例不低于该类企业每个申报批次所附原始凭证的60%；该类企业属于外贸企业的，对其申报的出口退税，国税机关应使用出口货物报关单电子信息和增值税专用发票稽核、协查信息审核办理出口退税；国税机关每年评估该类企业的退免税的户数，应不低于所辖有出口退免税申报业务的该类企业总户数的5%；对该类企业申报的出口退免税，每年国税机关应抽查不低于20%的对应备案单证及收汇凭证。

（4）管理类别为四类的出口企业。对该类企业申报的出口退免税，国税机关除审核电子信息外，还应逐笔人工审核对应的原始凭证；该类企业属于外贸企业的，对其申报的出口退税，国税机关应使用出口货物报关单电子信息和增值税专用发票稽核、协查信息审核办理出口退税；该类企业属于生产企业的，对其申报出口退免税的自产产品，国税机关应对其生产能力、纳税有关情况核实无误后，方可办理退免税；对该类企业申报出口退免税的外购出口货物或视同自产产品，国税机关应对每户供货企业的发票，都要抽取一定比例发函调查；国税机关对所辖该类企业，每年应至少进行1次出口退免税评估；该类企业自评定之日起，2年内不得评定为其他管理类别。

二、出口货物退免增值税的方法和退税率

对出口货物实行退免税，是国际通行的惯例，也是符合世界贸易组织规则的一项税收制度。目前，我国对出口货物退税主要采取“先征后退”、“免、抵、退”两种基本方法。

流通企业以收购方式出口的货物，实行“先征后退”办法。生产企业出口货物、劳务，既可以采用“免、抵、退”税方法，又可以选择免征税方法。采用“免、抵、退”税办法，可以使出口货物的进项税额能够先抵顶其应纳税额，从而减少现金流，有利于加速企业资金周转；同时，也有利于加强征退税的衔接，有效地防止骗取出口退税等。但该方法操作复杂，而且有可能比免征税方法多缴税。生产企业应根据其产品内外销比例，事先预计、测算，选择其中一种方法。

1994年税制改革时，按照规范化的增值税制度，对出口货物实行了零税率，货物出口时，按其征税率退税。从1995年7月1日起，连续多次调整了出口货物的退税率。目前，我国出口货物增值税退税率有5%，9%，13%，15%，16%，17%等档次。

三、出口货物免退增值税的计算

（一）外贸企业出口货物免退税的计算

1. 一般贸易应退增值税的计算。外贸企业出口货物退还增值税应依据购进货物的增值税专用发票所注明的价款和出口货物所对应的退税率计算。实行出口退

税电子化管理后，外贸企业应退税款的计算方法有单票对应法和加权平均法。

（1）单票对应法。单票对应法就是对同一关联号下的出口数量、金额按商品代码进行加权平均，合理分配各出口货物占用的数量，计算每笔出口货物的应退税额。采用这种办法，在一次申报中，同一关联号、同一商品代码下，应保持进货与出口数量一致；如果进货数量大于出口数量，企业应到主管退税机关开具进货分批申报表。单票对应法退税计算公式如下：

应退增值税额＝出口货物的购进金额×退税率

＝出口货物的进项税额－出口货物不予退税的税额

出口货物不予退税的税额＝出口货物的购进金额×（增值税法定税率－增值税退税率）

出口货物的购进金额＝出口货物数量×出口货物的购进单价或加权平均购进单价

（2）加权平均法。加权平均法是指出口企业进货凭证按企业代码＋部门代码＋商品代码汇总，加权平均计算每种商品代码下的加权平均单价和平均退税率；出口申报按同样的关键字计算本次实际进货占用，即用上述加权平均单价乘以平均退税率乘以实际退税数量计算每种商品代码下的应退税额。审核数据按月保存，进货结余自动保留，可供下期退税时继续使用。采用加权平均法计算出口退税的计算公式为：

应退税增值税额＝出口数量×加权平均单价×退税率

加权平均单价＝本次进货可用金额÷本次进货可用数量

本次进货可用金额＝上期结余金额＋本次发生金额

＋释放出口金额（指调整出口数据后返回进货已占用金额）

本次进货可用数量＝上期结余数量＋本次发生数量

＋释放出口数量（指调整出口数据后返回进货已占用数量）

本次进货可用退税额＝上期结余可退税额＋本次发生可退税额

＋释放出口可退税额（指调整出口数据后返回进货已占用可退税额）

2. 兼营出口与内销货物时应退增值税的计算。外贸企业兼营出口与内销货物，且其出口货物不能单独设账核算的，应先计算内销货物销项税额并扣除当期进项税额后，再按下式计算出口货物应退税额：

（1）若出口货物FOB价格×人民币外汇牌价×退税率≥未抵扣完的进项税额，则

应退税额＝未抵扣完的进项税额

（2）若出口货物FOB价格×人民币外汇牌价×退税率＜未抵扣完的进项税额，则

应退税额＝出口货物 FOB 价格×人民币外汇牌价×退税率

结转下期抵扣的进项税额＝当期未抵扣完的进项税额－应退税额

例 3—41

某外贸公司本月库存商品（轻工产品）明细账反映货物进销存情况如下：期初结存 2 000 公斤，金额 6 000 元，本期购进 21 000 公斤，金额 63 300 元，本期出口 10 000 公斤；本期非销售付出 1 100 公斤，金额 3 300 元。未抵扣完的进项税额为 5 000 元。该货物的出口退税率为 15%，则该企业出口货物的退税额为：

$$\text{出口货物的加权平均进价}=\frac{6\,000+63\,300}{2\,000+21\,000}=3.01(\text{元/公斤})$$

$$\text{应退税额}=10\,000\times3.01\times15\%=4\,515(\text{元})$$

$$\text{结转下期的进项税额}=5\,000-4\,515=485(\text{元})$$

（二）生产企业出口货物免抵退税的计算

1. 生产企业免抵退增值税的基本程序。生产企业在货物出口并在会计上做销售后，在增值税法定纳税申报期内向主管国税机关办理增值税纳税和免、抵税申报，在办理完增值税纳税申报后，应于每月 15 日前（逢节假日顺延），再向主管国税机关申报办理免抵退税。

2. 生产企业出口货物 FOB 价格的确定。生产企业出口货物的免抵退税额，应根据出口货物 FOB 价格、出口货物退税率计算。出口货物 FOB 价格以出口发票计算的 FOB 价格为准（委托代理出口的，出口发票可以是委托方开具的或受托方开具的），若以其他价格条件成交的，应扣除按会计制度规定允许冲减出口销售收入的运费、保险费、佣金等。若申报数与实际支付数有差额的，在下次申报退税时调整（或年终清算时一并调整）。若出口发票不能如实反映 FOB 价格，企业应按实际 FOB 价格申报免抵退税，税务机关有权根据税法规定予核定。

3. 生产企业出口货物、劳务增值税免抵退税的计算方法。

（1）当期应纳税额的计算。

$$\text{当期应纳税额}=\text{当期销项税额}-\left(\text{当期进项税额}-\begin{matrix}\text{当期不得免征和}\\\text{抵扣税额}\end{matrix}\right)$$

$$\begin{matrix}\text{当期不得免征和}\\\text{抵扣税额}\end{matrix}=\begin{matrix}\text{当期出口}\\\text{货物离岸价}\end{matrix}\times\begin{matrix}\text{外汇人民币}\\\text{折合率}\end{matrix}\times\left(\begin{matrix}\text{出口货物}\\\text{适用税率}\end{matrix}-\begin{matrix}\text{出口货物}\\\text{退税率}\end{matrix}\right)-\text{当期不得免征和抵扣税额抵减额}$$

$$\begin{matrix}\text{当期不得免征和}\\\text{抵扣税额抵减额}\end{matrix}=\begin{matrix}\text{当期免税购进}\\\text{原材料价格}\end{matrix}\times\left(\begin{matrix}\text{出口货物}\\\text{适用税率}\end{matrix}-\begin{matrix}\text{出口货物}\\\text{退税率}\end{matrix}\right)$$

（2）当期免抵退税额的计算。

$$\begin{matrix}\text{当期免抵}\\\text{退税额}\end{matrix}=\begin{matrix}\text{当期出口}\\\text{货物离岸价}\end{matrix}\times\begin{matrix}\text{外汇人民币}\\\text{折合率}\end{matrix}\times\begin{matrix}\text{出口货物}\\\text{退税率}\end{matrix}-\begin{matrix}\text{当期免抵退税额}\\\text{抵减额}\end{matrix}$$

当期免抵退税额抵减额＝当期免税购进原材料价格×出口货物退税率

（3）当期应退税额和免抵税额的计算。

1）当期期末留抵税额≤当期免抵退税额，则

当期应退税额＝当期期末留抵税额

当期免抵税额＝当期免抵退税额－当期应退税额

2）当期期末留抵税额＞当期免抵退税额，则

当期应退税额＝当期免抵退税额

当期免抵税额＝0

当期期末留抵税额为当期增值税纳税申报表中“期末留抵税额”。

（4）当期免税购进原材料价格包括当期国内购进的无进项税额且不计提进项税额的免税原材料的价格和当期进料加工保税进口料件的价格，其中当期进料加工保税进口料件的价格为组成计税价格。

当期进料加工保税进口料件的组成计税价格＝当期进口料件到岸价格＋海关实征关税＋海关实征消费税

1）采用“实耗法”的，当期进料加工保税进口料件的组成计税价格为当期进料加工出口货物耗用的进口料件组成计税价格。其计算公式为：

当期进料加工保税进口料件的组成计税价格＝当期进料加工出口货物离岸价×外汇人民币折合率×计划分配率

计划分配率＝计划进口总值÷计划出口总值×100%

实行纸质手册和电子化手册的生产企业，应根据海关签发的加工贸易手册或加工贸易电子化纸质单证所列的计划进出口总值计算计划分配率。

实行电子账册的生产企业，计划分配率按前一期已核销的实际分配率确定；新启用电子账册的，计划分配率按前一期已核销的纸质手册或电子化手册的实际分配率确定。

2）采用“购进法”的，当期进料加工保税进口料件的组成计税价格为当期实际购进的进料加工进口料件的组成计税价格。

若当期实际不得免征和抵扣税额抵减额大于当期出口货物离岸价×外汇人民币折合率×（出口货物适用税率－出口货物退税率）的，则

当期不得免征和抵扣税额抵减额＝当期出口货物离岸价×外汇人民币折合率×（出口货物适用税率－出口货物退税率）

（5）免抵退税的简化计算方法。在会计实务中，也可以采用以下简化计算公式：

应退税额＝（出口货物销售收入－免税进口材料进价）×退税率

不得免缴额＝（出口货物销售收入－免税进口材料进价）×（征税率－退税率）

应纳税额＝内销货物增值税销项税额－（增值税进项税额－不得抵扣额）－期初留抵额＋不得免缴额

最后，根据应纳税额与应退税额的差额，确认企业应纳或应退增值税额。

例 3—42

某工厂是一家有进出口经营权的生产企业，兼营国际贸易和国内贸易，从事塑料制品的生产，适用增值税率 17%。10 月发生的有关业务为：当月国内购入的原材料，取得增值税专用发票上注明的价款为 86 万元，增值税款为 14.62 万元，本月已通过税务机关的认证；为购进货物支付运保费用，取得的运输发票上注明的运费为 7 万元，保险费为 0.6 万元，运输发票已经税务机关比对。9 月有尚未抵扣完的进项税额 5.4 万元。本月内销塑料制品取得不含税收入 32 万元，报关出口货物离岸价 21.3 万美元，折算汇率为 1∶6，假定出口退税率为 13%，已经收汇核销。计算该企业 10 月份的应纳（退）增值税额。

当期进项税额＝14.62＋7×7%＝15.11(万元)

当期免抵退税不得免征和抵扣税额＝21.3×6×(17%－13%)＝5.11(万元)

当期应纳税额＝32×17%－(15.11－5.11)－5.4＝－9.96（万元）

当期免抵退税额＝21.3×6×13%＝16.61（万元）

当期期末留抵税额 9.96 万元＜当期免抵退税额 16.61 万元

当期应退税额＝当期期末留抵税额＝9.96（万元）

当期免抵税额＝当期免抵退税额－当期应退税额＝16.61－9.96＝6.65（万元）

当月没有留抵下期的进项税额。

该企业 11 月国内购入的原材料，已认证的增值税专用发票上注明的价款为 247 万元，增值税款为 41.99 万元；为销售货物支付运保费用 12 万元，取得的运输发票上注明的运费为 10.5 万元，保险费为 0.7 万元，装卸费 0.8 万元，运输发票已经税务机关比对认证。本月内销塑料制品取得不含税收入 61 万元，报关出口货物离岸价 19.5 万美元，折算汇率为 1∶6，适用出口退税率为 13%，已经收汇核销。计算该企业 11 月份的应纳（退）增值税额。

当期进项税额＝41.99＋10.5×7%＝42.73(万元)

当期免抵退税不得免征和抵扣税额＝19.5×6×(17%－13%)＝4.68（万元）

当期应纳税额＝61×17%－(42.73－4.68) ＝－27.68（万元）

当期免抵退税额＝19.5×6×13%＝15.21（万元）

当期期末留抵税额 27.68 万元＞当期免抵退税额 15.21 万元

当期应退税额＝当期免抵退税额＝15.21（万元）

当期免抵税额＝0

当月结转下期抵扣的进项税额＝27.68－15.21＝12.47（万元）

该企业 12 月国内购入的原材料，已认证的增值税专用发票上注明的价款为 68 万元，增值税款为 11.56 万元；为销售货物支付运保费用 5.2 万元（含保险费 0.3 万元），运输发票尚未交税务机关比对认证。本月内销塑料制品取得不含税收入 200 万元，报关出口货物离岸价 12.2 万美元，折算汇率为 1∶6，适用出口退税率为 13%，已经收汇核销。计算该企业 12 月份的应纳（退）增值税额。

当期进项税额=11.56(万元)

当期免抵退税不得免征和抵扣税额=12.2×6×(17%-13%)=2.93(万元)

当期应纳税额=200×17%-(11.56-2.93)-12.47=12.9(万元)

企业当月应当缴纳增值税12.9万元。

(三)生产企业出口退税方法的选择

既然生产企业出口货物劳务可以在免抵退税方法与免(征)税方法之间选择,企业就应根据其具体情况,如外销产品价格与内销产品价格的高低、外销产品与内销产品的比重、预计未来几年的变化趋势等,事先分析测算,选定比较有利的出口退税方法。

例3—43

AT公司是一家经营玻璃纤维及制品生产、销售的生产型出口企业,为增值税一般纳税人。当月购进材料37 000元,内销产品销售额46 000元,外销产品销售额31 250元,实行免抵退出口退税方式,退税率5%。当月增值税申报纳税及退免税计算分析如下:

(1)采用免抵退税方法。

销项税额=46 000×17%=7 820(元)

进项税额=37 000×17%-31 250×(17%-5%)(进项税额转出)

=6 290-3 750=2 540(元)

应纳增值税=7 820-2 540=5 280(元)

免抵退税额=31 250×5%(退税率)=1 562.5(元)

因为应纳税额5 280元大于0,没有可退进项税额。因此,退税额为0,1 562.5元为免抵税额。

(2)采用免(征)税办法。

仍以上述申报数据为例,相关计算如下:

销项税额=46 000×17%=7 820(元)

出口免税部分的进项税额不能抵扣,内销应分摊予以抵扣的进项税额

准予抵扣应分摊进项税额=6 290×46 000÷(46 000+31 250)

=3 746(元)

应纳增值税=7 820-3 746=4 074(元)

根据上述计算,可知采用免(征)税申报方法比采用免抵退税申报方法少交税为1 206元(5 280-4 074)。

在企业产品外销价格低于内销价格的情况下,企业采用“免抵退”税申报方法,因减少外销增加内销,内销销项税额抵消进项税额,以致当年无退税额。在这种情况下,如果按免(征)税办法,将少缴增值税1 206万元。在预计企业以后几年内销比例将会逐步增加,且外销价格不会高于内销价格时,企业选择免(征)税申报方式比较有利。

四、外贸企业出口货物免退增值税的会计记录

（一）一般贸易出口委托加工、提供劳务服务的会计记录

例 3—44

A 外贸企业从 B 企业购进一批服装面料，以作价销售的形式将面料卖给 C 企业委托加工服装，收回后报关出口。已知服装出口退（免）税率为 16%，服装面料征税率为 17%，不考虑国内运费及所得税等其他税费因素，其 1—4 月份发生的相关业务及其会计处理如下：

（1）1 月初，A 企业购入 B 企业服装面料，收到增值税专用发票计税金额为 100 000 元，进项税额 17 000 元，当月购货款已通过银行转账支付。

借：库存商品——服装面料　100 000

　应交税费——应交增值税（进项税额）　17 000

　贷：银行存款　117 000

（2）国内作价销售服装面料并结转成本。

1）若作价 11 万元销售时：

借：银行存款　128 700

　贷：主营业务收入——内销收入　110 000

　　应交税费——应交增值税（销项税额）　18 700

2）结转主营业务成本：

借：主营业务成本——内销商品　100 000

　贷：库存商品——服装面料　100 000

3）月末结转未缴增值税：

借：应交税费——应交增值税（销项税额）　18 700

　贷：应交税费——应交增值税（进项税额）　17 000

　　——应交增值税（未交增值税）　1 700

（3）2 月份，申报上月应缴增值税。同时，A 企业收回 C 企业加工完成的服装，取得增值税专用发票的计税价格为 150 000 元（含加工费），进项税额为 25 500 元，并在当月全部报关出口，其离岸价折合人民币的价格为 180 000 元。

1）2 月份申报缴纳增值税：

借：应交税费——应交增值税（已交税金）　1 700

　贷：银行存款　1 700

2）结转已缴税金：

借：应交税费——应交增值税（未交增值税）　1 700

　贷：应交税费——应交增值税（已交税金）　1 700

3）确认外销收入：

借：应收账款——应收外汇账款（客户）　180 000

　贷：主营业务收入——外销收入（服装）　180 000

在下月初时，应将出口销售额填入增值税纳税申报表中的“免税货物销售额”栏进行纳税申报。

4）购进服装并将购货款通过银行转账支付：

借：库存商品——出口商品（服装） 150 000

　　应交税费——应交增值税（进项税额） 25 500

　贷：银行存款 175 500

5）根据取得的增值税专用发票上列明的计税金额计算退税额，并提取出口退税和结转成本。

应退税额＝150 000×16％＝24 000(元)

结转成本额＝150 000＋150 000×(17％－16％)＝151 500(元)

借：应交税费——应交增值税（出口退税） 24 000

　　主营业务成本——出口商品（服装） 151 500

　贷：应交税费——应交增值税（进项税额转出） 25 500

　　　库存商品——出口商品（服装） 150 000

6）结转应缴增值税（出口退税）：

借：其他应收款——应收出口退税（增值税） 24 000

　贷：应交税费——应交增值税（出口退税） 24 000

7）2 月末结转科目余额：

借：应交税费——应交增值税（进项税额转出） 25 500

　贷：应交税费——应交增值税（进项税额） 25 500

（4）3 月份，A 企业收齐出口货物报关单和其他单证并向主管税务机关申报出口退（免）税。

（5）4 月份，收到出口退税款时：

借：银行存款 24 000

　贷：其他应收款——应收出口退税（增值税） 24 000

企业如果采用委托加工修理修配货物以外的货物出口，其会计处理应参照例题中的第（3）步～第（5）步进行。

（二）进料加工复出口的会计记录

外贸企业进料加工复出口业务分为作价加工和委托国内生产企业加工两种方式。外贸企业进料加工复出口作价加工销售是指外贸企业以进料加工贸易方式，用减免税的料件作价销售给生产企业，由生产企业购进料件后加工成成品，再由外贸企业收购复出口的方式。

例 3—45

某外贸出口企业以进料加工方式免税进口化工原料一批，该批进口原料报关进口的到岸价格折合人民币 42 万元，货款及税金均已通过银行存款支付。进口后企业采用作价加工方式将原料销售某工厂加工成成品，转售加工时履行了“计算税金但不入库”手续，所售原料价款为 50 万元，当月工厂加工完毕后，外贸企业以不含税价 85 万元全部收购。收回后外贸企业将该批货物全部出口，取得货款折合人民币 90 万元。该种货物的退税率为 11％。企业申请退税的单证齐全。

料件报关进口并入库时，作会计分录如下：

借：在途物资——进料加工　420 000

　贷：银行存款　420 000

借：库存商品——进料加工　420 000

　贷：在途物资——进料加工　420 000

料件作价加工销售，依《进料加工贸易免税证明》开具增值税专用发票，作会计分录如下：

借：银行存款　585 000

　贷：主营业务收入——进料加工　500 000

　　应交税费——应交增值税（销项税额）　85 000

销项税额 85 000 元系进料加工计征销项税额但不入库税款，留待退税机关在办理企业退税时，在当期应退税额中抵扣。

收回成品时，作会计分录如下：

借：库存商品——进料加工　850 000

　应交税费——应交增值税（进项税额）　144 500

　贷：银行存款　994 500

报关出口并结转商品成本时，作会计分录如下：

借：应收外汇账款　900 000

　贷：主营业务收入——进料加工　900 000

借：主营业务成本——进料加工　850 000

　贷：库存商品——进料加工　850 000

申报退税时：

$$
\begin{aligned}
\text{出口退税额} &= \text{应退税额} - \text{进料加工应抵退税额} \\
&= \text{回购出口货物增值税专用发票所列金额} \times \text{退税率} \\
&\quad - \text{销售进口料件金额} \times \text{退税率} - \text{海关实征增值税额} \\
&= 850\ 000 \times 11\% - 500\ 000 \times 11\% = 38\ 500(\text{元})
\end{aligned}
$$

由于企业回购出口货物的增值税税率为 17%，退税率为 11%，其 6%的差额为当期不予退税金额。同理，企业在采取作价加工方式时，销售的料件销项税率为 17%，而退税率为 11%，其 6%的差额应作为不予退税的税额，即

$$
\begin{aligned}
\begin{matrix}\text{当期不予}\\\text{退税的税额}\end{matrix} &= \left(\begin{matrix}\text{回购出口货物增值税}\\\text{专用发票所列金额}\end{matrix} - \begin{matrix}\text{销售进口}\\\text{料件金额}\end{matrix}\right) \times (\text{征税率} - \text{退税率}) \\
&= (850\ 000 - 500\ 000) \times (17\% - 11\%) = 21\ 000(\text{元})
\end{aligned}
$$

当期不予退税的税额应作为进项税额转出计入主营业务成本，作会计分录如下：

借：主营业务成本——进料加工　21 000

　贷：应交税费——应交增值税（进项税额转出）　21 000

借：应收出口退税——应退增值税　38 500

　贷：应交税费——应交增值税（出口退税）　38 500

收到出口退税时：

借：银行存款　　38 500

　贷：应收出口退税——应退增值税　　38 500

（三）代理出口业务的会计记录

外贸企业作为受托人将余款划给委托人后，退税事宜均由委托人负责申请办理。受托人（外贸企业）仅就其劳务费收入计算缴纳营业税。

例 3—46

某化工进出口公司接受某化妆品公司委托，为其代理出口一批护肤化妆品。出口离岸价格为 90 000 美元，代垫运费 1 200 美元（美元对人民币汇率为 USD100＝CNY600），收取代理手续费为离岸价格的 2%，从划转的结汇款中扣除。作会计分录如下：

支付代垫费用时：

借：应收账款——××化妆品公司　　7 200

　贷：银行存款　　7 200

收到银行结汇通知时：

借：银行存款　　540 000

　贷：应付账款——××化妆品公司　　540 000

向某化妆品公司支付款项时：

借：应付账款——××化妆品公司　　540 000

　贷：主营业务收入（90 000×6×2%）　　10 800

　　应收账款——××化妆品公司　　7 200

　　银行存款　　522 000

计算应纳营业税时：

借：营业税金及附加　　540

　贷：应交税费——应交营业税（10 800×5%）　　540

五、生产企业出口货物免抵退增值税的会计记录

（一）免抵退增值税会计账户的设置

生产企业免抵退增值税的会计记录主要涉及免税出口销售收入、不得抵扣税额、应交税费、免抵退税货物不得抵扣税额抵减额、出口货物免抵税额、应退税额以及免抵退税额的调整等会计事项。对免抵退税的会计记录，企业应合理设置有关账户。出口企业应在“应交税费——应交增值税”二级账户下设置有关明细账户。生产企业实行免抵退税，其退税的前提必须是期末有留抵税额，而当期期末的留抵税额，在月末需从“应交税费——应交增值税（转出多交增值税）”账户转入“应交税费——未交增值税”账户，退税的实质，就是退“应交税费——未交增值税”的借方余额的部分。对“应交增值税”二级账户，除本章第 3 节述及外，在免抵退税的会计记录中，主要涉及“出口退税抵减应纳税额”、“出口退税”和“进项税额转出”明细项目。

(1)“出口退税抵减应纳税额”明细项目。企业货物出口后，按规定计算的应免抵税额，借记本项目，贷记“应交税费——应交增值税（出口退税）”。“应免抵税额”的计算确定，有两种方法：一是按税务机关的批准数进行会计记录；二是按企业退税申报数进行会计记录。两种方法会计分录相同，但金额不等，各有利弊。前者反映的免抵税额真实、准确，避免因申报数与审批数不同而产生的调账，缺陷是反映不及时；后者根据计算公式，及时计算反映每期的免抵税额，便于统计分析，会计记录比较清晰，缺点是因多数情况下企业计算数与审批数不一致，需要进行调账。实务中，一般按前者进行会计记录。

(2)“出口退税”明细账户。记录企业凭有关单证向税务机关申报办理出口退税而应收的出口退税款及应免抵税额。出口货物应退回的增值税额，用蓝字登记，退税后又发生退货、退关而补缴已退税款时，用红字登记。

(3)“进项税额转出”明细账户。企业在核算出口货物免税收入的同时，对免税收入按征退税率之差计算的“不得抵扣税额”，借记“主营业务成本”，贷记本明细账户。当月“不得抵扣税额”发生额合计数应与本月申报的《生产企业出口货物免抵退税申报明细表》中的“不得抵扣税额”合计数一致。企业收到税务机关出具的《生产企业进料加工贸易免税证明》后，按“证明”上注明的“不得抵扣税额抵减额”，以红字作上述会计分录。企业支付国外运保佣费用时，按出口货物征退税率之差计算的分摊额，也作上述红字会计分录。

(4)“转出多交增值税”明细账户。对按批准数进行会计记录的，其月末转出数为当期期末留抵税额；对按申报数进行会计记录的，其月末转出数为按公式计算的“结转下期继续抵扣的进项税额”。月末将多交增值税转出后，其借方余额为尚未抵扣的进项税额；但在税务会计记录时，也可以将其余额全部转出，转出后，无余额。这样便于进行免抵退税会计记录，税务机关倾向后者。不论用哪种方法，企业在纳税申报时，“上期留抵税额”均不应包括多交部分。

(5)销售账簿的设置。生产企业产品销售应按内、外销分别设账，对自营出口销售、委托代理出口销售、来料加工出口销售、深加工结转出口销售，应分别设置多栏式明细账，并对不同征税率、不同退税率的出口销售，还应分设账页。

(二)免抵退增值税的会计记录

企业若按申报的退税额进行会计记录，可分别按以下情况计算申报应退税额、应免抵税额及留抵税额，并进行相应的会计记录。

(1)如果期末留抵税额为0，则

当期应退税额＝0

当期免抵税额＝当期免抵退税额

例3—47

某企业生产A产品。1月份共销售7吨，其中向境外N客户出口4吨，出口货物CIF价格为117 000美元，货款未收到，预计出口运费1 000美元，保险费500美元，美元记账汇率为USD100＝CNY600；内销量3吨，内销金额600 000元，销项税额102 000元。当月取得增值税进项税额合计80 000元，上月期末留抵税额为 0。该公司无免税购进原材料的情况。增值税征税率 17%，退税率 15%。

出口货物免抵退税额的计算如下：

出口货物 FOB 价格＝CIF 价格－运费－保险费
＝117 000－1 000－500＝115 500(美元)

免税出口销售额＝115 500×6＝693 000(元)

当期免抵退税不得免缴和抵扣税额＝115 500×6×(17%－15%)
＝13 860(元)

当期应纳税额＝102 000－(80 000－13 860)－0＝35 860(元)

期末留抵税额＝0

当期应退税额＝0

当期免抵税额＝当期免抵退税额＝115 500×6×15%＝103 950(元)

作会计分录如下：

货物出口时：

借：应收账款——N 客户	702 000	
贷：主营业务收入——出口（A 产品）		693 000
预提费用——出口从属费用		9 000
借：主营业务成本——出口退税差额（A 产品）	13 860	
贷：应交税费——应交增值税（进项税额转出）		13 860

内销时：

借：应收账款或银行存款	702 000	
贷：主营业务收入——内销（A 产品）		600 000
应交税费——应交增值税（销项税额）		102 000

计算应纳增值税额时：

借：应交税费——应交增值税（转出未交增值税）	35 860	
贷：应交税费——未交增值税（出口退税）		35 860

申报出口免抵退税时：

借：应交税费——应交增值税（出口抵减内销产品应纳税额）	103 950	
贷：应交税费——应交增值税（出口退税）		103 950

(2) 如果当期免抵退税额≥当期期末留抵税额＞0，则

当期应退税额＝当期期末留抵税额

当期应免抵税额＝当期免抵退税额－当期应退税额

例 3—48

承例 3—47，假设内销量为 1 吨，内销金额 200 000 元，销项税额 34 000 元。其他条件不变。

出口货物免抵退税额的计算如下：

当期免抵退税不得免缴和抵扣税额＝115 500×6×(17%－15%)＝13 860(元)

当期应纳税额＝0

当期期末留抵税额＝(80 000－13 860)－34 000＝32 140(元)

∵当期期末留抵税额＜当期免抵退税额

∴当期应退税额＝当期期末留抵税额＝32 140(元)

当期免抵税额＝103 950－32 140＝71 810(元)

作会计分录如下：

货物出口时：

借：应收账款——N客户　702 000

　贷：主营业务收入——出口（A产品）　693 000

　　　预提费用——出口从属费用　9 000

借：主营业务成本——出口退税差额（A产品）　13 860

　贷：应交税费——应交增值税（进项税额转出）　13 860

内销时：

借：应收账款或银行存款　234 000

　贷：主营业务收入——内销（甲产品）　200 000

　　　应交税费——应交增值税（销项税额）　34 000

申报出口免抵退税时：

借：应收出口退税　32 140

　　应交税费——应交增值税（出口退税抵减应纳税额）　71 810

　贷：应交税费——应交增值税（出口退税）　103 950

（3）如果当期期末留抵税额＞当期免抵退税额，则

当期应退税额＝当期免抵退税额

当期应免抵税额＝0

例3—49

承例3—48，假设当期取得进项税额合计180 000元，其他条件不变。

出口免抵退税的计算如下：

当期免抵退税不得免缴和抵扣税额＝115 500×6×(17%－15%)＝13 860(元)

当期期末留抵税额＝(180 000－13 860)－34 000＝132 140(元)

当期应纳税额＝0

当期免抵退税额＝115 500×6×15%＝103 950(元)

∵当期期末留抵税额＞当期免抵退税额

∴当期应退税额＝当期免抵退税额＝103 950(元)

当期应免抵税额＝0

作会计分录如下：

货物出口时：

借：应收账款——N客户　702 000

　贷：主营业务收入——出口（A产品）　693 000

　　　预提费用——出口从属费用　9 000

借：主营业务成本——出口退税差额（A产品） 13 860
　　贷：应交税费——应交增值税（进项税额转出） 13 860

内销时：

借：应收账款或银行存款 234 000
　　贷：主营业务收入——内销（甲产品） 200 000
　　　　应交税费——应交增值税（销项税额） 34 000

申报出口免抵退税时：

借：应收出口退税 103 950
　　贷：应交税费——应交增值税（出口退税） 103 950

（三）出口货物跨年度发生退运，补缴免抵退税的会计记录

生产企业出口货物跨年度发生退运，如果出口货物已经申报办理免抵退税，则应按规定补缴免抵退税额。对补缴的免抵退税额不得计入营业成本，应以红字贷记“应交税费——应交增值税（出口退税）”账户，蓝字贷记“银行存款”等账户（相当于列作进项税额予以抵扣）；同时，将免抵退税不得免征和抵扣税额从成本中转回，红字借记“以前年度损益调整”账户，红字贷记“应交税费——应交增值税（进项税额转出）”账户。

例3—50

某纺织公司（增值税一般纳税人）是出口退（免）税申报后提供出口收汇核销单的生产企业。上年11月份以一般贸易方式出口布料一批，出口离岸价2 565 001.48元，征税率17%，退税率16%。该笔出口货物当月取得出口报关单退税联和电子信息，公司当年12月份办理免抵退税申报，单证信息齐全，计算免抵退税额410 400.24元，其中出口退税210 000元、免抵税额200 400.24元。今年4月份，公司发生退关退货，主管税务机关通知公司按规定补缴免抵退税款。有关会计处理如下：

上年11月份出口销售时：

借：应收账款 2 565 001.48
　　贷：主营业务收入——出口收入 2 565 001.48

上年11月份计算转出不予免征和抵扣税额时：

借：主营业务成本 25 650.01
　　贷：应交税费——应交增值税（进项税额转出） 25 650.01

上年12月份计算办理出口退税和免抵税额时：

借：其他应收款——应收出口退税 210 000.00
　　应交税费——应交增值税（出口退税抵减应纳税额） 200 400.24
　　贷：应交税费——应交增值税（出口退税） 410 400.24

今年4月份退运冲减出口销售时：

借：应收账款 [2 565 001.48]
　　贷：以前年度损益调整 [2 565 001.48]

同时冲减出口销售成本（会计处理略）。

今年4月份转回不予免征和抵扣税额时：

借：以前年度损益调整　　51 300.03

　贷：应交税费——应交增值税（进项税额转出）　　51 300.03

补缴免抵退税额时：

应补缴免抵退税额＝2 565 001.48×16％＝410 400.24(元)

贷：应交税费——应交增值税（出口退税）　　410 400.24

　贷：银行存款　　410 400.24

对退运的出口销售额，生产企业应在增值税申报表上以负数填写第7栏“免抵退办法出口货物销售额”；对补缴的免抵退税额，企业应当以负数填列第15栏“免抵退货物应退税额”；对转回的免抵退税不得免征和抵扣税额，企业应当以负数填列在增值税纳税申报表附列资料（二）第18栏“免抵退税办法不得抵扣进项税额”。

第7节　增值税的纳税申报

一、增值税的纳税期限

增值税的纳税期限分别为1日、3日、5日、10日、15日、1个月或者1个季度。纳税人的具体纳税期限，由主管税务机关根据纳税人应纳税额的大小分别核定；不能按照固定期限纳税的，可以按次纳税。纳税人以1个月或者1个季度为一个纳税期的，自期满之日起15日内申报纳税；以1日、3日、5日、10日或者15日为一个纳税期的，自期满之日起5日内预缴税款，于次月1日起15日内申报纳税并结清上月应纳税款。扣缴义务人解缴税款的期限比照执行。以1个季度为纳税期限的规定仅适用于小规模纳税人，具体纳税期限，由主管税务机关根据其应纳税额的大小分别核定。

纳税人进口货物，应当自海关填发海关进口增值税专用缴款书之日起15日内缴纳税款。

二、增值税的纳税地点

1. 固定业户应向其机构所在地主管税务机关申报纳税。总机构和分支机构不在同一县（市）的，应当分别向各自所在地主管税务机关申报纳税；经国家税务总局或其授权的税务机关批准，可以由总机构汇总向总机构所在地主管税务机关申报纳税。纳税人以总机构的名义在各地开立账户，通过资金结算网络在各地向购货方收取销货款，由总机构直接向购方开具发票、货款直接存入总机构的网上银行存款账户的，在总机构所在地申报纳税。

2. 固定业户到外县（市）销售货物或者应税劳务，应当向其机构所在地的主管税务机关申请开具外出经营活动税收管理证明，并向其机构所在地的主管税务机关申报纳税；未开具证明的，应当向销售地或者劳务发生地的主管税务机关申报纳税；未向销售地或者劳务发生地的主管税务机关申报纳税的，由其机构所在地的主管税务机关补征税款。

3. 非固定业户销售货物或者应税劳务，应当向销售地或者劳务发生地的主管税务机关申报纳税；未向销售地或者劳务发生地的主管税务机关申报纳税的，由其机构所在地或者居住地的主管税务机关补征税款。

4. 进口货物，应当向报关地海关申报纳税。

5. 扣缴义务人应当向其机构所在地或者居住地的主管税务机关申报缴纳其扣缴的税款。

三、一般纳税人纳税申报表的填制

纳税人进行纳税申报必须实行电子信息采集。使用防伪税控系统开具增值税专用发票的纳税人必须在抄报税成功后，方可进行纳税申报。

1. 纳税申报资料。

(1) 必报资料。1)《增值税纳税申报表（适用于增值税一般纳税人)》及其《增值税纳税申报表附列资料》；2）使用防伪税控系统的纳税人，必须报送记录当期纳税信息的IC卡（明细数据备份在软盘上的纳税人，还须报送备份数据软盘)、《增值税专用发票存根联明细表》及《增值税专用发票抵扣联明细表》；3）资产负债表、利润表；4）主管税务机关规定的其他必报资料。

(2) 备查资料。1）已开具的增值税专用发票和普通发票存根联；2）符合抵扣条件并且在本期申报抵扣的增值税专用发票抵扣联；3）海关进口货物完税凭证、运输发票、购进农产品普通发票的复印件；4）收购凭证的存根联或报查联；5）代扣代缴税款凭证存根联；6）主管税务机关规定的其他备查资料。备查资料是否需要在当期报送，由各省级国家税务局确定。

2. 申报期限。纳税人应按月进行纳税申报，申报期为次月1日起至15日止，遇最后一日为法定节假日的，顺延1日；在每月1—15日内有连续3日以上法定休假日的，按休假日天数顺延。

3. 罚则。(1）纳税人未按规定期限办理纳税申报和报送纳税资料的，按照《税收征管法》第六十二条的有关规定处罚。(2）纳税人经税务机关通知申报而拒不申报或者进行虚假的纳税申报，不缴或者少缴应纳税款的，按逃税处理，并按《税收征管法》第六十三条的有关规定处罚。(3）纳税人不进行纳税申报，不缴或者少缴应纳税款的，按《税收征管法》第六十四条的有关规定处罚。

4. 增值税纳税申报表（适用于增值税一般纳税人）(见表3—4)。

表3—4 **增值税纳税申报表**

（适用于增值税一般纳税人）

税款所属时间：自××年10月01日至××年10月31日 填表日期：××年11月09日

金额单位：元至角分

纳税人识别号						所属行业：	
纳税人名称		法定代表人		注册地址		营业地址	
开户银行及账号			登记注册类型			电话号码	

项目		栏次	一般货物、劳务及应税服务		即征即退货物、劳务及应税服务	
			本月数	本年累计	本月数	本年累计
销售额	（一）按适用税率征税销售额	1	0.00	0.00	234 784.57	3 216 553.74
	其中：应税货物销售额	2	0.00	0.00	234 784.57	3 216 553.74
	应税劳务销售额	3	0.00	0.00	0.00	0.00
	纳税检查调整的销售额	4	0.00	0.00	0.00	0.00
	（二）按简易征收办法征税销售额	5	0.00	0.00	0.00	0.00
	其中：纳税检查调整的销售额	6	0.00	0.00	0.00	0.00
	（三）免、抵、退办法出口销售额	7	0.00	0.00	—	—
	（四）免税销售额	8	0.00	0.00	—	—
	其中：免税货物销售额	9	0.00	0.00	—	—
	免税劳务销售额	10	0.00	0.00	—	—
税款计算	销项税额	11	0.00	0.00	39 913.38	546 814.21
	进项税额	12	0.00	0.00	18 707.27	236 331.73
	上期留抵税额	13	0.00	—	0.00	—
	进项税额转出	14	0.00	0.00	0.00	0.00
	免、抵、退应退税额	15	0.00	0.00	—	—
	按适用税率计算的纳税检查应补缴税额	16	0.00	0.00	—	—
	应抵扣税额合计	17＝12＋13－14－15＋16	0.00	—	18 707.27	—
	实际抵扣税额	18（如17＜11，则为17，否则为11）	0.00	0.00	18 707.27	236 331.73
	应纳税额	19＝11－18	0.00	0.00	21 206.11	310 482.48
	期末留抵税额	20＝17－18	0.00	—	0.00	—
	简易征收办法计算的应纳税额	21	0.00	0.00	0.00	0.00
	按简易征收办法计算的纳税检查应补缴税额	22	0.00	0.00	—	—
	应纳税额减征额	23	0.00	0.00	0.00	0.00
	应纳税额合计	24＝19＋21－23	0.00	0.00	21 206.11	310 482.48

税款缴纳	期初未缴税额（多缴为负数）	25	0.00	0.00	36 719.50	36 719.50
	实收出口开具专用缴款书退税额	26	0.00	0.00	—	—
	本期已缴税额	27=28+29+30+31	0.00	0.00	36 719.50	302 712.82
	①分次预缴税额	28	0.00	—	0.00	—
	②出口开具专用缴款书预缴税额	29	0.00	—	—	—
	③本期缴纳上期应纳税额	30	0.00	0.00	36 719.50	302 712.82
	④本期缴纳欠缴税额	31	0.00	0.00	0.00	0.00
	期末未缴税额（多缴为负数）	32=24+25+26−27	0.00	0.00	21 206.11	21 206.11
	其中：欠缴税额（≥0）	33=25+26−27	0.00	—	0.00	—
	本期应补（退）税额	34=24−28−29	0.00	—	21 206.11	—
	即征即退实际退税额	35	—	—	0.00	0.00
	期初未缴查补税额	36	0.00	0.00	—	—
	本期入库查补税额	37	0.00	0.00	—	—
	期末未缴查补税额	38=16+22+36−37	0.00	0.00	—	—

授权声明	如果你已委托代理人申报，请填写下列资料： 为代理一切税务事宜，现授权 （地址） 为本纳税人的代理申报人，任何与本申报表有关的往来文件，都可寄予此人。 授权人签字：	申报人声明	此纳税申报表是根据《中华人民共和国增值税暂行条例》的规定填报的，我相信它是真实的、可靠的、完整的。 声明人签字：

以下由税务机关填写：

收到日期：　　　　接收人：　　　　主管税务机关盖章：

四、小规模纳税人纳税申报表的填制

与一般纳税人要求相同，不论当期是否发生应税行为，均应按期向主管税务机关报送纳税申报表（见表3—5）。

表3—5　　增值税纳税申报表（小规模纳税人适用）

纳税人识别号：

纳税人名称（公章）　　　　金额单位：元至角分

税款所属期：　年　月　日至　年　月　日　　　　填表日期：　年　月　日

项目		栏次	本期数		本年累计	
			应税货物及劳务	应税服务	应税货物及劳务	应税服务
一、计税依据	（一）应征增值税不含税销售额	1				
	税务机关代开的增值税专用发票不含税销售额	2				

一、计税依据	税控器具开具的普通发票不含税销售额	3				
	（二）销售使用过的应税固定资产不含税销售额	4（4≥5）		—		—
	其中：税控器具开具的普通发票不含税销售额	5		—		—
	（三）免税销售额	6=7+8+9				
	其中：小微企业免税销售额	7				
	未达起征点销售额	8				
	其他免税销售额	9				
	（四）出口免税销售额	10（10≥11）				
	其中：税控器具开具的普通发票销售额	11				
二、税款计算	本期应纳税额	12				
	本期应纳税额减征额	13				
	本期免税额	14				
	其中：小微企业免税额	15				
	未达起征点免税额	16				
	应纳税额合计	17=12−13				
	本期预缴税额	18			—	—
	本期应补（退）税额	19=17−18			—	—

纳税人或代理人声明： 本纳税申报表是根据国家税收法律法规及相关规定填报的，我确定它是真实的、可靠的、完整的。	如纳税人填报，由纳税人填写以下各栏：
	办税人员：　　财务负责人： 法定代表人：　　联系电话：
	如委托代理人填报，由代理人填写以下各栏：
	代理人名称（公章）：　　经办人： 联系电话：

主管税务机关：　　接收人：　　接收日期：

五、增值税的解缴

企业除了应按规定纳税期限进行纳税申报外，还应在规定的缴库期内足额上缴税款。税额的解缴方式有两种：

1. 自行计算解缴。纳税人自行核算应纳税款，在开具缴款书后，于规定期限内送交纳税人开户银行办理税款入库手续，再持盖有银行转讫章的纳税凭证及纳税申报资料，报上级主管税务机关。

2. 税务机关查定后解缴。纳税人在规定期限内将纳税申报资料报送所属税务机关，由税务机关查定后开具税收缴款书，交给纳税人，由纳税人持往其开户银行办理税款入库手续。

本章重点

增值税进项税额、销项税额和应交增值税的确认计量，增值税的会计记录和纳税申报。

本章难点

生产企业增值税出口退税的计算和会计记录。

基本训练

一、简答题

1. 试述增值税的主要特点。
2. 简述增值税两类纳税人的划分标准。
3. 简述增值税进项税额、销项税额的确认和计算方法。
4. 简述增值税的申报与缴纳。
5. 试述增值税会计的账户设置方法。
6. 如何对增值税进项税额及其转出进行会计记录？
7. 如何对增值税销项税额进行会计记录？
8. 视同销售业务如何进行会计记录？
9. 简述外贸企业出口货物退免增值税的计算及其会计记录。
10. 简述生产企业出口货物免抵退增值税的计算及其会计记录。

二、单项选择题

1. 下列属于增值税纳税人的是（　　）。

A. 为其所在单位修理发生故障的机器的职工

B. 加工机器的某个人独资企业

C. 为出口的机械产品到销售地进行安装的某机械安装公司

D. 进口货物的出口方

2. 采用折扣方式销售货物的，以下关于其应纳税销售额的说法正确的是（　　）。

A. 纳税人销售货物并向购买方开具增值税专用发票后，由于市场价格下降等原因，销货方给予购货方的折扣，可按折扣后的余额作为销售额计算增值税

B. 按销售折扣的余额作为销售额计算增值税

C. 销售折扣不得从销售额中扣减，按原价计算增值税

D. 若销售额和折扣额不在同一张发票上，可按折扣后的余额作为销售额计算增值税

3. 按照现行规定，下列各项中必须认定为小规模纳税人的是（　　）。

A. 年不含税销售额在80万元以下从事货物生产的纳税人

B. 年不含税销售额在100万元以上从事货物批发的纳税人

C. 年不含税销售额为80万元以下，会计核算制度健全的从事货物零售的纳税人

D. 年不含税销售额为90万元以下，会计核算制度健全的从事货物生产的纳税人

4. 下列属于增值税混合销售行为的有（　　）。

A. 电话局提供电话安装的同时销售电话

B. 建材商店销售建材的同时，也提供装饰装修服务

C. 塑钢门窗商店销售产品，并为客户加工与安装

D. 汽车制造厂既生产销售汽车，又提供汽车修理服务

5. 下列关于销项税额确认时间的正确说法是（　　）。

A. 赊销方式销售的，为将提货单交给卖方的当天

B. 直接收款方式销售的，为发货当天

C. 预收货款方式销售的，为收款当天

D. 将自产货物用于集体福利和个人消费的，为货物移送当天

6. 下列各项中，允许从增值税销项税额中抵扣的是（　　）。

A. 购进固定资产的进项税额

B. 企业管理不善造成的存货损失所含进项税额

C. 自用小汽车所含进项税额

D. 纳税人修缮厂房领用存货所含进项税额

7. 增值税一般纳税人申请抵扣的防伪税控系统开具的增值税专用发票，必须自该专用发票开具之日起（　　）日内到税务机关认证，否则不予抵扣进项税额。

A. 30　　B. 60　　C. 90　　D. 180

8. 现金折扣即税法上的销售折扣，应在购货方实际付现时才能确认折扣额。现金折扣是企业的一种融资行为，其折扣不得从销售额中抵减，即不能冲减销项税额，应借记（　　）科目。

A. “销售费用”　　B. “营业税金及附加”

C. “财务费用”　　D. “管理费用”

9. 如果纳税人销售货物或应税劳务的价格明显偏低，又无正当理由，或者发生视同销售行为，应由主管税务机关核定其销售额。具体确认顺序和办法如下：(1) 按纳税人当月同类货物的平均销售价格确定；(2) 按纳税人近期同类货物的平均销售价格确定；(3) 按组成计税价格确定，其计算公式为（　　）。

A. 组成计税价格＝成本×(1－成本利润率)

B. 组成计税价格＝成本÷(1＋成本利润率)

C. 组成计税价格＝成本×(1＋成本利润率)＋消费税

D. 组成计税价格＝成本×(1＋成本利润率)

10. 以下按规定可以免征增值税的是（　　）。

A. 古旧图书　　B. 销售钢材

C. 销售农产品　　D. 出口货物

三、多项选择题

1. 以下属于增值税特点的有（　　）。

A. 不重复征税

B. 既普遍征收又多环节征收

C. 同种产品最终售价相同，税负就相同

D. 采用税款抵扣制

2. 某企业为增值税一般纳税人，在生产经营过程中发生如下进项税额，其中（　　）可以按规定从销项税额中进行抵扣。

A. 从农户直接购买其自产农产品计算的进项税额

B. 购买固定资产计算的进项税额

C. 购进原材料而取得承运部门开具的运输发票，根据运费计算的进项税额

D. 购进原材料，但未按规定取得增值税扣税凭证

3. 下列实行4%征收率征收增值税的企业或货物有（　　）。

A. 典当业销售死当物品

B. 纳税人销售旧货

C. 古旧图书

D. 单位和个体经营者销售使用过的未超过原值的摩托车

4. 对于货物的包装物押金，无论是否返还以及会计如何处理，均应并入当期销售额的有（　　）。

A. 白酒　　B. 啤酒　　C. 黄酒　　D. 米酒

5. 按现行增值税制度规定，下列行为应按“提供加工和修理修配、劳务”征收增值税的有（　　）。

A. 空调制造厂为客户安装中央空调

B. 企业受托为另一企业加工机器大修件

C. 企业为另一企业修理锅炉

D. 汽车修配厂为本厂修理汽车

6. 下列情形中可以开具增值税专用发票的有（　　）。

A. 向消费者销售应税项目

B. 向小规模纳税人销售应税项目

C. 销售报关出口的货物

D. 锅炉厂向使用单位销售锅炉而使用单位索要专用发票

7. 销货方开具专用发票后，购货方发生退货或折让，销货方必须在（　　）后，才可开具红字专用发票。

A. 收到购买方退回货物

B. 收到购买方退回原专用发票的发票联和税款抵扣联

C. 收到购买方退回原专用发票税款抵扣联的复印件

D. 收到购买方所在地主管税务机关开具的证明单

8. 下列各项中，符合增值税专用发票开具时限规定的有（　　）。

A. 采用预收货款结算方式的，为收到货款的当天

B. 将货物交付他人代销的，为收到代销清单的当天

C. 采用赊销方式的，为合同约定的收款日期的当天

D. 将货物作为投资提供给其他单位的，为投资协议签订的当天

9. 增值税一般纳税企业购进的生产、经营用货物日后被用于（　　）即改变其用途时，应将其相应的增值税额记入“应交税费——应交增值税（进项税额转出）”的贷方。

A. 非增值税应税项目　　B. 集体福利

C. 分配给股东　　D. 个人消费

四、计算题

1. 某增值税一般纳税人生产销售自行车，出厂不含税单价为280元/辆。某年2月该厂购销情况如下：

(1) 向当地百货大楼销售800辆，百货大楼当月付清货款后，厂家给予了8%的销售折扣，开具红字发票入账。

(2) 向外地特约经销点销售500辆。另外支付运输费用8 000元（其中装卸费1 000元）。

(3) 逾期仍未收回的包装物押金60 000元，计入销售收入。

(4) 购进自行车零部件、原材料，取得的专用发票上注明销售金额140 000元，注明税款23 800元。

(5) 从小规模纳税人处购进自行车零件90 000元，未取得专用发票。

月底，计算本月应缴增值税如下：

$$\text{当月销项税额}=[800\times280\times(1-8\%)+500\times280+60\,000]\times17\%=69\,033.6(\text{元})$$

$$\text{当月进项税额}=7\,000\times7\%+23\,800+90\,000\times3\%=26\,990(\text{元})$$

$$\text{当月应纳增值税税额}=69\,033.6-26\,990=42\,043.6(\text{元})$$

要求：请分析该企业计算的当月应纳增值税款是否正确。如有错误，请指出错在何处，并计算当月应纳增值税额。

2. 某电器专卖店（一般纳税人）当年2月份发生下列购销业务：

(1) 销售空调机300台，每台零售价格3 000元，商场派人负责安装，每台收取安装费200元。

(2) 采取有奖销售方式销售电冰箱100台，每台零售价格2 800元；奖品为电子石英手表，市场零售价格200元，共计送出50只电子石英手表。

(3) 收取客户购买20台空调机的预付款40 000元，每台售价3 000元（含增值税），按60 000元金额开具普通发票，因供货商的原因本期未能向客户交货。

(4) 将本专卖店自用 2 年的固定资产，账面原价 130 000 元，已提折旧 30 000 元，以 140 000 元的价格售出。

(5) 购进空调机 200 台，取得的增值税专用发票注明价款 420 000 元，已通过认证，货款已支付；另支付运输费 20 000 元，运输企业开具的货票上注明运费 15 000 元，建设基金 1 000 元，装卸费 2 000 元，保险费 2 000 元。

(6) 购进电冰箱 150 台，取得的增值税专用发票注明价款 300 000 元，已通过认证，因资金周转困难只支付厂商 70%的货款，余款在下月初支付；因质量问题，退回上期从某冰箱厂购进的电冰箱 20 台，每台出厂单价 2 340 元（含税），并取得厂家开具的红字发票和税务机关的证明单。

要求：计算该商场当年 2 月各项业务所涉及的税额，并计算应纳增值税额。

五、会计核算题

红光机床厂为增值税一般纳税人，按月缴纳增值税。5 月份发生下列有关经济业务：

(1) 6 日，向本市第三铸造厂购进铸铁一批，增值税专用发票上注明：价款 180 000 元，税额 30 600 元，上述款项已通过银行汇款付讫。

(2) 9 日，因铸铁质量问题，发生进货退出，根据铸铁厂开具的红字增值税专用发票，收到退回价款 210 000 元，税款 35 700 元。

(3) 11 日，按照合同规定，机床厂接受金属工业公司以圆钢作为投资入股，公允价值 360 000 元，税额 61 200 元。

(4) 12 日，拨付钢材一批，委托轻工机械厂加工齿轮，已拨付钢材价款 168 000 元。

(5) 22 日，收到轻工机械厂开来的增值税专用发票，支付齿轮加工费 18 000 元，税额 3 060 元，以银行存款支付。

(6) 22 日，齿轮加工完毕，该批加工半成品价款为 186 000 元，收回入库转账。

(7) 23 日，购入铸铁一批，价款 380 000 元，专用发票注明税款 64 600 元。

(8) 26 日，机修车间对外提供加工服务，收取劳务费 11 000 元（含税）。

(9) 29 日，销售机床 10 台，实现销售收入 2 760 000 元，向对方开出增值税专用发票，并收取增值税 469 200 元，收回货款存入银行存款户。

(10) 30 日，企业发生两笔销售退回，共计价款 198 000 元，应退增值税 33 660 元，企业开出红字增值税专用发票，并以银行存款支付退还款项。

(11) 机床厂为扩大企业规模，根据合同规定，以企业生产的机床 2 台对建材机械厂进行投资，2 台机床的账面价值 234 000 元，公允价值（计税价）260 000 元。2 台机床已提存货跌价准备 11 000 元，支付运杂费 2 000 元。（相关票据已通过主管税务机关认证。）

要求：根据上述资料，作出有关增值税的会计处理。

六、案例题

案例 1：某家电商场系增值税一般纳税人。其主管税务机关在进行税收专项检查时，对企业 11 月份的一张记账凭证提出异议，该凭证是这样处理的：

借：银行存款　　　　　　　　　　　　　　　　　　　　　　　1 500

　借：管理费用　　　　　　　　　　　　　　　　　　　　　　　[1 500]

经了解，该笔业务是反映该家电商场为某厂提供安装劳务收取的劳务费。税务人员又对该家电商场前10个月的记账凭证进行了检查，发现同样性质的业务共计9笔，金额合计65 500元。税务机关认为企业少计收入、偷逃税款，要求企业补缴增值税，并处少缴税款1倍的罚款。

分析要求： 税务机关的认定是否正确？处罚是否合理？如果正确，如何作调账和缴纳罚款的会计处理？

案例2： 某啤酒厂销售啤酒时，啤酒瓶是随啤酒一同销售的，啤酒瓶每个收押金0.5元，回收时，退款0.25元/个。当企业收到退回的啤酒瓶，退款时，借记“其他应付款”，贷记“银行存款”。国税局在今年1月进行税务检查时，查实企业在2年前共发出酒瓶3 000万个，当年回收2 500万个。税务局认为企业少缴了增值税，要求企业补缴税款。

分析要求： 企业回收酒瓶的会计处理是否正确？税务局的意见是否正确？如果税务局的意见正确，企业应该补缴多少增值税？

第4章

消费税会计

学习目标

1. 了解征收消费税的意义及其要素；
2. 理解消费税的特点及其与增值税的关系；
3. 掌握消费税的确认、计量、记录与申报。

引　言

与增值税相比，消费税永远是“配角”。虽然是“配角”，但它可以发挥其特殊的调节作用，可以实现与增值税的优势互补。各自的优势与缺陷是什么呢？二者的会计记录方法不同，又是何因呢？

第1节　消费税税制要素

鉴于消费税（consumption tax）的独特调节作用，目前世界上有120多个国家和地区征收消费税。新中国成立以来，在先后征收的货物税、商品流通税、工商统一税、工商税、产品税以及1994年以前的增值税中，对烟、酒、化妆品等消费品都设计了较高的税率，基本上具备了对消费品课税的性质。从1994年起，作为独立税种的消费税开始在全国征收。2008年11月5日，国务院颁布了修订后的《消费税暂行条例》，并自2009年起执行。

一、消费税的纳税人与纳税范围

消费税是对在我国境内从事生产、委托加工和进口应税消费品的单位和个人征收的一种流转税。确切地说，消费税是对特定消费品、特定消费行为征收的一种流转税。

消费税的纳税人是在我国境内生产、委托加工和进口应税消费品的单位和个人。“单位”是指企业、行政单位、事业单位、军事单位、社会团体及其他单位；“个人”是指个体工商户及其他个人。纳税人必须是在我国境内从事生产、委托加工和进口应税消费品；纳税人的经济活动必须属于税法规定的应税消费品，二者缺一不可。我国现行消费税的纳税范围主要包括：

1. 过度消费会对人类健康、社会秩序、生态环境等造成危害的特殊消费品，如烟、酒、鞭炮、焰火等。

2. 奢侈品、非生活必需品，如化妆品、贵重首饰及珠宝玉石。

3. 高能耗及高档消费品，如小汽车、摩托车等。

4. 不可再生和替代的石油类消费品，如成品油。

二、消费税的税目与税率

1. 税目。从科学、合理的原则出发，现行消费税共设置 14 个税目、若干个子目，征税主旨明确，课税对象清晰。

2. 税率。现行消费税实行从价比例税率、从量定额税率和复合计税三种形式。消费税税目税率如表 4—1 所示。

表 4—1 消费税税目税率表

税目	税率
一、烟	
1. 卷烟	
(1) 甲类卷烟	56% 加 0.003 元/支（生产环节）
(2) 乙类卷烟	36% 加 0.003 元/支（生产环节）
2. 雪茄烟	36%（生产环节）
3. 烟丝	30%（生产环节）
4. 商业批发	11% 加 0.005 元/支（批发环节）
二、酒	
1. 白酒	20% 加 0.5 元/500 克（或 500 毫升）
2. 黄酒	240 元/吨
3. 啤酒	
(1) 甲类啤酒	250 元/吨
(2) 乙类啤酒	220 元/吨
4. 其他酒	10%
三、化妆品	30%
四、贵重首饰及珠宝玉石	
1. 金银首饰、铂金首饰和钻石及钻石饰品	5%
2. 其他贵重首饰和珠宝玉石	10%
五、鞭炮、焰火	15%
六、成品油	
1. 汽油、石脑油、溶剂油、润滑油	1.52 元/升
2. 柴油、航空煤油、燃料油	1.2 元/升

续前表

税目	税率
七、摩托车 1. 气缸容量（排气量，下同）250毫升 2. 气缸容量250毫升以上的	 3% 10%
八、小汽车 1. 乘用车 (1) 气缸容量（排气量，下同）在1.0升（含1.0升）以下的 (2) 气缸容量在1.0升以上至1.5升（含1.5升）的 (3) 气缸容量在1.5升以上至2.0升（含2.0升）的 (4) 气缸容量在2.0升以上至2.5升（含2.5升）的 (5) 气缸容量在2.5升以上至3.0升（含3.0升）的 (6) 气缸容量在3.0升以上至4.0升（含4.0升）的 (7) 气缸容量在4.0升以上的 2. 中轻型商用客车	 1% 3% 5% 9% 12% 25% 40% 5%
九、高尔夫球及球具	10%
十、高档手表	20%
十一、游艇	10%
十二、木制一次性筷子	5%
十三、实木地板	5%
十四、电池、涂料	4%

说明：

①卷烟实行从量定额和从价定率相结合的复合计税办法。先从量定额计税，定额税率为每标准箱（50 000支，下同）150元；再按调拨价格从价计税，每标准条（200支，下同）调拨价格在70元（含70元，不含增值税）以上的卷烟税率为56%；每标准条调拨价格在70元（不含增值税）以下的卷烟税率为36%；白包卷烟，手工卷烟，自产自用没有同牌号、同规格调拨价格的卷烟，委托加工没有同牌号、同规格调拨价格的卷烟，未经国务院批准纳入计划的企业和个人生产的卷烟，一律适用56%的比例税率。

②粮食白酒、薯类白酒实行从量定额和从价定率相结合的复合计税办法。定额税率为每斤（500克）或每500毫升0.5元；粮食白酒和薯类白酒的比例税率均为20%。

每吨啤酒出厂价格（含包装物及包装物押金）在3 000元（含3 000元，不含增值税）以上的，单位税额250元/吨；每吨啤酒出厂价格在3 000元（不含增值税）以下的，单位税额220元/吨；对饮食业、商业、娱乐业举办的啤酒屋（啤酒坊）利用啤酒生产设备自制的啤酒，适用单位税额250元/吨。

③钻石及钻石饰品的纳税环节，由生产环节、进口环节改为零售环节，其消费税税率为5%。

④乘用车适用于进口环节消费税。

⑤航空煤油暂缓缴纳消费税。

⑥电池、涂料在生产、委托加工和进口环节征收。2015年12月31日前对铅蓄电池缓征消费税，自2016年1月1日起，对铅蓄电池按4%税率征收消费税。

⑦对无汞原电池、金属氢化物镍蓄电池（又称“氢镍蓄电池”或“镍氢蓄电池”）、锂原电池、锂离子蓄电池、太阳能电池、燃料电池和全钒液流电池免征消费税。

⑧对施工状态下挥发性有机物（volatile organic compounds，VOC）含量低于420克/升（含）的涂料免征消费税。

三、消费税的纳税环节

我国现行消费税基本上是单一环节纳税，但对卷烟的商业批发环节增征5%的消费税。

1. 纳税人生产的应税消费品，于纳税人销售（有偿转让应税消费品的所有权）时纳税。用于连续生产应税消费品（将自产自用的应税消费品作为直接材料生产最终应税消费品，自产自用应税消费品构成最终应税消费品的实体）的，不纳税；用于其他方面（用于生产非应税消费品、在建工程、管理部门、非生产机构、提供劳务、馈赠、赞助、集资、广告、样品、职工福利、奖励等方面）的，于移送使用时纳税。

2. 委托加工的应税消费品（委托方提供原料和主要材料，受托方只收取加工费和代垫部分辅助材料），除受托方为个人外，由受托方在向委托方交货时代收代缴税款。在与受托方结算货款时，要分清受托方是个人还是单位。如果受托方是个人，则不能由其代收代缴税款，委托方应在收回后缴纳消费税。对委托加工收回的应税消费品，委托方用于连续生产应税消费品的，所纳税款准予按规定抵扣。委托加工的应税消费品，若以不高于受托方的计税价格直接出售的，不再缴纳消费税。

3. 以外购、进口和委托加工收回应税油品用于连续生产应税成品油，准予从成品油消费税应纳税额中扣除应税油品已纳消费税税款。

纳税人以进口、委托加工收回应税油品连续生产应税成品油，分别依据《海关进口消费税专用缴款书》、《税收缴款书（代扣代收专用）》，按照现行政策规定计算扣除应税油品已纳消费税税款。纳税人应当建立成品油抵扣税款台账，作为申报扣除外购、进口和委托加工收回应税油品已纳消费税税款的备查资料。

第2节 消费税的确认计量

一、消费税纳税义务的确认

1. 纳税人销售应税消费品的，根据不同销售结算方式确认其纳税义务。

（1）采取赊销和分期收款方式销售货物，按书面合同约定收款日期的当天确认销售收入，书面合同没有约定收款日期或者无书面合同的，为发出应税消费品的当天。如果没有合同，无法确认约定收款日期的，在货物发出时确认纳税义务发生时间，而不论是否收到款项。

（2）采取预收货款结算方式的，为发出应税消费品的当天。

（3）采取托收承付和委托银行收款方式的，为发出应税消费品并办妥托收手续的当天。

（4）采取其他结算方式的，为收讫销售款或者取得索取销售款凭据的当天。

2. 纳税人自产自用应税消费品的，为移送使用的当天。

3. 纳税人委托加工应税消费品的，为纳税人提货的当天。

4. 纳税人进口应税消费品的，为报关进口的当天。

二、销售额的确认

（一）白酒生产企业销售额的确认

1. 基本要求。白酒生产企业销售给销售单位的白酒，生产企业消费税计税价格低于销售单位对外销售价格（不含增值税，下同）70％的，税务机关应核定消费税最低计税价格。“销售单位”是指销售公司、购销公司以及委托境内其他单位或个人包销本企业生产白酒的商业机构。“销售公司”、“购销公司”是指专门购进并销售白酒生产企业生产的白酒，并与该白酒生产企业存在关联性质的公司。“包销”是指销售单位依据协定价格从白酒生产企业购进白酒，同时承担大部分包装材料等成本费用，并负责销售白酒。

白酒生产企业销售给销售单位的白酒，生产企业消费税计税价格高于销售单位对外销售价格 70％（含）的，税务机关暂不核定消费税最低计税价格。

2. 计税价格的申报（申请）。白酒生产企业应将各种白酒的消费税计税价格和销售单位销售价格，在主管税务机关规定的时限内，填报“白酒相关经济指标申报表”。

3. 最低计税价格的核定。

（1）最低计税价格的核定标准。白酒生产企业销售给销售单位的白酒，生产企业消费税计税价格低于销售单位对外销售价格 70％的，消费税最低计税价格由税务机关根据生产规模、白酒品牌、利润水平等情况，在销售单位对外销售价格 50％～70％的范围内自行核定。其中生产规模较大、利润水平较高的企业生产的需要核定消费税最低计税价格的白酒，税务机关核价幅度原则上应选择在销售单位对外销售价格的 60％～70％。

（2）从高适用计税价格。已核定最低计税价格的白酒，生产企业实际销售价格高于消费税最低计税价格的，按实际销售价格申报纳税；实际销售价格低于消费税最低计税价格的，按最低计税价格申报纳税。

（3）重新核定计税价格。已核定最低计税价格的白酒，销售单位对外销售价格持续上涨或下降时间达到 3 个月以上、累计上涨或下降幅度在 20％（含）以上的白酒，税务机关重新核定最低计税价格。

白酒生产企业在办理消费税纳税申报时，应附已核定最低计税价格白酒清单。

4. 对账证不全的小酒厂白酒消费税采取核定征收方式。

（二）其他生产企业销售额的确认

应税产品销售额为纳税人销售应税消费品向购买方收取的全部价款和价外费用（其含义及包括内容与增值税相同），但不包括应向购货方收取的增值税税款。以外汇结算销售额的，其销售额以结算当日或当月 1 日的外汇牌价（中间价）折合人民币计算。一旦确定，一年内不得变更。

如果纳税人应税消费品的销售额中未扣除增值税税款或者因不得开具增值税专用发票而发生价款和增值税税款合并收取的，在计算消费税时，应当换算为不含增值税税款的销售额。其换算公式为：

应税消费品的销售额＝含增值税销售额÷(1＋增值税税率或征收率)

应税消费品连同包装物销售的，无论包装物是否单独计价以及在会计上如何核算，均应并入应税消费品的销售额中缴纳消费税。如果包装物不作价随同产品销售，而是收取押金，此项押金则不应并入应税消费品的销售额中征税。但对因逾期未收回的包装物不再退还的或者已收取的时间超过 12 个月的押金，应并入应税消费品的销售额，按照应税消费品的适用税率缴纳消费税。

对既作价随同应税消费品销售，又另外收取押金的包装物的押金，凡纳税人在规定的期限内没有退还的，均应并入应税消费品的销售额，按照应税消费品的适用税率缴纳消费税。

三、销售数量的确认

销售数量是指应税消费品的数量。其含义包括：

(1) 销售应税消费品的，为应税消费品的实际销售量；

(2) 自产自用应税消费品的，为应税消费品的移送使用量；

(3) 委托加工应税消费品的，为纳税人收回的应税消费品量；

(4) 进口的应税消费品，为海关核定的应税消费品进口征税量。

根据我国现行税法，消费税中只有黄酒、啤酒、汽油、柴油四种产品以销售数量作为计税依据。

四、消费税从价定率的计算

在消费税按从价定率方法计算时，其计算公式如下：

应纳消费税＝应税消费品的销售额×比例税率

纳税人将自产的应税消费品与外购或自产的非应税消费品组成套装销售的，以套装产品的销售额（不含增值税）为计税依据。

（一）应税消费品应纳税额的计算

1. 基本销售行为应纳税额的计算。凡是应税消费品同时也是增值税的纳税范围，因此，消费税的计税依据——销售额与增值税中的销售额的含义相同；增值税销售额的确认也就是消费税销售额的确认，按此销售额乘以消费税税率即可计算应纳消费税。

例 4—1

某酒厂年销售白酒 2 000 吨，年销售额预计 880 万元。9 月份销售白酒 150 吨，对外销售不含税单价 6 500 元/吨，销售散装白酒 10 吨，单价 5 000 元/吨，款项全部存入银行。其应纳消费税计算如下：

应纳消费税＝(150×6 500＋10×5 000)×20%＋(150×2 000＋10×2 000)×0.5

＝365 000(元)

如果该酒厂设立一个销售部，酒厂销售给销售部的白酒价格为 4 100 元/吨、散装白酒价格为 3 100 元/吨，计税价格低于销售单位对外销售价格 70%，则该酒厂销售给销售部的白酒计税价格需要经过省级（包括计划单列市）国家税务局核定消费税最低计税价格。假设省级国税机关核定的最低计税价格分别为白酒 5 900 元/吨、散装白酒 4 200 元/吨，酒厂应纳消费税计算如下：

$$\begin{aligned}\text{应纳消费税} &= (150\times 5\,900+10\times 4\,200)\times 20\%+(150\times 2\,000+10\times 2\,000)\\&\quad \times 0.5\\&=345\,400(\text{元})\end{aligned}$$

企业不能按照 289 200 元（$(150\times 4\,100+10\times 3\,100)\times 20\%+(150\times 2\,000+10\times 2\,000)\times 0.5$）来缴纳消费税。

纳税人兼营卷烟批发和零售业务的，应当分别核算批发和零售环节的销售额、销售数量；未分别核算批发和零售环节销售额、销售数量的，按全部销售额、销售数量计算批发环节应纳消费税。

2. 企业进行货物的非货币性资产交换，用以投资、抵偿债务的应税消费品，应以同类应税消费品的最高销售价格（而非加权平均价格）为计税依据计算应纳消费税税额。

3. 企业用外购已税消费品生产销售的应税消费品，准予从应纳消费税税额中扣除外购已税消费品已纳税额。

以外购或委托加工收回的已税烟丝、化妆品、鞭炮焰火、珠宝玉石、葡萄酒等为原料，继续加工生产卷烟、化妆品、鞭炮焰火、珠宝玉石、葡萄酒等消费品，在其销售时，准予从应纳消费税税额中扣除原已纳消费税税额。以外购或委托加工收回的已税杆头、杆身和握把为原料生产的高尔夫球杆，以外购或委托加工收回的已税木制一次性筷子为原料生产的木制一次性筷子，以外购或委托加工收回的已税实木地板为原料生产的实木地板，以外购或委托加工收回的已税石脑油为原料生产的应税消费品，以外购或委托加工收回的已税润滑油为原料生产的润滑油，准予从消费税应纳税额中扣除原料已纳的消费税税额。

当期准予扣除外购应税消费品已纳消费税税额，在计税时按当期生产耗用量计算，计算公式如下：

$$\begin{array}{c}\text{当期准予扣除的外}\\\text{购应税消费品买价}\end{array}=\begin{array}{c}\text{期初库存的外购}\\\text{应税消费品买价}\end{array}+\begin{array}{c}\text{当期购进应税}\\\text{消费品的买价}\end{array}-\begin{array}{c}\text{期末库存的外购}\\\text{应税消费品买价}\end{array}$$

$$\begin{array}{c}\text{当期准予扣除的外购}\\\text{应税消费品应纳税额}\end{array}=\begin{array}{c}\text{当期准予扣除的外购}\\\text{应税消费品买价}\end{array}\times\begin{array}{c}\text{外购应税消费品}\\\text{适用税率}\end{array}$$

外购应税消费品买价是发票中注明的销售额。纳税人用外购已税珠宝玉石生产的应在零售环节缴纳消费税的金银首饰（镶嵌首饰），在计税时不得扣除外购珠宝玉石的已纳税款。

例 4—2

某卷烟厂 6 月份外购烟丝价款 100 000 元，月初库存外购已税烟丝 75 000 元，月末库存外购已税烟丝 36 000 元；当月以外购烟丝生产卷烟的销售量为 28 个标准箱，每标准条调拨价格 40 元，共计 280 000 元。有关的计算如下：

当月准予扣除的外购应税消费品买价＝75 000＋100 000－36 000
＝139 000(元)

当月准予扣除的外购应税消费品已纳税款＝139 000×30％＝41 700(元)

当月应纳消费税＝28×150＋280 000×36％－41 700＝63 300(元)

（二）企业自产自用应税消费品应纳税额的计算

自产自用就是纳税人生产应税消费品后，不是用于直接对外销售，而是用于连续生产应税消费品或用于其他方面。

纳税人若是用于连续生产应税消费品的（作为生产最终应税消费品的直接材料，并构成最终产品实体的应税消费品，如卷烟厂生产的烟丝，再用于本厂连续生产出卷烟），根据税不重征的原则，不缴纳消费税；生产企业将自产石脑油用于本企业连续生产汽油等应税消费品的，不缴纳消费税；用于连续生产乙烯等非应税消费品或其他方面的，于移送使用时缴纳消费税。

纳税人若是用于其他方面，应于移送时缴纳消费税。按照纳税人生产同类消费品的销售价为计税依据；若没有同类消费品的销售价格，则可按组成计税价格计算纳税。纳税人自产自用的应税消费品，按照纳税人生产的同类消费品的销售价格计算纳税；没有同类消费品销售价格的，按照组成计税价格计算纳税。

纳税人应税消费品的计税价格明显偏低并无正当理由的，卷烟、白酒和小汽车的计税价格由国家税务总局核定，送财政部备案；其他应税消费品的计税价格由省、自治区和直辖市国家税务局核定。

“同类消费品的销售价格”是指纳税人或者代收代缴义务人当月销售的同类消费品的销售价格，如果当月同类消费品各期销售价格高低不同，应按销售数量加权平均计算。但销售的应税消费品有下列情况之一的，不得列入加权平均计算：

（1）销售价格明显偏低并无正当理由的；

（2）无销售价格的。

如果当月无销售或者当月未完结，应按照同类消费品上月或者最近月份的销售价格计算纳税。实行从价定率办法计算纳税的组成计税价格计算公式：

$$组成计税价格=\frac{成本+利润}{1-消费税税率}$$

式中，成本是应税消费品的产品生产成本；利润是按应税消费品的全国平均成本利润率计算的利润。

应税消费品的全国平均成本利润率如下：烟类消费品为10％或5％；酒和酒精类消费品，除粮食白酒为10％，其余为5％；化妆品、鞭炮烟火等为5％；贵重首饰及珠宝玉石、摩托车为6％；乘用车为8％；高尔夫球及球具为10％；高档手表为20％；游艇为10％；木制一次性筷子为5％；实木地板为5％；中轻型商用客车为5％。

例4—3

某汽车制造厂将一辆自产乘用车（气缸容量2.0升）转作自用（固定资产），该种汽车对外销售价格18万元，生产成本10万元。其应纳消费税计算如下：

应纳消费税＝180 000×5％＝9 000(元)

如果该自用车没有同类消费品的销售价格，其生产成本为15万元，则其组成计税价格计算如下：

消费税组成计税价格＝150 000×(1＋8％)÷(1－5％)＝170 526(元)
应交消费税＝170 526×5％＝8 526(元)
增值税组成计税价格＝150 000×(1＋8％)＋8 526＝170 526(元)
应交增值税＝170 526×17％＝28 989(元)

（三）委托加工应税消费品应纳税额的计算

委托加工应税消费品是指由委托方提供原料或主要材料，受托方只收取加工费和代垫部分辅助材料进行加工的应税消费品。

如属税法规定的委托加工行为，受托方必须严格履行代收代缴义务，在与委托方办理交货结算时，代收代缴消费税。若受托方为个体经营者，由委托方自己在所在地缴纳消费税。

委托加工应税消费品，按照受托方的同类消费品的销售价格计算纳税。没有同类消费品的销售价格的，按照组成计税价格计税，其计算公式如下：

$$\text{组成计税价格}=\frac{\text{材料成本}+\text{加工费}}{1-\text{消费税税率}}$$

组成计税价格中的材料成本是指委托方所提供加工的材料实际成本。委托加工应税消费品的纳税人，必须在委托加工合同上如实注明（或者以其他方式提供）材料成本，凡未提供材料成本的，受托方主管税务机关有权核定其材料成本。加工费是受托方加工应税消费品向委托方收取的全部费用（包括代垫的辅助材料实际成本）。

例4—4

A企业受托加工一批应税消费品，委托方提供的材料成本为9 500元，双方协议加工费为1 200元，消费税税率为10％。计算A企业应代收代缴的消费税如下：

组成计税价格＝(9 500＋1 200)÷(1－10％)＝11 889(元)
应纳消费税＝11 889×10％＝1 189(元)

委托方在向A企业付款时，除了按合同规定支付1 200元加工费外，还应向其支付1 189元的消费税。

（四）外购、委托加工的应税消费品继续加工生产应税消费品应纳税额的计算

若以外购、委托加工的应税消费品为原料，继续加工生产成为另一种应税消费品，当其销售时，准予从应纳消费税中扣除原已缴纳的消费税。有关计算公式如下：

$$\text{本期应纳消费税}=\text{当期销售额}\times\text{消费税税率}-\text{当期准予扣除的委托加工应税消费品已纳税额}$$

$$\text{当期准予扣除的委托加工应税消费品已纳税额}=\text{期初库存的委托加工应税消费品已纳税款}+\text{当期收回的委托加工应税消费品已纳税款}-\text{期末库存的委托加工应税消费品已纳税款}$$

例 4—5

某建材公司系增值税小规模纳税人，主要从事各种铸造涂料、石墨粉涂料、滑石粉涂料、高铝粉涂料等其他涂料生产销售业务。5 月份销售铸造涂料、石墨粉涂料、滑石粉涂料、高铝粉涂料和其他涂料价税合计分别为 40 万元、32 万元、24 万元、16 万元和 8 万元，其中易挥发性有机物且含量低于 420 克/升（含）的三氯乙烯和四氯乙烯涂料合计 22.4 万元；同时，销售委托其他涂料公司加工收回不易挥发的各种涂料 48 万元（受托方含税计税价格 24 万元）。不考虑其他因素，计算该公司当月应纳消费税。

纳税人生产销售涂料应按规定缴纳消费税，但对于在施工状态下挥发性有机物且含量低于 420 克/升（含）的涂料免征消费税；另外，纳税人委托加工收回的应税消费品，以高于受托方的计税价格出售的，应按规定申报缴纳消费税，在计税时准予扣除受托方已代收代缴的消费税。

当月涂料含税销售收入总额＝40＋32＋24＋16＋8＋48＝168(万元)

免征消费税销售额＝22.4(万元)

应纳消费税＝(168－22.4－24)÷1.03×4%＝4.72(万元)

（五）进口应税消费品应纳税额的计算

进口的应税消费品，于报关时缴纳消费税，并由海关代征。部分进口应税消费品的税率也按调整后的税率缴纳，即由原来的从价定率单一方法改为从价定率和复合计税两种方法。进口的应税消费品，按照组成计税价格计算纳税。

实行从价定率办法计算纳税的组成计税价格计算公式：

应纳消费税＝组成计税价格×消费税税率

$$\text{组成计税价格}=\frac{\text{关税完税价格}+\text{关税}}{1-\text{消费税税率}}$$

实行复合计税办法计算纳税的组成计税价格计算公式：

$$\text{组成计税价格}=\frac{\text{关税完税价格}+\text{关税}+\text{进口数量}\times\text{消费税定额税率}}{1-\text{消费税比例税率}}$$

式中，关税完税价格是指海关核定的关税计税价格。

进口环节消费税，除国务院另有规定者外，一律不得给予减税、免税。

例 4—6

某公司进口成套化妆品一批。该成套化妆品 CIF 价格为 40 万元，设关税税率为 50%；消费税税率见本章税率表。其应纳消费税、增值税计算如下：

消费税组成计税价格＝400 000×(1＋50%)÷(1－30%)

＝857 143(元)

应纳消费税＝857 143×30％＝257 143(元)

增值税组成计税价格＝400 000＋400 000×50％＋257 143＝857 143(元)

应纳增值税＝857 143×17％＝145 714(元)

（六）包装物及其押金的消费税计算

1. 包装物连同应税消费品销售。无论包装物是否单独计价以及在会计上如何核算，均应并入应税消费品的销售额中缴纳消费税。对一般纳税人向购买方收取的价外费用和逾期包装物押金，应视为含税收入，在计税时换算成不含税收入并入销售额计算增值税、消费税。

例4—7

某企业（一般纳税人）销售摩托车（250毫升以上），连同包装一起销售，其中应税消费品价款22 000元，包装物收入2 000元，应税消费品消费税税率为10％。其应纳消费税计算如下：

应纳消费税＝[22 000＋2 000÷(1＋17％)]×10％＝2 370.94(元)

2. 包装物不作价随同产品销售，而是收取押金时，押金不应并入应税消费品的销售额中计税，但对因逾期未收回的包装物不再退还的或者已收取时间超过12个月的押金，应并入应税消费品的销售额，按照应税消费品的适用税率计算缴纳消费税。

3. 既随应税消费品销售又加收押金的包装物。这种情况下，押金暂不并入销售额计税，只对作价销售的包装物征收消费税，但纳税人在规定的期限内没有退还的，均应并入应税消费品的销售额，按照应税消费品的适用税率缴纳消费税。

例4—8

A企业（一般纳税人）向某商场销售摩托车（250毫升以上），价款共计26 000元，并收取包装费4 000元，另外又加收包装物押金2 500元，应税消费品消费税税率为10％。应纳消费税计算如下：

应纳消费税＝[26 000＋4 000÷(1＋17％)]×10％＝2 941.88(元)

如果纳税人在规定期限内没有退还包装物，则对没收的押金计算应纳消费税为：

应纳消费税＝[2 500÷(1＋17％)]×10％＝213.67(元)

五、消费税从量定额的计算

消费税实行从量定额计算办法时，其计算公式如下：

应纳消费税＝应税消费品数量×定额税率(单位税额)

应税消费品数量是纳税期的销售数量，具体指：

(1) 销售自产应税消费品的，为应税消费品的销售量；

(2) 自产自用应税消费品的，为应税消费品的移送使用量；

(3) 委托加工应税消费品的，为纳税人收回的应税消费品量；

(4) 进口的应税消费品，为海关核定的应税消费品进口征税量。

根据我国现行税法，消费税中只有黄酒、啤酒和成品油以销售数量作为计税依据。黄酒、啤酒是以吨为税额单位，成品油是以升为税额单位。为了规范不同产品的计量单位，准确计算应纳税额，税法对吨与升两个计量单位的换算标准规定如下：

黄酒 1 吨＝962 升；啤酒 1 吨＝988 升；汽油 1 吨＝1 388 升；柴油 1 吨＝1 176升；石脑油 1 吨＝1 385 升；溶剂油 1 吨＝1 282 升；润滑油 1 吨＝1 126 升；燃料油 1 吨＝1 015 升；航空煤油 1 吨＝1 246 升。

例 4—9

某企业 8 月份采购原油 100 吨，委托炼油厂加工成汽油 90 吨，计算应纳消费税如下：

应纳消费税＝90×1 388×1.52＝189 878(元)

六、消费税复合计税的计算

复合计税方法是从价定率与从量定额相结合计算应纳税额的一种计税方法。目前，我国白酒和卷烟产品采用复合计税方法。其计算公式如下：

应纳消费税＝销售数量×定额税率＋销售额×比例税率

实行复合计税办法计算纳税的组成计税价格计算公式为：

$$组成计税价格=\frac{成本+利润+自产自用数量\times定额税率}{1-比例税率}$$

例 4—10

某卷烟厂 2 月份出售卷烟 25 个标准箱，每标准条调拨价格 70 元，共计价款 437 500 元，烟丝 45 000 元，不退包装物，采用商业汇票结算，货已发出并办好结算手续。该厂应纳消费税计算如下：

25×150＋437 500×56％＋45 000×30％＝262 250(元)

例 4—11

某酒厂 4 月份以粮食白酒 1 000 箱（每箱 1 200 元，每箱 6 瓶，每瓶 500 克）换取建筑材料，满足扩建工程需要。假定每箱白酒 1 200 元的价格，高于销售单位对外销售价格的 70％。应纳消费税计算如下：

1 000×1 200×20％＋1 000×6×0.5＝243 000(元)

第 3 节 消费税的会计记录

一、消费税会计账户的设置

缴纳消费税的企业主要应设置以下两个账户：

1. “应交税费——应交消费税”。为了正确及时地反映企业应缴、已缴、欠缴消费税等相关涉税事项，纳税人应在“应交税费”账户下设置“应交消费税”明细账户进行会计记录。该明细账户采用三栏式账户记账，贷方核算企业按规定应缴纳的消费税，借方核算企业实际缴纳的消费税、允许抵扣的消费税；期末，贷方余额表示尚未缴纳的消费税，借方余额表示企业多缴的消费税。

2. “营业税金及附加”。为了反映由此而产生的消费税费用，企业还应设置“营业税金及附加”账户，该账户核算因销售应税产品而负担的消费税金及其附加（城市维护建设税、教育费附加等）。

企业计算应纳消费税时，借记“营业税金及附加”，贷记“应交税费——应交消费税”。实际缴纳时，借记“应交税费——应交消费税”，贷记“银行存款”。期末，应将“营业税金及附加”账户的余额转入“本年利润”账户，结转后本账户无余额。

二、应税消费品销售的会计记录

（一）应税消费品销售的会计记录

由于消费税属价内税，企业销售应税消费品的售价包含消费税（不含增值税），因此，企业缴纳的消费税，应记入“营业税金及附加”，由销售收入补偿。销售实现时，按规定计算应纳消费税。

例 4—12

某企业8月份销售乘用车15辆（气缸容量2.2升），出厂价每辆150 000元，价外收取有关费用每辆11 000元。有关计算如下：

应纳消费税＝(150 000＋11 000÷1.17)×9%×15＝215 192(元)

应纳增值税＝(150 000＋11 000÷1.17)×17%×15＝406 474(元)

根据有关凭证，作会计分录如下：

借：银行存款　　2 797 500

　贷：主营业务收入　　2 391 026

　　　应交税费——应交增值税（销项税额）　　406 474

同时，

借：营业税金及附加　　215 192

　贷：应交税费——应交消费税　　215 192

上缴税金（假设同期应交增值税11万元）时，作会计分录如下：

借：应交税费——应交增值税（已交税金）　　110 000

　　　　　　——应交消费税　　215 192

　贷：银行存款　　325 192

例 4—13

某酒厂8月8日从本市B酒厂购进薯类生产的酒精10吨，不含税价2 000

元/吨，取得增值税专用发票并付款入库。8月10日购入用粮食生产的酒精4吨，增值税专用发票注明价款28 000元、增值税4 760元；货运专票注明运费400元、增值税44元；酒精验收入库，款未付。8月28日，销售用本月8日购入酒精生产的白酒5吨，含税价33 930元/吨，开出普通发票，贷款尚未收到。8月30日，销售用薯类酒精和粮食酒精混合生产的白酒4吨，不含税价65 000元/吨，开出专用发票，贷款收到。假定白酒的销售价格高于销售单位对外销售价格的70%。作如下会计分录：

(1) 8月8日时：

借：原材料——酒精 20 000
　　应交税费——应交增值税（进项税额） 3 400
　贷：银行存款 23 400

(2) 8月10日时：

借：原材料——酒精 28 400
　　应交税费——应交增值税（进项税额） 4 804
　贷：应付账款 33 204

(3) 8月28日时：

不含税销售额＝33 930÷(1＋17%)×5＝145 000(元)

增值税销项税额＝145 000×17%＝24 650(元)

外购酒精已纳消费税不得抵扣当期应纳消费税，白酒的消费税税率为20%，应纳消费税计算如下：

应纳消费税＝145 000×20%＋2 000×0.5×5＝29 000＋5 000
　　　　　＝34 000(元)

借：应收账款 169 650
　贷：主营业务收入 145 000
　　　应交税费——应交增值税（销项税额） 24 650
借：营业税金及附加 34 000
　贷：应交税费——应交消费税 34 000

(4) 8月30日时：

应纳消费税＝65 000×4×20%＋2 000×0.5×4＝56 000(元)

借：银行存款 304 200
　贷：主营业务收入 260 000
　　　应交税费——应交增值税（销项税额） 44 200
借：营业税金及附加 56 000
　贷：应交税费——应交消费税 56 000

(二) 应税消费品包装物应纳消费税的会计记录

应税消费品连同包装物一并出售的，无论包装物是否单独计价核算，原则上均应并入应税消费品的销售额中计算缴纳增值税、消费税。若是从量计税，只计增值税，不计消费税；若是从价计税，两税都应计缴。在复合计税时，对从价金额部分，计缴消费税；对从量部分，不计缴消费税。出租、出借包装物收取的押金，因逾期未收回包装物而没收的押金，也应计缴消费税。

1. 随同产品销售而不单独计价。因为其收入已包括在产品销售收入中，所以其应纳消费税与产品销售一并进行会计处理。

2. 随同产品销售而单独计价。因为其收入记入“其他业务收入”，所以其应纳消费税应记入“其他业务成本”。

3. 收取包装物押金时，贷记“其他应付款”，按规定计算应缴增值税、消费税时，借记“其他应付款”，贷记“应交税费”；返还押金或没收逾期未收回包装物押金时，借记“其他应付款”，贷记“银行存款”或“其他业务收入”。

例4—14

某酒厂系增值税一般纳税人，9月份销售白酒10吨，35 000元/吨（不含税），随同产品销售的包装物价款12 870元（含税）；另外收取包装物押金2 340元，约定6个月后返还包装物，否则没收押金。

（1）销售白酒时：

借：应收账款或银行存款等　　422 370

　贷：主营业务收入　　350 000

　　　其他业务收入（12 870÷1.17）　　11 000

　　　应交税费——应交增值税（销项税额）　　61 370

应交消费税＝10×35 000×20%＋10×2 000×0.5＋12 870÷1.17×20%

　　　　　＝82 200(元)

借：营业税金及附加　　82 200

　贷：应交税费——应交消费税　　82 200

（2）收取押金时：

借：银行存款等　　2 340

　贷：其他应付款——××单位　　2 340

收取押金应计税：

借：其他应付款——××单位　　740

　贷：应交税费——应交增值税（销项税额）（2 340÷1.17×17%）　　340

　　　　　　——应交消费税（2 340÷1.17×20%）　　400

（3）若如期退回包装物，返还押金时：

借：其他应付款——××单位　　1 600

　　销售费用　　740

　贷：银行存款　　2 340

若逾期未退回包装物，没收押金时：

借：其他应付款——××单位　　1 600

　贷：其他业务收入　　1 600

例 4—15

某啤酒生产企业 7 月份销售啤酒 4 吨，2 000 元/吨（不含税）。另外收取包装物押金 468 元，周转期半年，若逾期未归还则没收押金。

（1）销售啤酒时：

借：应收账款或银行存款等	9 360	
贷：主营业务收入		8 000
应交税费——应交增值税（销项税额）		1 360
借：营业税金及附加	960	
贷：应交税费——应交消费税		960

（2）收取押金时：

借：银行存款	468	
贷：其他应付款——××单位		468

（3）若如期退回包装物，返还押金时：

借：其他应付款——××单位	468	
贷：银行存款		468

若逾期未退回包装物，没收押金时：

借：其他应付款——××单位	468	
贷：其他业务收入		400
应交税费——应交增值税（销项税额）		68

三、应税消费品视同销售的会计记录

（一）企业以生产的应税消费品作为投资的会计记录

企业以生产的应税消费品作为投资，应视同销售缴纳消费税；但在会计记录上投资不宜作销售处理。因为投资与销售两者性质不同，投资作价与用于投资的应税消费品账面成本之间的差额应由整个投资期间的损益来承担，而不应仅由投资当期损益承担。现行税法要求作销售处理，主要是基于不影响所得税的计算。

企业在投资时，借记“长期股权投资”、“存货跌价准备”等，按该应税消费品的账面成本，贷记“产成品”或“自制半成品”等，按投资的应税消费品售价或组成计税价格计算的应纳增值税、消费税，贷记“应交税费”；投资时支付的相关税费（增值税、消费税除外），贷记“银行存款”。

例 4—16

某汽车制造厂 5 月份以其生产的 20 辆乘用车（气缸容量 2.0 升）向出租汽车公司投资。双方协议，税务机关认可的每辆汽车售价为 150 000 元，每辆车的实际成本为 100 000 元。计算应纳增值税、消费税如下：

应纳增值税＝150 000×17%×20＝510 000(元)

应纳消费税＝150 000×5%×20＝150 000(元)

作会计分录如下：

借：长期股权投资	3 510 000	

贷：主营业务收入　　3 000 000

　　应交税费——应交增值税（销项税额）　　510 000

借：营业税金及附加　　150 000

　贷：应交税费——应交消费税　　150 000

借：主营业务成本　　2 400 000

　贷：库存商品　　2 400 000

（二）企业以生产的应税消费品换取生产资料、消费资料或抵偿债务的会计记录

企业以生产的应税消费品换取生产资料、消费资料或抵偿债务、支付代购劳务费等，应视同销售行为，在会计上作销售处理。以应税消费品换取生产资料和消费资料的，应按售价（若有不同售价，计算增值税时按平均售价，计算消费税时，应按最高售价）借记“材料采购”等，贷记“主营业务收入”；以应税消费品支付代购劳务费，按售价借记“应付账款”等，贷记“主营业务收入”。同时，按售价计算应纳消费税，借记“营业税金及附加”，贷记“应交税费——应交消费税”，并结转销售成本。

例 4—17

某白酒厂 1 月份用粮食白酒 10 吨，抵偿胜利农场大米款 55 000 元。该粮食白酒每吨本月售价在 4 800～5 200 元之间浮动，平均销售价格 5 000 元/吨。10 吨白酒的市价为 51 000 元。

以物抵债属销售范畴，应纳增值税的销项税额为：

$$5\,000\times10\times17\%=8\,500(\text{元})$$

该粮食白酒的最高销售价格为 5 200 元/吨，应纳消费税为：

$$5\,200\times10\times20\%+10\times1\,000\times1=20\,400(\text{元})$$

借：应付账款——胜利农场　　55 000

　　营业外支出　　4 500

　贷：主营业务收入　　51 000

　　　应交税费——应交增值税（销项税额）　　8 500

借：营业税金及附加　　20 400

　贷：应交税费——应交消费税　　20 400

（三）企业以自产应税消费品用于在建工程、职工福利的会计记录

企业将自产的产品自用是一种内部结转关系，不存在销售行为，企业并没有现金流入，因此，应按产品成本转账，并据其用途记入相应账户。当企业将应税消费品移送自用时，按其成本转账，借记“在建工程”、“营业外支出”、“销售费用”等，贷记“产成品”或“自制半成品”。

按自用产品的销售价格或组成计税价格计算应纳消费税时，则借记“在建工程”、“营业外支出”、“销售费用”等（不通过“营业税金及附加”账户），贷记“应交税费——应交消费税”。

例 4—18

某啤酒厂将自己生产的某新品牌啤酒 20 吨发给职工作为福利，10 吨用于广告宣传，让客户及顾客免费品尝。该啤酒每吨成本 2 000 元，每吨出厂价格 2 800 元。作如下会计分录：

(1) 发给职工的啤酒。

应付职工薪酬＝20×2 500×1.17＝58 500(元)

应纳消费税＝20×220＝4 400(元)

应纳增值税＝2 500×20×17%＝8 500(元)

借：应付职工薪酬——职工福利　　58 500

　贷：主营业务收入　　50 000

　　　应交税费——应交增值税（销项税额）　　8 500

借：营业税金及附加　　4 400

　贷：应交税费——应交消费税　　4 400

借：主营业务成本　　40 000

　贷：产成品　　40 000

(2) 用于广告宣传的啤酒。

应纳消费税＝10×220＝2 200(元)

应纳增值税＝2 500×10×17%＝4 250(元)

借：销售费用　　26 450

　贷：应交税费——应交增值税（销项税额）　　4 250

　　　　　　　——应交消费税　　2 200

　　　产成品　　20 000

期末，对用于广告宣传的啤酒应视同销售，调增应纳税所得额。

四、委托加工应税消费品的会计记录

(一) 委托方的处理

1. 收回后直接用于销售。委托方将收回的应税消费品以不高于受托方的计税价格出售的，为直接出售，不再缴纳消费税；若委托方以高于受托方的计税价格出售的，不属于直接出售，需要按规定申报缴纳消费税，在计税时准予扣除受托方已代收代缴的消费税。委托方根据受托方代收代缴的消费税和向受托方支付的加工费有关凭证，借记“委托加工物资”或“生产成本”、“自制半成品”，贷记“应付账款”、“银行存款”等。

例 4—19

某卷烟厂委托 A 厂加工烟丝，卷烟厂和 A 厂均为一般纳税人。卷烟厂提供烟叶 55 000 元，A 厂收取加工费 20 000 元，增值税 3 400 元。卷烟厂作会计分录如下：

(1) 发出材料时：

借：委托加工物资　　55 000

　贷：原材料　　55 000

（2）支付加工费时：

借：委托加工物资　　20 000

　　应交税费——应交增值税（进项税额）　　3 400

　贷：银行存款　　23 400

（3）支付代收代缴消费税时：

代收代缴消费税＝(55 000＋20 000)÷(1－30％)×30％＝32 143(元)

借：委托加工物资　　32 143

　贷：银行存款　　32 143

（4）加工的烟丝入库时：

借：产成品　　107 143

　贷：委托加工物资　　107 143

烟丝按入库价格对外销售时，不再缴纳消费税。

2. 收回后连续生产应税消费品。收回后连续生产应税消费品时，已纳消费税款准予抵扣。因此，委托方应将受托方代收代缴的消费税借记“应交税费——应交消费税”，待最终应税消费品销售时，允许从缴纳的消费税中抵扣。现行税法已将收回扣税法改为生产实耗扣税法，为了在会计上清晰反映其抵扣过程，可设“待扣税金”账户反映其发生和抵扣过程。

仍以上例资料，假定委托加工后的烟丝尚需再加工成卷烟，则会计分录应为：

（1）发出材料、支付加工费时：

会计分录同前。

（2）支付代扣消费税时：

借：待扣税金——待扣消费税　　32 143

　贷：银行存款　　32 143

（3）加工的烟丝入库时：

借：产成品　　75 000

　贷：委托加工物资　　75 000

例4—20

承例4—19，委托加工的烟丝收回后，经过进一步加工后作为卷烟对外销售。假设当月销售3个标准箱，每标准条调拨价60元，期初库存委托加工应税烟丝已纳消费税2 580元，期末库存委托加工应税烟丝已纳税额29 880元。有关会计分录如下：

（1）取得收入时：

借：银行存款　　52 650

　贷：主营业务收入（3×250×60）　　45 000

　　　应交税费——应交增值税（销项税额）　　7 650

（2）计提消费税时：

应纳消费税＝150×3＋45 000×36％＝16 650(元)

借：营业税金及附加　16 650

　贷：应交税费——应交消费税　16 650

（3）抵扣消费税时：

当月准予抵扣的消费税＝2 580＋32 143－29 880＝4 843(元)

借：应交税费——应交消费税　4 843

　贷：待扣税金——待扣消费税　4 843

（4）当月实际上缴消费税时：

借：应交税费——应交消费税　11 807

　贷：银行存款　11 807

（二）受托方的会计记录

受托方可按本企业同类消费品的销售价格计算代收代缴消费税款；若没有同类消费品销售价格的，按照组成计税价格计算。

例 4—21

A 厂作为受托方为某卷烟厂将烟叶加工成烟丝，资料见例 4—19。按组成计税价格计算，税率为 30％，则

组成计税价格＝(55 000＋20 000)÷(1－30％)＝107 143(元)

应纳消费税＝107 143×30％＝32 143(元)

A 厂作有关会计分录如下：

（1）收取加工费时：

借：银行存款　23 400

　贷：主营业务收入　20 000

　　　应交税费——应交增值税（销项税额）　3 400

（2）收取代收税金时：

借：银行存款　32 143

　贷：应交税费——应交消费税　32 143

（3）上缴代收消费税时：

借：应交税费——应交消费税　32 143

　贷：银行存款　32 143

五、进口应税消费品的会计记录

进口应税消费品时，进口单位缴纳的消费税应计入应税消费品成本。按进口成本连同应纳关税、消费税、增值税，借记“固定资产”、“商品采购”等账户；由于进口货物将海关交税与提货联系在一起，即缴税后方能提货，为简化核算，关税、消费税可以不通过“应交税费”账户反映，直接贷记“银行存款”账户。若情况特殊，先提货后缴税时，也可以通过“应交税费”账户。

例4—22

某企业从国外购进化妆品一批，CIF价为USD40 000。关税税率假定为20%，增值税税率为17%；假定计税日汇率为USD100=CNY600。

组成计税价格=(40 000+40 000×20%)÷(1−30%)×6=411 429(元)

应纳关税=40 000×20%×6=48 000(元)

应纳消费税=411 429×30%=123 429(元)

应纳增值税=411 429×17%=69 943(元)

作会计分录如下：

借：库存商品	411 429	
应交税费——应交增值税（进项税额）	69 943	
贷：应付账款——××供货商		240 000
银行存款		241 372

第4节　出口退免消费税的会计记录

一、出口货物免、退消费税方法

出口货物免、退消费税主要有两种方法：一是免税，适用于生产企业出口自产货物；二是免、退税，适用于外贸企业。

（一）消费税的出口退税率

出口货物应退消费税的退税率（或单位税额）与其征税率（额）相同，即出口货物的消费税能够做到彻底退税。

办理出口货物退、免税的企业，应将不同税率的出口应税消费品分开核算和申报，凡是因未分开核算而划分不清适用税率的，一律从低适用税率计算免、退税税额。

（二）外贸企业出口应税消费品应退消费税的计算

外贸企业收购应税消费品出口，除退还增值税外，还应退还其已缴纳的消费税。

1. 实行从价定率计税办法的应税消费品。

应退税额=出口货物的工厂销售额×消费税税率

2. 实行从量定额计税办法的应税消费品。

应退税额=出口数量×单位税额

3. 实行复合计税办法的应税消费品。

应退税额=出口数量×单位税额+出口货物的工厂销售额×消费税税率

例 4—23

某外贸企业从某化工厂购进化妆品出口，购进时增值税专用发票和消费税专用缴款书列明的购进单价为 55 元，数量为 2 800 支，消费税是 46 200 元。本期出口购入的该批化妆品 2 000 支。其应退消费税如下：

应退消费税＝出口销售数量×购进单价×消费税税率
＝2 000×55×30%＝33 000(元)

（三）外贸企业委托加工应税消费品应退消费税的计算

外贸企业委托加工应税消费品，按受托方同类消费品的销售价格计算纳税；没有同类消费品销售价格的，按组成计税价格计算纳税。外贸企业收回委托加工应税消费品取得的税收（出口货物专用）缴款书的计税金额栏反映同类消费品销售价格或者组成计税价格，是退还消费税的计税依据。

应退税款＝同类消费品销售价格或者组成计税价格×消费税税率

二、出口货物应退消费税的会计记录

生产企业直接出口自产应税消费品时，按规定予以免税，不计算应纳消费税。生产企业将应税消费品销售给外贸企业，由外贸企业自营出口的，双方各自进行会计记录。

生产企业委托外贸企业代理出口，发出产品时，应照常计税。待商品出口后，生产企业凭代理方转来的有关出口凭证，填写申报表申请退税。

例 4—24

某外贸公司从国内某摩托车厂购入摩托车 500 辆，价款 2 500 000 元，增值税 425 000 元，厂方已计算缴纳消费税税额 250 000 元。款项已付。外贸公司将该批摩托车销往国外，并按规定申报办理消费税退税，退税款已收到；与此同时，该公司收到上批出口摩托车部分退货，当时已退消费税 50 000 元，企业按规定计算补缴已退税款，则有关会计记录如下（增值税退税略）：

(1) 公司在国内采购时：

借：库存商品　2 500 000
　　应交税费——应交增值税（进项税额）　425 000
　贷：银行存款　2 925 000

(2) 计算应退税款时：

借：应收出口退税　250 000
　贷：主营业务成本　250 000

(3) 收到退税款时：

借：银行存款　250 000
　贷：应收出口退税　250 000

(4) 计算补缴已退税款时：

借：主营业务成本　　50 000
　贷：应收出口退税　　50 000
借：应收出口退税　　50 000
　贷：银行存款　　50 000

第5节 消费税的纳税申报

一、消费税的纳税期限

对同一纳税人，其消费税的纳税申报期限和税款的缴纳期限，与增值税相同。

二、消费税的纳税地点

1. 纳税人销售的应税消费品、自产自用的应税消费品，除国家另有规定者外，均应在纳税人核算地的主管税务机关申报纳税。

2. 纳税人到外县（市）销售或者委托外县（市）代销自产应税消费品的，于应税消费品销售后，向机构所在地或者居住地主管税务机关申报纳税。

3. 纳税人的总机构与分支机构不在同一县（市）的，应当分别向各自机构所在地的主管税务机关申报纳税；经财政部、国家税务总局或者其授权的财政、税务机关批准，可以由总机构汇总向总机构所在地的主管税务机关申报纳税。

4. 委托个人加工的应税消费品，由委托方向其机构所在地或者居住地主管税务机关申报纳税。

5. 进口的应税消费品，由进口人或者其代理人向报关地海关申报纳税。

6. 出口的应税消费品办理退税后，发生退关，或者国外退货进口时予以免税的，报关出口者必须及时向其机构所在地或者居住地主管税务机关申报补缴已退的消费税税款。

7. 纳税人销售的应税消费品，如果因质量等原因由购买者退回时，经机构所在地或者居住地主管税务机关审核批准后，可退还已缴纳的消费税税款。

三、消费税纳税申报表的填制

纳税人无论当期有无销售或是否盈利，均应在规定时间日内填制消费税申报表，并向主管税务机关进行纳税申报。

消费税纳税申报表包括：烟类应税消费品消费税纳税申报表、酒及酒精消费税纳税申报表、成品油消费税纳税申报表、小汽车消费税纳税申报表和其他应税消费品消费税纳税申报表，其中酒及酒精消费税纳税申报表、其他应税消费品消费税纳税申报表格式见表4—2、表4—3。

表 4—2 **酒及酒精消费税纳税申报表**

税款所属期：　　年　月　日至　　年　月　日

纳税人名称（公章）：

纳税人识别号：

填表日期：　　年　月　日　　　　　　　　　　　　金额单位：元（列至角分）

项目 消费品名称	适用税率 定额税率	 比例税率	销售数量	销售额	应纳税额
粮食白酒	0.5 元/斤	20%			
薯类白酒	0.5 元/斤	20%			
甲类啤酒	250 元/吨	—			
乙类啤酒	220 元/吨	—			
黄酒	240 元/吨	—			
其他酒	—	10%			
合计	—	—	—	—	

本期准予抵减税额：	声明：此纳税申报表是根据国家税收法律的规定填报的，我确定它是真实的、可靠的、完整的。 经办人（签章）： 财务负责人（签章）： 联系电话：
本期减（免）税额：	
期初未缴税额：	
本期缴纳前期应纳税额：	（如果你已委托代理人申报，请填写）授权声明： 为代理一切税务事宜，现授权（地址） 为本纳税人的代理申报人，任何与本申报表有关的往来文件，都可寄予此人。 授权人签章：
本期预缴税额：	
本期应补（退）税额：	
期末未缴税额：	

以下由税务机关填写：

受理人（签章）：　　　受理日期：　　年　月　日　　　受理税务机关（章）：

表 4—3 **其他应税消费品消费税纳税申报表**

税款所属期：　　年　月　日至　　年　月　日

纳税人名称（公章）：

纳税人识别号：

填表日期：年　月　日　　　　　　　　　　　　　　金额单位：元（列至角分）

项目 消费品名称	适用税率	销售数量	销售额	应纳税额
合计	—	—	—	

<table>
<tr><td>本期准予抵减税额：</td><td rowspan="3">声明：此纳税申报表是根据国家税收法律的规定填报的，我确定它是真实的、可靠的、完整的。
经办人（签章）：
财务负责人（签章）：
联系电话：</td></tr>
<tr><td>本期减（免）税额：</td></tr>
<tr><td>期初未缴税额：</td></tr>
<tr><td>本期缴纳前期应纳税额：</td><td rowspan="4">（如果你已委托代理人申报，请填写）授权声明：
为代理一切税务事宜，现授权（地址）
为本纳税人的代理申报人，任何与本申报表有关的往来文件，都可寄予此人。
授权人签章：</td></tr>
<tr><td>本期预缴税额：</td></tr>
<tr><td>本期应补（退）税额：</td></tr>
<tr><td>期末未缴税额：</td></tr>
</table>

以下由税务机关填写：
受理人（签章）：　　　　受理日期：　　年　月　日　　　　受理税务机关（章）：

本章重点

消费税的确认计量、会计记录和纳税申报。

本章难点

消费税出口退税的计算和会计记录。

基本训练

一、简答题

1. 与增值税相比，消费税有何特点？
2. 简述消费税的三种计税方法。
3. 消费税的会计记录方法与增值税有何不同？为什么？

二、单项选择题

1. 根据我国现行的消费税制度，下列各项中不正确的是（　　）。

A. 消费税是价内税

B. 消费税是选择部分生活消费品课税

C. 消费税对同一消费品只能课征一次

D. 消费税实行的是差别比例税率

2. 某进出口公司当年 9 月 9 日报关进口一批韩国小轿车，海关于当日填开完税凭证，该公司进口消费税和增值税最后的纳税时间为（　　）。

A. 9月13日　　B. 9月14日

C. 9月16日　　D. 9月21日

3. 某酒厂研发生产一种新型粮食白酒，第一批1 000公斤，成本为17万元，作为礼品赠送品尝，没有同类售价。已知粮食白酒的成本利润率10%，则该批酒的应纳消费税额为（　　）万元。

A. 4.8　　B. 6.55　　C. 7.91　　D. 8.20

4. 由于消费税属价内税，企业销售应税消费品的售价包含消费税（不含增值税），因此，企业缴纳的消费税应记入（　　）账户，由销售收入补偿。

A. "主营业务成本"　　B. "其他业务成本"

C. "营业外支出"　　D. "营业税金及附加"

5. 现行消费税的计税依据是（　　）。

A. 含消费税而不含增值税的销售额

B. 含消费税且含增值税的销售额

C. 不含消费税而含增值税的销售额

D. 不含消费税也不含增值税的销售额

6. 纳税人采用以旧换新方式销售的金银首饰，其征收消费税的计税依据是（　　）。

A. 同类新金银首饰的销售价格

B. 实际收取的含增值税的全部价款

C. 实际收取的不含增值税的全部价款

D. 同类新金银首饰的含税销售价格

三、多项选择题

1. 消费税不同应税产品的纳税环节包括（　　）。

A. 批发环节　　B. 进口环节

C. 零售环节　　D. 生产销售环节

2. 下列应税消费品中，采用复合计税方法计算消费税的有（　　）。

A. 烟丝　　B. 卷烟　　C. 白酒　　D. 其他酒

3. 某化妆品公司将一批自产化妆品用作职工福利，其成本为8万元，消费税税率为30%，消费税成本利润率为5%，则其计税销售额（组价）为（　　）。

A. 消费税组价为12万元　　B. 消费税组价为7.78万元

C. 增值税组价为12万元　　D. 增值税组价为8.8万元

4. 进口应税消费品时，进口单位缴纳的消费税应计入应税消费品成本。按进口成本连同应纳关税、消费税、增值税，借记（　　）等账户。

A. "固定资产"　　B. "原材料"

C. "在途物资"　　D. "生产成本"

5. 下列情形的应税消费品，以同期应税消费品最高销售价格作为计税依据的有（　　）。

A. 用于抵偿债务的应税消费品　　B. 用于馈赠的应税消费品

C. 换取生产资料的应税消费品　　D. 换取消费资料的应税消费品

6. 现行消费税实行（　　）三种形式。

A. 固定税率　　B. 从价比例税率

C. 从量定额税率　　D. 复合计税

四、计算题

某首饰厂为增值税一般纳税人，主要生产各种金银首饰及金银镶嵌首饰。当年6月份发生以下业务：

（1）销售纯金首饰，取得不含税销售额30万元，销售金银镶嵌首饰取得不含税销售额12万元。

（2）销售宝石饰品，取得不含税收入20万元，随产品销售的包装物与所售货物分别核算，取得含税销售额1万元。

（3）将自产黄金项链5条作为礼品赠送国外前来参观的客户，每条成本0.2万元，无同类产品售价（成本利润率为6%）。

（4）购进已税宝石一批，取得已认证的防伪税控增值税专用发票上注明价款18万元，本月有60%用于连续加工宝石饰品并销售，另有30%用于连续加工金银镶嵌首饰，还有10%库存待用。

（5）购进标准黄金一批，取得已认证的防伪税控增值税专用发票上注明价格28万元，增值税4.76万元，支付运输企业运输费0.5万元，取得货运专票。

要求：

（1）计算该企业6月份应纳消费税。

（2）计算该企业6月份应纳增值税（金银首饰消费税税率为5%，其他首饰消费税税率为10%）。

五、会计核算题

某汽车制造厂10月份发生有关业务如下：

（1）6日，对外销售气缸容量2.2升以上乘用车10辆，每辆出厂价16万元、价外收费1万元，对外销售气缸容量2.0升的乘用车15辆，每辆出厂价11万元；价外收费0.6万元，开出专用发票，以银行本票收讫。

（2）18日，某单位退回上月购买的气缸容量2.4升以上的乘用车1辆，价款21万元，据“证明单”开出红字专用发票，退回已纳消费税、冲减增值税。

（3）20日，以自产乘用车（气缸容量2.0升）18辆向市出租汽车公司投资。双方协议，每辆汽车价款8万元、账面成本6万元。

（4）23日，将自产的小客车2辆自用，该类小客车（气缸容量3.0升）无对外销售价格，已知每辆生产成本7.5万元。

（5）28日，以自产乘用车（气缸容量3.5升）3辆换回企业所需原材料，每辆乘用车生产成本12万元，支付相关费用2 200元，不涉及补价。

该厂生产的乘用车燃气排放符合减征消费税标准。

要求：根据以上资料，作出有关消费税、增值税的会计处理。

六、案例题

某日用化工厂系增值税一般纳税人，同时生产、销售化妆品和普通护肤护发品。津达税务师事务所接受该厂委托，派注册税务师对其今年第二季度纳税情况进行代理审查，发现该厂在促销活动中，将部分化妆品和护肤护发品组成套装，共销售套装产品2 000箱，每箱含增值税价格468元（单独销售时价格分别为化妆品257.4元、护肤护发品210.6元），随同价款向买方收取延期付款利息11 700元。销售时开具普通发票，并通过银行转账方式收到全部价款。

企业对套装销售的会计处理如下：

借：银行存款 947 700
　贷：主营业务收入 800 000
　　财务费用 11 700
　　应交税费——应交增值税（销项税额） 136 000
借：营业税金及附加 132 000
　贷：应交税费——应交消费税 132 000

同时，企业已按抵扣全部进项税额后的应纳增值税额和化妆品销售额负担的消费税计提了城市维护建设税和教育费附加。

分析要求：日化厂该项销售业务的会计处理是否正确？说明理由并进行正确的税务处理和会计处理。（资料来源：根据《中国税务报》2006年7月24日报道整理（作者为薛东成、李金锋），本题略有删改。）

第 5 章

关税会计

学习目标

1. 了解关税的特点及其要素；
2. 理解关税的会计记录有何特点；
3. 掌握关税的确认、计量、记录与申报。

引　言

在越来越多的国家加入世界贸易组织后，有人预言，我们将迎来“无关税世界”。诚然，关税组织收入的作用越来越弱化，但关税在维护国家权益方面却越来越强化。因此，在可预见的将来，关税不可能成为历史。学过本章后，你还会发现，关税的会计记录也有其特点。

第 1 节　关税税制要素

关税是一个非常古老的税种。在古希腊、古罗马都可以寻到其踪迹。在公元前 8 世纪至 6 世纪，古希腊出现了一批奴隶制城邦国家，雅典官方以使用港口索取报酬为名，对输入输出货物征收一定比例的使用费，拒纳者不得进港。公元前 5 世纪，地中海、爱琴海、黑海一带经济迅速发展，雅典法典规定，进出港口的货物一律从价征收 2%的关税，此时的关税已经属于国境关税了。

我国自西周以后，在所设的“关卡”开始征收税金，供王室之用。《周礼》一书指出：“关市之赋，以待王之膳服。”至唐、宋、元、明四代，设立市舶机构管理对外贸易，征收关税。

与关税同一范畴的还有船舶吨税、行李和邮递物品进口关税（简称行邮税），其共同点是都要在进入关境时征收，但它们又有明显的区别。本章阐述的关税是“纯种”关税，而船舶吨税、行邮税应该是“混血儿”，即“类关税”。

一、关税及其特点

（一）关税概念及作用

关税（tariff）是国家授权海关对出入关境的货物和物品征收的一种流转税。

关税是贯彻对外经济贸易政策的重要手段。它在调节经济、促进改革开放方面，在保护民族企业、防止国外的经济侵袭、争取关税互惠、促进对外贸易发展、增加国家财政收入方面，都具有重要作用。关税具有价格效应，即当商品被征收关税后，关税比较容易转嫁给消费者，使得商品的价格因为关税而上升，可以说，关税的高低，直接反映了进口商品价格的高低。

（二）关税的种类

依据不同的划分标准，关税可以分为以下不同的种类：

1. 按货物、物品的流向分类。

（1）进口关税（import duty）。它是指海关在外国货物进口时所课征的关税。进口税通常在外国货物进入关境或国境时征收，或在外国货物从保税仓库提出运往国内市场时征收。现今世界各国的关税，主要是征收进口税。征收进口税的目的在于保护本国市场和增加财政收入。

（2）出口关税（export duty）。它是指海关在本国货物出口时所课征的关税。为降低出口货物的成本，提高本国货物在国际市场上的竞争能力，世界各国一般少征或不征出口税。但为限制本国某些产品或自然资源的输出，或为保护本国生产、本国市场供应和增加财政收入以及某些特定的需要，有些国家也征收出口税。

2. 按征税标准分类。可以分为从量税、从价税、复合税和滑准税，其中从量税、从价税是关税的基本计算方法。从量税、从价税、复合税的含义与消费税相同，滑准税的含义见本章第2节。

3. 按约束程度分类。

（1）自主关税，又称国定关税。一个国家基于其主权，独立自主制定并有权修订的关税，包括关税税率及各种法规、条例。国定税率一般高于协定税率，适用于没有签订关税贸易协定的国家。

（2）非自主关税。原殖民地国家被殖民主义者以不平等条约强迫签订和实施的关税。

（3）协定关税。一国与他国通过缔结关税贸易协定而制定的关税税率。协定关税有双边协定税率、多边协定税率和片面协定税率。片面协定税率是一国对他国输入的货物降低税率，为其输入提供方便，而他国并不以降低税率为回报的税率制度。

4. 按差别待遇分类。可以分为普通关税、优惠关税、特惠关税、差别关税、特别关税（亦称加重关税，如反补贴关税、反倾销关税等）。

（三）关税的特点

关税除了具有税收的一般特征外，还有以下特点：

1. 纳税上的统一性和一次性。按照全国统一的进出口关税条例和税则征收关税，在征收一次性关税后，货物就可在整个关境内流通，不再另行征收关税。这与其他税种如增值税、营业税等流转税是不同的。

2. 征收上的过“关”性。是否征收关税，以货物是否通过关境为标准。凡是进出关境的货物才征收关税；凡未进出关境的货物则不属于关税的征税对象。

3. 税率上的复式性。我国现行关税税则采用最惠国税率、协定税率、特惠税率和普通税率。复式税则充分反映了关税具有维护国家主权、平等互利发展国际贸易往来和经济技术合作的特点。

4. 对进出口贸易的调节性。许多国家通过制定和调整关税税率来调节进出口贸易。在出口方面，通过低税、免税和退税来鼓励商品出口；在进口方面，通过税率的调整、减免来调节商品的进口，如为了维护我国的正当权益，可以依法加征特别关税。

5. 对经济可能造成的扭曲性。各国在征收关税的同时，往往还要实行相关的配额制度、许可证制度等。对此，如果运用不当，也可能致使全球市场的供应链大大扭曲而受到干扰。

二、关税的纳税人与纳税范围

（一）纳税人

《中华人民共和国进出口关税条例》（以下简称《关税条例》）第五条规定：“进口货物的收货人、出口货物的发货人、进境物品的所有人，是关税的纳税义务人。”

凡由外贸企业代理进出口业务的，都由办理进出口业务的外贸企业代为申报纳税，不通过外贸企业而自行经营进出口业务的，则由收发货人自行申报纳税。

非贸易性物品的纳税人是物品持有人、所有人或收件人。

（二）纳税范围

关税的纳税范围（对象）是进出我国国境的货物和物品。货物是指贸易性商品；物品包括入境旅客随身携带的行李和物品、个人邮递物品、各种运输工具上的服务人员携带进口的自用物品、馈赠物品，以及其他方式进入我国国境的个人物品。

三、关税税则、税目和税率

（一）关税税则、税目

关税税则（customs tariff）亦称海关税则。它是一国对进出口商品计征关税的规章和对进出口的应税商品和免税商品加以系统分类的一览表，是海关征税的依据，是一国关税政策的具体体现。

《中华人民共和国海关进出口税则》包括正文和附录两大部分，正文包括海关进口税则和出口税则，附录是进口商品税目税率表，进口商品关税配额税目税率表，进口商品税则暂定税率表，出口商品税则暂定税率表，入境旅客行李物品和个人邮递物品税目税率表，非全税目信息技术产品税率表等附表。

（二）关税税率

1. 进口商品关税税率。《关税条例》第九条规定："进口关税设置最惠国税率、协定税率、特惠税率、普通税率、关税配额税率等税率。对进口货物在一定期限内可以实行暂定税率。"

（1）最惠国税率。适用于原产于共同适用最惠国待遇条款的世界贸易组织成员的进口货物，原产于与中华人民共和国签订含有相互给予最惠国待遇条款的双边贸易协定的国家或者地区的进口货物，以及原产于中华人民共和国境内的进口货物。

（2）协定税率。适用于原产于与中华人民共和国签订含有关税优惠条款的区域性贸易协定的国家或者地区的进口货物。如对原产于韩国、印度、斯里兰卡、孟加拉和老挝五国的商品实施《亚太贸易协定》协定税率；对原产于智利的商品实施中国—智利自由贸易协定税率；对原产于巴基斯坦的商品实施中国—巴基斯坦自由贸易协定税率；对原产于新西兰的商品实施中国—新西兰自由贸易协定税率；对原产于新加坡的商品实施中国—新加坡自由贸易协定税率。

（3）特惠税率。适用于原产于与中华人民共和国签订含有特殊关税优惠条款的贸易协定的国家或者地区的进口货物。对老挝、埃塞俄比亚等最不发达国家的部分商品实行特惠税率，其中绝大多数商品实施零税率，税目范围涵盖了我国自上述国家进口的绝大多数商品。

（4）普通税率。适用于原产于上述（1）～（3）所列以外国家或者地区的进口货物，以及原产地不明的进口货物。

（5）暂定税率。是对某些税号中的部分货物在适用最惠国税率的前提下，通过法律程序暂时实施的进口税率，具有非全税目的特点。进口暂定税率低于最惠国税率。适用最惠国税率的进口货物有暂定税率的，应当适用暂定税率；适用协定税率、特惠税率的进口货物有暂定税率的，应当从低适用税率；适用普通税率的进口货物，不适用暂定税率。

（6）配额税率。配额内关税是对一部分实行关税配额的货物，按低于配额外税率的进口税率征收的关税。按照国家规定实行关税配额管理的进口货物，关税配额内的，适用关税配额税率；关税配额外的，其税率的适用按照前述税率的规定执行。

（7）ITA 税率（税率为零）。ITA 税率即非全税目信息技术产品税率。根据加入世界贸易组织的有关协议，我国自加入世界贸易组织时起加入《信息技术协定》（ITA），并将取消中国减让表所列所有信息技术产品的关税。2003 年对部分适用信息技术产品协议（ITA）税率的 15 种商品，其是否适用 ITA 税率，由企业所在地主管海关审核确定。进出口货物收发货人或其代理人应于货物实际进口前 15 个工作日向所在地海关递交《进口部分适用 ITA 税率的商品用途申报表》，海关审核后确定其适用ITA税率的，出具《进口部分适用ITA税率的商品用途认定证明》，进口地海关据此按ITA税率征税。

(8) 附加关税，亦称为特别关税。一般都是在正常征收关税的基础上加征的一种关税。包括反倾销税、反补贴税、保障措施关税和报复性关税。

1) 报复性关税。任何国家或地区违反与中华人民共和国签订或者共同参加的贸易协定及相关协定，对中华人民共和国在贸易方面采取禁止、限制、加征关税或者其他影响正常贸易的措施的，对原产于该国家或者地区的进口货物可以征收报复性关税，适用报复性关税税率。征收报复性关税的货物、适用国别、税率、期限和征收办法，由国务院关税税则委员会决定并公布。

2) 反倾销税。倾销是指在正常贸易过程中以低于正常价值的出口价格，大量输出商品到另一国（或地区）市场的行为。倾销行为被认为是一种不公平的贸易做法。世界贸易组织在《反倾销税和反补贴税》条款中规定："各缔约方有权采取合理的反倾销和反补贴措施，作为对倾销和补贴等不公平贸易行为的正当防卫。反倾销税和反补贴税的幅度依据倾销和补贴幅度，而不受关税约束的限制。"

3) 反补贴税。补贴是指出口国（或地区）政府或者其任何公共机构提供的并为接受者带来利益的财政资助以及任何形式的对收入或者价格的支持。它是一种比较隐蔽的降低经营者经营成本的措施。进行调查、采取反补贴措施的补贴，必须具有专向性（如政府明确确定的对某些企业、产业获得的补贴，特定区域内的企业、产业获得的补贴，以出口实绩为条件获得的补贴等）。

4) 保障措施关税。进口产品增加，并对生产同类产品或直接竞争产品的国内产业造成严重损害或严重威胁的，可按有关法规规定，采取保障措施，征收保障措施关税。任何国家或地区对我国出口成品采取歧视性保障措施的，我国可以根据实际情况对该国或地区采取相应的税收措施。

为了对付别国对我国出口货物的歧视，任何国家或者地区如对进口原产于我国的货物征收歧视性关税或者给予其他歧视性待遇①，海关可以对原产于该国家或者地区的进口货物征收特别关税。征收特别关税的货物品种、税率和起征、停征时间，由国务院关税税则委员会决定，并公布施行。它是国际经济斗争中的一个重要防范手段。

2. 出口商品关税税率。"出口关税设置出口税率。对出口货物在一定期限内可以实行暂定税率。"（《关税条例》第九条）适用出口税率的出口货物有暂定税率的应当适用暂定税率。我国征收出口关税的总原则是：既要服从于鼓励出口的政策，又要做到能够控制一些商品的盲目出口，因而征收出口关税只限于少数商品。主要是盈利特别高而且利润比较稳定的大宗商品；在国际市场上我国出口已占有相当比重的商品；国际市场上容量有限而盲目出口容易在国外形成销价竞销的商品，国内紧俏又大量进口的商品以及国家控制出口的商品，出口关税实行从价税。

---

① 如报复性关税、反倾销税、反补贴税、保障性关税等。

3. 暂定商品关税税率。暂定商品关税税率简称“暂定税率”，它是为了适应国家的商品进出口政策，在关税税则规定的进出口关税税率的基础上，国家临时颁布实施的关税税率。征收出口货物暂定关税，体现了我国转变贸易出口增长方式、限制“两高一资”产品出口的政策导向。面对通货膨胀压力，国家调整资源型产品的出口关税，也会起到限制出口、增加国内市场供应的作用。

四、关税的优惠政策

(一) 法定减免税

(1) 关税税额在人民币 50 元以下的一票货物；

(2) 无商业价值的广告品和货样；

(3) 外国政府、国际组织无偿赠送的物资；

(4) 在海关放行前损失的货物；

(5) 进出境运输工具装载的途中必需的燃料、物料和饮食用品。

(二) 特定减免税

1. 科教用品。对于不以营利为目的的科学研究机构和学校，在合理数量范围内进口国内不能生产的科学研究和教学用品，直接用于科学研究或者教学的，免缴进口关税以及进口环节的增值税、消费税。

2. 残疾人专用品。对于规定范围内的残疾人个人专用品，免缴进口关税和进口环节增值税、消费税；对康复机构、福利机构、假肢厂和荣誉军人康复医院进口国内不能生产的、该规定明确的残疾人专用品，免缴进口关税和进口环节增值税。

3. 扶贫、慈善性捐赠物资。对境外自然人、法人或者其他组织等境外捐赠人，无偿向经国务院主管部门依法批准成立的，以人道救助和发展扶贫、慈善事业为宗旨的社会团体以及国务院有关部门和各省、自治区、直辖市人民政府捐赠的，直接用于扶贫、慈善事业的物资，免缴进口关税和进口环节增值税。

4. 对于加工贸易产品、边境贸易进口物资、保税区进出口货物、出口加工区进出口货物、进口设备、特定地区、特定行业（用途）均有相应的减免税政策。

(三) 临时减免税

临时减免税是指上述法定减免和特定减免税以外的其他减免税，即由国务院根据《中华人民共和国海关法》对某项目、某类（批）进出口货物的特殊情况，给予特别照顾而一案一批、专文下达的减免税。

第 2 节 关税的确认计量

一、关税完税价格的确认

关税完税价格亦称应税价格，是海关根据有关规定对进出口货物进行审定或估定后而确定的价格，它是海关征收关税的依据。“海关以进出口货物的实际成交价格为基础审定完税价格，实际成交价格是一般贸易项下进口或出口货物的买方为购买该项货物向卖方实际支付或应当支付的价格。”（《中华人民共和国海关审定进出口货物完税价格办法》）。在关税计算中，除从量计税外，其余计算方法均涉及“完税价格”。

（一）进口货物关税完税价格的确认

《关税条例》第十八条规定：“进口货物的完税价格由海关以符合本条第三款所列条件的成交价格以及该货物运抵中华人民共和国境内输入地点起卸前的运输及其相关费用、保险费为基础审查确定。进口货物的成交价格，是指卖方向中华人民共和国境内销售该货物时买方为进口该货物向卖方实付、应付的，并按照本条例第十九条、第二十条规定调整后的价款总额，包括直接支付的价款和间接支付的价款。”即进口货物以海关审定的成交价格为基础的到岸价格为关税完税价格。

如果进口货物的成交价格不符合《关税条例》规定，或者成交价格不能确定的，海关依次按规定的估定价格计算方法确认计量进口货物的完税价格。

（二）出口货物关税完税价格的确认

《关税条例》第二十六条规定：“出口货物的完税价格由海关以该货物的成交价格以及该货物运至中华人民共和国境内输出地点装载前的运输及其相关费用、保险费为基础审查确定。出口货物的成交价格，是指该货物出口时卖方为出口该货物应当向买方直接收取和间接收取的价款总额。”即出口货物以货物售给境外的离岸价格减去出口关税后，经过海关审查确定的价格为完税价格。出口关税不计入完税价格。出口货物的成交价格中含有支付给境外的佣金的，如果单独列明，应当扣除。

如果出口货物的成交价格不能确定时，海关与纳税人进行价格磋商后，依次按规定的估定价格计算方法确认计量出口货物的完税价格。

二、关税的计算公式

关税的基本计算公式：

应纳关税＝关税完税价格×关税税率

由于关税分从价计税、从量计税、复合计税和滑准计税四种方法，因此，关税的具体计算方法分为：

（一）从价税计算公式

从价税（ad-valorem duty）是以进出口货物的价格作为计税标准计缴的关税。具有税负公平、明确，易于实施，计征简便等优点。大多数进出口商品采用从价税。货物的价格不是指商品的成交价格，而是指进出口商品的完税价格。其计算公式是：

应纳关税＝应税进出口货物数量×单位完税价格×适用税率

（二）从量税计算公式

从量税（specific duty）是以货物的实物计量单位（数量、重量、面积、容量、长度等）作为计税标准，以每一计量单位应纳的关税金额作为税率来计缴的关税。其特点是不因商品价格的涨落而改变应纳税额，手续简便，但税负不合理、难以普遍采用。我国目前仅对啤酒、胶卷等少数商品计征从量关税。其计算公式是：

应纳关税＝应税进口货物数量×关税单位税额

（三）复合税计算公式

复合税（mixed or compound duty）亦称混合税。它是对进口商品既征从量税又征从价税的一种办法，一般以从量税为主，再加征从价税。实务中，货物的从量税额与从价税额难以同时确定，且手续繁杂，难以普遍采用。我国目前仅对录像机、放像机、摄像机和摄录一体机实行复合计税。其计算公式是：

应纳关税＝应税进口货物数量×关税单位税额＋应税进口货物数量×单位完税价格×适用税率

（四）滑准税计算公式

滑准税（sliding duty）亦称滑动税、伸缩税，是对进口税则中的同一种商品按其市场价格标准分别制定不同价格档次的税率而征收的一种进口关税。征收这种关税的目的是使某种进口商品，不论其进口价格是高还是低，其税后价格保持在一个预定的价格标准上，以稳定进口国内该种商品的市场价格。它是预先按照商品市场价格的高低，制定出不同价格档次的税率，然后根据进口商品价格的变化而升降进口关税税率的一种计缴方法。一般是随着进口商品价格的变动而呈反方向变动，即价格越高，税率越低，税率为比例税率。因此，对实行滑准税率的进口商品应纳关税税额的计算与从价税基本相同。

实行滑准税率的目的是使商品的税后价格能够保持稳定，以缓解供需矛盾。我国曾对进口新闻纸执行滑准税率。2005 年关税配额外进口的棉花，执行滑准税率，税率滑动范围为 5%～40%，国内最低售价（目标价格）大致稳定在合理价格上，外棉价格几乎与国内棉价格持平，既保证了国内棉农能顺畅地销售自产棉花，也保证了国内纺织企业的用棉需要。进口棉花滑准税政策的调整，对缓解我国纺织企业棉花紧张问题起到了积极作用。更重要的是，政策调整对国内不少高端纺织企业来讲是一个利好，有望降低这些企业的用棉成本，并鼓励更多纺织企业走高端路线，多生产高附加值的产品。当进口棉花完税价格高于或等于 15.000 元/千克时，暂定从量税率为 0.570 元/千克；当进口棉花完税价格低于 15.000 元/千克时，暂定从价税率按下式计算：

$$Ri=9.337/Pi+2.77\%\times Pi-1,\ Ri\leqslant 40\%$$

式中，Ri 为暂定从价税率，按上式计算结果小数点后第 4 位四舍五入保留前 3 位；Pi 为关税完税价格，单位为元/千克。

应纳关税＝进口货物完税价格×滑准税率

（五）选择税与季节性关税的计算公式

选择税就是在从价税与从量税之间选择一种。目前，我国对天然橡胶实行选择税。在20%的从价税和2 600元/吨从量税两者中，从低选择计征关税。这种方法既可在国际市场胶价走低时保护国内橡胶产业，又可在进口胶价过高时，适当降低税负，稳定国内市场胶价和用胶行业的生产成本。

季节性关税就是对同种货物在不同季节执行不同的关税税率。目前，我国对尿素征收季节性关税。即在每年的1—9月农忙时，对尿素征收30%的出口关税；在10—12月农闲时，对尿素征收15%的出口关税，以此调控国内的化肥供应和生产安排。

（六）报复性关税的计算公式

关税＝关税完税价格×进口关税税率

报复性关税＝关税完税价格×报复性关税税率

进口环节消费税＝进口环节消费税完税价格×进口环节消费税税率

$$进口环节消费税完税价格=\frac{关税完税价格+关税+报复性关税}{1-进口环节消费税税率}$$

进口环节增值税＝进口环节增值税完税价格×进口环节增值税税率

进口环节增值税完税价格＝关税完税价格＋关税＋报复性关税
＋进口环节消费税

（七）反倾销关税计算公式

反倾销税＝完税价格×反倾销税税率

进口环节增值税＝（完税价格＋关税税额＋反倾销税税额）
×进口环节增值税税率

三、进出口货物从价计征关税的计算

由前述可知，目前我国对进出口货物征收关税有不同计算方法，以下仅是从价计征关税的具体计算。

（一）进口货物关税的计算

1. CIF价格（成本加保险及运费价格）。以我国口岸CIF价格成交或者与我国毗邻的国家以两国共同边境地点交货价格成交的，分别以该价格作为完税价格。当成交价格不能确定时，以海关的估定价格为完税价格，其计算方法如下：

完税价格＝在我国口岸成交的价格

应纳进口关税＝完税价格×进口关税税率

例 5—1

某进出口公司从日本进口甲醇，进口申报价格为 CIF 天津 USD500 000。假定计税日外汇牌价（中间价）① 为 USD100＝CNY600，税则号列为 29051210，税率为 5.5%。

完税价格＝500 000×6＝3 000 000(元)

应纳进口关税＝3 000 000×5.5%＝165 000(元)

2. FOB 价格（装运港船上交货价格）。以国外口岸 FOB 价格或者从输出国购买以国外口岸 CIF 价格成交的，必须分别在上述价格基础上加从发货口岸或者国外交货口岸运到我国口岸以前的运杂费和保险费作为完税价格。

完税价格＝国外口岸价格成交(FOB)＋运费及相关费用＋保险费

完税价格内应当另加的运费、保险费和其他杂费，原则上应按实际支付的金额计算，若无法得到实际支付金额时，也可以按外贸系统海运进口运费率或按协商规定的固定运杂费计算运杂费，保险费则按中国人民保险公司的保险费率计算，其计算公式如下：

$$完税价格=\frac{FOB价格+运杂费}{1-保险费率}$$

例 5—2

某进出口公司从美国进口硫酸镁 5 000 吨，进口申报价格为 FOB 旧金山 USD325 000，运费每吨 40 美元，保险费率 3‰，假定计税日外汇牌价为 USD100＝CNY600。

（1）计算运费：

5 000×40×6＝1 200 000(元)

（2）将进口申报价格由美元折成人民币：

325 000×6＝1 950 000(元)

（3）计算完税价格：

$$完税价格=\frac{1\,950\,000+1\,200\,000}{1-3‰}=3\,150\,000\div0.997=3\,159\,478(元)$$

经查找，硫酸镁的税则号列为 28332100，税率为 5.5%，计算该批进口硫酸镁的进口关税如下：

应纳进口关税＝3 159 478×5.5%＝173 771(元)

例 5—3

5 月份，某市广播电视局经批准从国外购入广播级磁带录像机一台，完税价

---

① 实务中，海关每月使用的计征汇率为上一个月第三个星期三（若遇法定节假日，顺延采用第四个星期三）中国人民银行公布的外汇折算价。

格2 500美元。已知，广播级磁带录像机完税价格不高于2 000美元/台的税率为30%；完税价格高于2 000美元/台的税率为3%，加3 283元。假定计税日外汇牌价为1∶6。应纳进口关税计算如下：

$$\text{应纳进口关税}=2\,500\times6\times3\%+3\,283=450+3\,283=3\,733(\text{元})$$

3. CFR价格（有时称CNF，成本加运费价格）。以成本加运费价格（即含运费价格）成交的，应当另加保险费作为完税价格。

$$\text{完税价格}=\frac{\text{CFR 价格}}{1-\text{保险费率}}$$

例5—4

某进出口公司从日本进口乙醛17吨，保险费率为0.3%，进口申报价格为：CFR天津USD306 000，假定计税日外汇牌价为USD100＝CNY6。乙醛税则号列为29121200，税率为5.5%。

$$\text{进口申报价格}=306\,000\times6=1\,836\,000(\text{元})$$
$$\text{完税价格}=1\,836\,000\div(1-0.3\%)=1\,841\,525(\text{元})$$
$$\text{应纳进口关税}=1\,841\,525\times5.5\%=101\,284(\text{元})$$

4. 国内正常批发价格。若海关不能正确确定进口货物在采购地的正常批发价格，应以申报进口时国内输入地点的同类货物的正常批发价格，减去进口关税和进口环节的其他税以及进口后的正常运输、储存、营业费用及利润作为完税价格。如果国内输入地点同类货物的正常批发价格不能正确确定或者有其他特殊情况时，货物的完税价格由海关估定。其计算公式如下：

（1）不缴国内增值税、消费税或只缴增值税的货物，其完税价格计算公式如下：

$$\text{完税价格}=\frac{\text{国内市场批发价格}}{1+\text{进口关税税率}+20\%}$$

（2）应同时缴纳国内增值税和消费税的货物，其完税价格计算公式如下：

$$\text{完税价格}=\frac{\text{国内市场批发价格}}{1+\text{进口关税税率}+\dfrac{1+\text{进口关税税率}}{1-\text{消费税税率}}\times\text{消费税税率}+20\%}$$

上述公式分母中的20%为国家统一规定的进口环节各项相关费用和利润占完税价格的比例。

例5—5

M公司经批准从国外进口一批化妆品，其CIF价格已无法确定，进货地国内同类产品的市场正常批发价格为925 000元，国内消费税税率为30%，设进口关税税率为25%。计算该化妆品应纳关税。

$$\text{完税价格}=\frac{925\,000}{1+25\%+\dfrac{1+25\%}{1-30\%}\times30\%+20\%}=465\,830.69(\text{元})$$

应纳进口关税＝465 830.69×25%＝116 457.67(元)

$$应纳消费税=\frac{465\,830.69+116\,457.67}{1-30\%}\times 30\%=249\,552.15(元)$$

应纳增值税＝(465 830.69＋116 457.67＋249 552.15)×17%
＝141 412.89(元)

(二) 出口货物关税的计算

1. FOB价格。出口货物关税完税价格的计算公式如下：

$$完税价格=\frac{FOB价格}{1+出口关税税率}$$

应纳出口关税＝完税价格×出口关税税率

例 5—6

某进出口公司出口5 000吨磷到日本，每吨FOB天津USD500，磷的出口关税税率为10%。假定计税日外汇牌价为USD100＝CNY600。计算应纳出口关税。

(1) 计算该批磷的完税价格：

完税价格＝5 000×500÷(1＋10%)＝2 272 727(美元)

(2) 将美元价折合为人民币完税价格：

2 272 727×6＝13 636 362(元)

(3) 计算该公司应纳出口关税：

应纳出口关税＝13 636 362×10%＝1 363 636(元)

2. CIF价格。出口货物以国外口岸CIF价格成交的，应先扣除离开我国口岸后的运费和保险费后，再按上述公式计算完税价格及应缴纳的出口关税。

$$完税价格=\frac{CIF价格-保险费-运费}{1+出口关税税率}$$

例 5—7

天津某进出口公司向新加坡出口黑钨沙5吨，成交价格为CIF新加坡USD4 000，其中运费400美元，保险费40美元；假定计税日外汇牌价为USD100＝CNY600。计算应纳关税。

完税价格＝(4 000－400－40)×6÷(1＋20%)＝17 800(元)
应纳出口关税＝17 800×20%＝3 560(元)

3. CFR价格。以境外口岸CFR价成交的，其出口货物完税价格的计算公式为：

$$完税价格=\frac{CFR价-运费}{1+出口关税税率}$$

4. CIFC 价格（CIF 价格加佣金）。当成交价格为 CIFC 境外口岸时，有两种情况：

（1）佣金 C 给定金额，则出口货物完税价格的公式为：

$$完税价格=\frac{CIFC 价-保险费-运费-佣金}{1+出口关税税率}$$

（2）佣金 C 为百分比，则出口货物完税价格的公式为：

$$完税价格=\frac{CIFC 价(1-C)-保险费-运费}{1+出口关税税率}$$

上述 CIF，CFR，CIFC 价格内所含的运费和保险费，原则上应按实际支付数扣除。如无实际支付数，海关可根据定期规定的运费率和保险费率据以计算，纳税后一般不做调整，由陆路输往国外的货物，应以该货物运离国境的 FOB 价格减去出口关税后作为完税价格。若 FOB 价格不能确定时，则由海关估定。

第 3 节　关税的会计记录

企业进出口业务的会计记录需设置记录外汇业务的复币式账户，如“应收（应付）外汇账款”、“预收（预付）外汇账款”等[①]，还要进行汇兑损益的计算和处理。要正确进行关税的会计记录，就必须正确进行销售收入、采购成本的确认。在进口商品时，国外进价成本一律以 CIF 价格为基础，以企业收到银行转来的全套进口单证，经与合同、信用证等审核相符，并通过银行向国外出口商承付或承兑远期汇票时间为入账标准。出口商品销售收入的入账金额应一律以 FOB 价格为标准，即不论发票价格（成交价格）采用哪种，都要以 FOB 作为收入确认的基础。商品进出口业务中发生的相关国内费用，计入采购成本或销售费用；进口时发生的国外费用，应计入商品采购成本；出口时发生的国外费用，应冲减商品销售收入。企业可以在“应交税费”账户下，设置“应交关税”二级账户，也可以分别设置“应交进口关税”、“应交出口关税”两个二级账户。

一、自营进口业务关税的会计记录

企业自营进口商品应以 CIF 价格作为完税价格计缴关税，借记“材料（商品）采购”等账户，贷记“应交税费——应交进口关税”账户；实际缴纳时，借记“应交税费——应交进口关税”账户，贷记“银行存款”账户。企业也可不通过“应交税费——应交进口关税”账户核算，待实际缴纳关税时，直接借记“材料（商品）采购”等账户，贷记“银行存款”账户。企业若以 FOB 价格或 CFR 价格成交的，应将这些成交价格下的运费、保险费计入进口商品成本，即将成本调整到以 CIF 价格为标准。

① 也可作为“应收账款”、“应付账款”等的二级账户。

例 5—8

某外贸企业从国外自营进口排气量 2.2 升的小轿车一批，CIF 价格折合人民币为 200 万元，进口关税税率为 25%，代征消费税税率 9%、增值税税率 17%。根据海关开出的税款缴纳凭证，以银行转账支票付讫税款。应纳关税和商品采购成本计算如下：

应纳关税＝2 000 000×25%＝500 000(元)

应纳消费税＝(2 000 000＋500 000)÷(1－9%)×9%＝2 747 253×9%
＝247 253(元)

应纳增值税＝2 747 253×17%＝467 033(元)

会计分录如下：

(1) 应付账款时：

借：商品采购 2 000 000

贷：应付账款——××供应商 2 000 000

(2) 应交税费时：

借：商品采购 747 253

贷：应交税费——应交进口关税 500 000

——应交消费税 247 253

(3) 上缴税金时：

借：应交税费——应交增值税（进项税额） 467 033

——应交进口关税 500 000

——应交消费税 247 253

贷：银行存款 1 214 286

(4) 商品验收入库时：

借：库存商品 2 747 253

贷：商品采购 2 747 253

例 5—9

根据例 5—2 的计算资料，有关会计记录如下（假定本例中各入账日期的外汇牌价不变）：

(1) 以成交价格反映应付账款：

借：商品采购 1 950 000

贷：应付账款——××公司 1 950 000

(2) 支付运费、保险费时：

借：商品采购 1 209 478

贷：银行存款 1 209 478

(3) 应交关税时：

借：商品采购 173 771

贷：应交税费——应交关税 173 771

二、自营出口业务关税的会计记录

企业自营出口商品应以 FOB 价格作为完税价格计缴关税，借记“营业税金及附加”，贷记“应交税费——应交出口关税”账户；实际缴纳时，借记“应交税费——应交出口关税”账户，贷记“银行存款”账户。企业也可不通过“应交税费——应交出口关税”账户核算，待实际缴纳关税时，直接借记“营业税金及附加”账户，贷记“银行存款”账户。如果成交价格是 CIF 或 CFR 价格，则应先按 CIF 或 CFR 价格入账，在实际支付海外运费、保险费时，再以红字冲减销售收入，将收入调整到以 FOB 价格为标准。

例 5—10

某进出口公司自营出口商品一批，我国口岸 FOB 价折合人民币为 720 000 元，设出口关税税率为 20%，根据海关开出的税款缴纳凭证，以银行转账支票付讫税款。有关会计记录如下：

应交出口关税＝720 000÷(1＋20%)×20%＝120 000(元)

借：应收账款——××购货商　　720 000

　贷：主营业务收入　　720 000

借：营业税金及附加　　120 000

　贷：应交税费——应交出口关税　　120 000

例 5—11

根据本章例 5—7 的资料（假定确认收入、支付费用时的汇率相同），有关会计记录如下：

（1）确认销售收入时：

借：应收账款——××购货商　　24 000

　贷：主营业务收入　　24 000

（2）支付运费、保险费时：

贷：主营业务收入（红字冲账）　　2 640

　贷：银行存款等　　2 640

（3）应纳关税时：

借：营业税金及附加　　3 560

　贷：应交税费——应交出口关税　　3 560

三、代理进出口业务关税的会计记录

代理进出口业务，对受托方来说，一般不垫付货款，多以成交额（价格）的一定比例收取劳务费作为其收入。因进出口商品而计缴的关税均应由委托单位负担，受托单位即使向海关缴纳了关税，也只是代垫或代付，日后仍要与委托方结算。

代理进出口业务所计缴的关税，在会计记录上也是通过设置“应交税费”账户来反映的，其对应账户是“应付账款”、“应收账款”、“银行存款”等。

例 5—12

某进出口公司受某单位委托代理进口商品一批，进口货款 1 780 000 元已汇入进出口公司的开户银行。该进口商品我国口岸 CIF 价为 USD240 000，当日的人民币市场汇价为 USD100＝CNY600，进口关税税率为 20％，代理劳务费按货价的 2％收取。该批商品已运达指定口岸，公司与委托单位办理有关结算。

该批商品的人民币货价＝240 000×6＝1 440 000(元)

进口关税＝1 440 000×20％＝288 000(元)

代理劳务费＝1 440 000×2％＝28 800(元)

根据上述计算资料，该进出口公司接受委托单位货款及向委托单位收取关税和劳务费等，作会计分录如下：

(1) 收到委托方划来货款时：

借：银行存款	1 780 000	
贷：应付账款——××单位		1 780 000

(2) 对外付汇进口商品时：

借：应收账款①——××外商	1 440 000	
贷：银行存款		1 440 000

(3) 进口关税结算时：

借：应付账款——××单位	288 000	
贷：应交税费——应交进口关税		288 000
借：应交税费——应交进口关税	288 000	
贷：银行存款		288 000
借：应付账款——××单位	1 468 800	
贷：其他业务收入——劳务费		28 800
应收账款——××外商		1 440 000

(4) 将委托单位余款退回时：

借：应付账款——××单位	23 200	
贷：银行存款		23 200

例 5—13

某进出口公司受托代理某厂出口一批商品。我国口岸 FOB 价折合人民币为 360 000 元，出口关税税率为 20％，劳务费 10 800 元。作会计分录如下：

应交关税＝360 000÷(1＋20％)×20％＝60 000(元)

(1) 应缴出口关税时：

借：应收账款——××单位	60 000	
贷：应交税费——应交出口关税		60 000

① 或通过“应付账款”账户，下同。

（2）缴纳出口关税时：

借：应交税费——应交出口关税　　60 000

　贷：银行存款　　60 000

（3）应收劳务费时：

借：应收账款——××单位　　10 800

　贷：其他业务收入——劳务费　　10 800

（4）收到委托单位划来税款及劳务费时：

借：银行存款　　70 800

　贷：应收账款——××单位　　70 800

第4节 关税的纳税申报

一、关税的缴纳方式

（一）关税的基本缴纳方式

由接受进（出）口货物通关手续申报的海关逐票计算应征关税并填发关税缴款书，由纳税人凭以向海关或指定的银行办理税款交付或转账入库手续后，海关凭“银行回执联”办理结关放行手续。征税手续在前，结关放行手续在后，有利于税款及时入库，防止拖欠税款。因此，各国海关都以这种方式作为基本纳税方式。

（二）关税的后纳方式

关税后纳方式（制度）是海关允许某些纳税人在办理有关关税手续后，先行办理放行货物的手续，然后再办理征纳关税手续的海关制度。关税后纳方式是针对某些易腐、急需或有关手续无法立即办结等特殊情况采取的一种变通措施。海关在提取货样、收取保证金或接受纳税人其他担保后即可放行有关货物。关税后纳制使海关有充足的时间准确地进行关税税则归类，审定货物完税价格，确定其原产地等作业，或使纳税人有时间完成有关手续，防止口岸积压货物，使进出境货物尽早投入使用。

二、关税的纳税地点

海关征收关税时，根据纳税人的申请及进出口货品的具体情况，既可以在关境地缴税，也可以在主管地缴税。

三、关税的缴纳

进口货物的收发货人或其代理人，应当在海关填发税款缴纳凭证之日起15日内（法定公休日顺延），向指定银行缴纳税款。逾期缴纳的，除依法追缴外，由海关自到期次日起至缴清税款日止，按日加收欠缴税款的滞纳金。

纳税人缴纳关税时，需填“海关（进出口关税）专用缴款书”（以下简称缴款书）（见表5—1）并携带有关单证。缴款书一式六联，依次是收据联（此联是国库收到税款签章后退还纳税人作为完税凭证的法律文书，是关税核算的原始凭证）、付款凭证联、收款凭证联、回执联、报查联、存根联。

表5—1　　　　海关（进出口关税）专用缴款书

收入系统：　　　　填发日期：　年　月　日　　　　No.

<table>
<tr><td rowspan="3">收款单位</td><td>收入机关</td><td colspan="2"></td><td rowspan="3">缴款单位（人）</td><td>名称</td><td colspan="2"></td></tr>
<tr><td>科目</td><td colspan="2"></td><td>账号</td><td colspan="2"></td></tr>
<tr><td>收款国库</td><td colspan="2"></td><td>开户银行</td><td colspan="2"></td></tr>
<tr><td>税号</td><td>货物名称</td><td>数量</td><td>单位</td><td>完税价格（¥）</td><td>税率（%）</td><td>税款金额（¥）</td><td></td></tr>
<tr><td></td><td></td><td></td><td></td><td></td><td></td><td></td><td></td></tr>
<tr><td colspan="5">金额人民币（大写）</td><td colspan="3">合计（¥）</td></tr>
<tr><td colspan="2">申请单位编号</td><td></td><td>报关单编号</td><td></td><td rowspan="4">填制单位
制单人
复核人</td><td colspan="2" rowspan="4">收款国库（银行）</td></tr>
<tr><td colspan="2">合同（批文）号</td><td></td><td>运输工具（号）</td><td></td></tr>
<tr><td colspan="2">缴款期限</td><td>年　月　日</td><td>提/装货单号</td><td></td></tr>
<tr><td colspan="5">备注</td></tr>
</table>

第一联：收据　国库收款签章后交缴款单位或缴纳人

四、关税的退税

有下列情况之一的，进出口货物的收发货人或其代理人，可以自缴纳税款之日起一年内，书面声明理由，连同纳税收据向海关申请退税，逾期不予受理：

(1) 因海关误征，多纳税款的；

(2) 海关核准免验进口的货物，在完税后发现有短缺情况并经海关审查认可的；

(3) 已征出口关税的货物，因故未装运出口，申报退关，经海关查验属实的。

按规定，上述退税事项，海关应当自受理退税申请之日起3日内作出书面答复并通知退税申请人。

五、关税的补缴

进出口货物完税后，如发现少征或者漏征税款，海关应当自缴纳税款或者货物放行之日起1年内，向收发货人或其代理人补征。因收发货人或其代理人违反规定而造成少征或者漏征的，海关在3年内可以追征，因特殊情况，追征期可延至10年。骗取退税款的，无限期追征。

本章重点

关税的确认计量、会计记录和纳税申报。

本章难点

进出口关税完税价格的确认。

基本训练

一、简答题

1. 何谓关税？关税有何作用、如何分类？

2. 我国现行关税有哪几种计征方法？

3. 英国《金融时报》2009年1月21日报道，美国针对中国出口的两种钢管、非公路用轮胎和复合编织袋等产品并行实施反倾销税和反补贴税。中国政府认为此举属于“双重补救”，既不合法，也不公平。你对此有何看法？

4. 何谓关税完税价格？如何确认进出口商品关税完税价格？

5. 企业如何进行关税的会计记录？

二、单项选择题

1. 以下不计入进口货物关税完税价格的项目是（　　）。

A. 向自己的采购代理人支付的劳务费用

B. 向代表买卖双方利益的经纪人支付的劳务费用

C. 由买方负担的与该货物视为一体的容器费用

D. 由买方负担的包装材料和包装劳务费用

2. 以下计入进口货物关税完税价格的项目是（　　）。

A. 货物运抵境内输入地点之后的运输费用

B. 进口关税

C. 国内保险费

D. 卖方间接从买方对该货物进口后使用所得中获得的收益

3. 出口货物的完税价格应该包括（　　）。

A. 离境口岸至境外口岸之间的运输、保险费

B. 支付给境外的佣金

C. 工厂至离境口岸之间的运输、保险费

D. 出口关税

4. 某企业申报进口一批货物，货价折合人民币200万元，运抵输入地点起卸

前的运费折合人民币10万元，则该批进口货物的完税价格为（　　）万元。

A. 200　　B. 210　　C. 210.63　　D. 213

5. 出口货物关税完税价格正确的计算公式为（　　）。

A. 完税价格＝离岸价格÷(1＋出口关税税率)

B. 完税价格＝离岸价格÷(1－出口关税税率)

C. 完税价格＝到岸价格÷(1＋出口关税税率)

D. 完税价格＝到岸价格÷(1－出口关税税率)

三、多项选择题

1. 进口关税税率设有（　　）。

A. 普通税率　　B. 特惠税率

C. 协定税率　　D. 最惠国税率

2. 我国进口商品的具体计税方法有（　　）。

A. 从价税　　B. 从量税

C. 复合税　　D. 滑准税

3. 特别关税包括（　　）。

A. 报复性关税　　B. 财政性关税

C. 反补贴关税　　D. 保障性关税

4. 进口货物以海关审定的成交价格为基础的到岸价格作为完税价格。到岸价格包括货价，加上货物运抵中国关境内输入地起卸前的（　　）等费用。

A. 包装　　B. 其他劳务

C. 保险　　D. 运输

5. 海关可以使用下列方法估定完税价格（　　）。

A. 相同货物成交价格方法　　B. 类似货物成交价格方法

C. 倒扣价格方法　　D. 计算价格方法

四、计算题

天津某进出口公司从美国进口货物一批，货物以离岸价格成交，成交价折合人民币为1 520万元（包括单独计价并经海关审查属实的向境外采购代理人支付的买方佣金20万元，但不包括使用该货物而向境外支付的软件费50万元、向卖方支付的佣金10万元），另支付货物运抵我国上海港的运费、保险费等30万元。(假设该货物适用关税税率为7%。)

要求：计算该公司的应纳关税额。

五、会计核算题

某外贸公司代某工厂从美国进口A材料15吨，每吨FOB纽约USD20 000，运费3 000美元，保险费率0.3%，关税税率12%，当日的外汇牌价为USD1＝RMB6，外贸公司收取手续费80 000元。材料尚在运输途中。

要求：根据上述资料，分别作出外贸公司向委托单位收取关税和手续费以及委托单位承付关税及手续费的会计分录。

第6章

营业税会计

学习目标

1. 了解营业税的税制要素；
2. 理解营业税与增值税会计记录的不同；
3. 掌握营业税的确认、计量、记录与申报。

引　言

尽管增值税比营业税有诸多优点，但营业税的历史要比增值税久远；尽管从2012年起，我国营业税改征增值税试点在逐步扩大，但营业税的优点、营业税的历史贡献不应被抹杀；尽管营业税和增值税的会计记录方法都能满足税务会计的需要，但如果站在财务会计的角度，哪一种会计处理方法的会计信息质量更高呢？

第1节　营业税税制要素

《中华人民共和国营业税暂行条例》（以下简称《暂行条例》）自1994年1月1日起实施。2008年11月5日，国务院颁布修订后的《暂行条例》，修订条例自2009年起执行。与其他税种相比较，营业税具有征收范围广、税率较低、税负均衡、计算简便等特点，但营业税也有重复征税的痼疾，这也是它将被增值税所取代的主因。

一、营业税的纳税人

营业税（business tax）的纳税人是指在我国境内提供劳务、转让无形资产、销售不动产的单位和个人。目前，“营改增”后的“劳务”仅指建筑业、金融保险业和传统服务业。“单位”是指企业、行政单位、事业单位、军事单位、社会团体及其他单位。“个人”是指个体工商户和其他个人。负有营业税纳税义务的单位为发生应税行为并收取货币、货物或者其他经济利益的单位，但不包括单位依法不需要办理税务登记的内设机构。

二、营业税的扣缴义务人

1. 境外单位或者个人在境内发生应税行为而在境内未设有机构的，其应纳税款以代理人为扣缴义务人；没有代理人的，以受让者或者购买者为扣缴义务人。

2. 委托金融机构发放贷款的，其应纳税款以受托发放贷款的金融机构为扣缴义务人；金融机构接受其他单位或个人的委托，为其办理委托贷款业务时，如果将委托方的资金转给经办机构，由经办机构将资金贷给使用单位或个人，由最终将贷款发放给使用单位或个人并取得贷款利息的经办机构代扣代缴委托方应纳的营业税。

3. 建筑业工程实行总承包、分包方式的，以总承包人为扣缴义务人。纳税人提供建筑业应税劳务，符合以下情形之一的，无论工程是否实行分包，税务机关可以建设单位和个人作为营业税的扣缴义务人：

(1) 纳税人从事跨地区（包括省、市、县，下同）工程提供建筑业应税劳务的；

(2) 纳税人在劳务发生地没有办理税务登记或临时税务登记的。

4. 单位或者个人进行演出，由他人售票的，其应纳税款以售票者为扣缴义务人；演出经纪人为个人的，其办理演出业务的应纳税款也以售票者为扣缴义务人。

5. 分保险业务，其应纳税款以初保人为扣缴义务人。

6. 个人转让专利权、非专利技术、商标权、著作权、商誉的，其应纳税款以受让者为扣缴义务人。

7. 国务院财政、税务主管部门规定的其他扣缴义务人。

三、营业税的纳税范围

在我国境内提供应税劳务、转让无形资产、销售不动产的行为，均为营业税的纳税范围。提供应税劳务、转让无形资产或者销售不动产是指有偿提供劳务、有偿转让无形资产或者有偿转让不动产所有权的行为（以下称应税行为）。“有偿”是指取得货币、货物或其他经济利益。单位或者个人将不动产或者土地使用权无偿赠送其他单位或者个人，单位或者个人自己新建（以下简称自建）建筑物后销售，其所发生的自建行为，财政部、国家税务总局规定的其他情形，视同发生营业税的应税行为。

转让企业产权的行为，不属于营业税的纳税范围；但不动产、无形资产的有偿转让属于营业税的纳税范围。销售自建房屋建筑物时，其自建行为按照“建筑业”税目缴纳3%的营业税，自售行为按照“销售不动产”缴纳5%的营业税。自建房屋建筑物出租时，按照“服务业——租赁”缴纳5%的营业税。

四、营业税的计税依据

营业税的计税依据为纳税人提供应税劳务、转让无形资产或者销售不动产收取的全部价款和价外费用。具体应按：

（1）纳税人将承接的运输业务分给其他单位或者个人的，以其取得的全部价款和价外费用扣除其支付给其他单位或者个人的运输费用后的余额为计税依据。

（2）纳税人从事旅游业务的，以其取得的全部价款和价外费用扣除替旅游者支付给其他单位或者个人的住宿费、餐费、交通费、旅游景点门票和支付给其他接团旅游企业的旅游费后的余额为计税依据。

（3）纳税人（总承包人）将建筑工程（不包括安装工程、装饰工程、绿化工程等）分包给其他单位（包括企事业单位、社会团体，但不包括个体工商户和其他个人）的，以其取得的全部价款和价外费用扣除其支付给其他单位的分包款后的余额为营业额，即以其取得的收入扣除分包款后的差额缴纳营业税。

（4）纳税人提供的清包工性装饰劳务可按实际收入额净额计税。施工企业提供建筑业劳务（不含装饰劳务）的，其计税依据应当包括工程所用原材料、设备及其他物资和动力价款在内，但不包括建设方提供的设备的价款。即无论甲（建设单位）乙（施工企业）双方如何进行账务处理、如何结算，建筑施工方缴纳建筑业营业税的计税依据均应包括建设方提供建筑用材料的价款在内。

（5）外汇、有价证券、非货物期货和其他金融商品买卖业务，以卖出价减去买入价后的余额为计税依据。

（6）娱乐业的计税依据为经营娱乐业收取的全部价款和价外费用，包括门票收费、台位费、点歌费、烟酒、饮料、茶水、鲜花、小吃等收费及经营娱乐业的其他各项收费。

（7）国务院财政、税务主管部门规定的其他情形。

价外费用包括收取的手续费、补贴、基金、集资费、返还利润、奖励费、违约金、滞纳金、延期付款利息、赔偿金、代收款项、代垫款项、罚息及其他各种性质的价外收费，但不包括同时符合以下条件代为收取的政府性基金或者行政事业性收费：

（1）由国务院或者财政部批准设立的政府性基金，由国务院或者省级人民政府及其财政、价格主管部门批准设立的行政事业性收费；

（2）收取时开具省级以上财政部门印制的财政票据；

（3）所收款项全额上缴财政。

五、营业税的优惠政策

（一）营业税的减免

营业税减免是国家根据一定时期的方针政策，对经济活动的特殊情况给予关照和扶植。为了促进文化教育事业的发展，支持农业生产，扶持医疗事业和其他社会公益事业，对下列项目免缴营业税：

1. 托儿所、幼儿园、养老院、残疾人福利机构提供的育养服务，婚姻介绍服务，殡葬服务。

2. 残疾人员本人为社会提供的劳务。

3. 医院、诊所和其他医疗机构提供的医疗服务。

4. 普通学校以及经地、市级以上人民政府或者同级政府的教育行政部门批准成立、国家承认其学员学历的各类学校提供的教育劳务，学生勤工俭学提供的劳务。

5. 农业机耕、排灌、病虫害防治、植物保护、农牧保险以及相关技术培训业务，家禽、牲畜、水生动物的配种和疾病防治。

6. 纪念馆、博物馆、文化馆、文物保护单位管理机构、美术馆、展览馆、书画院、图书馆在自己的场所举办的属于文化体育业税目征税范围的文化活动的门票收入（销售第一道门票的收入），宗教场所举办文化、宗教活动的门票收入（寺院、宫观、清真寺和教堂举办文化、宗教活动销售门票的收入）。

7. 境内保险机构为出口货物提供的保险产品（包括出口货物保险和出口信用保险）。

8. 对符合条件的软件企业、集成电路企业从事软件开发与测试、信息系统集成、咨询和运营维护、集成电路设计等业务，免缴营业税。

营业税的减免项目由国务院规定，任何地区、部门均不得任意规定减免项目。纳税人兼营减免项目的，应当单独核算减免税营业额，否则不得减税、免税。

（二）营业税的起征点

营业税纳税人（含个体工商户、其他个人、企业和非企业性单位），月营业额2万元至3万元（含）的，免征营业税；以一个季度为纳税期限的纳税人，季度营业额6万元至9万元（含9万元）的，免征营业税。

第2节 营业税的确认计量

一、营业税纳税义务的确认

营业税纳税义务发生时间为纳税人提供应税劳务、转让无形资产或者销售不动产并收讫营业收入款项或者取得索取营业收入款项凭据的当天，国务院财政、税务主管部门另有规定的，从其规定。营业税扣缴义务发生时间为纳税人营业税纳税义务发生的当天。

“收讫营业收入款项”是指纳税人应税行为发生过程中或者完成后收取的款项。

“取得索取营业收入款项凭据的当天”，为书面合同确定的付款日期的当天；未签订书面合同或者书面合同未确定付款日期的，为应税行为完成的当天。

1. 纳税人转让土地使用权或者销售不动产，采取预收款方式的，其纳税义务发生时间为收到预收款的当天。

2. 纳税人将不动产或者土地使用权无偿赠送其他单位或者个人的，其纳税义务发生时间为不动产所有权、土地使用权转移的当天。

3. 纳税人提供建筑劳务和不动产、无形资产租赁服务，采取预收款方式的，其纳税义务发生时间为收到预收款的当天。

4. 纳税人发生的自建行为，其纳税义务发生时间为销售自建建筑物的纳税义务发生时间。

5. 建筑业纳税义务的确认。纳税人提供建筑业应税劳务，施工单位与发包单位签订书面合同，如合同明确规定付款（包括提供原材料、动力和其他物资，不含预收工程价款）日期的，按合同规定的付款日期为纳税义务发生时间；合同未明确付款（同上）日期的，其纳税义务发生时间为纳税人收讫营业收入款项或者取得索取营业收入款项凭据的当天。上述预收工程价款是指工程项目尚未开工时收到的款项。对预收工程价款，其纳税义务发生时间为工程开工后，主管税务机关根据工程形象进度按月确定的纳税义务发生时间。

纳税人提供建筑业应税劳务，施工单位与发包单位未签订书面合同的，其纳税义务发生时间为纳税人收讫营业收入款项或者取得索取营业收入款项凭据的当天。

6. 金融企业贷款业务应收未收利息纳税义务的确认。金融企业（各类银行、城市信用社、农村信用社、信托投资公司和财务公司）发放贷款（包括自营贷款和委托贷款，下同）后，凡在规定的应收未收利息核算期（90天）内发生的应收利息，纳税义务的确认为纳税人取得利息收入权利的当天；应收未收利息或贷款本金到期（含展期）超过90天尚未收回的，于实际收到利息的当天确认营业税的纳税义务。

7. 金融企业其他业务收入的确认。金融商品转让业务以金融商品所有权转移之日，其他业务以取得收入或取得索取收入凭据的当天。金融企业承办委托贷款业务营业税的扣缴义务发生时间，为受托发放贷款的金融机构代委托人收讫贷款利息的当天。

8. 出包、租赁收入的确认。企业以承包、承租方式将资产（货币资金、产品除外）提供给内部职工或其他人经营，收取固定费用或利润等，若承包、承租者向工商管理部门领取了营业执照，则该行为属出租不动产和其他资产，不论以什么名目收取费用，均按“服务业——租赁”缴纳营业税；若承包、承租者未领取营业执照，企业所收取的各种名目的价款，均属企业内部的分配行为，不缴营业税。

9. 转让著作权。拥有著作权的单位或个人（所有权人）授权或许可他人（受托方）向第三者转让所有权人的著作权时，若受托方以所有权人的名义向第三者转让，转让过程中产生的权利和义务由所有权人承担，对所有权人应按受托方向第三者收取的全部转让费，依“转让无形资产”税目缴纳营业税；若受托方以自己的名义向第三者转让无形资产，转让过程中产生的权利和义务均由受托方承担，所有权人向受托方收取的全部转让费和受托方向第三者收取的全部转让费，均按“转让无形资产”税目缴纳营业税。若受托方转让的无形资产不在我国境内使用，不缴营业税。

10. 以无形资产、不动产投资入股，参与接受投资方的利润分配、共同承担投资风险的行为，不缴营业税；如果投资入股后收取固定利润，属于转让他人使用，应按“服务业”税目中的“租赁业”计算缴纳营业税。在转让该项股权时，应按转让无形资产、销售不动产税目纳税。

二、应纳营业税的计算

营业税的计税依据是提供应税劳务的营业额、转让无形资产或销售不动产的销售额，统称为营业额。

纳税人提供应税劳务、转让无形资产、销售不动产的价格明显偏低并无正当理由或发生视同应税行为而无营业额的，按下列顺序确定其营业额：

（1）按纳税人最近时期发生同类应税行为的平均价格核定；

（2）按其他纳税人最近时期发生同类应税行为的平均价格核定；

（3）按下列公式核定：

营业额＝营业成本或者工程成本×(1＋成本利润率)÷(1－营业税税率)

式中的成本利润率，由省、自治区、直辖市税务主管部门确定。

营业税的应纳税额是按照营业额（计税依据）和规定的税率进行计算的。其计算公式如下：

应纳营业税＝营业额×营业税税率

例 6—1

某租赁公司本期收设备租赁费 35 000 元，场地租赁费 1 500 元，其他工具费 2 500 元。该公司本期应纳营业税如下：

(35 000＋1 500＋2 500)×5％＝1 950(元)

三、特定业务营业税的计算

对某些特殊行业或特定经营业务，需要按税法规定专门确定其计税依据。凡允许减除的项目，业务发生在境内的，其支付款项凭证必须是发票或合法有效凭证；支付给境外的，必须是外汇付汇凭证、外方公司的签收单据或出具的公证证明。

（一）旅游企业营业税的计算

纳税人从事旅游业务的，以其取得的全部价款和价外费用扣除替旅游者支付给其他单位或者个人的住宿费、餐费、交通费、旅游景点门票和支付给其他接团旅游企业的旅游费后的余额为营业额。

例 6—2

某旅游公司组团到青岛旅游，获得旅游收入 80 000 元，其中代旅游者代付其交通费 30 000 元，支付食宿费 25 000 元。该公司本月应纳营业税计算如下：

(80 000－30 000－25 000)×5％＝1 250(元)

（二）建筑企业营业税的计算

建筑施工企业营业税应在施工地自行完税。如果建筑施工项目实行总承包与分包制的，总承包人向建设单位出具发票，发票金额为总承包合同中所规定的承包总收入；分包人向总承包人出具发票，发票金额为分包合同中所规定的分包收入。总承包人按照总收入扣除分包收入后进行差额纳税，扣除的合法凭证是从分包方取得的发票。

总承包人对分包人的分包收入不负有法定扣缴营业税的义务，应由分包人就其分包收入自行纳税申报。对法律、行政法规没有规定负有代扣、代收税款义务的单位和个人，税务机关不得要求其履行代扣、代收税款义务。

例6—3

某建筑施工企业承包一项主体建筑工程，甲乙双方的承包合同约定，承包总价（不含甲供材料）4 000 万元，该工程的主要建筑材料（混凝土、钢筋、水泥）1 800 万元由甲方供应。该主体建筑工程应纳营业税计算如下：

应纳营业税＝(4 000＋1 800)×3%＝174(万元)

该建筑施工企业承接某单位建筑工程，工程价款为 2 600 万元。该建筑施工企业将其中一部分工程分包给 M 企业，工程款为 600 万元。该建筑施工企业为总承包人，按差额计算缴纳营业税，应纳营业税计算如下：

应税营业额＝2 600－600＝2 000(万元)

应纳营业税＝2 000×3%＝60(万元)

总承包人对分包收入不负有法定扣缴营业税的义务，应由分包人 M 企业以其取得的分包收入 600 万元自行申报，应纳营业税为 18 万元。

该建筑施工企业作为总承包人，应直接向建设单位出具总承包合同 2 600 万元金额的发票。同时，分包人 M 企业应向总承包人出具分包合同 600 万元金额的发票。总承包人差额纳税时，扣除分包款的合法凭证应为从分包人取得的 600 万元金额的发票，否则不能按 2 000 万元差额计算纳税。

（三）金融业营业税的计算

1. 外汇、有价证券、期货等金融商品买卖业务，以卖出价减去买入价后的余额为营业额。

2. 融资租赁业务。以其向承租者收取的全部价款和价外费用（含残值）减去出租方承担的出租货物的实际成本后的余额作为营业额，再以直线法计算出本期营业额作为本期税基。计算公式如下：

$$\text{本期营业额}=\frac{\text{应收取的全部价款和价外费用}-\text{实际成本}}{\text{总天数}}\times\text{本期天数}$$

$$\text{出租货物的实际成本}=\text{货物购入原价}+\text{关税}+\text{增值税}+\text{消费税}+\text{运杂费}+\text{安装费}+\text{保险费}+\text{贷款利息(包括外汇借款和人民币借款利息)}$$

3. 金融商品转让。从事股票、债券买卖业务的，以其卖出价减去买入价（购入价减去股票、债券持有期间取得的红利收入的余额）后的余额为营业额。买卖金融商品（股票、债券、外汇及其他金融商品），可在同一会计年度末，将不同纳税期出现的正差和负差按同一会计年度汇总的方式计算并缴纳营业税。如果汇总计算应缴的营业税额小于本年已缴纳的营业税额，可向税务机关申请退税，但不得将一个会计年度内汇总后仍为负差的部分结转下一会计年度。金融商品的买入价，原则上按加权平均价核算，也可选用会计制度中的其他方法；选定后，一年内不得变更。

4. 金融经纪业务和其他金融业务。营业额为劳务费（佣金）类的全部收入，包括价外收取的代垫、代付、加价等，不得有任何扣除。从事受托收款业务，以全部收入减去支付给委托方价款后的余额为营业额。

（四）保险业营业税的计算

1. 办理初保业务向保户收取的保费。营业额为纳税人经营保险业务向对方收取的全部价款。实行分保险的，按初保人向投保人收取的保费收入全额计税（即不扣除分保费支出），分保人取得的分保费收入不再计缴营业税。

2. 境内保险人将其承保的以境内标的物为保险标的的保险业务向境外再保险人办理分保的，以全部保费收入减去分保保费后的余额为营业额。境外再保险人应就其分保收入承担营业税纳税义务，并由境内保险人扣缴境外再保险人应缴的营业税税款。

3. 趸交保费。以当年实际收取的保费（一次性确认的保费收入）计算缴纳营业税。

4. 已缴过营业税的应收未收保费，凡在会计制度规定的核算期内收回的，可从营业额中减除。

5. 保险企业开展无赔偿奖励业务的，以向投保人实际收取的保费为营业额。

6. 储金业务。采用收取储金方式确定经济利益的（以被保险人所交保险资金的利息收入为保费收入，保险期满后将保险资金本金返还给被保险人），其营业额为纳税人在纳税期内的储金平均余额（期初余额与期末余额之和的 1/2）乘以人民银行公布的 1 年期存款利率折算的月利率计算。

例 6—4

某保险公司某年收取企财险保费 1 000 万元，收取 5 年期抵押贷款房屋保险 500 万元，出口信用保险 200 万元，团体人身意外伤害保险 300 万元，个人养老金保险 200 万元，储金年初余额 1 200 万元，期末余额 800 万元，人民银行 1 年期定期存款利率假定为 10%，当年营业税税率为 5%。该公司当年应缴纳的营业税计算如下（单位：万元）：

企财险保费收入	1 000
抵押贷款房屋保险收入	500÷5＝100
出口信用险收入（免税）	0
团体人身意外伤害保险收入	300
个人养老金保险收入（免税）	0
储金业务计入保费收入部分	(1 200＋800)÷2×10%＝100
应税营业额合计	1 500

该公司应纳营业税＝1 500×5%＝75(万元)

7. 外币折算。金融保险企业以外汇结算营业额的，应将外币折合为人民币计算营业税。金融业按收到外汇的当日或当季季末中国人民银行公布的基准汇价折合营业额，保险业按收到外汇的当日或当月月末中国人民银行公布的基准汇价折合营业额。

例 6—5

某保险公司某年度取得经营涉外直接保险业务收入24万美元，当年前11个月已按上年决算报表确定的汇率计算缴纳营业税5.5万元。决算日的外汇牌价为1美元兑6元人民币，当年应纳营业税计算如下：

$$24\times6\times5\%-5.5=1.7(\text{万元})$$

（五）租赁业务营业税的计算

“营改增”后，有形动产租赁业务缴纳增值税，无形资产和不动产的租赁业务仍然属于营业税的征收范围，需要按“服务业”税目计算缴纳营业税。

例 6—6

某房地产开发公司建造商品住宅楼一幢，以租赁方式出租给用户，每平方米月租金110元，某月出租房屋15套，共计1 580平方米。计算应纳营业税。

$$\text{应纳营业税}=1\,580\times110\times5\%=8\,690(\text{元})$$

（六）销售或转让不动产、土地使用权营业税的计算

销售或转让不动产，或转让抵债所得不动产、土地使用权的，以全部收入减去不动产或土地使用权购置或受让原价，或作价后的余额为营业额计税。

（七）房地产开发企业预售收入营业税的计算

房地产开发企业在收到预售收入的当期，不仅要将其并入发生当期的应纳税营业额计算缴纳营业税及附加，而且要按项目的性质（经济适用房和非经济适用房）或所在地区，分别按其不低于预售收入的毛利率①计算当期毛利后，在扣除相关期间费用和营业税金及附加后，再计入当期应税所得额，计算缴纳企业所得税，并允许企业日后在按会计法规将上述预售收入确认为收入实现时，将已缴纳过营业税的应纳税营业额、企业所得税的应纳税所得额作为发生当期的应纳税营业额和应纳税所得额的调减项目处理。

第3节　营业税的会计记录

一、营业税会计账户的设置

由于营业税涉及的行业和业务类型较多，作为价内税的营业税的会计账户设置，应根据不同情况设置和使用，主要涉及以下账户：

1. “应交税费——应交营业税”账户。该账户核算企业应缴的营业税。企业按规定计算出应缴营业税、应代扣代缴营业税及收到退回的营业税时，记入其贷方，实际缴纳营业税、补缴营业税、结转退回的营业税时，记入其借方；期末贷

① 不低于国家规定的各类房屋3%，5%，10%，15%的毛利率。

方余额为应缴未缴的营业税，借方余额为多缴的营业税。

2. “营业税金及附加”账户。该账户核算企业经营活动、服务活动发生的营业税、文化事业建设费等。企业根据应税收入计算的应缴营业税、应缴文化事业建设费等，借记该账户；收到退回的营业税、文化事业建设费时，记入其贷方；期末，将该账户的余额转入“本年利润”账户，结转后无余额。

3. “其他业务成本”账户。该账户核算企业主营业务之外的其他经营活动所发生的各项支出，包括销售材料的成本、出租固定资产的折旧费、出租无形资产的摊销额、出租包装物的成本或摊销额等。

4. “银行存款”账户。企业转让无形资产，按实际取得的转让收入借记该账户，按该项无形资产已计提的减值准备，借记“无形资产减值准备”；其应交的营业税，贷记“应交税费——应交营业税”账户，支付的其他相关税费，贷记“银行存款”；借贷方差额，借记“营业外支出”或贷记“营业外收入”。

5. “固定资产清理”账户。企业（不包括房地产开发企业）销售、报废清理固定资产时，根据应税收入计算的应纳营业税，记入该账户的借方；期末，应将其余额转入“营业外收入”或“营业外支出”。

6. “其他业务收入”账户。该账户核算企业确认的除主营业务活动外的其他经营活动实现的收入。包括出租资产、销售材料、债务重组、受托管理、代购代销等收入，其中应交的营业税借记该账户。

二、主营应税业务应交营业税的会计记录

（一）建筑业应交营业税的会计记录

从事建筑安装、装饰装修业务，无论与对方如何结算，其营业额均应包括工程所用原材物料的价款。即使由对方（甲方）提供原材物料，在工程结算收入中未包括材料成本，但计税时材料成本仍应包括在营业额中。如果建筑施工项目实行总承包与分包制的，由总承包人与建设单位按总承包额签订合同，分包人与建设单位一般不发生直接的合同关系，而是与总承包人签订分包条款和价款，总承包人承担签约过程中的风险和报酬。因此，分包工程款不属于代第三方收取的款项，总承包人应按总承包额确认其收入，即采用总额法记账。当收到或反映承包价款时，借记“银行存款”、“应收账款”账户，贷记“工程结算”、“主营业务收入”等账户。根据税法规定计算应交营业税时，借记“营业税金及附加”账户，贷记“应交税费——应交营业税”账户。建造过程中发生的成本（包括支付的分包工程款）、费用，借记“工程施工”账户，贷记“应付职工薪酬”、“原材料”、“应付账款”等账户。

例6—7

某建筑公司承包某工程，总承包额 2 000 000 元，其中支付给丁公司分包工程价款 100 000 元，甲方提供材料 200 000 元；工程累计发生合同成本 1 660 000 元。计算应纳营业税并作相应会计分录如下：

（1）收到甲方一次性结算的总承包款时：

借：银行存款　　2 000 000

　贷：工程结算　　2 000 000

（2）建筑公司计提营业税时：

应纳营业税＝(200－10＋20)×3%＝6.3(万元)

借：营业税金及附加　　63 000

　贷：应交税费——应交营业税　　63 000

（3）缴纳营业税时：

借：应交税费——应交营业税　　63 000

　贷：银行存款　　63 000

（4）分包工程完工验工结算时：

借：工程施工——合同成本　　100 000

　贷：应付账款——丁公司　　100 000

（5）支付分包工程款时：

借：应付账款——丁公司　　100 000

　贷：银行存款　　100 000

（6）建筑公司发生各项累计成本费用时：

借：工程施工——合同成本　　1 660 000

　贷：应付职工薪酬、原材料等　　1 660 000

（7）结转工程成本时：

借：工程结算　　2 000 000

　贷：工程施工——合同成本　　1 760 000

　　　　　　——合同毛利　　240 000

（8）确认合同收入、费用时：

借：主营业务成本　　1 760 000

　　工程施工——合同毛利　　240 000

　贷：主营业务收入　　2 000 000

（二）房地产开发企业营业税的会计记录

房地产开发企业是经营房地产买卖业务的企业，其从事房地产开发、销售及提供劳务而取得的经营收入为其主营业务收入，应计算缴纳营业税。房地产开发企业自建自售时，其自建行为按建筑业 3%的税率计算营业税，出售房地产按 5%的税率（“销售不动产”税目）计算营业税。

例 6—8

某房地产开发企业，本期竣工自建住宅楼一栋，建造成本共计 320 万元，该省规定建筑业成本利润率为 7%。本期出售商品房 1 800 平方米，商品房价款共计 424 万元（其中 64.8 万元的预收款已于上年预缴营业税）。计算应纳营业税并作会计分录如下：

应缴建筑业营业税＝3 200 000×(1＋7%)÷(1－3%)×3%

=105 897(元)

应缴售房营业税=(4 240 000−648 000)×5%=179 600(元)

借：营业税金及附加　　285 497

　贷：应交税费——应交营业税　　285 497

房地产开发企业以经营房地产为其主营业务，税款缴纳办法可以采用按上月实缴额预缴，下月初结清上月税款的办法。

例 6—9

某房地产公司 8 月份商品房销售收入 1 100 000 元、配套设施销售收入 260 000 元、代建工程结算收入 200 000 元。上月应纳营业税税款为 48 000 元，纳税期限为 10 天。计算本月应纳营业税并作会计分录如下：

(1) 每次预缴税款时：

借：应交税费——应交营业税　　16 000

　贷：银行存款　　16 000

(2) 月末计算应纳营业税时：

1) 商品房销售、配套设施销售，因属“销售不动产”，应按 5%的税率计算应纳营业税。

应纳营业税=(1 100 000+260 000)×5%=68 000(元)

2) 代建工程结算收入，因属“建筑业”，应按 3%税率计算应纳营业税。

应纳营业税=200 000×3%=6 000(元)

两项合计应纳营业税=68 000+6 000=74 000(元)

借：营业税金及附加　　74 000

　贷：应交税费——应交营业税　　74 000

(3) 下月初结清上月税款时：

应补缴税款=74 000−48 000=26 000(元)

借：应交税费——应交营业税　　26 000

　贷：银行存款　　26 000

年终，对能够满足收入确认条件的预收款，转入“主营业务收入”账户，并结转本年利润；对未达到收入确认条件的预收款，在资产负债表中的“预收账款”反映。

(三) 金融企业营业税的会计记录

金融企业的贷款利息收入和借款利息支出是分别核算的，即按应税应收利息的全额计税；由于税法对逾期贷款应收未收利息的规定与会计准则、制度不同，企业既要按会计准则、制度规定正确记录，又要按税法规定正确计税，因此，企业还应设置应收利息备查簿，详细记录各项贷款应收利息的发生时间、金额、收到时间及金额等。金融企业接受其他企业委托发放贷款，收到委托贷款利息时，记入“应付账款——应付委托贷款利息”账户，并根据收到的贷款利息减去委托贷款的劳务费，计算代扣营业税，借记“应付账款——应付委托贷款利息”账户，贷记“应交税费——应交营业税”账户；实际代交营业税与自己上交营业税时，均是借记“应交税费——应交营业税”账户，贷记“银行存款”账户。

例6—10

某银行分理处第一季度结息时，本季度贷款利息收入资料如下：

（1）前期已缴营业税的应收未收利息6 500元，90天后仍未收回；

（2）本期按时收到贷款利息收入28 000元；

（3）逾期未满90天（含）的应收未收利息22 000元；

（4）逾期90天以上的应收未收利息13 000元；

（5）本期实际收到逾期90天以上的贷款利息8 800元。

同期，发生金融机构拆借资金业务收入33 000元，转贷款外汇业务利息收入112 000元，劳务费收入70 000元。

（1）应纳营业税的计算。

贷款业务应税利息收入额＝28 000＋22 000＋8 800－6 500＝52 300(元)

利息收入应纳营业税＝(52 300＋112 000)×5%＝8 215(元)

劳务费收入应纳营业税＝70 000×5%＝3 500(元)

（2）会计分录如下：

1）贷款利息收到和应收的记录。

对逾期90天以上的应收未收利息，应作备查登记（即表外核算），不作正式会计记录。对本期按时收到的贷款利息收入，作会计分录如下：

借：吸收存款　28 000
　贷：利息收入　28 000

逾期未满90天的应收未收利息，记：

借：应收利息　22 000
　贷：利息收入　22 000

超过90天的应收未收利息13 000元，应冲减利息收入，并对逾期贷款应收利息（表外科目）作备查登记。

借：应收利息　13 000
　贷：利息收入　13 000

本期实际收到逾期90天以上的贷款利息，记：

借：吸收存款　8 800
　贷：利息收入　8 800

2）金融机构拆借资金业务收入、转贷业务利息收入、劳务费收入，作会计分录如下：

借：银行存款等　33 000
　贷：金融企业往来收入　33 000

借：吸收银行存款　112 000
　贷：利息收入　112 000

借：银行存款等 70 000

贷：劳务费收入 70 000

3）本期应纳营业税，作会计分录如下：

借：营业税金及附加 11 715

贷：应交税费——应交营业税 11 715

金融企业买卖外汇、有价证券，期货买卖等业务，采用收支分别核算办法，其收益通过“汇兑收益”账户，其损失通过“汇兑损失”账户。当发生收益时，借记“外汇买卖”或“外币兑换”等账户，贷记“汇兑收益”账户；当发生损失时，借记“汇兑损失”账户，贷记“外汇买卖”或“外币兑换”等账户；计算企业应缴纳的营业税时，将“汇兑收益”账户的余额减去“汇兑损失”账户余额后的差额作为计税依据。

经批准经营证券业务的金融企业，自营证券业务的销售收入和销售成本均通过“证券销售”账户，收入记贷方，成本记借方，其余额为买卖差价。买入证券时，借记“自营库存证券”账户，贷记“银行存款”账户；卖出证券时，借记“银行存款”账户，贷记“自营库存证券”账户。期末，根据“证券销售”账户余额，计算应纳营业税，借记“营业税金及附加”账户，贷记“应交税费——应交营业税”账户。

例 6—11

某金融机构第一季度“证券销售”账户贷方余额 250 000 元，“证券发行”账户贷方余额 135 000 元，“汇兑收益”账户余额 63 000 元，“汇兑损失”账户余额 32 000 元。计算应纳营业税并作会计分录如下：

应纳营业税＝(250 000＋135 000＋63 000－32 000)×5%＝20 800(元)

借：营业税金及附加 20 800

贷：应交税费——应交营业税 20 800

（四）旅游、饮食服务业营业税的会计记录

例 6—12

某国际旅游公司组团到境外旅游，收取游客全程旅游费 35 000 元，出境后改由外国旅游公司组织观光，该公司付给外国旅游公司 17 000 元的费用。计算应纳营业税并作会计分录如下：

应纳营业税＝(35 000－17 000)×5%＝900(元)

借：营业税金及附加 900

贷：应交税费——应交营业税 900

三、租赁业务收入应缴营业税的会计记录

租赁业务收入既可以是企业的主营业务收入，也可以是企业的其他业务收入。除有形动产租赁业务“营改增”后缴纳增值税外，其他租赁业务仍应按规定计算缴纳营业税。

例 6—13

某工业企业本月将某闲置仓库租赁给另一家企业，租期 1 年，年租金 120 000 元；从租赁当月起，每 3 个月收取租金一次，当月按 5%的营业税税率计算应纳营业税 500 元。作会计分录如下：

（1）取得第一笔租金时：

借：银行存款　　30 000

　贷：其他业务收入——经营租赁收入　　10 000

　　　其他应收款——××企业　　20 000

（2）计提当月营业税时：

借：其他业务成本——经营租赁支出　　500

　贷：应交税费——应交营业税　　500

（3）缴纳当月营业税时：

借：应交税费——应交营业税　　500

　贷：银行存款　　500

四、转让无形资产应缴营业税的会计记录

无形资产转让分为现金转让和非现金转让（非货币性交易），均应按其转让收入计算缴纳营业税。对一般企业而言，无形资产转让净收入属于企业利得，应按转让价格减去转让无形资产应缴营业税、城市维护建设税、教育费附加和账面价值后的差额确认。

例 6—14

A 公司以其拥有的某项专利权与 B 公司交换一台设备。A 公司该项专利权的账面余额为 220 万元（未计提减值准备），其公允价值为 300 万元；B 公司的设备账面余额为 310 万元，已提折旧 30 万元，已提减值准备 20 万元，公允价值 260 万元。A 公司向 B 公司收取补价 40 万元（假定无其他收支项目）。A 公司计算应纳营业税，并作会计分录如下：

判断是否属于非货币性资产交换：

$$40 \div 300 = 13\% < 25\%$$

所以属于非货币性交易。

应纳营业税＝300×5%＝15(万元)

应纳城市维护建设税和教育费附加＝15×(7%＋3%)＝1.5(万元)

固定资产的入账价值＝300－40＋15＋1.5＝276.5(万元)

应确认的收益＝300－220＝80(万元)

借：固定资产　　2 765 000

　　银行存款　　400 000

　贷：无形资产　　2 200 000

　　　应交税费——应交营业税　　150 000

——应交城市维护建设税 10 500

——应交教育费附加 4 500

营业外收入——非货币性资产交换收益 800 000

五、销售不动产应缴营业税的会计记录

房地产开发企业之外的企业销售不动产是其非主营业务，不是商品出售，而是财产处置，如企业处置作为固定资产使用的房屋建筑物及其附着物，应通过“固定资产清理”账户。

例 6—15

某公司有一项逾期应收账款 200 万元，通过债务重组收到房屋一栋，该房屋账面价值 240 万元，已提折旧 50 万元。在债务重组过程中，支付印花税、契税、过户费等有关税费 11 万元。债务重组后，该公司很快将房屋转让，转让所得 220 万元，支付印花税 1 100 元。作会计分录如下：

（1）将债务重组后的房屋入账时：

借：固定资产 2 110 000

贷：应收账款——××企业 2 000 000

银行存款 110 000

（2）房屋转让时：

借：固定资产清理 2 110 000

贷：固定资产 2 110 000

（3）取得转让收入时：

借：银行存款 2 200 000

贷：固定资产清理 2 200 000

借：固定资产清理 12 100

贷：应交税费——应交营业税 10 000

——应交城市维护建设税 700

——应交印花税 1 100

——应交教育费附加 300

（4）结转转让净损益：

借：固定资产清理 77 900

贷：营业外收入 77 900

六、减免营业税的会计记录

企业对法定直接减免的营业税，国家未指定特定用途的，不作会计记录。国家指定特定用途的，在做出应交税费的会计记录后，再借记“应交税费”账户，贷记“资本公积”等账户。

例 6—16

某小微企业 9 月份取得五笔营业税应税收入，合计营业额为 19 600 元。

在取得每笔营业收入时，借记“银行存款”等，贷记“主营业务收入”。因本月营业额合计19 700元，低于月营业额起征点，符合免征营业税条件，不作计提营业税的会计分录。如果月营业额合计超过2万元，如本例，假定营业额合计为20 600元，则应以20 600元乘以营业税税率计提营业税，并作相应的会计分录。

若实行先征后退（返）营业税的减免方式，先按正常计税（不予减免）要求计算缴纳营业税，并进行相应的会计记录；待主管税务机关确认退（返）营业税时，借记“银行存款”账户，贷记“营业外收入”账户。

如果消费税有减免的情况，其会计记录可比照营业税。

第4节 营业税的纳税申报

一、营业税的纳税期限

纳税人以1个月或者1个季度为一个纳税期的，自期满之日起15日内申报纳税；以5日、10日或者15日为一个纳税期的，自期满之日起5日内预缴税款，于次月1日起15日内申报纳税并结清上月应纳税款。扣缴义务人比照执行。

银行、财务公司、信托投资公司、信用社、外国企业常驻代表机构的纳税期限为1个季度。

二、营业税的纳税地点

1. 纳税人提供应税劳务应当向其机构所在地或者居住地的主管税务机关申报纳税。纳税人提供的建筑业劳务以及国务院财政、税务主管部门规定的其他应税劳务，应当向应税劳务发生地的主管税务机关申报纳税。

2. 纳税人转让无形资产应当向其机构所在地或者居住地的主管税务机关申报纳税。纳税人转让、出租土地使用权，应当向土地所在地的主管税务机关申报纳税。

3. 纳税人销售、出租不动产应当向不动产所在地的主管税务机关申报纳税。

4. 扣缴义务人应当向其机构所在地或者居住地的主管税务机关申报缴纳其扣缴的税款。

5. 纳税人应当向应税劳务发生地、土地或者不动产所在地的主管税务机关申报纳税而自应当申报纳税之月起超过6个月没有申报纳税的，由其机构所在地或者居住地的主管税务机关补征税款。

三、营业税纳税申报表的填制

纳税人不论当期有无营业额，均应按期填制营业税纳税申报表。纳税申报表一式两联：第一联为申报联；第二联为收执联，纳税人申报时交税务机关签章后收回作申报凭证。建筑业营业税纳税申报表格式见表6—1，其他营业税纳税人的营业税纳税申报表见表6—2。

表 6—1

建筑业营业税纳税申报表

（适用于建筑业营业税纳税人）

纳税人识别名：

纳税人名称（公章）

税款所属时间：自　　年　月　日至　　年　月　日　　　填表日期：　　年　月　日　　　金额单位：元（列至角分）

申报项目	应税项目	营业额							税率（%）	本期税款计算			税款缴纳								
		应税收入	应税减去项目金额				应税营业额	免税收入							本期已缴税额				本期应缴税额计算		
			小计	支付给分（转）包人工程价款	减去设备价款	其他减去项目金额				小计	本期应纳税额	免（减）税额	期初欠缴税额	前期多缴税额	小计	已缴本期应纳税额	本期已被扣缴税额	本期已缴欠缴税额	小计	本期期末应缴税额	本期期末应缴欠缴税额
1	2	3	4＝5＋6＋7	5	6	7	8＝3－4	9	10	11＝12＋13	12＝(8－9)×10	13＝9×10	14	15	16＝17＋18＋19	17	18	19	20＝21＋22	21＝12－17－18	22＝14－15－19
本地提供建筑业应税劳务申报事项	建筑																				
	安装																				
	修缮																				
	装饰																				
	其他工程作业																				
	自建行为																				
	合计																				
	代扣代缴项目																				
	总计																				

续前表

申报项目	应税项目	营业额							税率（%）	本期税款计算			税款缴纳								
		应税收入	应税减去项目金额				应税营业额	免税收入		小计	本期应纳税额	免（减）税额	期初欠缴税额	前期多缴税额	本期已缴税额				本期应缴税额计算		
			小计	支付给分（转）包人工程价款	减去设备价款	其他减去项目金额									小计	已缴本期应纳税额	本期已被扣缴税额	本期已缴欠缴税额	小计	本期期末应缴税额	本期期末应缴欠缴税额
1	2	3	4＝5＋6＋7	5	6	7	8＝3－4	9	10	11＝12＋13	12＝(8－9)×10	13＝9×10	14	15	16＝17＋18＋19	17	18	19	20＝21＋22	21＝12－17－18	22＝14－15－19
异地提供建筑业应税劳务申报事项	建筑																				
	安装																				
	修缮																				
	装饰																				
	其他工程作业																				
	自建行为																				
	合计																				
	代扣代缴项目																				
	总计																				

以下由税务机关填写：

受理人：　　　　　　　　受理日期：　年　月　日　　　　受理税务机关（签章）：

本表为 A3 横式一式三份，一份纳税人留存，一份主管税务机关留存，一份征收部门留存。

表 6—2

营业税纳税申报表

（适用于查账缴纳的营业税纳税人）

纳税人识别名：
纳税人名称（公章）
税款所属时间：自　年　月　日至　年　月　日　　　填表日期：　年　月　日　　　金额单位：元（列至角分）

税目	营业额				税率（%）	本期税款计算				税款缴纳							
											本期已缴税额				本期应缴税额计算		
	应税收入	应税减去项目金额	应税营业额	免税收入		小计	本期应纳税额	免（减）税额	期初欠缴税额	前期多缴税额	小计	已缴本期应纳税额	本期已被扣缴税额	本期已缴欠缴税额	小计	本期期末应缴税额	本期期末应缴欠缴税额
1	2	3	4＝2－3	5	6	7＝8＋9	8＝(4－5)×6	9＝5×6	10	11	12＝13＋14＋15	13	14	15	16＝17＋18	17＝8－13－14	18＝10－11－15
交通运输业																	
建筑业																	
邮电通讯业																	
服务业																	
娱乐业																	
金融保险业																	
文化体育业																	
销售不动产																	

续前表

税目	营业额				税率(%)	本期税款计算				税款缴纳							
											本期已缴税额				本期应缴税额计算		
	应税收入	应税减去项目金额	应税营业额	免税收入		小计	本期应纳税额	免(减)税额	期初欠缴税额	前期多缴税额	小计	已缴本期应纳税额	本期已被扣缴税额	本期已缴欠缴税额	小计	本期期末应缴税额	本期期末应缴欠缴税额
1	2	3	4=2−3	5	6	7=8+9	8=(4−5)×6	9=5×6	10	11	12=13+14+15	13	14	15	16=17+18	17=8−13−14	18=10−11−15
转让无形资产																	
合计																	
代扣代缴项目																	
总计																	

纳税人或代理人声明：	如纳税人填报，由纳税人填写以下各栏：							
此纳税申报表是根据国家税收法律的规定填报的，我确定它是真实的、可靠的、完整的。	办税人员(签章)		财务负责人(签章)		法定代表人(签章)		联系电话	
	如委托代理人填报，由代理人填写以下各栏：							
	代理人名称		经办人(签章)		联系电话		代理人(公章)	

本章重点

营业税的确认计量、会计记录和纳税申报。

本章难点

建筑施工企业营业税计税依据的确认和应纳营业税的计算。

基本训练

一、简答题

1. 营业税与增值税、消费税相比，有何特点?

2. 一般业务营业税的计算与特定业务有何不同? 为什么?

3. 作为主营业务应纳营业税与非主营业务应纳营业税的会计记录有何不同?

二、单项选择题

1. 下述业务不属于营业税征税范围的是（　　）。

A. 境内提供出国咨询劳务

B. 境内保险机构为出口货物提供保险

C. 境外保险机构为境内物品提供保险

D. 境内企业境内组织旅客出境游

2. 纳税人提供应税劳务、转让无形资产或销售不动产价格明显偏低而无正当理由的，主管税务机关核定组成计税价格的计算公式为（　　）。

A. 营业成本或工程成本×(1+成本利润率)÷(1−营业税税率)

B. 营业成本或工程成本×(1+成本利润率)÷(1+营业税税率)

C. 营业成本或工程成本÷(1−营业税税率)

D. 营业成本或工程成本÷(1+营业税税率)

3. 营业税相关法规规定：兼营不同税目应税行为，须分别核算不同税目的营业额、转让额、销售额；未分别核算的，（　　）。

A. 从高适用税率　　B. 从低适用税率

C. 适用平均税率　　D. 适用增值税税率

4. 某企业将4年前自建的一幢办公楼转让，原值400万元，已提折旧200万元，转让价款500万元。此行为属于转让不动产，营业税的正确处理是（　　）。

A. 不缴营业税　　B. 应纳营业税5万元

C. 应纳营业税15万元　　D. 应纳营业税25万元

5. 企业以现金投资入股，不参与被投资企业的经营管理，只收取固定利润，应视为贷款，按（ ）税目征税。

A. 转让无形资产　　B. 服务业
C. 销售不动产　　D. 金融保险业

6. 商业企业向供货方收取的与商品销售量、销售额无必然联系，且商业企业向供货方提供一定劳务的收入，例如进场费、广告促销费、上架费、展示费、管理费等，应征（ ）。

A. 增值税　　B. 消费税
C. 营业税　　D. 企业所得税

三、多项选择题

1. 下列选项中属于营业税的课税对象的有（ ）。

A. 转让无形资产
B. 销售不动产
C. 单位和个人提供的垃圾处置劳务
D. 单位和个人处置垃圾取得的垃圾处置费

2. 根据营业税的相关法规规定，营业税的计税价格可以采用的方式有（ ）。

A. 营业收入全额计税　　B. 营业收入差额计税
C. 按组成计税价格计税　　D. 按市场评估价格计税

3. 关于营业税的扣缴义务人，下列表述中正确的有（ ）。

A. 委托金融机构发放贷款，以受托金融机构为扣缴义务人
B. 建筑业实行分包或转包，税款以总包人为扣缴义务人
C. 境外单位在境内发生应税行为，未设机构的，有代理人的，以代理人为扣缴义务人
D. 个人转让专利权的，受让者为单位的，以该单位为扣缴义务人，受让者为个人的，由转让者自己缴纳

4. 下列选项中，应由纳税人向其机构所在地主管税务机关申报缴纳营业税的有（ ）。

A. 跨省承包建筑工程　　B. 经营运输业务
C. 转让土地使用权　　D. 销售不动产

5. 营业税的计税依据是纳税人提供劳务的营业额、转让无形资产或销售不动产的销售额，包括纳税人向对方收取的（ ）。

A. 预收性质的价款　　B. 全部价款
C. 赔偿金收入　　D. 价外费用

6. 某饭店服务设施齐全，经营范围包括住宿、餐饮、健身、歌舞厅、代办机票火车票、电子商务、电话电信服务等，其应纳营业税涉及的税目是（ ）。

A. 邮电通信业　　B. 服务业
C. 文化体育业　　D. 娱乐业

四、计算题

1. 宏达建筑公司以15 000万元的总承包额中标，为安居房地产开发公司承建

一幢写字楼，之后宏达建筑公司又将该写字楼工程的装饰工程以5 000万元分包给兴业建筑公司。工程完工后，房地产开发公司用其自有的市值4 000万元的两幢普通住宅楼抵顶应付给宏达建筑公司的部分工程劳务费。

要求：请分别计算有关各方应缴纳和应扣缴的营业税税款。

2. 某广告公司当年4月发生以下业务：

(1) 取得广告业务收入94万元，营业成本为90万元，支付给某电视台的广告发布费为25万元，支付给某报社的广告发布费为18万元。经主管税务机关审核，认为其广告收费明显偏低，且无正当理由，又无同类广告可比价格，于是决定重新审核其计税价格（核定的成本利润率为16%）。

(2) 当月以价值100万元不动产、30万元的无形资产投资入股某企业。

要求：计算该广告公司当月应纳营业税税额。

五、会计核算题

1. 某建筑公司3月份有关收入如下：工程结算收入120万元，其中包括甲方提供的工程用料35万元，支付给某工程队分包工程款3.3万元。其他业务收入26万元，其中机械作业收入11万元，无形资产转让收入15万元。

要求：根据上述资料，作相应的会计处理。

2. 某旅行社5月份共取得营业收入1 600 000元，相关收支如下：

(1) 支付给其他单位住宿费、餐费、交通费、门票等代付费用28万元。

(2) 组织赴韩国、俄罗斯旅游团5个，共200人。赴韩国120人，向当地旅行社支付每人2 500元的旅游费；赴俄罗斯80人，向当地旅行社支付每人2 800元的旅游费。

该企业以上月税款为基数按旬预缴营业税，上月营业税为48 000元。

要求：根据上述资料，作相应的会计处理。

3. 某饭店8月份取得营业收入如下：客房收入20万元，写字楼营业收入14万元，餐厅营业收入22万元，饭店所属洗衣房收入4万元。饭店所属舞厅收入12万元，柜台食品饮料收入5万元，康乐收入15万元。当地规定娱乐业营业税税率20%。

要求：根据上述资料，作相应的会计处理。

六、案例题

某金融机构主要经营存贷款业务并提供其他金融服务。该企业当年第二季度发生以下几笔经济业务：

(1) 其他贷款利息收入130万元，其中票据贴现贷款利息收入30万元，外汇转贷业务利息收入100万元（支付本期境外借入的外汇资金利息80万元）；另外，“金融机构往来利息收入”账户反映同业往来利息收入25万元。

(2) 本期吸收存款为5 000万元，取得贷款利息收入2 000万元（不含上述其他贷款利息收入和金融机构往来利息收入），本期应支付各项存款利息1 500万元。

(3) 以银行存款300万元向甲公司投资，协议规定，甲公司每年向该金融机构支付固定利润36万元，每月月末支付3万元，本季度共收到甲公司9万元。

(4) 本期在提供金融劳务的同时，销售账单凭证、支票等取得收入3万元，代收邮电费 11 万元，收到乙公司委托放贷手续费收入 6 万元（本期取得委托放贷利息收入 60 万元，手续费按利息收入的 10%计算）。

（5）本期实际收到的结算罚息收入 20 万元；发生出纳长款 2 万元。

（6）因发放政策性贴息贷款获得利差补贴收入 6 万元。

（7）该金融机构兼营金银业务本期取得利差收入 20 万元。

会计人员申报纳税时计算如下：

（1）应纳营业税＝30×5%＋(100－80＋25)×5%＝3.75（万元）

（2）应纳营业税＝(2 000－1 500)×5%＝25（万元）

（3）未计算营业税。

（4）应纳营业税＝(3＋11＋6)×5%＝1（万元）

（5）应纳营业税＝(20＋2)×5%＝1.1（万元）

（6）利差补贴未计算营业税。

（7）金银业务收入未计算营业税。

该企业二季度应纳营业税＝3.75＋25＋1＋1.1＝30.85（万元）

分析要求：请指出上述计算过程中的错误之处，并说明理由。

第7章

资源税会计

学习目标

1. 了解资源税的意义和要素；
2. 理解资源税的特点；
3. 掌握资源税的确认、计量、记录与申报。

引　言

资源有自然资源与人力资源之分，资源税当然是针对自然资源而言。自然资源并非取之不尽、用之不竭。建立节约型社会、实现人与自然的和谐相处，不能不善待资源。资源税作为绿色税收之一，既有利于实现企业平等竞争，又体现国家的基本国策。资源税会计又该如何处理呢？

第1节　资源税税制要素

资源税（resource tax）是以特定自然资源为纳税对象而征收的一种流转税。征收资源税有利于合理开采和充分利用自然资源，促进企业节能减排，形成健康、适度的消费观念和消费行为，构建人与自然的和谐环境，间接调节收入分配等。我国现行资源税有从量计征与从价计征两种计征方式，从价计征更有利于实现课征资源税的目标，应该是资源税的改革方向。

一、资源税的纳税人与纳税范围

（一）资源税的纳税人、扣缴义务人

资源税是对在我国领域及管辖海域开采应税矿产品或者生产盐的单位和个人征收的一个税种。开采应税矿产品或者生产盐的单位或个人为该税的纳税人。“单位”、“个人”的含义与增值税相同。

税法还规定了资源税的扣缴义务人：收购资源税未税矿产品的独立矿山、联合企业以及其他单位（如具备一定条件的个体户）为资源税代扣代缴义务人（以下简称扣缴义务人）。独立矿山是指只有采矿或只有采矿和选矿的独立核算、自负盈亏的单位，其生产的原矿和精矿主要用于对外销售。联合企业是指采矿、选矿、冶炼（或者加工）连续生产的企业或采矿、冶炼（或加工）连续生产的企业，其采矿单位一般是该企业的二级或三级以下核算单位。

未税矿产品是指资源税纳税人在销售其矿产品时不能向扣缴义务人提供“资源税管理证明”的矿产品。“资源税管理证明”是证明销售的矿产品已缴纳资源税或已向当地税务机关办理纳税申报的有效凭证，可以跨省（区、市）使用。它分甲、乙两种，由当地主管税务机关开具。乙种证明适用于个体户、小型采矿销售企业等零散资源税的纳税人，一次一开。

扣缴义务人应当主动向主管税务机关申请办理代扣代缴义务人的有关手续。主管税务机关经审核批准后，发给扣缴义务人代扣代缴税款凭证及报告表。扣缴义务人履行代扣代缴的适用范围是收购的除原油、天然气、煤炭以外的资源税未税矿产品。

（二）资源税的纳税范围

我国现行资源税的纳税对象是应税矿产品和盐，其中矿产品包括原油、天然气、煤炭、其他非金属矿产品和金属矿产品等。

1. 原油，指开采的天然原油，不包括人造石油。

2. 天然气，指专门开采或者与原油同时开采的天然气。

3. 煤炭，包括原煤和以未税原煤加工的洗选煤（简称洗选煤）。

4. 其他非金属矿原矿，指上列产品和井矿盐以外的非金属矿原矿，包括玉石、宝石、磷矿石、膨润土、石墨、石英砂、萤石、重晶石、石棉等。

5. 金属矿产品原矿，包括黑色金属矿原矿和有色金属矿原矿。黑色金属矿原矿包括铁矿石、锰矿石、铬矿石。有色金属矿原矿包括稀土矿、铜矿石、铅锌矿石、铝土矿石、钨矿石、锡矿石、黄金矿石等。

6. 盐，包括固体盐和液体盐。固体盐是指海盐原盐、湖盐原盐和井矿盐。海盐原盐包括北方海盐和南方海盐。液体盐俗称卤水，是指氯化钠含量达到一定浓度的溶液，用于生产碱或其他产品的原料。

二、资源税的税目与税率

资源税的税目、税率，依照国务院颁布的《暂行条例》所附《资源税税目税率表》（见表 7—1）及财政部的有关规定执行。

表 7—1　　资源税税目税率表

税目		税率
一、原油、天然气		销售额的 6%～10%
二、煤炭		销售额的 2%～10%①
三、其他非金属矿原矿	普通非金属矿原矿	每吨或者每立方米 0.5～20 元
	非金属矿原矿	每千克或者每克拉 0.5～20 元
四、黑色金属矿原矿		每吨 2～30 元
五、有色金属矿原矿	轻稀土	销售额的 11.5%（内蒙古）、9.5%（四川）、7.5%（山东）
	中重稀土	销售额的 27%
	钨	销售额的 6.5%
	钼	销售额的 11%
	其他有色金属矿原矿	每吨 0.4～30 元
六、盐	固体盐	每吨 10～60 元
	液体盐	每吨 2～10 元

注：自 2014 年 12 月 1 日起，全国统一将煤炭、原油、天然气矿产资源补偿费费率降为零。

纳税人具体适用的税率，在《资源税税目税率表》规定的税率幅度内，根据纳税人所开采或者生产应税产品的资源品位、开采条件等情况，由财政部商国务院有关部门确定；财政部未列举名称且未确定具体适用税率的其他非金属矿原矿和有色金属矿原矿，由省级人民政府根据实际情况确定，报财政部和国家税务总局备案。

三、资源税的税收优惠

1. 油田范围内运输稠油过程中用于加热的原油、天然气免征资源税；稠油、高凝油和高含硫天然气减征 40%；三次采油及深水油气田减征 30%；低丰度油气田暂减征 20%。符合减免税规定的原油、天然气应单独核算，划分不清的，不予减免资源税；同时符合上述两项及以上减税规定的，只能选择其中之一，不得叠加适用。

2. 衰竭期煤矿（剩余可采储量下降至原设计可采储量的 20%及以下或剩余服务年限不超过 5 年）开采的煤矿，减征 30%；充填开采置换出来的煤炭，减征 50%。纳税人只能选择其中之一，不得叠加适用。

3. 纳税人开采或者生产应税产品过程中，因意外事故、自然灾害等原因造成重大损失的，由省级人民政府酌情给予减税或免税照顾。

4. 纳税人开采或者生产应税产品，自用于连续生产应税产品的，不缴纳资源税；自用于其他方面的，视同销售，按规定缴纳资源税。

5. 铁矿石按规定税额的 40%征收。

① 具体适用税率由省级财税部门在幅度内，根据本地区清理收费基金、企业承受能力、煤炭资源条件等因素提出建议，报省级政府拟定；跨省煤田的适用税率由财政部、国家税务总局确定。

第2节 资源税的确认计量

一、资源税纳税义务的确认

1. 纳税人销售应税产品，其纳税义务的确认。纳税人采取分期收款结算方式的，其纳税义务发生时间，为销售合同规定的收款日期的当天；纳税人采取预收货款结算方式的，其纳税义务发生时间，为发出应税产品的当天；纳税人采取其他结算方式的，其纳税义务发生时间，为收讫销售款或者取得索取销售款凭据的当天。

2. 纳税人销售应税煤炭的，在销售环节缴纳资源税。纳税人以自采原煤直接或者经洗选加工后连续生产焦炭、煤气、煤化工、电力及其他煤炭深加工产品的，视同销售，在原煤、洗选煤移送环节缴纳资源税。

3. 纳税人自产自用应税产品（包括用于非生产项目和生产非应税产品两部分）的纳税义务发生时间，为移送使用应税产品的当天。

4. 扣缴义务人代扣代缴资源税纳税义务发生时间为支付首笔货款或首次开具支付货款凭据的当天。

二、应纳资源税的计算

1. 从价计征资源税的计算。

(1) 原油、天然气、煤炭资源税的计算。原油、天然气、煤炭从价计征资源税，其计算公式如下：

$$应纳资源税=应税产品销售额\times适用税率$$

式中，销售额为纳税人销售应税产品向购买方收取的全部价款和价外费用（不含增值税）。在销售额（包括副产品的销售额）中，应扣减运输费用、建设基金以及伴随运销产生的装卸、仓储、港杂等费用，扣减的凭据包括有关发票或者经主管税务机关审核的其他凭据。

纳税人将其开采的原煤加工为洗选煤销售的，以洗选煤销售额乘以折算率作为应税煤炭销售额计算缴纳资源税。

$$洗选煤应纳税额=洗选煤销售额\times折算率\times适用税率$$

$$折算率=\frac{洗选煤平均销售额-洗选环节平均成本-洗选环节平均利润}{洗选煤平均销售额}\times100\%$$

或

$$=\frac{原煤平均销售额}{洗选煤平均销售额\times综合回收率}\times100\%$$

式中，平均销售额、平均成本、平均利润等按上年当地行业平均水平测算确定，综合回收率=洗选煤数量÷入洗前原煤数量×100%。

纳税人申报的应税产品销售额明显偏低且无正当理由的、有视同销售应税产品行为而无销售额的，除财政部、国家税务总局另有规定外，按下列顺序确定销售额：

1）按纳税人最近时期同类产品的平均销售价格；

2）按其他纳税人最近时期同类产品的平均销售价格；

3）按组成计税价格：

组成计税价格＝成本×(1＋成本利润率)÷(1－税率)

式中，成本是应税产品实际生产成本；成本利润率，由省级地方税务局按同类应税煤炭的平均成本利润率确定。

4）按其他合理方法。

（2）稀土、钨、钼资源税的计算。稀土、钨、钼资源税改按从价定率计征，其应税产品包括原矿和以自采原矿加工的精矿。纳税人将其开采的原矿加工为精矿销售的，按精矿销售额（不含增值税，下同）和适用税率计算缴纳资源税。纳税人开采并销售原矿的，将原矿销售额换算为精矿销售额计算缴纳资源税。资源税应纳税额的计算公式如下：

应纳税额＝精矿销售额×适用税率

精矿销售额＝精矿销售量×单位价格

式中，精矿销售额不包括从洗选厂到车站、码头或用户指定运达地点的运输费用。

纳税人申报的精矿销售价格明显偏低且无正当理由的、有视同销售精矿行为而无销售额的，按有关规定确定计税价格及销售额。

纳税人销售或视同销售其自采原矿的，可采用成本法或市场法将原矿销售额换算为精矿销售额计算缴纳资源税，其中成本法的公式为：

精矿销售额＝原矿销售额＋原矿加工为精矿的成本×(1＋成本利润率)

市场法的公式为：

精矿销售额＝原矿销售额×换算比

换算比＝同类精矿单位价格÷(原矿单位价格×选矿比)

选矿比＝加工精矿耗用的原矿数量÷精矿数量

式中，原矿销售额不包括从矿区到车站、码头或用户指定运达地点的运输费用。与稀土共生、伴生的铁矿石，在计征铁矿石资源税时，准予扣减其中共生、伴生的稀土矿石数量。

2. 从量计征资源税的计算。按现行规定，除开采原油、天然气之外的应税产品，从量计征资源税。

应纳资源税＝应税产品销售数量×适用定额税率(单位税额)

式中，销售数量包括纳税人开采或者生产应税产品的实际销售数量和视同销售的自用数量。纳税人不能准确提供应税产品销售数量的，以应税产品的产量或者主管税务机关确定的折算比换算成的数量为计征资源税的销售数量。无法准确掌握纳税人销售或移送使用金属和非金属矿产品原矿数量的，将其精矿按选矿比折算成原矿数量为课税数量。选矿比及精矿课税数量的计算公式如下：

选矿比＝耗用的原矿数量÷精矿数量

或　　　　＝精矿品位÷原矿品位

课税数量＝精矿数量×选矿比

例7—1

某油田10月份对外销售原油，确认销售额300 000元，假定适用税率为6%，应纳资源税计算如下：

应纳资源税＝300 000×6%＝18 000(元)

例7—2

承例7—1，该油田在生产原油的同时也生产天然气，当月对外销售天然气销售额为150 000元，应纳资源税计算如下：

应纳资源税＝150 000×6%＝9 000(元)

例7—3

天原煤矿12月份销售洗选煤100 000吨，每吨售价950元。假定核定折算率为80%，适用税率5%。应纳资源税计算如下：

应纳资源税＝100 000×950×80%×5%＝3 800 000(元)

例7—4

某有色金属公司8月份将自采铜矿石（三等）1 500吨直接对外销售，当月又将自采的铜矿石2 600吨移送所属炼铜厂冶炼。适用税额为1.40元/吨，该公司应纳资源税计算如下：

课税数量＝销售量＋移送量＝1 500＋2 600＝4 100(吨)

应纳资源税＝4 100×1.40＝5 740(元)

例7—5

某独立矿山5月份将自产原矿1 800吨直接对外销售；又将部分自采的铁矿石原矿入选为精矿石，当月销售铁精矿石880吨，已知选矿比为1∶2.61。适用税额为15元/吨。该矿5月份应纳资源税计算如下：

课税数量＝1 800＋880×2.61＝4 096.8(吨)

应纳资源税＝4 096.8×15×40%＝24 581(元)

第3节　资源税的会计记录

一、资源税会计账户的设置

为反映和监督资源税的计算和缴纳，纳税人应设置“应交税费——应交资源税”账户，贷方记本期应缴纳的资源税，借方记企业实际缴纳及应抵扣的资税额，贷方余额表示企业应缴而未缴的资源税。

企业按规定计算出对外销售应税产品应纳资源税时，借记“营业税金及附加”账户，贷记“应交税费——应交资源税”账户；企业计算出自产自用应税产品应缴纳的资源税时，借记“生产成本”账户或“制造费用”账户，贷记“应交税费——应交资源税”账户；独立矿山、联合企业收购未税矿产品，按实际支付的收购款，借记“材料采购”等账户，贷记“银行存款”等账户，按代扣代缴的资源税，借记“材料采购”等账户，贷记“应交税费——应交资源税”账户。纳税人按规定上缴资源税时，借记“应交税费——应交资源税”账户，贷记“银行存款”账户。

企业外购液体盐加工成固体盐，在购入液体盐时，按允许抵扣的资源税，借记“应交税费——应交资源税”账户或“待扣税金——待扣资源税”账户，按外购价款扣除允许抵扣资源税的数额，借记“材料采购”等账户；企业加工成固体盐或碱销售时，按计算出的销售固体盐应交的资源税，借记“营业税金及附加”账户，贷记“应交税费——应交资源税”账户，而将销售固体盐应纳资源税扣抵液体盐已纳资源税后的差额上缴时，借记“应交税费——应交资源税”账户，贷记“银行存款”账户。

上月税款结算，补缴税款时，借记“应交税费——应交资源税”账户，贷记“银行存款”账户；退回税款时，借记“银行存款”账户，贷记“应交税费——应交资源税”账户。

二、资源税的会计记录

例 7—6

某油田 6 月份缴纳资源税 75 万元，7 月份对外销售原油销售额 1 500 万元。税务机关核定该企业纳税期限为 10 天，按上月税款的 1/3 预缴，月终结算。作会计分录如下：

企业每旬预缴资源税＝750 000÷3＝250 000(元)

(1) 预缴时：

借：应交税费——应交资源税	250 000	
贷：银行存款		250 000

(2) 当月对外销售原油应纳资源税：

应纳资源税＝15 000 000×6%＝900 000(元)

借：营业税金及附加	900 000	
贷：应交税费——应交资源税		900 000

(3) 下月清缴税款时：

应补缴税款＝900 000－750 000＝450 000(元)

借：应交税费——应交资源税	150 000	
贷：银行存款		150 000

例 7—7

以例 7—3 天原煤矿 12 月份销售洗选煤资料为例，税务机关核定的纳税期限为 10 天，按上月实际缴纳资源税 300 万元分期预缴。作会计分录如下：

（1）每次预缴资源税时：

借：应交税费——应交资源税 1 000 000

　贷：银行存款 1 000 000

（2）当月对外销售时：

借：应收账款等 90 000 000

　贷：主营业务收入 90 000 000

借：营业税金及附加 3 800 000

　贷：应交税费——应交资源税 3 800 000

（3）补缴当月资源税时：

借：应交税费——应交资源税 800 000

　贷：银行存款 800 000

例 7—8

某矿山联合企业 6 月份自产入选露天矿（五等）铁矿石 160 000 吨，又于当月收购未税入选露天矿（五等）铁矿石 32 000 吨，每吨收购价格 60 元。该矿山铁矿石的单位税额为 14.5 元/吨。该矿山以 10 天为纳税期限，按上月实际应纳资源税 1 500 000 元预缴，月终申报纳税并结清本月税款。会计记录如下（未考虑增值税）：

（1）每期预缴时：

企业每期预缴税款＝1 500 000÷3＝500 000(元)

借：应交税费——应交资源税 500 000

　贷：银行存款 500 000

（2）收购铁矿石时：

当月收购铁矿石，应代扣的资源税税额计算如下：

应纳税额＝32 000×14.5×80%＝371 200(元)

借：材料采购 2 291 200

　贷：应交税费——应交资源税 371 200

　　　银行存款 1 920 000

（3）计算企业本月应缴资源税：

企业应纳税额＝160 000×14.5×80%＝1 856 000(元)

借：生产成本 1 856 000

　贷：应交税费——应交资源税 1 856 000

（4）月末，应缴资源税的结算：

企业应补缴税款＝371 200＋1 856 000－1 500 000＝727 200(元)

借：应交税费——应交资源税 727 200

　贷：银行存款 727 200

例 7—9

某盐场 5 月 5 日购进液体盐 30 000 吨，每吨购进价格假定为 100 元（不含增值税、资源税），当月全部耗用。当月对外销售南方海盐原盐 20 000 吨（包括自产和用购入液体盐加工而成的）。另外，企业用原盐 10 000 吨加工成精盐出售。

（1）企业购进液体盐价款 300 万元，其应纳税额计算如下：

可抵扣资源税＝30 000×2＝60 000(元)

可抵扣增值税＝(3 000 000＋60 000)×17%＝520 200(元)

借：在途物资　3 000 000
　　应交税费——应交资源税（或待扣税金——待扣资源税）　60 000
　　　　　　——应交增值税　520 200
　贷：银行存款　3 580 200

（2）企业对外销售南方海盐原盐 80 000 吨，应纳资源税[①]计算如下：

应纳税额＝20 000×10＝200 000(元)

借：营业税金及附加　200 000
　贷：应交税费——应交资源税　200 000

（3）企业用原盐 10 000 吨加工成精盐出售，应纳资源税如下：

应纳税额＝10 000×10＝100 000(元)

借：生产成本　100 000
　贷：应交税费——应交资源税　100 000

（4）月终，企业按规定进行纳税申报时，当月实际应纳资源税计算如下：

应纳税额＝200 000＋100 000－60 000＝240 000(元)

实际缴纳时，作会计分录如下：

借：应交税费——应交资源税　240 000
　贷：银行存款　240 000

第 4 节　资源税的纳税申报

一、资源税的纳税期限

资源税的纳税期限为 1 日、3 日、5 日、10 日、15 日或者 1 个月，由主管税务机关根据实际情况具体核定。不能按固定期限纳税的，可以按次计算纳税。

① 确认销售收入实现的会计分录略。

纳税人以月为纳税期的，自期满之日起 10 日内申报纳税，以日为纳税期的，自期满之日起 5 日内预缴税款，于次月 1 日起 10 日内申报纳税，并结算上月税款。扣缴义务人的解缴税款期限，比照上述规定执行。

二、资源税的纳税地点

纳税人应缴纳的资源税，应当向应税产品的开采或者生产所在地的主管税务机关缴纳。跨省、自治区、直辖市开采或者生产资源税应税产品的纳税人，其下属生产单位与核算单位不在同一省、自治区、直辖市的，对其开采或者生产的应税产品，一律在开采地或者生产地纳税。实行从量计征的应税产品，其应纳税款一律由独立核算的单位按照每个开采地或者生产地的销售量及适用税率计算划拨；实行从价计征的应税产品，其应纳税款一律由独立核算的单位按照每个开采地或者生产地的销售量、单位销售价格及适用税率计算划拨。

扣缴义务人代扣代缴的资源税，应当向收购地的主管税务机关缴纳。

纳税人在本省（区、市）范围内开采或者生产应税产品，其纳税地点需要调整的，由省（区、市）人民政府确定。

三、资源税纳税申报表的填制

资源税的纳税人不论本期是否发生应税行为，均应按期进行纳税申报，在规定时间内向主管税务机关报送《资源税纳税申报表》一式三份（见表 7—2、表 7—3）。

表 7—2　　资源税纳税申报表（按从价定率办法计算应纳税额的纳税人适用）

填报日期：　　年　月　日

纳税人识别号：　　　　　　　　　　　　　　　　金额单位：元（列至角分）

栏次	征收品目	征收子目	销售量	销售额	折算率	适用税率或实际征收率	本期应纳税额	减征比例	本期减免税额	减免性质代码	本期已缴税额	本期应补（退）税额
	1	2	3	4	5	6	7	8	9=7×8	10	11	12=7−9−11
以下由纳税人填写												
纳税人声明	此纳税申报表是根据《中华人民共和国资源税暂行条例》及其《实施细则》规定填报的，是真实的、可靠的、完整的。											
纳税人签章		代理人签章		代理人身份证号								
以下由税务机关填写												
受理人		受理日期	年　月　日	受理税务机关签章								

表 7—3　　资源税纳税申报表（按从量定额办法计算应纳税额的纳税人适用）

税款所属时期：自　年　月　日至　年　月　日

填报日期：　　年　月　日　　　　金额单位：元（列至角分）

纳税人识别号：

栏次	征收品目	征收子目	计税单位	销售量	单位税额	本期应纳税额	本期减免销量	本期减免税额	减免性质代码	本期已缴税额	本期应补（退）税额
	1	2	3	4	5	6=4×5	7	8	9	10	11=6−8−10

以下由纳税人填写					
纳税人声明	此纳税申报表是根据《中华人民共和国资源税暂行条例》及其《实施细则》规定填报的，是真实的、可靠的、完整的。				
纳税人签章		代理人签章		代理人身份证号	
以下由税务机关填写					
受理人		受理日期	年　月　日	受理税务机关签章	

本章重点

资源税的确认计量、会计记录和纳税申报。

本章难点

从量计征资源税的综合回收率、选矿比的确认计量。

基本训练

一、简答题

1. 试述国家征收资源税的意义。
2. 简述资源税的纳税范围和计税依据。
3. 企业如何进行资源税的会计记录？

二、单项选择题

1. 下列单位出售的矿产品中，不缴纳资源税的是（　　）。

A. 采矿销售天然大理石　　B. 油田出售的天然气

C. 盐场销售的卤水　　D. 盐业公司销售的食盐

2. 扣缴义务人代扣代缴的资源税，应当向（　　）主管税务机关缴纳。

A. 开采地　　B. 收购地

C. 生产所在地　　D. 销售地

3. 某油田当年1月生产原油20万吨，当月销售额19.5万元，加热、修井用0.5万吨；开采天然气1 000万立方米，当月销售额900万元，待售100万立方米。原油、天然气的税率为6%，则该油田本月应纳资源税（　　）万元。

A. 55.17　B. 600　C. 613.5　D. 615

4. 某煤矿本月生产煤炭10万吨，同时开采的天然气5 000万立方米，本月销售煤炭8万吨，销售天然气4 000万立方米；已知该煤矿适用的单位税额为2.5元/吨，煤矿邻近的某石油管理局天然气的单位税额为8元/千立方米，该煤矿本月应纳的资源税税额为（　　）万元。

A. 55　B. 40　C. 20　D. 25

5. 开采原油过程中用于加热、修井的原油（　　）。

A. 减按40%征收　　B. 减征30%

C. 全额征税　　D. 免税

三、多项选择题

1. 下列各项中，属于资源税纳税人的有（　　）。

A. 开采原煤的国有企业　　B. 进口铁矿石的私营企业

C. 开采石灰石的个体经营者　　D. 开采天然原油的外商投资企业

2. 在资源税中，下列应税资源产品可以采用代扣代缴方式征收的有（　　）。

A. 原油　B. 铜矿石　C. 天然气　D. 石棉矿

3. 下列各项中，不征收资源税的有（　　）。

A. 液体盐　　B. 人造原油

C. 洗煤、选煤　　D. 煤矿生产的天然气

4. 下列属于资源税的扣缴义务人有（　　）。

A. 独立矿山　　B. 联合企业

C. 其他收购未税矿产品的单位　　D. 其他收购原煤的单位

5. 下列资源税纳税地点表述正确的有（　　）。

A. 资源税纳税人应向开采或生产所在地主管税务机关纳税

B. 跨省开采的，在开采地纳税

C. 扣缴义务人应向收购地税务机关缴纳

D. 省内开采的，在机构所在地主管税务机关缴纳

四、会计核算题

(1) 某煤矿3月份外销自产原煤10万吨，售价800元/吨；外销以自产原煤加工的选煤2万吨，售价900元/吨。

(2) 某油田1月份销售天然气10万元，其中4万元用于本油田职工生活，其余外销。

(3) 某盐场8月份购进液体盐8万吨（资源税3元/吨），支付价款200万元；经加工，制成精制盐6万吨（资源税20元/吨），售价650万元。该企业按旬预缴资源税，上月实际缴纳资源税54万元，下月初结清税款。

要求：根据上述资料，计算应缴资源税，并作出相应的会计处理。

第8章

企业所得税会计

学习目标

1. 了解企业所得税的税制要素和计算所得税的基本程序；
2. 掌握应纳税所得额与应纳所得税额的确认、计量与记录方法；
3. 掌握企业所得税的纳税申报方法；
4. 理解税务会计中的所得税会计与财务会计中的所得税会计处理的区别与联系；
5. 掌握财务会计中的所得税会计基础和会计处理方法，尤其是资产负债表债务法。

引 言

所得税会计（income taxes accounting）是税务会计中的重点和难点，其会计处理依据和程序均应以企业所得税法为准，而会计准则中对所得税会计（accounting for income taxes）处理的规范（所得税会计准则）则是服务于企业财务报告目标。本章的重心是系统阐述所得税会计的确认、计量、记录和纳税申报。最后两节本属财务会计范畴，之所以一并阐述，一是为了在理论上予以界定，二是因为两者在会计记录环节“你中有我、我中有你”。现代所得税借助于财务会计才得以推行，财务会计则因所得税法而更为规范。在什么情况下以企业所得税法为准，在什么情况下以企业会计准则为准，学习本章后，自然会有正确结论。

第1节 企业所得税税制要素

2007年3月16日，第十届全国人民代表大会第五次会议通过了《中华人民共和国企业所得税法》，并自2008年1月1日起施行。企业所得税法按照“简税制、宽税基、低税率、严征管”的税制改革原则，借鉴国际经验，建立各类企业统一适用的科学、规范的企业所得税制度，为各类企业创造公平的市场竞争环境。

一、企业所得税的纳税人

企业所得税（enterprise income tax）是对我国境内的企业和其他取得收入的组织的生产经营所得和其他所得征收的一种直接税。企业所得税的纳税人是在我国境内的企业和其他取得收入的组织（以下统称“企业”）①，依据税收管辖权，将其分为居民企业和非居民企业。

1. 居民企业。居民企业是指依法在中国境内成立，或者依照外国（地区）法律成立但实际管理机构在中国境内的企业。依法在中国境内成立的企业，包括依照中国法律、行政法规在中国境内成立的企业、事业单位、社会团体以及其他取得收入的组织。

2. 非居民企业。非居民企业是指依照外国（地区）法律成立且实际管理机构不在中国境内，但在中国境内设立机构、场所的，或者在中国境内未设立机构、场所，但有来源于中国境内所得的企业。依照外国（地区）法律成立的企业，包括依照外国（地区）法律成立的企业和其他取得收入的组织。

实际管理机构是指对企业的生产经营、人员、财产等实施实质性全面管理和控制的机构。非居民企业委托营业代理人在中国境内从事生产经营活动的，营业代理人视为非居民企业在中国境内设立的机构、场所。

二、企业所得税的扣缴义务人

（一）支付人为扣缴义务人

非居民企业在中国境内未设立机构、场所的，或者虽设立机构、场所但取得的所得与其所设机构、场所没有实际联系的，其来源于中国境内的所得应缴纳的所得税，实行源泉扣缴，以支付人为扣缴义务人。税款由扣缴义务人在每次支付或者到期应支付时，从支付或者到期应支付的款项中扣缴。支付人是指依照有关法律规定或合同约定直接负有支付相关所得款项义务的组织和个人。

（二）指定扣缴义务人

对非居民企业在中国境内取得工程作业和劳务所得应缴纳的所得税，税务机关可以指定工程价款或者劳务费的支付人为扣缴义务人。扣缴义务人未依法扣缴或者无法履行扣缴义务的，由纳税人在所得发生地缴纳。在中国境内存在多个所得发生地的，由纳税人选择一地申报缴纳税款。

三、企业所得税的征税对象

（一）居民企业的征税对象

居民企业应当就其来源于中国境内、境外的所得缴纳企业所得税。“所得”包

---

① 依照中国法律、行政法规规定成立的个人独资企业以及合伙人是自然人的合伙企业除外。

括销售货物所得、提供劳务所得、转让财产所得、股息红利等权益性投资所得、利息所得、租金所得、特许权使用费所得、接受捐赠所得和其他所得。

（二）非居民企业的征税对象

非居民企业在中国境内设立机构、场所的，应当就其所设机构、场所取得的来源于中国境内的所得，以及发生在中国境外，但与其所设机构、场所有实际联系①的所得，缴纳企业所得税。

非居民企业在中国境内未设立机构、场所的，或者虽设立机构、场所但取得的所得与其所设机构、场所没有实际联系的，应当就其来源于中国境内的所得缴纳企业所得税。

四、企业所得税的税率

企业所得税税率采用比例税率，现行税率见表8—1。

表8—1 企业所得税税率表

税率种类	税率	适应范围
基本税率	25%	居民企业
		在中国境内设立机构场所的非居民企业
低税率	20%（减按10%）	在中国境内未设立机构场所的非居民企业
优惠税率	减按20%	小型微利企业
	减按15%	国家重点扶持的高新技术企业

（一）小型微利企业的认定

小型微利企业是指从事国家非限制、非禁止行业，并符合以下条件的企业：（1）工业企业。年度应纳税所得额不超过30万元，从业人数不超过100人，资产总额不超过3 000万元。（2）其他企业。年度应纳税所得额不超过30万元，从业人数不超过80人，资产总额不超过1 000万元。从业人数和资产总额指标，按企业全年的季度平均值确定。

季度平均值=(季初值+季末值)÷2

全年季度平均值=全年各季度平均值之和÷4

年度中间开业或者终止经营活动的，以其实际经营期作为一个纳税年度确定上述相关指标。

企业不论是采取查账征收还是核定征收方式，均减按20%的税率计缴企业所得税。在预缴和年度汇算清缴企业所得税时，可按规定自行享受小型微利企业所得税优惠政策，无须税务机关审核批准，但在报送年度企业所得税纳税申报表时，应同时将企业从业人员、资产总额情况报税务机关备案。自2015年10月1日至2017年12月31日，下述情况的小型微利企业，还可以进一步享受减半征税政策：

查账征收的小型微利企业，上一纳税年度符合小型微利企业条件，且年度应

① 实际联系是指非居民企业在中国境内设立的机构、场所拥有据以取得所得的股权、债权，以及拥有、管理、控制据以取得所得的财产等。

纳税所得额低于30万元（含）的，本年度采取按实际利润额预缴企业所得税款，预缴时累计实际利润额不超过30万元的，可以享受小型微利企业所得税减半征税政策；超过30万元的，应停止享受其中的减半征税政策；本年度采取按上年度应纳税所得额的季度（或月份）平均额预缴企业所得税的，可以享受小型微利企业优惠政策。

定率征税的小型微利企业，上一纳税年度符合小型微利企业条件，且年度应纳税所得额低于30万元（含）的，本年度预缴企业所得税时，累计应纳税所得额不超过30万元的，可以享受减半征税政策；超过30万元的，不享受其中的减半征税政策。

（二）国家重点扶持的高新技术企业的认定

国家需要重点扶持的高新技术企业应符合科技部、财政部和国家税务总局联合颁布的《高新技术企业认定管理办法》、《高新技术企业认定管理工作指引》规定的认定条件和认定程序，并在高新技术企业资格证书颁发的三年内有效，企业应在期满前三个月内提出复审（须提交近三年开展研究开发等技术创新活动的报告）申请，不提出复审申请或复审不合格的，其高新技术企业资格到期自动失效。

（三）其他企业的认定

自2011年1月1日至2020年12月31日，对设在西部地区的鼓励类产业企业减按15%的税率征收企业所得税；国家规划布局内的重点软件企业和集成电路设计企业，如当年未享受免税优惠的，可减按10%的税率缴纳企业所得税。

五、企业所得税中的收入

（一）收入总额

收入总额是企业从各种来源取得的收入总和。包括以货币形式取得的现金、银行存款、应收账款、应收票据、准备持有至到期的债券投资以及债务的豁免等，以非货币形式取得的固定资产、生物资产、无形资产、股权投资、存货、不准备持有至到期的债券投资、劳务以及有关权益等，以非货币形式取得的收入应当按公允价值确定收入额。公允价值是指按照资产的市场价格确定的价值。收入项目主要有：

1. 销售货物收入。销售货物收入是指企业销售商品、产品、原材料、包装物、低值易耗品以及其他存货取得的收入。

2. 提供劳务服务收入。提供劳务服务收入是指企业从事建筑安装、交通运输、仓储租赁、金融保险、邮电通信、咨询经纪、文化体育、科学研究、技术服务、教育培训、餐饮住宿、中介代理、卫生保健、社区服务、旅游娱乐以及其他劳务服务活动取得的收入。

3. 转让财产收入。转让财产收入是指企业转让固定资产、投资性房地产、生物资产、无形资产、股权、债权等所取得的收入。

4. 股息、红利等权益性投资收益。股息、红利等权益性投资收益是指企业因权益性投资从被投资方取得的收入。除国务院财政、税务主管部门另有规定外，企业应当以被投资方作出利润分配决定的日期确认收入实现。

5. 利息收入。利息收入是指企业将资金提供他人使用但不构成权益性投资，或因他人占用本企业资金所取得的收入，包括存款利息、贷款利息、债券利息、欠款利息等收入。企业对持有至到期投资、贷款等按照会计准则规定采用实际利率法确认的利息收入，按照合同约定的债务人应付利息的日期确认收入的实现，应计入当期应纳税所得额。

6. 租金收入。租金收入是指企业提供固定资产、包装物或者其他有形资产的使用权取得的收入。租金收入应当按照合同约定的承租人应付租金的日期确认收入的实现。

7. 特许权使用费收入。特许权使用费收入是指企业提供专利权、非专利技术、商标权、著作权以及其他特许权的使用权而取得的收入。特许权使用费收入，应当按照合同约定的特许权使用人应付特许权使用费的日期确认收入的实现。

8. 接受捐赠收入。接受捐赠收入是指企业接受的来自其他企业、组织和个人无偿给予的货币性资产、非货币性资产。接受捐赠收入，应当在实际收到捐赠资产的日期确认收入的实现。

9. 其他收入。其他收入是指企业取得的上述各项收入以外的一切收入，包括企业资产溢余收入、逾期未退包装物没收的押金、确实无法偿付的应付款项、企业已作坏账损失处理后又收回的应收账款、债务重组收入、补贴收入、教育费附加返还款、违约金收入、汇兑收益等。

（二）不征税收入

不征税收入是指不具可税性的收入。不征税收入包括财政拨款、依法收取并纳入财政管理的行政事业性收费、政府性基金和国务院规定的其他不征税收入。

财政拨款是指各级政府对纳入预算管理的事业单位、社会团体等组织拨付的财政资金（财政补助、专项财政补贴等），但国务院以及国务院财政、税务主管部门另有规定的除外。

行政事业性收费是指企业根据法律法规等有关规定，按照国务院规定程序批准，在实施社会公共管理，以及在向公民、法人或者其他组织提供特定公共服务过程中，向特定对象收取并纳入财政管理的费用。

政府性基金是指企业根据法律、行政法规等有关规定，代政府收取的具有专项用途的财政资金。

其他不征税收入[①]是指企业取得的，由国务院财政、税务主管部门规定专项用途并经国务院批准的财政性资金。

企业取得的各类财政性资金应计入企业当年的收入总额（属于国家投资和资金使用后要求归还本金的除外）；增值税小规模纳税人减免的增值税属于财政性资金，但不符合不征税收入，也应计入企业当年的收入总额；企业取得的由国务院财政、税务主管部门规定专项用途并经国务院批准的财政性资金，准予作为不征

---

① 如符合条件的软件企业按规定取得的即征即退增值税，由企业专项用于软件产品研发和扩大再生产并单独进行核算的，可以作为不征税收入，在计算应纳税所得额时从收入总额中扣除。

税收入，在计算应纳税所得额时，从收入总额中扣除。企业将符合规定条件的财政性资金作不征税收入处理后，在5年（60个月）内未发生支出且未缴回财政或其他拨付资金的政府部门的部分，应重新计入取得该资金第6年的应税收入总额；重新计入应税收入总额的财政性资金发生的支出，允许在计算应纳税所得额时扣除。企业从政府取得的搬迁补偿收入或处置相关资产而取得的收入，从规划搬迁的次年起的5年内，作为不征税收入，期满后，计入应税收入。

六、企业所得税的税收优惠

企业所得税法实行“产业优惠为主、区域优惠为辅”的税收优惠体系，符合所得税优惠的国际发展趋势。企业所得税的优惠税率已在前文述及，免税收入在下节述及，其他税收优惠政策主要有：

（一）法定减免

1. 免缴企业所得税。企业[①]从事下列项目的所得，免缴企业所得税：蔬菜、谷物、薯类、油料、豆类、棉花、麻类、糖料、水果、坚果的种植；农作物新品种的选育；中药材的种植；林木的培育和种植；牲畜、家禽的饲养；林产品的采集；灌溉、农产品初加工、兽医、农技推广、农机作业和维修等农、林、牧、渔服务业项目；远洋捕捞。

2. 减缴企业所得。企业从事下列项目（不含国家禁止和限制发展的项目）的所得，减半缴纳企业所得税：

（1）花卉、茶以及其他饮料作物和香料作物的种植；

（2）海水养殖、内陆养殖。

3. 技术转让所得的减免。技术转让是居民企业转让其所拥有技术的所有权或5年（含）以上全球独占许可使用权的行为。技术转让包括专利技术、计算机软件著作权、集成电路布图设计权、植物新品种、生物医药新品种以及财政部和国家税务总局确定的其他技术。

在一个纳税年度内，居民企业技术转让所得不超过500万元的部分，免缴企业所得税；超过500万元的部分，减半缴纳企业所得税。

4. 预提所得税的减免。非居民企业的下列所得可以免缴所得税：

（1）外国政府向中国政府提供贷款取得的利息所得；

（2）国际金融组织向中国政府和居民企业提供优惠贷款取得的利息所得；

（3）经国务院批准的其他所得。

（二）定期减免

1. 享受企业所得税定期减税或免税的新办企业。

2. 企业从事国家重点扶持的公共基础设施项目投资经营的所得，从项目取得第一笔生产经营收入所属年度起，第1年至第3年免缴企业所得税，第4年至第6年减半缴纳企业所得税。企业承包经营、承包建设和内部自建自用以上项目，不

① 包括“公司＋农户”经营模式的企业。

得享受该项企业所得税优惠。

3. 从事符合条件的环境保护、节能节水项目的所得，从项目取得第一笔生产经营收入所属年度起，第1年至第3年免缴企业所得税，第4年至第6年减半缴纳企业所得税。

4. 企业从事上述投资经营项目，按规定享受定期减免税优惠的，在减免税期限内转让的，受让方自受让之日起，可以在剩余期限内享受规定的减免税优惠；减免税期限届满后转让的，受让方不得就该项目重复享受减免税优惠。

5. 软件产业和集成电路设计企业。

（1）集成电路线宽小于0.8微米（含）的集成电路生产企业，经认定后，在2017年12月31日前自获利年度起计算优惠期，第1年至第2年免征企业所得税，第3年至第5年按照25%的法定税率减半征收企业所得税，并享受至期满为止。

（2）集成电路线宽小于0.25微米或投资额超过80亿元的集成电路生产企业，经认定后，减按15%的税率征收企业所得税，其中经营期在15年以上的，在2017年12月31日前自获利年度起计算优惠期，第1年至第5年免征企业所得税，第6年至第10年按照25%的法定税率减半征收企业所得税，并享受至期满为止。

（3）我国境内新办的集成电路设计企业和符合条件的软件企业，经认定后，在2017年12月31日前自获利年度起计算优惠期，第1年至第2年免征企业所得税，第3年至第5年按照25%的法定税率减半征收企业所得税，并享受至期满为止。

（三）加速折旧

对企业拥有并用于生产经营的主要或关键固定资产，因技术进步、产品更新换代较快，或常年处于强震动、高腐蚀状态，可以采用加速折旧，加速折旧包括缩短折旧年限和采用加速折旧方法两种类型。

采取缩短折旧年限方法的固定资产，最低折旧年限不得低于税法规定折旧年限的60%；若为购置已使用过的固定资产，其最低折旧年限不得低于税法规定最低折旧年限减去已使用年限后剩余年限的60%。集成电路生产企业的生产设备，其折旧年限可以适当缩短，最短可为3年。企业外购的符合固定资产或无形资产确认条件的软件，其折旧或摊销年限可以适当缩短，最短可为2年。最低折旧年限一经确定，一般不得变更。采取加速折旧方法的，可以采用双倍余额递减法或年数总和法。对2014年1月1日后购进的固定资产，适用以下加速折旧政策：

生物药品制造业，专用设备制造业，铁路、船舶、航空航天和其他运输设备制造业，计算机、通信和其他电子设备制造业，仪器仪表制造业，信息传输、软件和信息技术服务业，可缩短折旧年限或采取加速折旧的方法（其含义同前，下同）。上述行业中的小型微利企业的研发和生产经营共用的仪器、设备，单位价值不超过100万元的，允许一次性计入当期成本费用在计算应纳税所得额时扣除；单位价值超过100万元的，可缩短折旧年限或采取加速折旧的方法。

所有行业企业的专门用于研发的仪器、设备，单位价值不超过100万元的，允许一次性计入当期成本费用在计算应纳税所得额时扣除；单位价值超过100万元的，可缩短折旧年限或采取加速折旧的方法。所有行业企业持有的单位价值不超过 5 000 元的固定资产，允许一次性计入当期成本费用在计算应纳税所得额时扣除。

（四）加计扣除

加计扣除是指企业在计算应纳税所得额时，在据实扣除的基础上，还可以加扣一定比例。

1. 开发新技术、新产品、新工艺发生的研究开发费用。企业为开发新技术、新产品、新工艺①发生的研究开发费用，未形成无形资产计入当期损益的，在按照规定据实扣除的基础上，按研究开发费用的 50% 加计扣除；形成无形资产的，按无形资产成本的 150%摊销。

企业的研究开发费用，包括新产品设计费、工艺规程制定费、设备调整费、原材料和半成品的试验费、技术图书资料费、未纳入国家计划的中间试验费、研究机构人员的工资、研究设备的折旧、与新产品的试制、技术研究有关的其他经费以及委托其他单位进行科研试制的费用。

加计扣除实行备案管理。备案管理要求企业应事先备案、事后报送相关资料。列入事先备案的税收优惠项目，纳税人应向税务机关报送相关资料，提请备案，经税务机关登记备案后执行；对需要事先向税务机关备案而未按规定备案的，纳税人不得享受税收优惠。经税务机关审核不符合税收优惠条件的，税务机关应书面通知纳税人不得享受税收优惠。

2. 安置残疾人员及国家鼓励安置的其他就业人员所支付的工资。企业安置残疾人员②及国家鼓励安置的其他就业人员的，在按照支付给残疾职工工资据实扣除的基础上，按照支付给残疾职工工资的 100%加计扣除。企业对支付给残疾职工的工资，在进行企业所得税预缴申报时，允许据实计算扣除；在年度终了进行企业所得税年度申报和汇算清缴时，再照规定计算加计扣除。

企业实际支付给职工工资的加计扣除部分，如果大于本年度应纳税所得额的，可准予扣除其不超过应纳税所得额的部分，超过部分在本年度和以后年度均不得扣除。亏损单位不适用工资加计扣除应纳税所得额的办法。

企业在执行加计扣除应纳税所得额的同时，还可以享受企业所得税的其他优惠政策。

（五）减计收入

减计收入是指企业以《资源综合利用企业所得税优惠目录》规定的资源作为主要原材料，生产国家非限制和禁止并符合国家和行业相关标准的产品取得的收入，减按 90%计入收入总额。主要原材料占生产产品材料的比例不得低于《资源综合利用企业所得税优惠目录》规定的标准。

（六）抵扣税额

创业投资企业从事国家需要重点扶持和鼓励的创业投资，可以按投资额的一

① 指国内尚未形成研究开发成果的技术、产品和工艺。

② 残疾人员的范围适用《中华人民共和国残疾人保障法》的有关规定，一般是指经认定的视力、听力、言语、肢体、智力和精神残疾人员。

定比例抵扣应纳税所得额。

创业投资企业采取股权投资方式投资于未上市的中小高新技术企业 2 年（含）以上，可以按照其对中小高新技术企业投资额的 70% 在股权持有满 2 年的当年抵扣该创业投资企业的应纳税所得额；当年不足抵扣的，可以在以后纳税年度结转抵扣。

中小高新技术企业是指企业职工人数不超过 500 人、年销售收入不超过 2 亿元、资产总额不超过 2 亿元的高新技术企业。

(七) 税收抵免

企业购置用于环境保护、节能节水、安全生产等专用设备的投资额，可以按一定比例实行税额抵免。税额抵免是指企业购置并实际使用国家规定的环境保护、节能节水、安全生产等专用设备的，该专用设备投资额的 10%可以从企业当年的应纳税额中抵免；当年不足抵免的，可以在以后 5 个纳税年度结转抵免。企业进行税额抵免时，如果增值税进项税额允许抵扣，其设备投资额不再包括增值税进项税额；如果增值税进项税额不允许抵扣，其设备投资额可以是价税合计金额；如果取得的是普通发票，其设备投资额是发票上注明的金额。

享受所得税税额抵免优惠的企业，应是实际购置并自身实际投入使用税法规定的专用设备；企业购置上述专用设备在 5 年内转让、出租的，应当停止享受企业所得税优惠，并补缴已经抵免的企业所得税税款。

当企业同时从事适用不同企业所得税待遇的项目的，其优惠项目应单独计算所得，并合理分摊企业的期间费用；没有单独计算所得的，不得享受企业所得税优惠。

第 2 节　企业所得税的确认计量

一、应税收入的确认计量

应税收入就是按税法规定应纳企业所得税的收入。它是在财务会计按会计准则确认计量的基础上，按税法规定再予确认计量的收入。

(一) 确认计量的原则和条件

对应税收入的确认，一般也应遵循财务会计中的权责发生制原则和实质重于形式原则①。税法规定，企业销售商品同时满足下列条件的，应确认收入的实现：

(1) 商品销售合同已经签订，企业已将商品所有权相关的主要风险和报酬转移给购货方；

(2) 企业对已售出的商品既没有保留通常与所有权相联系的继续管理权，也没有实施有效控制；

(3) 收入的金额能够可靠地计量；

① 国务院财政、税务主管部门另有规定的除外。

(4) 已发生或将发生的销售方的成本能够可靠地核算。

企业在对应税收入确认时，应按照：一是与应税行为相联系，即发生应税行为才能产生应税收入；换言之，如果纳税人发生非应税行为或免税行为，其所取得的收入就不是应税收入，而只是财务会计收入。二是与某一具体税种相关。纳税人取得一项收入，如果是应税收入，那必然与某一具体税种相关，它是某一特定税种的应税收入，而非其他税种的应税收入。

(二) 商品销售收入的确认计量

1. 一般商品销售收入的确认计量。

(1) 销售商品采用托收承付方式的，在办妥托收手续时确认收入。

(2) 销售商品采取预收款方式的，在发出商品时确认收入。

(3) 销售商品需要安装和检验的，在购买方接受商品以及安装和检验完毕时确认收入；如果安装程序比较简单，可在发出商品时确认收入。

(4) 销售商品采用支付手续费方式委托代销的，在收到代销清单时确认收入。

2. 特殊商品销售收入的确认计量。

(1) 以分期收款方式销售货物的，应当按照合同约定的收款日期确认收入的实现。

(2) 企业受托加工制造大型机械设备、船舶、飞机等，以及从事建筑、安装、装配工程业务或者提供劳务等，持续时间超过12个月的，应当按照纳税年度内完工进度或者完成的工作量确认收入的实现。完工进度或者完成的工作量不能合理判断情况的，按照税法确定的原则处理。

3. 采取产品分成方式取得收入的，以企业分得产品的日期确认收入的实现，其收入额按照产品的公允价值确定。

(三) 处置资产收入的确认计量

企业发生下列情形的处置资产，除将资产转移至境外以外，由于资产所有权属在形式和实质上均不发生改变，可作为内部处置资产，不视同销售确认收入，相关资产的计税基础延续计算：

(1) 将资产用于生产、制造、加工另一产品；

(2) 改变资产形状、结构或性能；

(3) 改变资产用途（如自建商品房转为自用或经营）；

(4) 将资产在总机构及其分支机构之间转移；

(5) 上述两种或两种以上情形的混合；

(6) 其他不改变资产所有权属的用途。

企业将资产移送他人的下列情形，因资产所有权属已发生改变而不属于内部处置资产，应按规定视同销售确定收入：1) 用于市场推广或销售；2) 用于交际应酬；3) 用于职工奖励或福利；4) 用于股息分配；5) 用于对外捐赠；6) 其他改变资产所有权属的用途。

以上各项，属于企业自制的资产，应按企业同类资产同期对外销售价格确定销售收入；属于外购的资产，按购进价格确定销售收入。

（四）租赁收入的确认计量

企业[①]提供固定资产、包装物或者其他有形资产的使用权取得的租金收入，应按交易合同或协议规定的承租人应付租金的日期确认收入的实现。如果交易合同或协议中规定租赁期限跨年度，且租金提前一次性收取的，出租人可对已确认的收入，在租赁期内，分期均匀计入相关年度收入。[②] 如某企业当年9月份收到当年9月份至下年8月份的一笔租金120万元，其在当年所得税汇算清缴时应确认40万元。

在融资性售后回租业务中，承租人出售资产的行为，不确认为销售收入，对融资性租赁的资产，仍按承租人出售前原账面价值作为计税基础计提折旧。租赁期间，承租人支付的属于融资利息的部分，作为企业财务费用在税前扣除。

（五）股权转让所得的确认计量

企业转让股权收入，应于转让协议生效且完成股权变更手续时，确认收入的实现。转让股权收入扣除为取得该股权所发生的成本后，为股权转让所得。企业在计算股权转让所得时，不得扣除被投资企业未分配利润等股东留存收益中按该项股权所可能分配的金额。在会计上，企业处置长期股权投资时，其账面价值与实际取得价款的差额，应确认为处置损益。采用权益法核算的长期股权投资，因被投资单位除净损益以外所有者权益的其他变动而计入所有者权益的，处置该项投资时应当将原计入所有者权益的部分按相应比例转入当期损益。

（六）财产转让所得的确认计量

企业取得财产（包括各类资产、股权、债权等）转让收入、债务重组收入（债务重组合同或协议生效时，确认收入的实现）、接受捐赠收入、无法偿付的应付款收入等，不论是以货币形式还是非货币形式体现，除另有规定外，均应一次性计入确认收入的年度计算缴纳企业所得税。

（七）股息、红利等权益性投资收益收入确认计量

企业权益性投资取得股息、红利等收入，应以被投资企业股东会或股东大会作出利润分配或转股决定的日期，确定收入的实现。被投资企业将股权（票）溢价所形成的资本公积转为股本的，不作为投资方企业的股息、红利收入，投资方企业也不得增加该项长期投资的计税基础。

（八）金融企业贷款利息收入的确认计量

金融企业按规定发放的贷款，属于未逾期贷款（含展期，下同），应根据先收利息、后收本金的原则，按贷款合同确认的利率和结算利息的期限计算利息，并于债务人应付利息的日期确认收入实现；属于逾期贷款，其逾期后发生的应收利息，应于实际收到日期，或者虽未实际收到，但会计上确认为利息收入的日期，确认收入的实现。金融企业已确认为利息收入的应收利息，逾期90天仍未收回，

① 也包括出租方在我国境内设有机构场所且采取据实申报缴纳企业所得税的非居民企业。

② 但营业税的计税依据仍然是租金全额。

且会计上已冲减了当期利息收入的，准予抵扣当期应纳税所得额。金融企业已冲减了利息收入的应收未收利息，以后年度收回时，应计入当期应纳税所得额计算纳税。

（九）企业接收划入资产

1. 企业接收政府划入资产。

（1）接收政府投资资产。县级以上人民政府及其有关部门将国有资产作为股权投资划入企业，属于政策性划转（投资）行为，不属于收入范畴，企业应将其作为国家资本金（资本公积）进行企业所得税处理。若为非货币性资产，应以政府确定的接收价为计税基础。

（2）接收政府指定用途资产。县级以上人民政府及其有关部门将国有资产无偿划入企业，凡划出单位或监管部门指定专门用途，且企业按规定进行管理，具备财政性资金性质，作为不征税收入进行所得税处理。若为非货币性资产，应以实际接收价计算不征税收入额。

（3）接收政府无偿划入资产。如果属于上述情形以外的政府划入资产，企业应按政府确定的实际接收价计入当期应税收入，计算缴纳企业所得税。如果政府没有确定接收价，应按无偿划入资产的公允价值确认应税收入。

2. 企业接收股东划入资产。企业接收股东划入资产（包括股东赠予资产、在股权分置改革中接收非流通股股东赠予资产、股东放弃本企业的股权），合同（协议）约定作为资本金（含资本公积）且已进行会计处理的，属于接受股东股权的投资行为，不作为应税收入进行所得税处理，企业应按公允价值确定该项资产的计税基础。若企业接收股东划入资产系捐赠行为，应按公允价值确定该项资产的计税基础，同时作为应税收入计入收入总额，计算缴纳企业所得税。

（十）递延收入的确认计量

企业在搬迁期间发生的搬迁收入和搬迁支出，可以暂不计入当期应纳税所得额，而在完成搬迁的年度，对搬迁收入和支出进行汇总清算。企业应在搬迁完成年度，将搬迁所得计入当年的应纳税所得额计算纳税。搬迁完成年度的确认：从搬迁开始，5 年内（包括搬迁当年）任何一年完成搬迁的；从搬迁开始，搬迁时间满 5 年（包括搬迁当年）的年度。

（十一）其他情况的收入确认计量

企业发生非货币性资产交换，将货物、劳务用于赞助、集资、广告、样品、职工福利和利润分配等用途的，应当视同销售货物、转让财产或者提供劳务，但国务院财政、税务主管部门另有规定的除外。

二、免税收入的确认计量

免税收入是指虽然具有可税性但按税法规定免予征税的收入。现行免税收入主要有：

1. 国债利息收入。以国债发行时约定应付利息的日期，确认利息收入的实现。企业从发行者直接投资购买的国债持有至到期，其从发行者取得的国债利息收入；企业在到期前转让国债或者从非发行者投资购买的国债，按以下方法计算的国债利息收入，全额免缴企业所得税：

国债利息收入＝国债金额×(适用年利率÷365)×持有天数

式中，国债金额按国债发行面值或发行价格确定；适用年利率按国债票面年利率或折合年收益率确定；若企业不同时间多次购买同一品种国债的，持有天数可按平均持有天数计算确定。

例 8—1

某公司 6 月 15 日从证券交易所购买 3 年期国债 10 万元（面值），支付价款 10.2 万元，票面年利率为 2.48%，到期一次付息。第 3 年 3 月 31 日，公司将该批国债转让，取得价款 12 万元，支付相关税费 2 500 元。其免税利息收入和应纳税所得额计算如下：

（1）免税利息收入：

持有天数＝15＋31＋31＋30＋31＋30＋31＋365×2＋31＋28＋31＝1 019(天)
免税利息收入＝100 000×(2.48%÷365)×1 019＝6 923.62(元)

（2）转让国债的应纳税所得额：

应纳税所得额＝120 000－102 000－6 923.62－2 500＝8 576.38(元)

2. 居民企业直接投资于其他居民企业所取得的股息、红利等权益性投资收益以及在中国境内设立机构、场所的非居民企业从居民企业取得与该机构、场所有实际联系的股息、红利等权益性投资收益，但不包括连续持有居民企业公开发行并上市流通的股票不足 12 个月取得的投资收益。

3. 对于不符合不征税收入条件的财政性补贴，应属于征税收入（应税收入或免税收入），当且仅当有国务院、财政部或国家税务总局三个部门中的一个或多个部门明确下发文件确认为免税收入的，才属于免税收入，在计入会计收入的年度可进行纳税调整处理。否则，即属于应税收入，应当在取得财政补贴款项的当年度计入应纳税所得额。

4. 证券投资基金有关收入。

（1）对证券投资基金从证券市场中取得的收入，包括买卖股票、债券的差价收入，股权的股息、红利收入，债券的利息收入及其他收入，暂不征收企业所得税。

（2）对投资者从证券投资基金分配中取得的收入，暂不征收企业所得税。

（3）对证券投资基金管理人运用基金买卖股票、债券的差价收入，暂不征收企业所得税。

三、企业所得税的税前扣除

（一）税前扣除的确认原则

企业在具体进行税前扣除时，对扣除项目的确认时间和条件，主要应遵循以下确认原则：

1. 权责发生制原则。该原则的基本含义与财务会计相同。纳税人已经发生或应当负担的费用，不论款项是否实际支付，均作为当期的费用；不属于当期的费用，即使款项已在当期支付，也不作为当期的费用。

2. 配比原则。纳税人发生的费用应在费用应配比或应分配的当期申报扣除，不得提前或滞后申报扣除。

3. 确定性原则。纳税人可扣除的费用不论何时支付，其金额必须是确定的。

（二）税前扣除项目

企业按照会计准则要求，并实际在财务会计处理上已确认计量的支出，凡未超过税收法规规定的税前扣除范围和标准的，可按企业财务会计实际确认计量的支出，在企业所得税前扣除。

1. 销售（营业）成本。企业申报纳税期间已经确认的销售商品（包括商品、产品、原材料、边角余料、废旧物资等）、提供劳务、转让和处置固定资产、无形资产等的销售成本、销货成本、业务支出以及其他耗费。它与财务会计中的主营业务成本、其他业务成本有密切联系，但不是直接对应的。企业应该在所得税纳税申报时，根据申报表的附表销售（营业）成本明细表逐项填列。从事代理服务、主营业务收入为手续费、佣金的企业（如证券、期货、保险代理等），其手续费及佣金支出属于营业成本范畴，准予在企业所得税前据实扣除。

2. 期间费用。企业为生产、经营商品和提供劳务等所发生的销售费用、管理费用和财务费用（已经计入成本的有关费用除外）。

3. 税金①及附加。企业实际发生的除所得税和增值税以外的各项税金及附加，即通过“营业税金及附加”所记录反映的税费。

4. 资产损失。资产是指企业拥有或者控制的、用于经营管理活动相关的资产，包括现金、银行存款、应收及预付款项等货币性资产，存货、固定资产、无形资产、在建工程、生产性生物资产等非货币性资产，以及债权性投资和股权（权益）性投资。准予在企业所得税税前扣除的资产损失是指企业在实际处置、转让上述资产过程中发生的合理损失，以及企业虽未实际处置、转让上述资产，但符合规定条件计算确认的损失。

企业实际资产损失，应当在其实际发生且会计上已作损失处理的年度申报扣除；法定资产损失，应当在企业向主管税务机关提供证据资料证明该项资产已符合法定资产损失确认条件，且会计上已作损失处理的年度申报扣除。企业发生的资产损失，应按规定程序和要求向主管税务机关申报后方能在税前扣除。未经申报的损失，不得在税前扣除。

5. 其他支出。其他支出是指除成本、费用、税金、损失外，企业经营活动中发生的有关的、合理的支出。

（三）准予扣除项目的确认

纳税人的财务会计记录与税法规定不一致的，应依照税法规定予以调整，按

① 不含已记入“管理费用”账户中的税金。

调整后的金额（准予扣除的金额）扣除。

1. 工薪支出。企业发生的合理的工资薪金支出，准予在税前扣除。职工工资薪金是指企业每一纳税年度支付给在本企业任职或与其有雇佣关系的员工的所有现金或非现金形式的劳动报酬，包括基本工资、奖金、津贴、补贴、年终加薪、加班工资，以及与员工任职或者受雇有关的其他支出。“合理工资薪金”是指企业按照股东大会、董事会、薪酬委员会或相关管理机构制定的工资薪金制度规定实际发放给员工的工资薪金。

企业发生的符合条件的福利性补贴，可作为工资薪金支出，按规定在税前扣除。企业在年度汇算清缴结束前向员工实际支付的已预提工资薪金，准予在汇缴年度按规定扣除。

2. 职工福利费、工会经费、职工教育经费支出。企业发生的职工福利费、工会经费、职工教育经费支出按标准扣除，未超过标准的，按实际数扣除；超过标准的，超出部分不得扣除，也不得在以后年度结转扣除。

职工福利费支出，不超过工资薪金总额14%的部分准予扣除；职工教育经费支出，不超过工资薪金总额2.5%（高新技术企业为8%）的部分准予扣除；企业拨缴的工会经费，不超过工资薪金总额2%的部分准予扣除。

3. 社会保险费和住房公积金。企业按照国务院有关主管部门或省级人民政府规定的范围和标准为职工缴纳的基本医疗保险费、基本养老保险费、失业保险费、工伤保险费、生育保险费等基本社会保险费和住房公积金，准予税前扣除。

企业缴纳的补充养老保险费（即企业年金）、补充医疗保险费，在自愿的基础上，由企业和员工共同缴费构成。企业为在本企业任职和受雇员工（自愿参保的）支付的补充保险费，不超过自愿参保职工工资总额5%标准内的部分，允许在税前扣除，超过部分不得扣除。《企业年金试行办法》又规定，企业缴费每年不超过本企业上年度职工工资的1/12，企业和职工个人缴费合计一般不超过本企业上年度职工工资总额的1/6。

4. 公益性捐赠支出。公益性捐赠是指企业通过公益性社会团体或者县级以上人民政府及其部门，用于《中华人民共和国公益事业捐赠法》规定的公益事业的捐赠。企业发生的公益性捐赠支出，不超过年度利润总额12%的部分，准予扣除。年度利润总额是指企业依照国家统一会计制度的规定计算的大于零的数额。

在财务会计中，捐赠股权是企业非日常经营活动产生的经济利益的流出，不论是否属于公益性捐赠，一律在“营业外支出”核算，但在计税时，应进行所得税纳税调整。

例8—2

TN公司将其拥有的大明公司的5%股份捐赠给中国红十字会，用于发展中国的慈善事业。该捐赠项目符合《中华人民共和国证券法》及有关证券兼管的其他规定，并办妥相关的股权转让手续。已知大明公司5%股权的账面价值为400万元，TN公司本年会计利润为1 000万元，企业所得税税率为25%，不考虑其他税费。TN公司捐赠时会计分录如下：

借：营业外支出　　4 000 000
　　贷：长期股权投资——大明公司　　4 000 000

税法允许税前扣除的捐赠额为 120 万元（1 000×12%），财务会计将股权捐赠 400 万元全额列支，由此产生了 280 万元的差异。该差异属于永久性差异，应按照调表不调账的原则，在所得税汇算清缴时进行纳税调整。

5. 利息费用。企业在生产经营活动中发生的下列利息支出，准予扣除：

（1）非金融企业向金融企业借款的利息支出、金融企业的各项存款利息支出和同业拆借利息支出、企业经批准发行债券的利息支出①。

（2）非金融企业向非金融企业、向股东或其他与企业有关联关系的自然人、向内部职工或其他人员②借款的利息支出，在不超过债权性投资与权益性投资 2∶1 比例的基础上，不超过按照金融企业同期同类贷款利率③计算的数额的部分。假设某企业权益性投资额 5 000 万元，向自然人（或关联方）借款 15 000 万元，在计算利息扣除时，只允许按 1 000 万元乘以金融企业同期同类贷款利率计算的利息在税前扣除。

（3）对于采用实际利率法确认的与金融负债相关的利息费用，未超过同期银行贷款利率的部分，可在计算当期应纳税所得额时扣除，超过的部分不得扣除。

（4）投资人投资未到位而发生的利息支出。投资人在规定期限内未缴足其应投资本额的，其应投资本额与实投资本额的差额所应计付的利息，不属于企业合理的支出，应由投资人负担，企业不得在税前扣除。假如某企业注册资本 3 000 万元，投资人先投入 1 800 万元，尚欠 1 200 万元。该年度企业向银行借款 1 500 万元，支付借款利息 90 万元。不得扣除的借款利息为 72 万元（90×1 200÷1 500），允许扣除的利息支出为 18 万元（90－72）。

6. 汇兑损失。企业在货币交易中，以及纳税年度终了时将人民币以外的货币性资产、负债按照期末即期人民币汇率中间价折算为人民币时产生的汇兑损失，除已经计入有关资产成本以及与向所有者进行利润分配相关的部分外，准予扣除。

7. 借款费用。企业在生产经营活动中发生的合理的不需要资本化的借款费用（利息、溢折价摊销额、辅助费用、外币折算差额等），准予在税前扣除。

企业为购置、建造和生产固定资产、无形资产和经过 12 个月以上的建造才能达到预定可销售状态的存货而发生的借款，在有关资产购置、建造期间发生的合理的借款费用，符合会计准则规定的资本化条件的，应作为资本性支出计入相关资产的成本；日后按税法规定计算的折旧等成本费用，可在税前扣除。

企业通过发行债券、取得贷款、吸收保户储金等方式融资而发生的合理的费用支出（包括手续费及佣金支出），符合资本化条件的，应计入相关资产成本；不符合资本化条件的，作为财务费用，准予在企业所得税前据实扣除。

---

① 符合资本化条件的，应计入相关资产成本。

② 企业与个人之间的借贷是真实、合法、有效的，并且不具有非法集资目的或其他违反法律法规的行为；企业与个人之间签订了借款合同。

③ 企业按合同要求首次支付利息并进行税前扣除时，应提供金融企业的同期同类贷款利率情况说明，以证明其利息支出的合理性。

8. 业务招待费。企业实际发生的与生产经营活动有关的业务招待费，按照实际发生额的60%扣除，但最高不得超过当年销售（营业）收入额（含视同销售收入额）的5‰。从事股权投资业务的企业（包括集团公司总部、创业投资企业等），从被投资企业所分配的股息、红利以及股权转让收入，可以按规定比例计算业务招待费扣除限额。

例8—3

某企业某年度实现销售收入40 000万元，实际发生的与企业生产经营活动有关的业务招待费400万元，其中以企业自制商品作为礼品馈赠客户，商品成本160万元，同类商品售价200万元。

在计算业务招待费税前扣除数额时，企业应对业务招待费进行纳税调整。

调整后的业务招待费金额＝400－160＝240（万元）

调整后的计算基数＝40 000＋200＝40 200（万元）

按销售收入的5‰，计算业务招待费的税前扣除限额为201万元（40 200×5‰）；按业务招待费实际支出额的60%，计算可在税前扣除的招待费为144万元（240×60%）。由于144万元＜201万元，则当年业务招待费税前扣除标准为144万元，企业应调增应税所得额96万元（240－144）。

9. 广告费和业务宣传费。企业发生的符合条件的广告费和业务宣传费支出，除国务院财政、税务主管部门另有规定外，不超过当年销售（营业）收入额（含视同销售收入额）15%的部分，准予扣除①；超过部分，准予在以后纳税年度结转扣除。企业申报的广告费支出，必须符合以下条件：广告是通过工商部门批准的专门机构制作的；已实际支付，并已取得相应发票；通过一定的媒体传播。

10. 固定资产折旧费用。企业按照规定计算的固定资产折旧，准予扣除。房屋建筑物以外未投入使用的固定资产、以经营租赁方式租入的固定资产、以融资租赁方式租出的固定资产、已足额提取折旧仍继续使用的固定资产、与经营活动无关的固定资产、单独估价作为固定资产入账的土地、其他不得计算折旧扣除的固定资产不得计算折旧扣除。

11. 无形资产摊销费用。企业按照规定计算的无形资产摊销费用，准予扣除。自行开发的支出已在计算应纳税所得额时扣除的无形资产、自创商誉、与经营活动无关的无形资产、其他不得计算摊销费用扣除的无形资产不得计算摊销费用扣除。

12. 长期待摊费用。企业发生的下列支出作为长期待摊费用，按照规定摊销的，准予扣除：

(1) 已足额提取折旧的固定资产的改建支出；

(2) 租入固定资产的改建支出；

(3) 固定资产的大修理支出；

---

① 化妆品制造与销售、医药与饮料（不含酒类）制造企业发生的广告费、宣传费，按30%（至2015年底）。烟草企业的广告费和宣传费支出，一律不得在税前扣除。

(4) 其他应当作为长期待摊费用的支出，如企业在筹建期间发生的开办费①等。

13. 存货成本。企业使用或者销售存货，按照规定计算的存货成本，准予在计算应纳税所得额时扣除。

14. 转让资产。企业转让资产的净值（有关资产的计税基础减去已按规定扣除的折旧、折耗、摊销、准备金等后的余额），准予在计算应纳税所得额时扣除。

企业转让国债取得的收益（损失）应作为企业应纳税所得额计算纳税。企业转让或到期兑付国债取得的价款，减除其购买国债成本，并扣除其持有期间按规定计算的国债利息收入以及交易过程中相关税费后的余额，为转让国债收益（损失）。企业用支付现金方式取得的国债，以买入价和支付的相关税费为成本；用非现金方式取得的国债，以该资产的公允价值和支付的相关税费为成本。在不同时间购买同一品种国债的，其转让时的成本计算方法，可在先进先出法、加权平均法、个别计价法中选用一种。计价方法一经选用，不得随意改变。

15. 资产损失。货币资产损失的确认。企业货币资产损失包括现金损失、银行存款损失和应收及预付款项损失等。企业逾期 3 年以上的应收款项在会计上已作为损失处理的，可以作为坏账损失；企业逾期 1 年以上，单笔数额不超过 5 万元或者不超过企业年度收入总额万分之一的应收款项，会计上已经作为损失处理的，可以作为坏账损失，但均应说明情况，并出具专项报告。

非货币资产损失的确认。企业非货币资产损失包括存货损失、固定资产损失、无形资产损失、在建工程损失、生产性生物资产损失等。

投资损失的确认。企业投资损失包括债权性投资损失和股权（权益）性投资损失。企业债权投资损失应依据投资的原始凭证、合同或协议、会计核算资料等相关证据材料确认。企业股权投资损失应依据相关证据材料确认。被投资企业依法宣告破产、关闭、解散或撤销、吊销营业执照、停止生产经营活动、企业负责人失踪等，应出具资产清偿证明或者遗产清偿证明。企业委托金融机构向其他单位贷款，或委托其他经营机构进行理财，到期不能收回贷款或理财款项，按照有关规定进行处理。企业按独立交易原则向关联企业转让资产而发生的损失，或向关联企业提供借款、担保而形成的债权损失，准予扣除，但企业应作专项说明，同时出具中介机构出具的专项报告及其相关的证明材料。

其他资产损失的确认。企业将不同类别的资产捆绑（打包），以拍卖、询价、竞争性谈判、招标等市场方式出售，其出售价格低于计税成本的差额，可以作为资产损失并准予在税前申报扣除，但应出具资产处置方案、各类资产作价依据、出售过程的情况说明、出售合同或协议、成交及入账证明、资产计税基础等确定依据。

16. 专项资金。企业按照国家法律、行政法规有关规定提取的用于环境保护、生态恢复等的专项资金，准予扣除；提取资金后改变用途的，不得扣除，已经扣

① 开（筹）办费，既可以作为长期待摊费用处理，也可以在开始经营之日在当年一次扣除，但一经确定，不得改变。企业筹办期发生的业务招待费按其实际发生额的 60%、广告费和业务宣传费按其实际发生额，计入筹办费。

除的，应计入当期应纳税所得额。

17. 租赁费。企业根据生产经营的需要租入固定资产所支付的租赁费，按下列办法扣除：

（1）以经营租赁方式租入固定资产发生的租赁费支出，按照租赁期限均匀扣除；

（2）以融资租赁方式租入固定资产发生的租赁费支出，按照规定构成融资租入固定资产价值的部分应当提取折旧费用，分期扣除。

18. 劳动保护费。企业实际发生的合理的劳动保护支出，准予扣除。劳动保护支出是指确因工作需要为雇员配备或提供工作服、手套、安全保护用品、防暑降温用品等所发生的支出。

19. 手续费及佣金支出。

（1）企业发生与生产经营有关的手续费及佣金支出，不超过以下规定计算限额以内的部分，准予扣除；超过部分，不得扣除。

保险企业：财产保险企业按当年全部保费收入扣除退保金等后余额的15%（含，下同）计算限额；人身保险企业按当年全部保费收入扣除退保金等后余额的10%计算限额。

其他企业：按与具有合法经营资格中介服务机构或个人（不含交易双方及其雇员、代理人和代表人等）所签订服务协议或合同确认的收入金额的5%计算限额。

（2）企业应与具有合法经营资格中介服务企业或个人签订代办协议或合同，并按国家有关规定支付手续费及佣金。除委托个人代理外，企业以现金等非转账方式支付的手续费及佣金不得在税前扣除。企业为发行权益性证券支付给有关证券承销机构的手续费及佣金不得在税前扣除。

（3）企业不得将手续费及佣金支出计入回扣、业务提成、返利、进场费等费用。

（4）企业已计入固定资产、无形资产等相关资产的手续费及佣金支出，应当通过折旧、摊销等方式分期扣除，不得在发生当期直接扣除。

20. 劳务服务。企业接受关联方提供的管理或其他形式的服务，按照独立交易原则支付的有关费用，准予扣除。电信企业在发展客户、拓展业务等过程中（如委托销售电话入网卡、电话充值卡等），需向委托经纪人、代办商支付手续费及佣金的，其实际发生额在不超过企业当年收入总额5%的部分，准予在企业所得税前据实扣除。

21. 企业取得的各项免税收入所对应的各项成本费用，除另有规定者外，可以在计算企业应纳税所得额时扣除。

22. 总机构分摊的费用。非居民企业在中国境内设立的机构、场所，就其中国境外总机构发生的与该机构、场所生产经营有关的费用，能够提供总机构出具的费用汇集范围、定额、分配依据和方法等证明文件，并合理分摊的，准予扣除。

（四）不得扣除项目

1. 不得扣除的基本项目。

（1）向投资者支付的股息、红利等权益性投资收益款项；

（2）企业所得税税款；

（3）税收滞纳金；

（4）罚款、罚金和被罚没财物的损失①；

（5）不属于公益性捐赠规定条件的捐赠支出；

（6）赞助支出（即企业发生的各种非广告性质的支出）；

（7）未经核定的准备金支出（企业未经国务院财政、税务主管部门核定而提取的各项资产减值准备、风险准备等准备金）；

（8）因特别纳税调整而被加收的利息支出；

（9）企业以其取得的不征税收入用于支出所形成的费用或资产（包括对资产计提的折旧、摊销）不得在税前扣除，但企业取得的各项免税收入所对应的各项成本费用，除另有规定者外，可以在计算企业应纳税所得额时扣除；

（10）与取得收入无关的其他支出。

2. 其他不得扣除项目。企业之间支付的管理费、企业内营业机构之间支付的租金和特许权使用费，以及非银行企业内营业机构之间支付的利息，不得扣除。

企业对外投资期间，投资资产的成本在计算应纳税所得额时不得扣除。

3. 企业发生的与其经营活动有关的合理的费用，税务机关要求提供证明资料的，应提供能够证明其真实性的合法凭证，否则不得在税前扣除。

（五）企业亏损的确认和弥补

1. 亏损的确认。纳税人在纳税申报时可自行计算并弥补以前年度符合条件的亏损。企业在自行计算亏损时，相关收入额与支出均须按税法规定确认。税务机关对企业以前年度纳税情况检查调增的应纳税所得额②可以弥补以前年度亏损，弥补后仍然亏损的，虽不涉及补税问题，但应调减可弥补亏损；弥补有余时，按税法规定计算缴纳企业所得税。

2. 亏损的计算方法。企业每一纳税年度的收入总额，减去不征税收入、免税收入、各项扣除以及允许弥补的以前年度亏损后的余额，为应纳税所得额。企业取得的免税收入、减计收入以及减征、免征所得额项目，不得弥补当期及以前年度应税项目亏损；当期形成亏损的减征、免征所得额项目，也不得用当期和以后纳税年度应税项目所得抵补。

例 8—4

某企业某年实现利润 50 万元。其中，收入 1 000 万元，成本费用 950 万元，包括技术转让所得 100 万元（收入 500 万元，成本费用 400 万元）。假设没有其他纳税调整项目，则该企业当年应纳税所得额＝(1 000－500)－(950－400)＝－50 万元。

3. 亏损弥补的期限。企业纳税年度发生的亏损，准予向以后年度结转，用以后年度的所得弥补，但结转年限最长不得超过 5 年（连续计算，不得因亏损而顺延）。

---

① 不包括纳税人按照经济合同规定支付的违约金（包括银行罚息）、罚款和诉讼费。

② 对调增的应税所得额，根据其情节，依照《税收征管法》有关规定进行处理或处罚。

企业自开始生产经营的年度，为开始计算企业损益的年度。企业在从事生产经营之前进行筹办活动期间发生筹办费用支出，不得计算为当期的亏损。

4. 应注意的问题。

(1) 在计算亏损额时，必须严格按照顺序计算，不得随意调整计算顺序。

(2) 不征税收入和免税收入是指毛收入，其金额必然大于零。

(3) 在计算亏损时，不减去免税所得大于零，以及税前扣除受盈利限制的加计扣除额，此类扣除额只能将应纳税所得额扣除到零为止。

(4) 企业在汇总计算缴纳企业所得税时，计算的亏损额不包括境外所得或亏损，即境外所得不得用于弥补境内亏损，境外亏损也不能由境内所得弥补。

四、资产的所得税处理

(一) 资产的计税基础

税法中界定的资产是以资本投资而形成的财产。对资本性支出以及无形资产受让、开办、开发费用，不允许作为成本、费用一次性在税前扣除，应按折旧费用、摊销费用方式分次扣除。作为所得税处理的资产，包括固定资产、生物资产、无形资产、长期待摊费用、投资资产、存货等。

企业所得税法中的计税基础是指企业取得某项资产时实际发生的支出。除盘盈固定资产外，企业的各项资产均应以历史成本为计税基础。企业持有各项资产期间资产增值或减值，除国务院财政、税务主管部门规定可以确认损益外，不得调整资产的计税基础。企业不能提供资产取得或持有时的支出以及税前扣除有效凭证的，税务机关有权采用合理方法估定其净值。资产的净值是指企业按税法规定确定的资产的计税基础扣除按税法规定计提的资产折旧、摊销、折耗、呆账准备后的余额。

(二) 固定资产的所得税处理

固定资产是指企业为生产产品、提供劳务、出租或经营管理而持有的，使用时间超过12个月（不含12个月）的非货币性资产。

1. 固定资产的计税基础。

(1) 外购的固定资产，以购买价款和支付的相关税费以及直接归属于使该资产达到预定用途发生的其他支出为计税基础；

(2) 自行建造的固定资产，以竣工结算前发生的支出为计税基础；

(3) 企业固定资产投入使用后，由于工程款项尚未结清而未取得全额发票的，可暂按合同规定的金额计入固定资产计税基础计提折旧，待发票取得后进行调整；

(4) 融资租入的固定资产，以租赁合同约定的付款总额和承租人在签订租赁合同过程中发生的相关费用为计税基础，租赁合同未约定付款总额的，以该资产的公允价值和承租人在签订租赁合同过程中发生的相关费用为计税基础；

(5) 盘盈的固定资产，以同类固定资产的重置完全价值为计税基础；

(6) 通过捐赠、投资、非货币性资产交换、债务重组等方式取得的固定资产，以该资产的公允价值和支付的相关税费为计税基础；

(7) 改建的固定资产，除已足额提取折旧的固定资产的改建支出、租入固定资产的改建支出外，以改建过程中发生的改建支出增加计税基础。

2. 固定资产折旧。固定资产按照直线法计算的折旧，准予税前扣除。

企业应当从固定资产使用月份的次月起计算折旧；停止使用的固定资产，应当自停止使用月份的次月起停止计算折旧。企业应当根据固定资产的性质和使用情况，合理确定固定资产的预计净残值。固定资产的预计净残值一经确定，不得变更。

3. 固定资产的折旧年限。除国务院财政、税务主管部门另有规定外，固定资产计算折旧的最短年限如下：

（1）房屋、建筑物，为20年；

（2）飞机、火车、轮船、机器、机械和其他生产设备，为10年；

（3）与企业生产经营活动有关的器具、工具、家具等，为5年；

（4）飞机、火车、轮船以外的运输工具，为4年；

（5）电子设备，为3年。

4. 固定资产的改建支出。固定资产的改建支出是指企业改变房屋、建筑物结构、延长使用年限等发生的支出。

已足额提取折旧的固定资产的改建支出，按照固定资产预计尚可使用年限分期摊销；租入固定资产的改建支出，按照合同约定的剩余租赁期限分期摊销。

改建的固定资产延长使用年限的，除已足额提取折旧的固定资产的改建支出、租入固定资产的改建支出外，应当适当延长折旧年限。

5. 固定资产的大修理支出。固定资产的大修理支出，是指同时符合以下条件的支出：

（1）修理支出达到取得固定资产时的计税基础50%以上；

（2）发生修理后固定资产的使用寿命延长2年以上。

固定资产的大修理支出，按照固定资产尚可使用年限分期摊销。

6. 长期待摊费用的摊销。长期待摊费用的支出，应自支出发生的次月起，分期摊销，摊销年限不得少于3年。

（三）递耗资产的所得税处理

从事开采石油、天然气等资源的企业所发生的矿区权益和勘探费用，可以在已经开始商业性生产后，在不少于2年的期限内分期计提折耗。

（四）生产性生物资产的所得税处理

生产性生物资产是指企业为生产农产品、提供劳务或者出租等而持有的生物资产，包括经济林、薪炭林、产畜和役畜等。

1. 生产性生物资产的计税基础。生产性生物资产，按照实际发生的支出作为计税基础。具体确认方法：

（1）外购的生产性生物资产，以购买价款和支付的相关税费为计税基础；

（2）通过捐赠、投资、非货币性资产交换、债务重组等方式取得的生产性生物资产，以该资产的公允价值和支付的相关税费为计税基础。

2. 生产性生物资产的折旧。生产性生物资产按照直线法计算的折旧，准予扣除。企业应当自生产性生物资产投入使用月份的次月起计算折旧；停止使用的生产性生物资产，应当自停止使用月份的次月起停止计算折旧。

3. 生产性生物资产的折旧年限。林木类生产性生物资产为10年，畜类生产性生物资产为3年。

（五）无形资产的所得税处理

无形资产是指企业为生产产品、提供劳务、出租或者经营管理而持有的，没有实物形态的非货币性长期资产，包括专利权、商标权、著作权、土地使用权、非专利技术、商誉等。

1. 无形资产的计税基础。无形资产按取得时的实际支出作为计税基础。具体确认方法：

（1）外购的无形资产，以购买价款和支付的相关税费以及直接归属于使该资产达到预定用途发生的其他支出为计税基础；

（2）自行开发的无形资产，以开发过程中该资产符合资本化条件后至达到预定用途前发生的支出为计税基础；

（3）通过捐赠、投资、非货币性资产交换、债务重组等方式取得的无形资产，以该资产的公允价值和支付的相关税费为计税基础。

2. 无形资产的价值摊销。无形资产按照直线法计算的摊销费用准予扣除，摊销年限不得低于10年，有关法律规定或合同约定了使用年限的，可以按照规定或者约定的使用年限分期摊销。外购商誉的支出，在企业整体转让或清算时，准予税前扣除。

（六）存货的所得税处理

存货是指企业持有以备出售的产品或商品、处在生产过程中的在产品、在生产过程或提供劳务过程中耗用的材料和物料等。

1. 存货的计税基础。企业应按取得存货时的实际支出作为计税基础。具体确认方法：

（1）通过支付现金方式取得的存货，以购买价款和支付的相关税费为成本；

（2）通过支付现金以外的方式取得的存货，以该存货的公允价值和支付的相关税费为成本；

（3）生产性生物资产收获的农产品，以产出或者采收过程中发生的材料费、人工费和分摊的间接费用等必要支出为成本。

2. 存货的计价方法。企业各项存货的使用或者销售，其实际成本的计算方法，可以在先进先出法、加权平均法、个别计价法中选用一种。计价方法一经选用，不得随意改变。

（七）投资资产的所得税处理

投资资产是指企业对外进行权益性投资和债权性投资形成的资产。企业在转让或者处置投资资产时，投资资产的成本，准予从转让该资产的收入中扣除①。投

① 企业对外投资的成本在对外转让或处置前不得扣除。

资资产按发生的实际支出作为计税基础。具体确认方法：

（1）通过支付现金方式取得的投资资产，以购买价款为成本；

（2）通过支付现金以外的方式取得的投资资产，以该资产的公允价值和支付的相关税费为成本。

（八）非货币性资产投资的所得税处理

实行查账征收的居民企业（以下简称企业）以非货币性资产对外投资确认的非货币性资产转让所得，可自确认非货币性资产转让收入年度起不超过连续5个纳税年度的期间内，分期均匀计入相应年度的应纳税所得额，按规定计算缴纳企业所得税。非货币性资产投资同时符合多项政策的，企业可选择其中一项最优政策执行。一经选择，不得改变。

关联企业之间发生的非货币性资产投资行为，投资协议生效后12个月内尚未完成股权变更登记手续的，于投资协议生效时，确认非货币性资产转让收入。

企业以非货币性资产对外投资而取得被投资企业的股权，应以非货币性资产的原计税成本为计税基础，加上每年确认的非货币性资产转让所得，逐年进行调整。被投资企业取得非货币性资产的计税基础，应按非货币性资产的公允价值确定。

企业在对外投资5年内转让上述股权或投资收回的，应停止执行递延纳税政策，并就递延期内尚未确认的非货币性资产转让所得，在转让股权或投资收回当年的企业所得税年度汇算清缴时，一次性计算缴纳企业所得税；企业在计算股权转让所得时，可按上述规定将股权的计税基础一次调整到位。对外投资5年内注销的，应停止执行递延纳税政策，并就递延期内尚未确认的非货币性资产转让所得，在注销当年的企业所得税年度汇算清缴时，一次性计算缴纳企业所得税。

五、应纳税额的计算

（一）应纳税所得额的确定原则

1. 权责发生制原则。企业应纳税所得额的确定，一般应以权责发生制为基础。

2. 税法优先原则。税法优先原则是指企业在计算应纳税所得额时，企业财务、会计记录办法同税收法律、行政法规的规定不一致的，应当依照税收法律、行政法规的规定进行纳税调整，并据调整后的应纳税所得额计算缴税。

（二）居民企业及在我国境内设立机构场所的非居民企业应纳税所得额的计算

企业应纳税所得额的计算有直接计算法和间接计算法两种。直接计算法是按税法规定直接计算应纳税所得额的方法，即按税法规定的应税收入减去税法规定允许税前扣除项目金额计算应纳税所得额；间接计算法即在财务会计计算的账面利润（利润总额）的基础上，加减纳税调整项目金额，间接计算应纳税所得额的方法。直接计算法的计算公式如下：

$$\text{应纳税所得额}=\text{收入总额}-\text{不征税收入}-\text{减免税收入}-\text{扣除费用金额}-\text{抵扣和减免所得、弥补以前年度亏损额}$$

对征纳双方来说，企业所得税的直接计算法成本较高。因此，在实务中，一般都是采用间接计算法。间接计算法的计算公式如下：

纳税调整后所得＝利润总额－境外所得±纳税调整额－免税、减计收入及加计扣除＋境外应税所得抵减境内亏损额

应纳税所得额＝纳税调整后所得－所得减免－抵扣应纳税所得额－弥补以前年度亏损

企业以公允价值计量的金融资产、金融负债以及投资性房地产等，持有期间公允价值的变动不计入应纳税所得额，在实际处置或结算时，处置取得的价款扣除其历史成本后的差额应计入处置或结算期间的应纳税所得额。

（三）居民企业及在我国境内设立机构场所的非居民企业应纳税额的计算

企业的应纳税所得额乘以适用税率为应纳所得税额，再减去按税法规定的减免税额和抵免税额后的余额为应纳税额。其计算公式为：

应纳税额＝应纳税所得额×适用税率－减免税额－抵免税额
　　　　＝应纳所得税额－减免税额－抵免税额

式中的减免税额和抵免税额，是指根据税法规定减征、免征和抵免的应纳税额。

例 8—5

某制造企业为居民企业，某年度实际发生的经营业务汇总资料如下：产品销售收入为 8 400 万元，产品销售成本 6 000 万元；其他业务收入 1 200 万元，其他业务成本 990 万元；固定资产出租收入 90 万元，非增值税销售税金及附加 486 万元；当期发生的管理费用 1 290 万元，其中新技术的研究开发费用 450 万元；财务费用 300 万元；权益性投资收益 510 万元，为居民企业之间的股利收益，已在投资方所在地按 15%的税率缴纳了企业所得税；营业外收入 150 万元，营业外支出 375 万元（其中含公益性捐赠 270 万元）。

计算该企业当年应纳税所得额和应纳企业所得税额如下：

会计利润总额＝8 400＋1 200＋90＋510＋150－6 000－990－486－1 290
　　　　　　－300－375＝909(万元)
权益性投资调减所得额＝510(万元)
技术开发费调减所得额＝450×50%＝225(万元)
捐赠扣除标准＝909×12%＝109.08(万元)

实际捐赠额 270 万元大于标准 109.08 万元，应按标准额扣除。

捐赠额应调增所得额＝270－109.08＝160.92(万元)
应纳税所得额＝909－510－225＋160.92＝334.92(万元)
应纳企业所得税＝334.92×25%＝83.73(万元)

（四）在我国境内未设立机构场所的非居民企业应纳税所得额和应纳税额的计算

非居民企业取得的应税所得，按照下列方法计算其应纳税所得额：

（1）股息、红利等权益性投资收益和利息、租金、特许权使用费所得，以收入全额为应纳税所得额；

（2）转让财产所得，以收入全额减去财产净值后的余额为应纳税所得额；

(3) 其他所得，参照前两项规定的方法计算应纳税所得额。

收入全额是指非居民企业向支付人收取的全部价款和价外费用。提供专利权、专有技术所收取的特许权使用费，包括特许权使用费收入，以及与其相关的图纸资料费、技术服务费和人员培训费等费用。

非居民企业应纳税额的计算公式如下：

应纳税额＝应纳税所得额×适用税率－抵免税额

例8—6

某外国企业在中国境内设立一个分公司，该分公司可在中国境内独立开展经营活动，当年该分公司在中国境内取得营业收入200万元，发生成本费用150万元（其中有20万元不得税前扣除）。假设该分公司不享受税收优惠，则该分公司该年应在中国缴纳多少企业所得税？

非居民企业在中国境内设立机构、场所的，应当就其所设机构、场所取得的来源于中国境内的所得，以及发生在中国境外但与其所设机构、场所有实际联系的所得，按25%的税率计算缴纳企业所得税。

该分公司的应纳税所得额＝200－(150－20)＝70(万元)

由于该分公司不享受税收优惠，当年该分公司应在中国缴纳的企业所得税为17.5万元（70×25%）。

六、企业所得税的查账征收

企业所得税的征收有查账征收（核实征收）与核定征收两种方式。对会计核算和管理符合税法要求的企业，采用查账征收方式。在查账征收方式下，凡是具有法人资格的企业都必须单独申报缴纳企业所得税（国务院另有规定者除外），企业之间不得合并缴纳企业所得税。企业在进行所得税纳税申报时，应根据企业所得税法与企业会计准则，确认、计量两者之间的差异，将利润表中的收入、成本和费用项目调整为纳税申报表中的收入和扣除项目，进而计算应纳税所得额、应纳所得税额与应纳税额等。

（一）企业所得税的预缴

企业所得税分月或者分季预缴，由主管税务机关具体核定每个企业的预缴期间。企业应当自月份或者季度终了之日起15日内，向主管税务机关报送企业所得税预缴纳税申报表。

企业预缴企业所得税时，应当按照月度或者季度的实际利润额预缴，实际利润额是按会计准则核算的利润总额减去以前年度待弥补亏损以及不征税收入、免税收入和减免的应税所得额后的余额①。按照月度或者季度的实际利润额预缴有困难的，可以按照上一纳税年度应纳税所得额的月度或者季度平均额预缴，或者按

---

① 凡不属于因税法与准则差异而导致的少计利润、多计免税收入、不征税收入等而少缴的税款，按规定加收滞纳金。

照经税务机关认可的其他方法预缴。预缴方法一经确定，该纳税年度内不得随意变更。小型微利企业预缴所得税按 20%的优惠税率计算。

例 8—7

某公司按季预缴企业所得税。某年第二季度会计利润总额为 180 万元（包括国债利息收入 18 万元），上年度未弥补亏损 20 万元，企业所得税税率为 25%。生产经营借款：年初向银行借款 100 万元，年利率为 5%；向甲公司借款 40 万元，年利率为 9%。计提固定资产减值损失 6 万元，不考虑其他纳税调整事项，计算该公司第二季度预缴企业所得税的基数。

季度实际利润额＝180－18－20＝142(万元)

应预缴企业所得税＝142×25%＝35.5(万元)

对于其他永久性差异——长期借款利息超支的 1.6 万元（40×(9%－5%)）和暂时性差异（资产减值损失 6 万元），季度预缴时不作纳税调整。

（二）企业所得税的汇算清缴

企业所得税汇算清缴是指纳税人在纳税年度终了后 5 个月内①，依照税收法规的规定，自行计算全年应纳税所得额和应纳所得税额，根据月度或季度预缴所得税的数额，确定该年度应补或者应退税额，并填写年度企业所得税纳税申报表，向主管税务机关办理年度企业所得税纳税申报、提供税务机关要求提供的有关资料、结清全年企业所得税税款的行为。实行查账征收的企业（A 类）适用汇算清缴办法，核定定额征收企业所得税的纳税人（B 类），不进行汇算清缴。企业进行汇算清缴应重点考虑：

1. 收入。核查企业收入是否全部入账，特别是往来款项是否还存在该确认为收入而没有入账。

2. 成本。核查企业成本结转与收入是否匹配，是否真实反映企业成本水平。

3. 费用。核查企业费用支出是否符合税法规定，计提费用项目和税前列支项目是否超过税法规定标准。

4. 税收。核查企业各项税款是否提取并缴纳。

5. 补亏。企业当年实现的利润对以前年度发生亏损的合法弥补（5 年内）。

6. 调整。不论是正常纳税的企业，还是依法享受企业所得税减免的企业（事先应在税务机关备案），在汇算清缴时，均应在财务会计账面利润的基础上，依法进行企业所得税纳税调整。它是一般纳税调整，调表不调账，不对财务会计记录调整，只在纳税申报表中进行调整，影响的只是企业应纳所得税，不影响企业的账面利润。企业对以上项目按税法规定进行调增和调减后，依法计算本企业年度应纳税所得额，进而计算本年度应纳所得税额、应纳税额、实际应纳所得税额和应补（退）所得税额。

---

① 企业在年度中间终止经营活动的，应当自实际经营终止之日起 60 日内，向税务机关办理当期企业所得税汇算清缴。企业应当在办理注销登记前，就其清算所得向税务机关申报并依法缴纳企业所得税。

例8—8

某市天缘房地产开发公司，第1年9月份动工开发某地块项目，第3年底该地块一期高层住宅通过市房地产管理部门验收，并取得开发产品竣工证明文件备案表。建筑面积6万平方米，计税成本总额65 000万元，每平方米计税成本11 000元。

根据公司的售房名单、预收账款明细表和商品房购销合同，截至第3年底，一期有17户未办理商品房交付手续，其中7户购房建筑面积1 200平方米，总价款1 600万元，按合同约定，已交房款366万元，欠交房款1 234万元；10户已全额支付购房款4 200万元（建筑面积2 400平方米），房款已按15%的预计毛利率计算并纳税申报。公司认为，因7户未交足房款，10户的业主未到开发公司办理交房手续，故未确认17户商品房销售收入和结算计税成本。

按有关规定，除土地开发外，其他开发产品符合下列条件之一的，应视为完工：(1) 开发产品竣工证明材料已报房地产管理部门备案；(2) 开发产品已开始投入使用；(3) 开发产品已取得了初始产权证明。产品完工后，企业应及时结算其计税成本并计算此前销售收入的实际毛利额，同时将其实际毛利额与其对应的预计毛利额之间的差额，计入当年本项目与其他项目合并计算的应纳税所得额。该房地产公司在第3年12月将开发产品竣工证明材料报房管部门备案，已具备开发产品完工条件，不能因业主未交足房款或未及时办理住房交接手续而延期确认收入和结算计税成本。年度企业所得税汇算清缴时，应作如下纳税调整：

补确认商品房销售收入＝1 600＋4 200＝5 800(万元)

补转结算计税成本＝(1 200＋2 500)×1.03＝3 811(万元)

转回预收账款按预计毛利率计算的预计毛利额＝(366＋4 200)×15%＝684.9(万元)

补缴营业税(按收入3%预交)＝1 234×5%＝61.7(万元)

补缴城市维护建设税和教育费附加＝61.7×(7%＋3%)＝6.17(万元)

补缴土地增值税(按收入3%预交)＝1 234×3%＝37.02(万元)

调增应纳税所得额＝5 800－3 811－684.9－61.7－6.17－37.02＝1 199.21(万元)

应纳企业所得税＝1 199.21×25%＝299.8(万元)

（三）固定资产折旧的纳税调整

1. 如果财务会计折旧年限短于税法最低折旧年限。按财务会计折旧年限计提的年折旧额高于按税法规定的最低折旧年限计提的折旧额，应调增年应纳税所得额；当财务会计折旧年限期满且提足折旧后，其未足额在税前扣除的部分，准予在剩余的税务会计折旧年限按规定扣除，即准予将前期纳税调增的金额在后期进行纳税调减。

2. 如果财务会计折旧年限长于税法最低折旧年限。视同财务会计与税法无差异，按财务会计年限计算的折旧额在税前扣除，年度汇算清缴时无需进行纳税调减。但在适用税法规定的加速折旧政策时，其折旧额可以据实扣除，财务会计可作暂时性差异处理。

例 8—9

某建筑安装公司上年 12 月购买一台大型塔吊，入账价值 160 万元（不考虑其他税费），从当年（第 1 年）1 月开始，财务会计按 8 年计提折旧（不考虑残值）。税法规定，塔吊属于机械设备，最低折旧年限为 10 年。纳税调整计算见表 8—2。

表 8—2　　固定资产折旧纳税调整表　　单位：万元

项目	第 1 年	第 2 年至第 8 年每年	第 9 年	第 10 年
财务会计年折旧	20	20	0	0
税务会计年折旧	16	16	16	16
纳税调增（每年）	4	4	—	—
纳税调减（每年）	—	—	16	16

如果财务会计按 20 年计提折旧，长于税法规定的最低折旧年限 10 年，视同财务会计与税法无差异，按财务会计年限计算的每年折旧额 8 万元在税前扣除，不需要在年度汇算清缴时进行纳税调减。这样处理，可以降低纳税调整成本。

3. 企业按会计准则规定提取的固定资产减值准备，不得在税前扣除（需进行纳税调增），其折旧仍按税法确定的固定资产计税基础①计算扣除。

4. 企业按税法规定实行加速折旧的，其按加速折旧办法计算的折旧额可以全额在税前扣除，而不要求财务会计也按加速折旧处理。

七、企业所得税的核定征收

（一）企业所得税核定征收的范围

1. 依照税法规定可以不设账或应设而未设账的；

2. 只能准确核算收入总额或收入总额能够查实，但其成本费用支出不能准确核算；

3. 只能准确核算成本费用支出或成本费用支出能够查实，但其收入总额不能准确核算；

4. 收入总额、成本费用支出均不能正确核算，难以查实；

5. 虽然能够按规定设置账簿并进行核算，但未按规定保存有关凭证、账簿及纳税资料；

6. 未按规定期限办理纳税申报，经税务机关责令限期申报，逾期仍不申报的。

（二）企业所得税征收方式的确定

1. 企业在每年第一季度填列《企业所得税征收方式鉴定表》（简称“鉴定表”）一式三份，报主管税务机关审核。所填鉴定表的五个项目依次是：（1）账簿设置情况；（2）收入总额核算情况；（3）成本费用核算情况；（4）凭证、账簿保

① 企业持有固定资产期间，如果发生增值或减值，除国务院财政、税务主管部门规定可以确认损益外，不得调整该资产的计税基础。

存情况；（5）纳税义务履行情况。五项均合格的，实行纳税人自行申报、税务机关查账征收方式。有一项不合格的，实行核定征收方式，具体分为：若（1），（4），（5）项中有一项不合格或（2），（3）项均不合格，实行定额征收办法；若（2），（3）项中有一项合格、一项不合格的，实行核定应税所得率办法征收。

2. 主管税务机关对鉴定表审核后，报县（市、区）级税务机关确定企业的所得税征收方式。

3. 征收方式确定后，在一个纳税年度内一般不得变更。

4. 对实行核定征收方式的纳税人，主管税务机关应该根据企业和当地的具体情况，按公平、公正、公开原则分类逐户核定其应纳税额或应税所得率。

（三）企业所得税的定额缴纳

定额缴纳是指主管税务机关按照一定的标准、程序和方法，直接核定纳税人的年度应纳所得税额，由纳税人按规定进行申报缴纳。实行定额征收办法的企业，参照以前年度经营情况，可先采用发票加定额的方法测算本年度应税收入总额，然后再核定其应纳所得税额。

（四）按核定应税所得率计算缴纳

按核定征收方式缴纳企业所得税的企业，在其收入总额或成本费用支出额能够正确核算的情况下，可按国家规定的应税所得率计算应纳税所得额，再计算出应纳税额，据以申报纳税。也就是说，按应税所得率方法核定征收企业所得税的企业，其应纳所得税的计算分两步：

（1）应税收入额＝收入总额－不征税收入－免税收入

应纳税所得额＝应税收入额×应税所得率

或　＝成本(费用)支出额÷(1－应税所得率)×应税所得率

（2）应纳所得税额＝应纳税所得额×适用税率

应税所得率不是税率，它是对核定征收企业所得税的企业计算其应纳税所得额（不是应纳所得税额）时预先规定的比例，是企业应纳税的所得额占其经营收入的比例。该比例根据各个行业的实际销售利润率或者经营利润率等情况分别测算得出。现行企业应税所得率见表 8—3。

表 8—3　企业所得税应税所得率

行业	应税所得率（%）
农、林、牧、渔业	3～10
制造业	5～15
批发和零售贸易业	4～15
交通运输业	7～15
建筑业	8～20
饮食业	8～25
娱乐业	15～30
其他行业	10～30

主管税务机关根据纳税人的行业特点、纳税情况、财务管理、会计核算、利

润水平等因素，结合本地实际情况，按公平、公正、公开原则分类逐户核定；应税所得率一经核定，除发生特殊情况外，一个纳税年度内一般不得调整。

例 8—10

某核定征收企业年度实现收入 150 万元，成本费用 130 万元，主管税务机关核定的应税所得率为 10%。

(1) 如果是以收入为核定基数，则

应纳所得税＝150×10%×25%＝3.75(万元)

(2) 如果以成本费用为核定基数，则

应纳所得税＝130÷(1－10%)×10%×25%＝3.61(万元)

如果采用定额征收方式，假定核定其全年应缴企业所得税 4 万元，则每季应缴 1 万元。

第 3 节　企业所得税的会计记录

在所得税会计记录中，需要设置的最主要账户是“应交企业所得税”，它既可以作为总账账户，又可以作为“应交税费”总账账户下的一个明细账户，反映企业所得税的应交、实际上交和退补等情况。本账户的贷方反映应交和应补交的所得税，借方反映实际上交和补交的企业所得税；贷方余额反映应交未交的所得税，借方余额反映多交的所得税。企业各期应交所得税的金额是根据当期应纳税所得额与法定所得税率计算的企业应缴所得税税款，应借记“所得税费用——当期所得税费用”，贷记本（明细）账户。实际缴纳时，借记本（明细）账户，贷记“银行存款”账户。

执行《小企业会计准则》的企业，所得税会计处理保持与税法的一致性，其会计记录体现两者合一；执行《企业会计准则》的企业，所得税会计处理呈现与税法的差异，其会计记录体现两者分离。在一套账簿体系下，以借记“所得税费用”金额是否保持与贷记“应交税费——应交企业所得税”金额的一致性为识别标准。如果在贷记“应交企业所得税”依税法确认计量后，借方账户金额不再重新确认计量，即服从贷方，说明两者合一。如果在贷记“应交企业所得税”依税法确认计量后，借方账户金额按会计准则规定重新确认计量，说明两者分离，其差额可以通过“递延税款”或“递延所得税资产”、“递延所得税负债”予以反映。

一、预缴企业所得税的会计记录

企业分月或季预缴企业所得税时，应当按照月度或季度的实际利润额预缴，按实际利润额预缴有困难的，可以根据上一纳税年度应纳税所得额的月度或者季度平均额预缴，或者按照经税务机关认可的其他方法预缴。预缴方法一经确定，该纳税年度内不得随意变更。

实际利润额为按会计准则核算的利润总额减去以前年度待弥补亏损以及不征税收入、免税收入后的余额。对不征税收入，在所得税预缴或汇算清缴时，按照调表不调账的原则，应作纳税调减处理。免税收入，有的形成永久性差异（如国债利息收入），有的属于暂时性差异（投资收益），企业应视具体情况进行分析。

例8—11

M公司某年第一季度会计利润总额为100万元（含国债利息收入5万元），以前年度未弥补亏损20万元，企业所得税税率为25%。

企业“长期借款”账户记载：年初向工商银行借款50万元，年利率为6%；向B公司借款100万元，年利率为8%，上述款项全部用于生产经营。另外，计提固定资产减值损失4万元。假设无其他纳税调整事项。

（1）第一季度预缴所得税的计算和会计记录。

企业预缴的基数为会计利润100万元，扣除上年度亏损20万元以及不征税收入和免税收入5万元后，实际利润额为75万元。对于其他永久性差异，如长期借款利息超支的2万元（100×(8%−6%)）和暂时性差异（资产减值损失4万元），季度预缴时不作纳税调整。作会计分录如下：

反映应缴所得税：

借：所得税费用　187 500

　贷：应交税费——应交企业所得税　187 500

下月初，实际缴纳企业所得税：

借：应交税费——应交企业所得税　187 500

　贷：银行存款　187 500

（2）后三个季度预缴所得税的计算和会计记录。

假设第二季度企业累计实现利润135万元，第三季度累计实现利润−20万元，第四季度累计实现利润120万元，则每季度末会计记录如下：

第二季度末：

借：所得税费用　150 000

　贷：应交税费——应交企业所得税（(1350 000−750 000)×25%）

　150 000

下月初缴纳企业所得税：

借：应交税费——应交企业所得税　150 000

　贷：银行存款　150 000

第三季度累计利润为亏损，不缴税也不作会计记录。

第四季度累计实现利润120万元，税法规定应先预缴税款，再汇算清缴。由于第四季度累计利润小于以前季度（第二季度）累计实现利润总额，暂不缴税也不作会计记录。

（3）按照会计准则规定，对于暂时性差异产生的对递延所得税的影响，应该在产生时立即确认，而非在季末或者年末确认。上述资产减值损失形成的暂时性差异，在当月计提时，应作会计分录如下：

借：递延所得税资产　　10 000
　贷：所得税费用——递延所得税费用　　10 000

二、所得税纳税调整的会计记录

在资产负债表债务法下，当企业所得税纳税调整时，如果不通过“递延所得税资产（负债）”账户处理，既不影响流转税的计缴，也不影响企业所得税的计缴，但若未通过“递延所得税资产（负债）”账户，则可能出现因“遗忘”可抵扣暂时性差异而多缴企业所得税的情况。

例 8—12

税收征管人员到某公司进行税务检查，发现在被检查年度的前一年，该公司将自产的成本为 150 万元、正常对外销售价格为 180 万元的产品用于制作产品宣传广告，仅作借记“销售费用”150 万元，贷记“库存商品”150 万元的会计记录。已知公司当年可税前列支的广告费是 60 万元。

因该公司将自产产品用于制作宣传广告，未按税法规定作为视同销售计缴企业所得税，税务部门要求该公司调增应税所得额 30 万元（180－150）。由于公司当年可税前列支的广告费为 60 万元，实际扣除了 150 万元，税务部门还要求公司调增应税所得额 90 万元。两项合计调增应税所得额 120 万元。该公司在当年度按照 25%的所得税税率补缴了 30 万元的企业所得税，作会计记录如下：

借：所得税费用——当期所得税费用　　300 000
　贷：应交税费——应交企业所得税　　300 000
借：本年利润　　300 000
　贷：所得税费用　　300 000

当时，公司并不知道会计记录有误，此次税务部门再次检查，发现该公司并未将上一年度进行纳税调整的金额予以转回。这样，该公司因未转回上一年度的可抵扣暂时性差异，多计算了被检查年度的应税所得额 90 万元。原因是在企业被检查年度的前一年进行所得税纳税调整时，未通过“递延所得税资产”账户进行核算。

仍以上一年度调增应税所得额为例，第一年度汇算清缴时，公司应作如下会计分录：

借：所得税费用——当期所得税费用　　300 000
　贷：应交税费——应交企业所得税　　300 000
借：递延所得税资产——可抵扣暂时性差异　　300 000
　贷：所得税费用——递延所得税费用　　300 000

第二年度汇算清缴时，企业已经被认定为高新技术企业，所得税税率改为 15%，应根据转回的可抵扣暂时性差异 90 万元，作会计分录如下：

借：应交税费——应交企业所得税　　135 000
　贷：所得税费用——当期所得税费用　　135 000

借：所得税费用——递延所得税费用　　135 000
　　本年利润　　165 000
　贷：递延所得税资产——可抵扣暂时性差异　　300 000

由于所得税税率的变化，使该公司的所得税产生了 16.5 万元的差额，此为永久性差异，应转入本年利润。

三、亏损弥补的所得税会计记录

根据企业所得税税法规定，企业纳税年度发生的亏损可以结转以后年度在税前扣除，但结转抵扣期限最长不得超过 5 年；按照企业会计准则的规定，企业预计在未来期间能够产生足够的应纳税所得额来抵扣亏损时，应确认相应的递延所得税资产，即将亏损视为可抵扣暂时性差异。对因亏损弥补而产生的暂时性差异要在以后亏损抵扣期内持续反映，进行相关计算并作相应的会计记录。

例 8—13

某公司执行企业会计准则，企业所得税税率为 25%，能够持续经营。如果发生亏损，预计未来期间能够产生足够的应纳税所得额来利用该可抵扣的亏损。假定在相关业务中不存在永久性差异，此前没有产生过暂时性差异（时间性差异）。

第 1 年应税亏损 80 万元，没有产生其他暂时性差异；

第 2 年预计实现利润总额 40 万元，本年没有产生除上年度结转亏损之外的其他暂时性差异；

第 3 年预计实现的利润总额 6 万元，计提 30 万元的坏账准备；

第 4 年预计实现的利润总额为 70 万元，转回第 3 年已计提的坏账准备 10 万元。

根据上述资料，按会计与税法的要求，分别对各年进行所得税会计记录。

第 1 年：按照所得税会计准则的规定，年末对因发生亏损所确认的递延所得税资产按照预期弥补该亏损期间适用的企业所得税税率进行计量。预计未来期间公司能够产生足够的应纳税所得额可以抵扣亏损，年末确认因该亏损所产生的递延所得税资产 20 万元（80×25%）。会计分录为：

借：递延所得税资产——第 1 年亏损　　200 000
　贷：所得税费用——递延所得税费用　　200 000

第 2 年：本年度的应纳税所得额为本年度的会计利润总额 40 万元，全部用于弥补上年度结转的亏损。弥补亏损后的应纳税所得额为负数，本年不需要缴纳企业所得税，但应转销上年度因该亏损所确认的递延所得税资产，转销金额为 10 万元（40×25%）。

所得税费用按会计准则的要求计算，在没有发生永久性差异，并且不采用应付税款法核算所得税费用的情况下，企业当期的所得税费用等于当期的税前会计利润总额与适用的企业所得税税率之乘积，与当期是否需要弥补以前年度结转的税前亏损无关，因此，本年度的所得税费用为 10 万元（40×25%）。会计分录为：

借：所得税费用——递延所得税费用　　100 000

　贷：递延所得税资产——第 2 年亏损　　100 000

第 3 年：按税法规定，企业计提的资产减值损失不得在税前扣除。当年度应纳税所得额＝会计利润总额＋计提的资产减值损失＝6＋30＝36 万元，36 万元的应纳税所得额需要用于弥补第 1 年度结转的税前亏损，弥补亏损后的应纳税所得额为负数，不需缴纳企业所得税，但应将第 1 年因发生该亏损所确认的递延所得税资产予以转销，转销金额为 9 万元（36×25%），应确认的所得税费用为 9 万元。相关会计分录为：

借：所得税费用——递延所得税费用　　90 000

　贷：递延所得税资产——第 1 年亏损　　90 000

同时，需要反映因计提坏账准备应确认的递延所得税资产和相应的递延所得税费用，该分录为：

借：递延所得税资产——第 3 年坏账准备　　75 000

　贷：所得税费用——递延所得税费用　　75 000

第 4 年：本年度弥补第 1 年度结转亏损后的应纳税所得额＝第 1 年的亏损＋第 2 年的应纳税所得额＋第 3 年的应纳税所得额＋第 4 年的应纳税所得额＝－80＋40＋6＋30＋(70－10)＝56 万元，应缴纳企业所得税 14 万元（56×25%）。

转回第 1 年因发生亏损所确认递延所得税资产的金额为 1 万元（20－10－9），或者是等于至第 3 年末止尚未弥补的亏损额乘以 25%，即（－80＋40＋36）×25%＝－4×25%＝－1 万元，转回第 3 年因计提坏账准备所确认的递延所得税资产为 2.5 万元（10×25%）。

应确认的所得税费用为 17.5 万元（70×25%），其中递延所得税费用为 3.5 万元（1＋2.5），当期所得税费用为 14 万元（(70－10－4)×25%）。已将转回的坏账准备 10 万元对本期损益的影响剔除，因为按照税法的规定，转回的资产减值准备虽然增加了本期的会计利润，但该部分不属于应税所得额，在计算转回当期的应税所得额时应作纳税调减，其对损益的影响应通过递延所得税明细来反映。会计分录如下：

借：所得税费用——递延所得税费用　　35 000

　　　　　　——当期所得税费用　　140 000

　贷：递延所得税资产——第 1 年亏损　　10 000

　　　　　　　　　——第 3 年坏账准备　　25 000

　　应交税费——应交企业所得税　　140 000

四、减免企业所得税的会计记录

纳税人申请减免所得税，应在年度终了后两个月内向主管税务机关提供以下书面资料：减免税申请报告（主要包括减免税依据、范围、年限、金额、企业的基本情况等）；同期财务会计报表；工商营业执照和税务登记证的复印件；根据不同减免税项目，税务机关要求提供的其他材料。

(一) 直接减免

企业仍然需要计算应交所得税，待税务机关审批之后再确认减免税。企业在计算应纳所得税时，借记“所得税费用”，贷记“应交税费——应交企业所得税”；税务机关确认减免时，借记“应交税费——应交企业所得税”，贷记“所得税费用”。

(二) 即征即退与先征后退

企业在计算应纳所得税时，借记“所得税费用”，贷记“应交税费——应交企业所得税”；缴纳时，借记“应交税费——应交企业所得税”，贷记“银行存款”；确认应退税额并收到退税款对，借记“银行存款”，贷记“所得税费用”。

(三) 有指定用途的退税

所得税退税款作为国家投资的，形成国家资本。企业收到退税时，借记“银行存款”，贷记“实收资本——国家资本金”。对有指定用途的政策性减免，可将减免的所得税额贷记“资本公积”。

企业按照国务院财政、税务主管部门有关文件规定，实际收到具有专门用途的先征后返所得税税款，按照会计准则规定应计入取得当期的利润总额，但不作为当期的应纳税所得额。

先征后返所得税税款属于政府补助，政府补助有两种会计记录方法：收益法和资本法。收益法是将政府补助计入当期收益或递延收益；资本法是将政府补助计入所有者权益。政府补助会计准则要求采用收益法，即通过“其他应收款”、“营业外收入（政府补助）”和“递延收益”账户核算。如果属于财税法规规定的免税项目，则将其作为永久性差异，需作纳税调减。

五、企业所得税的汇算清缴

企业所得税的汇算清缴一般属于财务会计中的资产负债表日后事项。对资产负债表日后事项中的调整事项，凡涉及上年度损益调整的事项，均应通过“以前年度损益调整”账户调整纳税年度的利润，计算由此影响的企业所得税，进行所得税的退补，并作相关会计记录；之后，才能进行有关利润分配。

“以前年度损益调整”账户的运用：对调整增加的以前年度利润或调整减少的以前年度亏损，借记有关账户，贷记本账户；调整减少的以前年度利润或调整增加的以前年度亏损，借记本账户，贷记有关账户。由于调整增加以前年度利润或调整减少以前年度亏损而相应增加的所得税，借记本账户，贷记“应交税费——应交企业所得税”账户；由于调整减少以前年度利润或调整增加以前年度亏损而相应减少的所得税，作相反方向的会计分录。经调整后，应将该账户的余额转入“利润分配——未分配利润”账户，如为贷方余额，借记本账户，贷记“利润分配——未分配利润”账户；如为借方余额，作相反会计分录。结转后本账户无余额。

例 8—14

某企业某年末“利润分配——未分配利润”账户借方余额 100 万元，企业申报亏损也是 100 万元。税务机关进行纳税检查时发现，企业当年不得在税前列支的金额为 110 万元，扣除账面亏损后，企业还盈利 10 万元。应作会计记录如下：

应补缴所得税＝100 000×25％＝25 000(元)

不得在税前列支的 110 万元属永久性差异，企业仍在税前扣除，造成虚报亏损，按逃税定性，110 万元视同应税所得，假定罚款按逃税额的 100％计算，则应罚款 275 000 元（1 100 000×25％×100％）。

（1）补缴所得税：

借：所得税费用　25 000

　贷：应交税费——应交企业所得税　25 000

借：应交税费——应交企业所得税　25 000

　贷：银行存款　25 000

（2）缴纳罚款：

借：营业外支出——税收罚款　275 000

　贷：银行存款　275 000

假定不是上述情况，而是查出企业 10 万元收入未入账，存入了小金库。这就应该调减亏损 10 万元，调整后，仍然亏损 90 万元。这种情况，只罚不补。假定罚款按逃税额的 100％计算，应作会计记录如下：

（1）将未入账现金入账：

借：银行存款　100 000

　贷：以前年度损益调整　100 000

（2）缴罚款：

借：营业外支出——税收罚款　25 000

　贷：银行存款　25 000

六、多缴税款的退还

如果企业因计算错误等失误而出现应在当期扣除而未扣除的税费，从而多缴了税款，以后年度发现后准予追补确认退还①，但根据权责发生制原则，不得改变税费扣除的所属年度，应追补至该项目发生年度计算扣除。

七、预提所得税代扣代缴的会计记录

外国企业在中国境内未设立机构、场所，而有取得来源于中国境内的利润（股息）、利息、租金、特许权使用费和其他所得，按规定其所得税应由支付人在每次支付的款额中扣除，并在 7 天内缴入国库。扣缴时作如下会计分录：

借：其他应付款——应付利息等

　贷：应交税费——应交预提所得税

① 追补确认期限与未缴或少缴税款相同，均不得超过 5 年。税务机关及时查实后，应立即退还多缴税款和相应利息。

对外国企业在中国境内从事建筑、安装、装配、勘探等工程作业和提供咨询、管理、培训等劳务活动的所得，税务机关可以指定工程价款或劳务费的支付人为所得税扣缴义务人，税款在支付的款额中扣缴。扣缴时作如下会计分录：

借：应付账款——××单位

　贷：应交税费——应交预提所得税

实际代缴时，作会计分录：

借：应交税费——应交预提所得税

　贷：银行存款

第 4 节　企业所得税的纳税申报

一、企业所得税的纳税年度和纳税申报

（一）纳税地点

除税收法律、行政法规另有规定外，居民企业以企业登记注册地为纳税地点；但登记注册地在境外的，以实际管理机构所在地为纳税地点。

非居民企业取得税法规定的所得，以机构、场所所在地为纳税地点。非居民企业在中国境内未设立机构、场所，或者虽设立机构、场所但取得的所得与其所设机构、场所没有实际联系的，其所得应缴纳的所得税，以扣缴义务人所在地为纳税地点。

（二）纳税年度

企业所得税按纳税年度计征，分月或分季预缴，年终汇算清缴，多退少补。纳税年度自公历 1 月 1 日起至 12 月 31 日止。企业在一个纳税年度中间开业，或者终止经营活动，使该纳税年度的实际经营期不足 12 个月的，应以其实际经营期为一个纳税年度。

（三）纳税申报

预缴企业所得税时，应当自月份或季度终了之日起 15 日内，向税务机关报送预缴企业所得税纳税申报表，预缴企业所得税。在正常情况下，企业自年度终了之日起 5 个月内，向税务机关报送年度企业所得税纳税申报表，并汇算清缴，结清应交或应退税款。企业在年度中间终止经营活动的，应自实际经营终止之日起 60 日内，向税务机关办理企业所得税汇算清缴。

企业在纳税年度内无论盈亏，均应依照税法规定期限，向税务机关报送预缴企业所得税纳税申报表、年度企业所得税纳税申报表、同期财务报告和税务机关要求报送的其他有关资料。

二、企业所得税的汇总纳税

凡是具有法人资格的企业都必须单独申报缴纳企业所得税（国务院另有规定者除外），企业之间不得合并缴纳企业所得税。企业在进行所得税纳税申报时，应

根据企业所得税法与企业会计准则，确认、计量两者之间的差异，将利润表中的收入和费用项目调整为纳税申报表中的收入和扣除项目，进而计算应纳税所得额与应纳税额。

（一）居民企业跨省市经营的汇总纳税

1. 适用范围。跨省市总分机构企业是指跨省（自治区、直辖市和计划单列市，下同）设立不具有法人资格分支机构的居民企业。总机构和具有主体生产经营职能的二级分支机构就地预缴企业所得税。三级及三级以下分支机构，其营业收入、职工薪酬和资产总额等统一并入二级分支机构计算。总机构设立具有独立生产经营职能部门，且具有独立生产经营职能部门的营业收入、职工工资和资产总额与管理职能部门分开核算的，可将具有独立生产经营职能的部门视同一个分支机构，就地预缴企业所得税。具有独立生产经营职能部门与管理职能部门的营业收入、职工工资和资产总额不能分开核算的，具有独立生产经营职能的部门不得视同一个分支机构，不就地预缴企业所得税。

2. 汇总纳税的基本方法。属于中央与地方共享范围的跨省市总分机构企业缴纳的企业所得税，按照统一规范、兼顾总机构和分支机构所在地利益的原则，实行“统一计算、分级管理、就地预缴、汇总清算、财政调库”的处理办法。

3. 税款预缴。由总机构统一计算企业应纳税所得额和应纳所得税额，并分别由总机构、分支机构按月或按季就地预缴。

（1）分支机构分摊预缴税款。总机构在每月或每季终了之日起 10 日内，按照上年度各省市分支机构的营业收入（分支机构销售商品、提供劳务、让渡资产使用权等日常经营活动实现的全部收入）、职工薪酬（分支机构为获得职工提供的服务而给予职工的各种形式的报酬）和资产总额（分支机构在 12 月 31 日拥有或者控制的资产合计额）三个因素，将统一计算的企业当期应纳税额的 50%在各分支机构之间进行分摊（总机构所在省市同时设有分支机构的，同样按三个因素分摊），各分支机构根据分摊税款就地办理缴库，所缴纳税款收入由中央与分支机构所在地按 60∶40 分享。分摊时三个因素权重依次为 0.35，0.35 和 0.3。当年新设立的分支机构第二年起参与分摊；当年撤销的分支机构自办理注销税务登记之日起不参与分摊。需要参与就地预缴的分支机构分摊预缴额按下列公式计算：

$$\text{各分支机构分摊预缴额}=\begin{matrix}\text{所有分支机构}\\\text{应分摊的预缴总额}\end{matrix}\times\begin{matrix}\text{该分支机构}\\\text{分摊比例}\end{matrix}$$

$$\text{所有分支机构应分摊的预缴总额}=\begin{matrix}\text{统一计算的企业}\\\text{当期应纳所得税额}\end{matrix}\times 50\%$$

$$\begin{matrix}\text{该分支机构}\\\text{分摊比例}\end{matrix}=\frac{\text{该分支机构营业收入}}{\text{各分支机构营业收入之和}}\times 0.35+\frac{\text{该分支机构职工薪酬}}{\text{各分支机构职工薪酬之和}}\times 0.35+\frac{\text{该分支机构资产总额}}{\text{各分支机构资产总额之和}}\times 0.30$$

（2）总机构就地预缴税款。总机构应将统一计算的企业当期应纳税额的 25%，就地办理缴库，所缴纳税款收入由中央与总机构所在地按 60∶40 分享。

（3）总机构预缴中央国库税款。总机构应将统一计算的企业当期应纳税额的剩余 25%，就地全额缴入中央国库。

4. 汇总清算。企业总机构汇总计算企业年度应纳所得税额，扣除总机构和各境内分支机构已预缴的税款，计算出应补应退税款，分别由总机构和各分支机构（不包括当年已办理注销税务登记的分支机构）就地办理税款缴库或退库。

（1）补缴的税款按照预缴的分配比例，50%由各分支机构就地办理缴库，25%由总机构就地办理缴库，其余 25%部分就地全额缴入中央国库。

（2）多缴的税款按照预缴的分配比例，50%由各分支机构就地办理退库，25%由总机构就地办理退库，其余 25%部分就地从中央国库退库。

（二）在我国境内设立机构场所的非居民企业的汇总纳税

非居民企业在中国境内设立两个或者两个以上机构、场所的，经税务机关审核批准，可以选择由其主要机构、场所汇总缴纳企业所得税。汇总计算并缴纳企业所得税时，应统一核算应纳税所得额，具体办法由国务院财政、税务主管部门另行制定。

三、企业所得税纳税申报表的填制

企业所得税申报表是会计中的一个特殊领域。广义而言，税款申报表以财务会计信息为基础，但这些信息常常要进行调整或重新组织，以符合所得税会计报告的要求。

企业进行所得税纳税申报时，必须正确填报并及时报送企业所得税纳税申报表及其有关附表，还应附送同期财务会计报告等资料。预缴企业所得税应按规定填制企业所得税预缴纳税申报表，年终进行企业所得税汇算清缴时，应按规定填制企业所得税年度纳税申报表及其附表。

（一）企业所得税预缴纳税申报表及其填制

企业所得税预缴纳税申报表分 A 类申报表和 B 类申报表两种。企业所得税月（季）度预缴纳税申报表（A 类）适用于实行查账（核实）征收企业所得税的居民纳税人在月（季）度预缴企业所得税时使用；企业所得税月（季）度和年度纳税申报表（B 类）适用于核定征收企业所得税的纳税人在月（季）度申报缴纳企业所得税时使用。扣缴义务人还应填报扣缴报告表，汇总纳税企业应填报汇总纳税分支机构分配表。A 类预缴纳税申报表、B 类预缴纳税申报表格式分别见表 8—4、表 8—5。

表 8—4　　中华人民共和国企业所得税月（季）度预缴纳税申报表（A 类）

税款所属期间：　　年　　月　　日至　　年　　月　　日

纳税人识别号：□□□□□□□□□□□□□□□□□□□□

纳税人名称：　　　　　　　　　　　　　　金额单位：人民币元（列至角分）

行次	项目	本期金额	累计金额
1	**一、按照实际利润额预缴**		
2	营业收入		
3	营业成本		

4		利润总额		
5		加：特定业务计算的应纳税所得额		
6		减：不征税收入和税基减免应纳税所得额（请填附表 1）		
7		固定资产加速折旧（扣除）调减额（请填附表 2）		
8		弥补以前年度亏损		
9		实际利润额（4 行＋5 行－6 行－7 行－8 行）		
10		税率（25%）		
11		应纳所得税额（9 行×10 行）		
12		减：减免所得税额（请填附表 3）		
13		实际已预缴所得税额	—	
14		特定业务预缴（征）所得税额		
15		应补（退）所得税额（11 行－12 行－13 行－14 行）	—	
16		减：以前年度多缴在本期抵缴所得税额		
17		本月（季）实际应补（退）所得税额	—	
18		**二、按照上一纳税年度应纳税所得额平均额预缴**		
19		上一纳税年度应纳税所得额	—	
20		本月（季）应纳税所得额（19 行×1/4 或 1/12）		
21		税率（25%）		
22		本月（季）应纳所得税额（20 行×21 行）		
23		减：减免所得税额（请填附表 3）		
24		本月（季）实际应纳所得税额（22 行－23 行）		
25		**三、按照税务机关确定的其他方法预缴**		
26		本月（季）税务机关确定的预缴所得税额		
27		总分机构纳税人		
28	总机构	总机构分摊所得税额（15 行或 24 行或 26 行×总机构分摊预缴比例）		
29	总机构	财政集中分配所得税额		
30	总机构	分支机构分摊所得税额（15 行或 24 行或 26 行×分支机构分摊比例）		
31	总机构	其中：总机构独立生产经营部门应分摊所得税额		
32	分支机构	分配比例		
33	分支机构	分配所得税额		

是否属于小型微利企业：　　　　是□　　　　否□

谨声明：此纳税申报表是根据《中华人民共和国企业所得税法》、《中华人民共和国企业所得税法实施条例》和国家有关税收规定填报的，是真实的、可靠的、完整的。

法定代表人（签字）：　　　　年　月　日

纳税人公章： 会计主管： 填表日期：　年　月　日	代理申报中介机构公章： 经办人： 经办人执业证件号码： 代理申报日期：　年　月　日	主管税务机关受理专用章： 受理人： 受理日期：　年　月　日

表 8—5　中华人民共和国企业所得税月（季）度预缴和年度纳税申报表（B 类）

税款所属期间：　　年　月　日至　　年　月　日

纳税人识别号：□□□□□□□□□□□□□□□

纳税人名称：　　　　　　　　　　　　　　　　　金额单位：人民币元（列至角分）

<table>
<tr><td colspan="3">项目</td><td>行次</td><td>累计金额</td></tr>
<tr><td colspan="5">一、以下由按应税所得率计算应纳所得税额的企业填报</td></tr>
<tr><td rowspan="14">应纳税所得额的计算</td><td rowspan="10">按收入总额核定应纳税所得额</td><td>收入总额</td><td>1</td><td></td></tr>
<tr><td>减：不征税收入</td><td>2</td><td></td></tr>
<tr><td>　　免税收入</td><td>3</td><td></td></tr>
<tr><td>其中：国债利息收入</td><td>4</td><td></td></tr>
<tr><td>　　地方政府债券利息收入</td><td>5</td><td></td></tr>
<tr><td>　　符合条件居民企业之间股息红利等权益性收益</td><td>6</td><td></td></tr>
<tr><td>　　符合条件的非营利组织收入</td><td>7</td><td></td></tr>
<tr><td>　　其他免税收入：</td><td>8</td><td></td></tr>
<tr><td>应税收入额（1 行－2 行－3 行）</td><td>9</td><td></td></tr>
<tr><td>税务机关核定的应税所得率（%）</td><td>10</td><td></td></tr>
<tr><td rowspan="4">按成本费用核定应纳税所得额</td><td>应纳税所得额（9 行×10 行）</td><td>11</td><td></td></tr>
<tr><td>成本费用总额</td><td>12</td><td></td></tr>
<tr><td>税务机关核定的应税所得率（%）</td><td>13</td><td></td></tr>
<tr><td>应纳税所得额［12 行÷(100%－13 行)×13 行］</td><td>14</td><td></td></tr>
<tr><td colspan="2" rowspan="2">应纳所得税额的计算</td><td>税率（25%）</td><td>15</td><td></td></tr>
<tr><td>应纳所得税额（11 行×15 行或 14 行×15 行）</td><td>16</td><td></td></tr>
<tr><td colspan="2" rowspan="4">应补（退）所得税额的计算</td><td>减：符合条件的小型微利企业减免所得税额</td><td>17</td><td></td></tr>
<tr><td>　　其中：减半征税</td><td>18</td><td></td></tr>
<tr><td>已预缴所得税额</td><td>19</td><td></td></tr>
<tr><td>应补（退）所得税额（16 行－17 行－19 行）</td><td>20</td><td></td></tr>
<tr><td colspan="5">二、以下由税务机关核定应纳所得税额的企业填报</td></tr>
<tr><td colspan="3">税务机关核定应纳所得税额</td><td>21</td><td></td></tr>
<tr><td colspan="2">预缴申报时填报</td><td colspan="3">是否属于小型微利企业：　　是□　　否□</td></tr>
<tr><td colspan="2" rowspan="2">年度申报时填报</td><td>所属行业</td><td>从业人数</td><td></td></tr>
<tr><td>资产总额</td><td colspan="2">国家限制和禁止行业：　是□　否□</td></tr>
<tr><td colspan="5">谨声明：此纳税申报表是根据《中华人民共和国企业所得税法》、《中华人民共和国企业所得税法实施条例》和国家有关税收规定填报的，是真实的、可靠的、完整的。

法定代表人（签字）：　　年　月　日</td></tr>
<tr><td colspan="2">纳税人公章：
会计主管：

填表日期：　年　月　日</td><td>代理申报中介机构公章：
经办人：
经办人执业证件号码：
代理申报日期：　年　月　日</td><td colspan="2">主管税务机关受理专用章：
受理人：

受理日期：　年　月　日</td></tr>
</table>

（二）企业所得税年度纳税申报表及其填制

企业所得税年度纳税申报表（A类）包括主表和附表。主表适用于所有查账征收企业，包括利润总额的计算、应纳税所得额的计算、应纳税额的计算和附列资料四部分。

企业所得税的年度申报（A类）包括1张基础信息表、1张主表（见表8—6）、6张收入费用明细表、15张纳税调整表、1张亏损弥补表、11张税收优惠表、4张境外所得抵免表和2张汇总纳税表，总计41张表，其体系架构见图8—1。另外，企业还需要填报一张附表清单（见表8—7）。

企业所得税年度纳税申报表围绕主表进行填报，主表数据大部分从附表生成，个别数据从财务报表中取得。附表分为三级，其中，税收优惠明细表没有一级附表。纳税申报表中许多附表是由纳税人根据自身业务情况选择填报，纳税人有此类事项的，选择填报，没有此类事项的，无须填报。纳税申报表的每张附表既独立体现现行企业所得税政策，又与主表密切关联。

企业在计算应纳税所得额及应纳所得税时，企业财务、会计处理方法与税法规定不一致的，应当按照税法规定计算。税法规定不明确的，在没有明确规定之前，可以暂按企业财务、会计规定计算。

通过申报表的填报，可以揭示企业税收管理、财务管理中存在的问题，正确处理所得税会计与财务会计的关系。正确填报申报表，不仅只是为了履行纳税义务，而是可以将日常活动中征纳双方容易忽视的税法细节问题，以表格的形式展现出来，有效筹划税务事项，合理规避税务风险。

表8—6　中华人民共和国企业所得税年度纳税申报表（A类）

所属期间：　××年1月1日至××年12月31日

纳税人名称：

纳税人识别号：　金额单位：元（列至角分）

类别	行次	项目	金额
利润总额计算	1	一、营业收入（填写A101010＼101020＼103000）	
	2	减：营业成本（填写A102010＼102020＼103000）	
	3	营业税金及附加	
	4	销售费用（填写A104000）	
	5	管理费用（填写A104000）	
	6	财务费用（填写A104000）	
	7	资产减值损失	
	8	加：公允价值变动收益	
	9	投资收益	
	10	二、营业利润（1－2－3－4－5－6－7＋8＋9）	
	11	加：营业外收入（填写A101010＼101020＼103000）	
	12	减：营业外支出（填写A102010＼102020＼103000）	
	13	三、利润总额（10＋11－12）	

应纳税所得额计算	14	减：境外所得（填写A108010）	
	15	加：纳税调整增加额（填写A105000）	
	16	减：纳税调整减少额（填写A105000）	
	17	减：免税、减计收入及加计扣除（填写A107010）	
	18	加：境外应税所得抵减境内亏损（填写A108000）	
	19	四、纳税调整后所得（13－14＋15－16－17＋18）	
	20	减：所得减免（填写A107020）	
	21	减：抵扣应纳税所得额（填写A107030）	
	22	减：弥补以前年度亏损（填写A106000）	
	23	五、应纳税所得额（19－20－21－22）	
应纳税额计算	24	税率（25%）	
	25	六、应纳所得税额（23×24）	
	26	减：减免所得税额（填写A107040）	
	27	减：抵免所得税额（填写A107050）	
	28	七、应纳税额（25－26－27）	
	29	加：境外所得应纳所得税额（填写A108000）	
	30	减：境外所得抵免所得税额（填写A108000）	
	31	八、实际应纳所得税额（28＋29－30）	
	32	减：本年累计实际已预缴的所得税额	
	33	九、本年应补（退）所得税额（31－32）	
	34	其中：总机构分摊本年应补（退）所得税额（填写A109000）	
	35	财政集中分配本年应补（退）所得税额（填写A109000）	
	36	总机构主体生产经营部门分摊本年应补（退）所得税额（填写A109000）	
附列资料	37	以前年度多缴的所得税额在本年抵减额	
	38	以前年度应缴未缴在本年入库所得税额	

谨声明：此纳税申报表是根据《中华人民共和国企业所得税法》、《中华人民共和国企业所得税法实施条例》、有关税收政策以及国家统一会计制度的规定填报的，是真实的、可靠的、完整的。

法定代表人（签章）：　　　　年　月　日

纳税人公章：	代理申报中介机构公章：	主管税务机关受理专用章：
会计主管：	经办人及执业证件号码：	受理人：
填表日期：　年　月　日	代理申报日期：　年　月　日	受理日期：　年　月　日

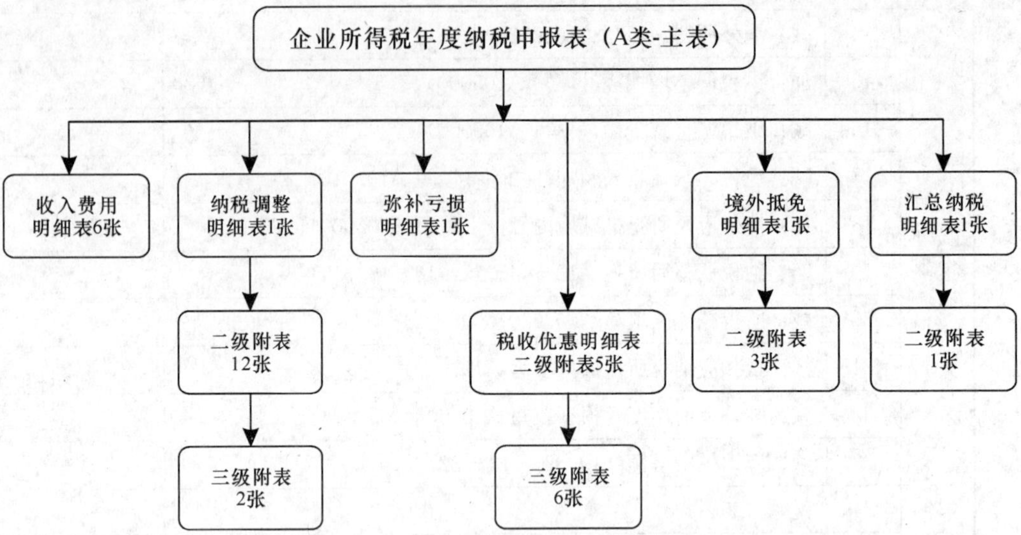

图 8—1 企业所得税纳税申报表体系架构图示

表 8—7 企业所得税年度纳税申报表（A 类）附表清单

表单编号	表单名称	选择填报情况	
		填报	不填报
A101010	一般企业收入明细表	☐	☐
A101020	金融企业收入明细表	☐	☐
A102010	一般企业成本支出明细表	☐	☐
A102020	金融企业支出明细表	☐	☐
A103000	事业单位、民间非营利组织收入、支出明细表	☐	☐
A104000	期间费用明细表	☐	☐
A105000	纳税调整项目明细表	☐	☐
A105010	视同销售和房地产开发企业特定业务纳税调整明细表	☐	☐
A105020	未按权责发生制确认收入纳税调整明细表	☐	☐
A105030	投资收益纳税调整明细表	☐	☐
A105040	专项用途财政性资金纳税调整明细表	☐	☐
A105050	职工薪酬纳税调整明细表	☐	☐
A105060	广告费和业务宣传费跨年度纳税调整明细表	☐	☐
A105070	捐赠支出纳税调整明细表	☐	☐
A105080	资产折旧、摊销情况及纳税调整明细表	☐	☐
A105081	固定资产加速折旧、扣除明细表	☐	☐
A105090	资产损失税前扣除及纳税调整明细表	☐	☐
A105091	资产损失（专项申报）税前扣除及纳税调整明细表	☐	☐
A105100	企业重组纳税调整明细表	☐	☐
A105110	政策性搬迁纳税调整明细表	☐	☐
A105120	特殊行业准备金纳税调整明细表	☐	☐
A106000	企业所得税弥补亏损明细表	☐	☐

续前表

表单编号	表单名称	选择填报情况	
		填报	不填报
A107010	免税、减计收入及加计扣除优惠明细表	□	□
A107011	符合条件居民企业之间股息、红利等权益性投资收益优惠明细表	□	□
A107012	综合利用资源生产产品取得的收入优惠明细表	□	□
A107013	金融、保险等机构取得的涉农利息、保费收入优惠明细表	□	□
A107014	研发费用加计扣除优惠明细表	□	□
A107020	所得减免优惠明细表	□	□
A107030	抵扣应纳税所得额明细表	□	□
A107040	减免所得税优惠明细表	□	□
A107041	高新技术企业优惠情况及明细表	□	□
A107042	软件、集成电路企业优惠情况及明细表	□	□
A107050	税额抵免优惠明细表	□	□
A108000	境外所得税收抵免明细表	□	□
A108010	境外所得纳税调整后所得明细表	□	□
A108020	境外分支机构弥补亏损明细表	□	□
A108030	跨年度结转抵免境外所得税明细表	□	□
A109000	跨地区经营汇总纳税企业年度分摊企业所得税明细表	□	□
A109010	企业所得税汇总纳税分支机构所得税分配表	□	□

注：企业应当根据实际情况选择需要填表的附表，并在该附表单中将填报、不填报的附表分别划√、×。

例 8—15

某家电生产企业系增值税一般纳税人，增值税率为 17%。8 月份，企业将其生产的 100 台彩色电视机通过某公益性组织捐赠给贫困地区的小学，并取得公益性捐赠票据，每台彩色电视机生产成本 2 200 元，市场价格 3 500 元。该公司当年实现会计利润 220 万元。

按税法规定，对外捐赠彩色电视机，应视同销售货物行为计算缴纳增值税。但对外捐赠不会增加企业的现金流量，也不会增加企业的利润，即不符合财务会计的收入确认条件。

增值税销项税额＝3 500×100×17%＝59 500(元)

借：营业外支出——对外捐赠	279 500
贷：库存商品——彩电（2 200×100）	220 000
应交税费——应交增值税（销项税额）	59 500

根据企业所得税法等有关规定，企业将资产用于对外捐赠，因资产所有权属已发生改变而不属于内部处置资产，应视同销售，确认收入。本例中，公司捐赠彩色电视机应确认商品销售收入 35 万元、销售成本 22 万元，应调增应纳税所得额 13 万元。

公益性捐赠限额＝220×12%＝26.4 万元，实际发生捐赠支出 27.95 万元，应调增应纳税所得额＝27.95－26.4＝1.55 万元。

企业所得税纳税申报表的相关附表的填报见表 8—8 至表 8—10。

表 8—8　A105010 视同销售和房地产开发企业特定业务纳税调整明细表　单位：万元

行次	项目	税收金额	纳税调整金额
1	一、视同销售（营业）收入	35	35
	……		
7	（六）用于对外捐赠视同销售收入	35	35
	……		
11	二、视同销售成本	22	－22
	……		
17	（六）用于对外捐赠视同销售成本	22	－22

表 8—9　A105070 捐赠支出纳税调整明细表　单位：万元

行次	受捐单位名称	公益性捐赠				非公益性捐赠	纳税调整金额
		账载金额	扣除限额	税收金额	纳税调整金额	账载金额	
1	某公益组织	27.95	*	*	*		*
	……						
20		27.95	26.4	26.4	1.55		1.55

表 8—10　A105000 纳税调整项目明细表　单位：万元

行次	项　目	账载金额	税收金额	调增金额	调减金额
1	一、收入类调整项目	*	*	35	
2	（一）视同销售收入	*	35	35	*
	……				
12	二、扣除类调整项目	*	*	1.55	22
13	（一）视同销售成本	*	22	*	22
	……				
17	（五）捐赠支出	27.95	26.4	1.55	*

第 5 节　财务会计中的所得税会计基础

所得税会计准则是财务会计中对所得税会计处理的规范。所得税会计是财务会计中的一个专门处理会计收益与应税收益之间差异的会计程序，其目的在于协调财务会计与税务会计之间的关系，以保证财务会计报告充分揭示相关的会计信息。现代所得税借助于财务会计才得以推行，财务会计则因企业所得税法而更加规范，当然也更为复杂。

一、所得税会计处理规范概述

各国所得税会计准则大致都经历了与所得税法保持一致到逐步分离的过程。在财务会计中，所得税会计准则是对企业涉税事项出于财务报告目标而进行的会计规范，称为所得税会计处理（accounting for income taxes），而体现所得税税法要求的所得税会计（income taxes accounting）则属于税务会计范畴。

1967 年美国会计原则委员会（APB，美国财务会计准则委员会 FASB 的前身）发布了第 11 号意见书，取消了在所得税会计记录中的“当期计列法”（即应付税款法），并规定采用“全面所得税分摊法”。1986 年，APB 发布了《所得税会计征求意见稿》。“征求意见稿”中建议采用资产债务法对当年和以前年度由企业经营活动所产生的所得税的影响进行核算。1987 年 12 月，FASB 发布了第 96 号公告《所得税会计》，该公告应用于 1988 年 12 月 15 日以后的财务年度的会计报表，但是 96 号公告发布后由于对所得税会计的处理原则及方法仍然存在不同的意见，FASB 曾两次推迟执行时间。1992 年 2 月公布了《FAS109：所得税会计处理》。

1996 年 10 月，IASC 发布的《国际会计准则第 12 号——所得税》取代 1979 年发布的《所得税会计》，准则明确规定禁止采用递延法，并且规定采用资产负债表债务法而不是损益表债务法进行所得税会计处理方法。2000 年 10 月，对 IAS 12 进行修订，主要规范了计税基础、当期所得税负债和资产的确认、递延所得税负债和资产的确认、计量、列报与披露等内容，并于 2001 年 1 月 1 日生效。之后，IASB 又不断对其进行了修订。

2006 年 2 月 15 日，我国财政部颁布的《企业会计准则第 18 号——所得税》，体现了我国所得税会计准则的国际趋同。2011 年 10 月 18 日，财政部颁布的《小企业会计准则》，规定小企业所得税的会计处理体现税法导向原则，即财务会计与税务会计的协调统一，以降低小企业的纳税成本和税务风险。

二、企业所得税会计目标

我国《企业会计准则第 18 号——所得税》对所得税会计处理目标的界定是：“为了规范企业所得税的确认、计量和相关信息的列报。”其中的“所得税”应该是“涉及所得税”而非指所得税负债——“应交所得税”，因为如果是“应交所得税”，应该是所得税税法的规定，而非会计准则的规范。

国际会计准则第 12 号（IAS12）对所得税会计处理目标的界定：所得税会计的基本问题是如何核算以下所指事项的当期和未来纳税后果：（1）在主体的财务状况表中确认的资产（负债）账面金额的未来收回（清偿）；（2）在主体的财务报表中确认的当期交易和其他事项。① 所得税会计的核心是税金的递延分配，旨在正确核算利润并进行税后收益分配。

英国 ASB 在 1999 年发布的第 19 号财务报告准则（FRED19）《递延税款》明确：（1）确保在财务报表中将过去的交易和事项的未来纳税后果确认为负债或资

① 参见财政部会计司组织翻译：《国际财务报告准则 2008》，北京，中国财政经济出版社，2008。

产；（2）确保财务报表披露一切可能影响未来税款费用的其他特殊情况。

按企业所得税法规定进行的所得税会计处理属于税务会计范畴，而按所得税会计准则规范的所得税会计处理则属于财务会计范畴。因此，财务会计范畴的所得税会计目标与税务会计范畴的所得税会计目标明显不同。财务会计范畴的所得税会计目标应是财务会计（报告）目标的具体化，即提供有助于投资人决策的涉税会计信息，包括所得税费用、递延所得税资产/负债以及支付税款的现金流量等；而税务会计范畴的所得税会计目标应是税务会计目标的具体化，即及时正确地填制企业所得税会计报表——所得税纳税申报表（主表及其附表），最大限度地获得企业的税收利益。

三、基于收入费用观的所得税会计差异

收入费用观以利润表为重心，认为收益是一定时期内取得的收入与为取得这些收入而发生的成本费用的差额。这种计量收益的方法以交易为中心，强调收益的确定要符合权责发生制原则、配比原则、历史成本原则和谨慎性原则；财务会计记录的重心是对收入、费用会计要素的确认与计量，而资产和负债要素的确认与计量要依附于收入和费用要素，资产负债表是利润表的补充和附属。

会计收益与应税所得是两个不同的会计概念。所得税会计差异是会计收益与应税所得之间的差异额，亦称“计税差异”。由于会计准则与税法的目标不同，导致财务会计中的会计收益与税务会计中的应税所得的确认、计量原则与标准不同，因而两者之间必然存在一定程度的差异。在递延法和利润表债务法下，按差异在未来是否能够转回，可将其分为永久性差异和时间性差异两类。

（一）永久性差异

永久性差异是指某一会计期间，由于会计准则和税法在计算收益、费用或损失时的口径不同、标准不同，所产生的税前会计利润与应税所得之间的差异。这种差异不影响其他会计报告期，也不会在其他期间得到弥补。永久性差异有四种基本类型：

1. 不征税会计收入、可免税的会计收入。财务会计按会计准则规定确认为收入、收益，但按税法规定则不作为应纳收入、收益的项目。如企业购买国债的利息收入，财务会计确认投资收益，年终并入利润总额，而税法规定，国债利息收入为免税收入；财务会计将长期股权投资持有期间的持有收益确认为投资收益，并入利润总额，由于股权投资所得是被投资企业的税后利润，已在被投资企业缴过所得税，税法规定，仅对投资企业与被投资企业所得税税率差的部分进行补税。

2. 税法作为应税收益的非会计收益。在财务会计中不确认为收入，但按税法规定要作为应税收入计税。如企业与关联企业以不合理定价为手段减少应纳税所得额，税法规定税务机关有权合理调整增加企业应纳税所得额；又如价外收费、视同销售业务，财务会计可能不确认收入，但税法将其作为应税收入。再如企业销售商品（产品）时，因误开发票作废，而原发票存根未予保留，在税法上仍按销售收入确认。

3. 税法不允许扣除的会计费用或损失。某些支出，财务会计已列为费用或损

失，但税法不予认定，因而使应税所得高于会计利润。计算应税所得时，应将这些项目金额加到利润总额中一并计税。其产生的原因主要有两种情况：

第一，口径（范围）不同。即财务会计上作为费用或损失的项目，在税法上不作为扣除项目处理。如：（1）贿赂等违法支出；（2）违法经营的罚款和被没收财物的损失；（3）各项税收的滞纳金、罚金和罚款；（4）各种非公益性捐赠和赞助支出。这些项目及其金额，在财务会计中可列为营业外支出等，但税法规定不得扣减应税所得，要照章计税。

第二，标准不同。即财务会计上作为费用或损失的项目，在税法上也可作为扣除项目处理，但规定了计税支出标准，超过限额部分不允许在税前扣除，也不允许结转到以后年度扣除，如利息支出、业务招待费、公益性捐赠、税务机关不予认定的工薪支出及相应的职工福利费支出、工会经费、职工教育经费支出等。

4. 税法作为可扣除费用的非会计费用。财务会计未确认为费用或损失，但在计算应税所得额时，允许扣减。如为鼓励企业进行新产品、新技术、新工艺的技术研发，除技术开发费可以全额在税前扣除外，还可以加计扣除。加计扣除额就是财务会计未确认的费用，但允许（符合条件时）在税前扣除。

在《企业会计准则18号——所得税》中，虽未提及永久性差异，但并不表示在所得税会计记录中就没有永久性差异了，只不过是为了符合会计准则中计税基础概念的引入以及利用计税基础计算差异的要求。因为永久性差异无论发生在任何会计期间，税法都是不允许抵扣的，即不存在跨期分摊问题。也就是说，永久性差异只影响发生当期的损益，不影响未来期间的损益，是一种绝对性差异。对于资产而言，永久性差异是指一项资产在未来取得经济利益时，按税法规定是不需纳税的，未来不纳税意味着计税基础就等于其账面价值，无差额产生。对于负债而言，永久性差异是指一项负债在未来期间计算应税所得时按照税法规定可予抵扣的金额为0，此时，其计税基础还是等于其账面价值。

永久性差异的计税基础＝账面价值－未来可以抵扣金额(0)＝账面价值

（二）时间性差异

当收益或费用包含在某一期间的会计利润中，但包含在另一期间的应税所得中时，其所产生的差异通常称为时间性差异。所有的时间性差异都是暂时性差异，但并非所有的暂时性差异都是时间性差异。暂时性差异中还包括因对资产或负债进行直接调整而产生账面价值与计税基础不一致的非时间性差异。比如，按购买法对企业合并进行会计记录，要求按被并购企业可辨认净资产的公允价值计价，而税法规定按账面价值计算，从而产生暂时性差异，但此暂时性差异是非时间因素而产生的差异。

1. 会计收益大于应税收益的时间性差异。某些收入包括在会计收益中的期间早于其包括在应税收益中的期间，产生时间性差异。如企业进行长期股权投资，并能够对被投资单位实施重大影响，应采用权益法进行会计核算。对被投资单位当年实现的净利润，投资企业按企业所持表决权资本比例确认当期投资收益，是权益法核算的要点之一。但根据我国税法，不论企业采用何种方法进行投资核算，只有在被投资企业实际作利润分配账务处理时，投资企业才确认投资所得的实现。

某些费用包括在会计收益中的期间迟于其包括在应税收益中的期间，产生时间性差异。我国税法规定，纳税人可扣除的固定资产折旧，采用直线折旧法，但对促进科技进步、环境保护和国家鼓励投资的关键设备等，纳税人申报纳税时，可自主选择采用加速折旧法，并报主管税务机关备案。如果企业报税时采用加速折旧法，进行会计核算时采用直线法，在固定资产使用的前期，计算会计收益时扣减的折旧费用，会小于计算应纳税所得额时扣减的折旧费用。

2. 会计收益小于应税收益的时间性差异。某些收入包括在会计收益的期间迟于包括在应税收益中的期间，产生时间性差异。如提前收取的租金、利息、使用费在收到时就计税，但财务会计将其确认为负债，在以后提供商品或劳务时才确认为收入。

某些费用包括在会计收益中的期间早于其包括在应税收益中的期间，产生时间性差异。如产品质量担保费用，财务会计在销售商品时将其确认为费用，但只有在实际发生时产品质量担保费用才可在计算应纳税所得额时作为费用扣除。

时间性差异不仅影响本期和前期的税前会计收益和应税收益两者之一，而且还影响相关未来时期所报告的税前会计收益和应税收益；随着时间的推移和影响事项的完结，这种差异会在以后期间转回，使税前会计收益和应税收益达到总量相等。

3. 非时间性差异。除上述时间性差异外，还有因税法规定致使资产、负债的计税基础与其账面价值不同而产生的非时间性差异，它们是非因时间因素而产生的差异，如：

(1) 子公司、联营企业或合营企业没有向母公司或投资者分配全部利润；

(2) 资产的重估价，只产生暂时性差异而不产生时间性差异；

(3) 企业合并采取购买法时，被合并企业可辨认资产或负债在会计上按公允价值入账，而税法规定报税时按账面价值计算，致使合并后的计税基础与账面价值之间产生差异；

(4) 资产或负债初始确认的账面金额不同于其初始计税基础；

(5) 各项资产减值准备；

(6) 研究开发费用；

(7) 债务重组；

(8) 非货币性资产交换等。

四、基于资产负债观的所得税会计差异

资产负债观直接从资产和负债的角度确认与计量企业的收益，认为收益是企业期末净资产与期初净资产的差额，强调综合收益，收益由排除资本变动的净资产的期初期末余额之差产生。按照资产负债观理念，真正的利润本质上是净资产的增加，真正的亏损本质上是净资产的减少。要求在计量属性上尽可能采用公允价值，强调财务会计记录的重心应该是对资产和负债要素的确认与计量，而收入和费用要素则从属于资产和负债要素；在财务报告中，强调资产负债表在整体报

告体系中的核心地位，利润表只是资产负债表的附表，是对资产负债观所确定的综合收益的明细说明。

在所得税会计中，基于会计准则与税法的不同关系，形成了财务会计与税务会计的不同关系模式，具体表现在对待差异的不同处理方法上，因而形成了不同的所得税会计记录方法（详见下一节）。为了提高财务会计（报告）信息质量，从各国所得税会计处理发展趋势看，越来越多的国家开始采用体现资产负债观的资产负债表债务法。

（一）计税基础

在采用资产负债表债务法时，要求企业的资产及负债应根据会计准则与税法的不同要求分别进行计价，因而形成财务会计计价基础与税法计价基础两种计价基础。财务会计计价基础即资产（负债）的账面价值；税法计价基础即计税基础，是企业在资产负债表日，根据税法规定，为计算应交所得税所确认的资产/负债的价值。

1. 资产的计税基础。资产的计税基础是指企业在收回资产账面价值的过程中，计算应纳税所得额时按照税法规定可以自应税经济利益中抵扣的金额，即某项资产在未来使用或最终处置时，允许作为成本或费用于税前列支的金额。

在财务会计记录上，资产在初始确认时，其计税基础一般为取得成本，即企业为取得某项资产支付的成本在未来期间准予税前扣除的金额。在资产持续持有的过程中，其计税基础是指资产的取得成本减去以前期间按照税法规定已经税前扣除的金额后的余额，该余额代表的是按照税法规定，所涉及的资产在未来期间计税时仍然可以在税前扣除的金额。如固定资产、无形资产等长期资产在某一资产负债表日的计税基础，是指其成本扣除按照税法规定已在以前期间税前扣除的累计折旧额、摊销额。用公式表示如下：

$$\text{资产的计税基础}=\text{未来可在税前扣除的金额}$$

$$\begin{array}{c}\text{资产负债表日}\\\text{某项资产的计税基础}\end{array}=\begin{array}{c}\text{该项资产的}\\\text{账面价值}\end{array}-\begin{array}{c}\text{以前期间已在}\\\text{税前扣除的金额}\end{array}$$

一般情况下，资产在取得时，其入账价值与计税基础是相同的；在后续计量过程中，因企业会计准则与税法规定不同，可能产生资产的账面价值与其计税基础的差异。

在税务处理上，企业的各项资产应以历史成本为计税基础。企业持有期间资产的增值或者减值，除国务院财政、税务主管部门规定可以确认损益外，不得调整该资产的计税基础（详见本章第 2 节）。现以简例说明：

（1）企业一笔应收账款 2 000 元，其相应收入已包括在应税利润（可抵扣亏损）中，即该应收账款的相应收入已经通过销售（营业）收入计入应税收入并缴纳流转税、计入应税所得并缴纳所得税；因此，在该应收账款收回时，不必再缴税了，其计税基础就是其账面价值（金额）。

（2）企业一笔应收利息 1 500 元，相应利息收入按现金制缴税，就计税而言，该笔金额流入企业时无抵扣金额，则该应收利息的计税基础为零。

例 8—16

A 公司某项设备原价为 3 000 万元，财务会计的折旧年限为 3 年，税务会计的折旧年限为 5 年，两者均采用直线法计提折旧。第 2 年末，公司对该项固定资产计提了 60 万元的固定资产减值准备。假设财务会计与税务会计预计净残值率均为 0。

财务会计的账面价值＝3 000－1 000－1 000－60＝940(万元)

税务会计确认的计税基础＝3 000－600－600＝1 800(万元)

该例说明，固定资产账面价值与计税基础的差异原因包括：一是折旧年限不同，财务会计折旧年限为 3 年，税务会计的折旧年限为 5 年，每年因折旧年限不同产生的暂时性差异 400 万元，第 2 年会计期末因折旧年限不同产生的暂时性差异合计 800 万元。二是计提固定资产减值准备造成的差异，2 年后会计期末由于财务会计计提了减值准备 60 万元，税法规定固定资产减值准备在计提时不允许在税前扣除，实际发生损失时才允许在税前扣除，由此产生差异 60 万元。两者合计为 860 万元。

2. 负债的计税基础。负债的计税基础是指负债的账面价值减去该负债在未来期间计算应纳税所得额时，按照税法规定可予抵扣的金额。对于预收款项产生的负债，其计税基础为账面价值减去未来期间不征税的金额。可见，负债的计税基础是在未来期间计税时不可扣除的金额。即

负债的计税基础＝账面价值－未来可税前列支的金额

一般负债的确认和清偿不影响所得税的计算，差异主要是因从费用中提取的负债。现以简例说明：

(1) 流动负债中包括账面金额为 10 000 元的应交罚款，税法规定该项罚款不可税前扣除，则该项罚款的税基为 10 000 元 (10 000－0)。该项差异仅影响罚款支出的当期，对企业未来期间计税不产生影响，因而不产生暂时性差异。

(2) 企业一笔短期应计费用，其账面金额 20 000 元，计税时，相应的费用将在未来以现金予以抵扣，则该项流动负债应计费用的计税基础为 0；计税时，如果相关的费用已抵扣，则该应计费用的计税基础就是 20 000 元。

(3) 一项应付货款的账面价值为 10 万元。该货款的归还不会产生纳税后果，该货款的计税基础为 10 万元。

例 8—17

B 公司某年 10 月份因销售产品承诺提供 3 年的保修服务，在当年度利润表中确认 400 万元的销售费用，同时确认等额的预计负债。当年实际发生保修支出 80 万元，预计负债的期末余额为 320 万元。假定税法规定，与产品售后服务相关的费用在实际发生时准予在税前扣除。

该项预计负债在当年资产负债表日的账面价值＝3 200 000(元)

该项预计负债的计税基础＝账面价值－未来期间计算应纳税所得额时按税法规定准予扣除的金额

$=3\ 200\ 000-3\ 200\ 000=0$

（二）暂时性差异——对未来应纳税金额的影响

暂时性差异（temporary differences）是指资产、负债的账面金额（在资产负债表中应列示的金额）与其计税基础不同而产生的差额。在以后年度，当财务报表上列示的资产收回或列示的负债偿还时，暂时性差异会使应税所得额增加或减少，即导致未来期间应交所得税增加或减少。基于资产负债观，在产生暂时性差异的当期，一般应当确认相应的递延所得税负债或递延所得税资产。未作为资产和负债确认的项目，如果按照税法规定可以确定其计税基础的，该计税基础与其账面价值之间的差额也属于暂时性差异。

时间性差异侧重于从收入或费用角度分析会计利润和应税利润之间的差异，揭示的是某个会计期间内产生的差异。暂时性差异侧重于从资产和负债的角度分析某个时点上存在的账面价值与其计税基础之间的差异，这种差异可能导致相关期间会计利润和应税利润之间发生差异，也可能并不会产生相关期间会计利润和应税利润的差异。

按照暂时性差异对未来期间应税所得额的影响方向（性质），可将暂时性差异分为应纳税暂时性差异和可抵扣暂时性差异。

1. 应纳税暂时性差异。应纳税暂时性差异是指在未来收回资产或清偿负债时，会增加转回期间的应纳税所得额，即在未来期间不考虑该事项影响应纳税所得额的基础上，由于该项暂时性差异的转回，会进一步增加转回期间的应纳税所得额和应交所得税。

当资产的账面价值大于其计税基础或者负债的账面价值小于其计税基础时，产生应纳税暂时性差异。即对于资产而言，当会计口径的价值高于税收口径的价值时，在纳税时，可以在本期抵扣不缴税，等到以后再缴税；对于负债而言，当会计口径的价值小于税收口径的价值时，在纳税时，可以在本期抵扣不缴税，等到以后再缴税。

企业在应纳税暂时性差异产生的当期，应当确认相关的递延所得税负债。除非递延所得税负债是由以下情况所产生的：(1) 计税时，其摊销金额是不能抵扣的商誉。(2) 具有以下特征的交易中的资产或负债的初始确认：不是企业合并；交易时既不影响合计利润也不影响应税利润（可抵扣亏损）。但是，对于公司、分支机构和联营企业的投资以及在合营企业中的权益相关的应税暂时性差异，应根据准则有关规定确认递延所得税负债。

资产的确认意味着该资产的账面金额在未来期间将以流入企业的经济利益的形式收回。当该资产的账面金额超过其计税基础时，应税经济利益的金额也将超过计税时允许抵扣的金额。该差额就是应税暂时性差异，它构成一项递延所得税负债。当企业收回该资产账面金额时，应税暂时性差异将转回，企业将获得应税利润，这使得经济利益很可能以税款支付的方式流出企业。因此，企业应确认所有递延所得税负债。

应纳税暂时性差异示例：

(1) 某项固定资产成本为 300 万元，账面价值为 200 万元。计税累计折旧为

180 万元，该项固定资产的计税基础为 120 万元。为收回账面金额，企业必须赚得应税收益 200 万元，但只能抵扣计税折旧 120 万元。如果税率为 25%，当企业收回该资产账面金额时，应支付所得税 20 万元（80×25%）。因此，账面金额 200 万元与其计税基础 120 万元之间的差额 80 万元为应纳税暂时性差异。

（2）某企业拥有一项交易性金融资产，成本为 500 万元，期末公允价值为 750 万元。按照企业会计准则，交易性金融资产期末按公允价值计价，但依照税法，交易性金融资产持有期间，其公允价值的变动不计入应纳税所得额，即其计税基础不变。该项交易性金融资产账面价值大于计税基础的金额 250 万元为应纳税暂时性差异。

2. 可抵扣暂时性差异。可抵扣暂时性差异是指在未来期间收回资产或清偿负债时，会减少转回期间的应纳税所得额，进而减少未来期间的应交所得税。企业在可抵扣暂时性差异产生的当期，在符合条件的情况下，应当确认相关的递延所得税资产。"可抵扣"一般意味着款已经缴了，但按照税法规定不该在本期缴的，只有等到以后抵扣处理。

当资产的账面价值小于其计税基础，在经济含义上，表示资产在未来期间产生的经济利益少，而按税法规定允许税前扣除的金额多，则企业在未来期间可以减少应纳税所得额并相应减少应交所得税。

负债产生的暂时性差异实质上是税法规定该项负债可以在未来期间税前扣除的金额。当一项负债的账面价值大于其计税基础时，意味着在未来期间按税法规定构成负债的全部或部分金额可以从未来应税经济利益中扣除，即减少未来期间的应纳税所得额并相应减少应交所得税。

对于税法允许抵减以后年度利润的应抵扣亏损，虽然并非因资产、负债的账面价值与其计税基础不同而产生，但本质上与可抵扣暂时性差异具有同样的作用，即均能减少未来期间的应纳税所得额并相应减少应交所得税。因此，在会计记录上，可以视同可抵扣暂时性差异，在符合条件的情况下，应当确认相关的递延所得税资产。

可抵扣暂时性差异示例：企业将产品保修费用 100 000 元确认为负债，计入当期损益。产品保修费用于实际支付时才能抵扣应纳税所得额。该项预计负债的计税基础是 0。在以账面金额清偿该负债时，企业的未来应纳税所得额减少 100 000 元，如果税率为 25%，相应减少未来所得税支出 25 000 元。账面金额与计税基础之间的差额 100 000 元是一项可抵扣暂时性差异。

应纳税暂时性差异与可抵扣暂时性差异的识别见表 8—11。

表 8—11　　应纳税暂时性差异与可抵扣暂时性差异识别表

资产/负债	账面价值与计税基础	暂时性差异的性质	递延所得税结果
资产	＞	应纳税暂时性差异	递延所得税负债
	＜	可抵扣暂时性差异	递延所得税资产
负债	＞	可抵扣暂时性差异	递延所得税资产
	＜	应纳税暂时性差异	递延所得税负债

（三）暂时性差异——差异的产生

按照暂时性差异的产生情况，可以将暂时性差异分为以下三种类型：

1. 资产、负债的账面价值和计税基础不同而产生的差异。比较常见的有资产减值准备、具有融资性质的分期收款销售、固定资产折旧、无形资产的摊销、使用寿命不确定、公允价值计量的投资性房地产、公允价值计量且其变动计入当期损益的金融资产、权益法投资收益确认和补交所得税、售后服务等预计负债、某些预收账款、债务重组和应付薪酬延期支付等。

2. 企业合并中取得有关资产、负债产生的暂时性差异。企业合并准则指出，非同一控制下的吸收合并，购买方在购买日应当按照合并中取得的被购买方各项可辨认资产、负债的公允价值确定其入账价值。《国家税务总局关于企业合并分立业务有关所得税问题的通知》规定，如果合并企业支付给被合并企业或其股东的收购价款中，除合并企业股权以外的现金、有价证券和其他资产，不高于所支付的股权票面价值（或支付的股本的账面价值）20%时，被合并企业不确认全部资产的转让所得或损失，不计算缴纳所得税。合并企业接受被合并企业全部资产的计税成本，须以被合并企业原账面净值为基础确定。由此可见，如果符合上述条件，合并方资产、负债的账面价值与其计税基础之间会产生暂时性差异。

3. 不属于资产、负债的特殊项目产生的暂时性差异。

（1）某些交易或事项发生以后，因为不符合资产、负债的确认条件，账面价值为 0，但按照税法规定能够确定其计税基础的，其账面价值 0 与计税基础之间的差异也构成暂时性差异。例如会计准则规定修理费作为当期费用，税法规定特定条件下修理费作为长期待摊费用；企业发生的广告费和业务宣传费，限额内的部分，可以在税前扣除，超过部分准予在以后年度结转扣除。这类支出，在发生时，按照会计准则、制度规定，计入当期损益，不会形成资产，但因税法规定可以确定其计税基础，两者之间的差异即为暂时性差异。

（2）按照税法规定可以结转以后年度的未弥补亏损及税款递减，虽不是因资产、负债的账面价值与计税基础不同产生的，但与可抵扣暂时性差异具有同样的作用，均能减少未来期间的应纳税所得额，进而减少未来期间的应交所得税，在会计记录上，与可抵扣暂时性差异的处理相同，如按照税法规定允许用以后 5 年税前所得弥补的亏损。企业购置用于环境保护、节能节水、安全生产等专用设备的投资额，可以按一定比例实行税额抵免；广告费和业务宣传费支出作为当期损益，税法规定年度广告费和业务宣传费支出不得超过销售（营业）收入的 15%（另有规定除外），超过部分，准许在以后纳税年度结转扣除。

例 8—18

某股份有限公司的所得税采用资产负债表债务法核算，所得税税率为 25%。该公司某年资产负债表的有关项目见表 8—12。

表 8—12　　资产负债表的有关项目　　单位：万元

项目	年初数	年末数
存货	1 400	500
长期股权投资	0	400
固定资产	2 400	2 900
预计负债	0	480
递延所得税资产	75	—
递延所得税负债	50	—

（1）“存货跌价准备”账户年初贷方余额 300 万元，年末贷方余额 120 万元。

（2）长期股权投资系当年 3 月 1 日对甲公司的投资，初始投资成本 500 万元，采用权益法核算。由于甲公司本年发生亏损，该公司年末按应负担的亏损份额确认投资损失 100 万元，同时调整长期股权投资的账面价值。年末，未对长期股权投资计提减值准备。

（3）固定资产中包含一台 B 设备，系上年 12 月 25 日购入，原价 1 000 万元，预计净残值为 0。计税按年数总和法计提折旧，折旧年限为 4 年；财务会计采用直线法计提折旧，折旧年限为 5 年。

（4）预计负债为当年年末计提的产品保修费用 480 万元。假设除上述事项外，没有发生其他纳税调整事项。该公司当年利润表中“利润总额”项目金额为 2 000 万元。

计算该公司年末暂时性差异及因此而形成的应纳税暂时性差异、可抵扣暂时性差异。

存货产生的暂时性差异＝账面价值－计税基础
＝500－(500＋120)＝－120(万元)

长期股权投资产生的暂时性差异＝账面价值－计税基础
＝400－500＝－100(万元)

固定资产产生的暂时性差异＝账面价值－计税基础
＝800－600＝200(万元)

预计负债产生的暂时性差异＝(－1)×(账面价值－计税基础)
＝(－1)×(480－0)＝－480(万元)

存货、长期股权投资和预计负债三个项目产生的暂时性差异，计算结果均为负数，属于可抵扣暂时性差异；固定资产产生的暂时性差异，计算结果为正数，属于应纳税暂时性差异。

应纳税暂时性差异＝(正的)资产类差异＋(正的)负债类差异＝200(万元)

可抵扣暂时性差异＝(负的)资产类差异＋(负的)负债类差异
＝(－120)＋(－100)＋(－480)＝－700(万元)

第 6 节 财务会计中的所得税会计记录

一、所得税会计账户的设置

由于企业采用的所得税会计记录方法不同，企业所得税会计账户的设置也有所区别。一般应设置以下账户：

1. “所得税费用”账户。

(1) 采用应付税款法的企业，期末按应税所得额计算的本期应交所得税，记入其借方。

(2) 采用纳税影响会计法的企业，“所得税费用”核算企业根据所得税会计准则确认的、当期应从利润总额中扣除的所得税费用。

在资产负债表债务法下，本账户应按“当期所得税费用”、“递延所得税费用”进行明细核算。

资产负债表日，企业按照税法计算确定的当期应交所得税金额，借记本账户(当期所得税费用)，贷记“应交税费——应交所得税”账户。

在确认相关资产、负债时，根据所得税准则应予确认的递延所得税资产，借记“递延所得税资产”账户，贷记本账户（递延所得税费用)、“资本公积——其他资本公积”等账户；应予确认的递延所得税负债，借记本账户（递延所得税费用)、“资本公积——其他资本公积”等账户，贷记“递延所得税负债”账户。

资产负债表日，根据所得税准则应予确认的递延所得税资产大于“递延所得税资产”账户余额的差额，借记“递延所得税资产”账户，贷记本账户（递延所得税费用)、“资本公积——其他资本公积”等账户；应予确认的递延所得税资产小于“递延所得税资产”账户余额的差额，做相反的会计分录。

企业应予确认的递延所得税负债的变动，应当比照上述原则调整“递延所得税负债”账户及有关账户。

期末，应将本账户的余额转入“本年利润”账户，结转后本账户应无余额。

2. “递延所得税资产”。核算企业根据所得税准则确认的可抵扣暂时性差异产生的所得税资产。根据税法规定可用以后年度税前利润弥补的亏损产生的所得税资产，也在本账户核算；企业应当按照可抵扣暂时性差异等项目进行明细核算。

企业在确认相关资产、负债时，根据所得税准则应予确认的递延所得税资产，借记本账户，贷记“所得税费用——递延所得税费用”、“资本公积——其他资本公积”等账户。

资产负债表日，企业根据所得税准则应予确认的递延所得税资产大于本账户余额的，借记本账户，贷记“所得税费用——递延所得税费用”、“资本公积——其他资本公积”等账户；应予确认的递延所得税资产小于本账户余额的，做相反的会计分录。

资产负债表日，预计未来期间很可能无法获得足够的应纳税所得额用以抵扣可抵扣暂时性差异的，按应减记的金额，借记“所得税费用——当期所得税费用”、“资本公积——其他资本公积”账户，贷记本账户。

本账户期末借方余额，反映企业已确认的递延所得税资产的余额。

3．“递延所得税负债”账户。核算企业根据所得税准则确认的应纳税暂时性差异产生的所得税负债，企业应当按照应纳税暂时性差异项目进行明细核算。

企业在确认相关资产、负债时，根据所得税准则应予确认的递延所得税负债，借记“所得税费用——递延所得税费用”、“资本公积——其他资本公积”等账户，贷记本账户。

资产负债表日，企业根据所得税准则应予确认的递延所得税负债大于本账户余额的，借记“所得税费用——递延所得税费用”、“资本公积——其他资本公积”等账户，贷记本账户；应予确认的递延所得税负债小于本账户余额的，作相反的会计分录。

本账户期末贷方余额，反映企业已确认的递延所得税负债的余额。

4．“应交税费——应交企业所得税”账户。本章第3节已经述及。财务会计与税务会计都需要设置该账户，但在财务会计报表中，“应交税费”仅是反映其余额，而且是全部税种的余额，可以说，没有多少信息含量；而在税务会计申报表中，不仅要反映其余额，更要反映其发生额，而且一定是分税种反映，其信息内容更为丰富、更具价值。

二、应付税款法的会计处理

应付税款法（taxes payable method）是企业将本期税前会计利润与应税所得额之间的差额所造成的影响纳税的金额直接计入当期损益，而不递延到以后各期的一种所得税会计记录方法。应付税款法是税法导向的会计记录方法，执行《小企业会计准则》的企业可以采用该方法。

在应付税款法下，本期发生的时间性差异不单独核算，与本期发生的永久性差异一并处理，即应税所得额＝利润总额±永久性差异金额±时间性差异金额。将税前会计利润调整为应税所得，再按应税所得计算应交所得税，并作为本期所得税费用，即本期所得税费用等于本期应交所得税。时间性差异产生的影响所得税的金额，在会计报表中不反映为一项负债或一项资产，仅在会计报表附注中说明其影响。

例8—19

某企业全年发生超标业务招待费为3.5万元。固定资产折旧采用直线法，本年折旧额为5万元；计税采用双倍余额递减法，本年折旧额为6.5万元。年度利润表上反映的税前会计利润为100万元，所得税税率为25%。该企业本期应交所得税和所得税费用计算如下：

税前会计利润	1 000 000
加：永久性差异	35 000
减：时间性差异	15 000
应税所得额	1 020 000

所得税率	25%
本期应交所得税	255 000
本期所得税费用	255 000

会计分录如下：

借：所得税费用 255 000

贷：应交税费——应交企业所得税 255 000

实际上缴所得税时：

借：应交税费——应交企业所得税 255 000

贷：银行存款 255 000

三、纳税影响会计法的会计处理

纳税影响会计法（tax effect accounting）是将本期税前会计利润与应税所得额之间产生的暂时性差异造成的影响纳税的金额，递延和分配到以后各期（即将本期产生的暂时性差异对所得税的影响采取跨期分摊）的一种所得税会计记录方法。采用纳税影响会计法，所得税被视为企业在获得收益时发生的一种费用，并应随同有关的收入和费用计入同一纳税期内，以达到收入和费用的配比。时间性（暂时性）差异影响的所得税额，包括在利润表中的所得税费用项目以及资产负债表中的递延税款余额内。

采用纳税影响会计法时，在时间性（暂时性）差异所产生的递延税款借方金额的情况下，为了谨慎起见，如在以后转回暂时性差异的影响期内（一般为3年），有足够的应纳税所得额予以转回的，才能确认时间性（暂时性）差异的所得税影响金额，并作为递延税款的借方反映；否则，应于发生当期视同永久性差异处理。我国的所得税会计在采用纳税影响会计法时，采用的是部分摊配方式，即对递延税款贷项不作限制，对递延税款借项作了限制，体现会计记录的谨慎性原则。

纳税影响会计法包括递延法与债务法两种方法，而债务法又分为利润表（损益表）债务法和资产负债表债务法两种具体方法。目前，包括FASB颁布的《SFAS109：所得税的会计记录》（1991年12月16日生效）、IASC颁布的《IAS12：所得税》（1998年1月1日或以后日期生效，IASB于2004年予以确认）以及我国的《CAS18：所得税》等均已取消递延法（deferred method）而主张采用债务法中的资产负债表债务法，但英国等国目前仍采用利润表债务法。

四、资产负债表债务法的会计处理

（一）资产负债表债务法的基本含义、计算公式和基本程序

资产负债表债务法又称资产负债表法，它是以估计转销年度的所得税税率为依据，计算递延税款的一种所得税会计记录方法。

资产负债表债务法从暂时性差异产生的本质出发，分析暂时性差异产生的原因及其对企业期末资产和负债的影响，体现“资产负债观”。资产负债表债务法以资产负债表为基础，注重暂时性差异。暂时性差异侧重于从资产和负债的角度分

析某个时点存在的账面价值与其计税基础之间的差异，这种差异可能导致相关期间会计利润和应税利润之间发生差异，也可能并不会产生相关期间会计利润和应税利润的差异。

在资产负债表债务法下，仅确认暂时性差异的所得税影响，因为永久性差异不会产生资产、负债的账面价值与其计税基础的差异，即不会形成暂时性差异，对企业在未来期间的计税没有影响，不会产生递延所得税，因此，其差异应在发生当期进行所得税纳税调整。资产负债表债务法采用“递延所得税资产”和“递延所得税负债”的概念，将“递延税款”的外延大大扩展，并且更具实际意义。在资产负债表中，递延所得税资产和递延所得税负债应与当期所得税资产和负债分别列报。

在资产负债表债务法下，应根据《企业所得税法》确认计量企业的本期应纳税所得额，并按应纳税所得额和现行适用税率计算本期应交所得税；再根据《企业会计准则》确认、计量企业同期期末暂时性差异及结转以后年度的本期弥补亏损与所得税抵减，计算递延所得税负债（或资产）的期末余额，并将递延所得税负债（或资产）的期末余额与期初余额的差额，作为递延税款费用（或收益）；最后将应交所得税加、减递延税款费用（或收益），即为所得税费用（或收益）。

按照上述程序，在资产负债表债务法下，有关计算公式表示如下：

（1）应交企业所得税，即应纳税额的计算，见本章第 2 节。

（2）期末递延所得税资产＝可抵扣暂时性差异期末余额×预计税率

（3）期末递延所得税负债＝应纳税暂时性差异期末余额×预计税率

（4）当期递延所得税负债（资产）＝期末递延所得税负债（资产）－期初递延所得税负债（资产）

（5）所得税费用（收益）＝应交所得税＋（期末递延所得税负债－期初递延所得税负债）－（期末递延所得税资产－期初递延所得税资产）

或　＝应交所得税＋期初递延所得税净资产—期末递延所得税净资产

或　＝应交所得税＋净递延所得税资产

或　＝当期所得税费用±递延所得税费用（收益）

资产负债表债务法适用于对所有暂时性差异的处理，处理时应遵循以下步骤：

（1）确定一项资产或负债的税基（计税基础）；

（2）分析、计算暂时性差异；

（3）确认由于暂时性差异造成的递延所得税负债或资产；

将递延所得税负债或资产及相应的所得税费用或收益在财务报表中予以列示。

（二）递延所得税负债的确认计量

在资产负债表债务法下，企业一般应于资产负债表日，分析比较资产、负债的账面价值与其计税基础，将两者之间的应纳税暂时性差异与适用税率的乘积，确认为递延所得税负债。对在企业合并等特殊交易或事项中取得的资产和负债，应于购买日确认相关的递延所得税负债。企业在确认计量递延所得税负债时，应遵循以下规则：

1. 适用税率的确定。应当采用预期清偿该负债期间的适用税率，即应纳税暂时性差异转回期间的适用税率。若预计在应纳税暂时性差异转回期间，企业所得税税率不会发生变化，可直接采用现行税率；若预计转回期间会发生税率变动，则采用变动后的税率。

2. 在确认递延所得税负债的同时，应确认相应的递延所得税费用，并分别以下情况：

（1）在企业合并中产生的递延所得税费用，应调整企业合并中所确认的商誉。如非同一控制下企业合并产生的应纳税暂时性差异或可抵扣暂时性差异，在确认递延所得税负债或递延所得税资产的同时，相关的递延所得税费用（或收益），通常应调整企业合并中所确认的商誉。

（2）由直接计入所有者权益的交易或事项（如可供出售金融资产公允价值的变动），引起相关资产、负债的账面价值与计税基础的应纳税暂时性差异，进而产生的递延所得税费用，计入资本公积（其他资本公积）。

（3）其他递延所得税费用均计入本期所得税费用。

3. 企业对与子公司、联营企业及合营企业投资相关的应纳税暂时性差异，应当确认相应的递延所得税负债，但同时满足下列条件者除外：

（1）投资企业能够控制暂时性差异转回的时间；

（2）该暂时性差异在可预见的未来很可能不会转回。

4. 对商誉的初始确认，对在会计利润、应纳税所得额和可抵扣亏损均无影响的交易（企业合并除外）中产生的资产或负债的初始确认，其所产生的应纳税暂时性差异不确认递延所得税负债。

5. 我国规定，企业不必对递延所得税负债折现。

（三）递延所得税负债确认计量的案例解析

例 8—20

第1年12月26日，AB公司购入一台价值80 000元不需要安装的设备。该设备预计使用期限为4年，财务会计采用直线法计提折旧（不考虑残值），税务会计采用年数总和法计提折旧（不考虑残值）。假定AB公司每年的利润总额均为100 000元，无其他纳税调整项目，设每年所得税税率为25%。会计记录如下：

第2年，财务会计计提折旧20 000元（80 000÷4），设备的账面价值为60 000元（80 000－20 000）；税务会计计提折旧32 000元（80 000×4÷（1＋2＋3＋4）），设备的计税基础为48 000元（80 000－32 000）。设备的账面价值与计税基础之间的差额为12 000元（60 000－48 000）。确认的账面价值比资产的计税基础高，应确认为递延所得税负债3 000元（12 000×25%）。第2年，应缴企业所得税为22 000元（[100 000－(32 000－20 000)]×25%）。

借：所得税费用	25 000
贷：应交税费——应交企业所得税	22 000
递延所得税负债	3 000

第3年，财务会计计提折旧20 000元，设备的账面价值为40 000元；税务会计计提折旧24 000元（80 000×3÷(1＋2＋3＋4)），设备的计税基础为24 000元

(48 000－24 000)。设备的账面价值与计税基础之间的差额 16 000 元 (40 000－24 000)，为累计应确认的应纳税暂时性差异。确认的账面价值比资产的计税基础高，应确认为递延所得税负债。年底，应保留的递延所得税负债余额为 4 000 元 (16 000×25%)，年初余额为 3 000 元，应再确认递延所得税负债 1 000 元 (4 000－3 000)。第 3 年，应缴企业所得税 24 000 元 ([100 000－(24 000－20 000)]×25%)。

借：所得税费用　25 000

　贷：应交税费——应交企业所得税　24 000

　　　递延所得税负债　1 000

第 4 年，财务会计计提折旧 20 000 元，设备的账面价值为 20 000 元；税务会计计提折旧 16 000 元 (80 000×2÷(1＋2＋3＋4))，设备的计税基础为 8 000 元 (24 000－16 000)。设备的账面价值与计税基础之间的差额 12 000 元 (20 000－8 000)，为累计应确认的应纳税暂时性差异。第 4 年底，应保留的递延所得税负债余额为 3 000 元 (12 000×25%)，年初余额为 4 000 元，应转回递延所得税负债 1 000 元 (4 000－3 000)。第 4 年，应缴企业所得税 26 000 元 ([100 000＋(20 000－16 000)]×25%)。

借：所得税费用　25 000

　　递延所得税负债　1 000

　贷：应交税费——应交企业所得税　26 000

第 5 年，财务会计计提折旧 20 000 元，设备的账面价值为 0；税务会计计提折旧 8 000 元 (80 000×1÷ (1＋2＋3＋4))，设备的计税基础为 0 (8 000－8 000)。设备的账面价值与计税基础之间的差额为 0。年底，应保留的递延所得税负债余额也为 0，年初余额为 3 000 元，应转回递延所得税负债 3 000 元。第 5 年，应缴企业所得税 28 000 元 ([100 000＋(20 000－8 000)]×25%)。

借：所得税费用　25 000

　　递延所得税负债　3 000

　贷：应交税费——应交企业所得税　28 000

(四) 递延所得税资产的确认计量

在资产负债表债务法下，企业一般应于资产负债表日，分析比较资产、负债(包括筹建费用、税款抵减、未弥补亏损等) 的账面价值与其计税基础，将两者之间的可抵扣暂时性差异与适用税率的乘积，确认为递延所得税资产。对在企业合并等特殊交易或事项中取得的资产和负债，应于购买日确认相关的递延所得税资产。企业在确认计量递延所得税资产时，应遵循以下规则：

1. 对适用税率的确定，参见递延所得税负债的确认计量。

2. 在确认递延所得税资产的同时，应确认相应的递延所得税收益，其处理规则参见递延所得税负债的确认计量。

3. 企业对与子公司、联营企业及合营企业投资相关的可抵扣暂时性差异，在同时满足下列条件时，应确认相应的递延所得税资产：

(1) 暂时性差异在可预见的未来很可能转回；

(2) 未来很可能获得用来抵扣可抵扣暂时性差异的应纳税所得额。

4. 对于既不影响会计利润也不影响应纳税所得额或可抵扣亏损的交易（企业合并除外），在交易发生时因资产或负债的初始确认所产生的递延所得税资产不予确认。

5. 确认由可抵扣暂时性差异产生的递延所得税资产时，应当以未来期间很可能取得用以抵扣可抵扣暂时性差异的应纳税所得额为限。企业在确定未来期间很可能取得的应纳税所得额时，应当包括未来期间正常生产经营活动实现的应纳税所得额和在可抵扣暂时性差异转回期间因应纳税暂时性差异的转回而增加的应纳税所得额，并应提供相关的证据。

6. 在资产负债表日，若有确凿证据表明未来期间很可能获得足够的应纳税所得额用来抵扣可抵扣暂时性差异的，应当确认以前期间未确认的递延所得税资产。

7. 在资产负债表日，企业应当对递延所得税资产的账面价值进行复核。如果未来期间很可能无法获得足够的应纳税所得额用以抵扣递延所得税资产的利益，应当减记递延所得税资产的账面价值；当在很可能获得足够的应纳税所得额时，减记的金额应当转回。

8. 我国规定，企业不必对递延所得税资产折现。

例 8—21

M 公司第 1 年 12 月 20 日购置了一台设备，价值为 52 万元，公司预计该设备使用寿命为 5 年，预计净残值为 2 万元，采用年限平均法计提折旧。该公司第 2 年至第 6 年每年扣除折旧和所得税之前的利润为 110 万元，该项政策与税法要求相符。第 4 年 12 月 31 日，公司在进行检查时发现该设备发生减值，可收回金额为 10 万元。假设整个过程不考虑其他相关税费，该设备在第 4 年 12 月 31 日以前没有计提固定资产减值准备，重新预计净残值仍为 2 万元，预计使用寿命没有发生变更。假定按年度计提固定资产折旧，企业所得税率为 25%，有关会计记录如下：

第一步：确定一项资产或负债的税基及其暂时性差异（见表 8—13）。

表 8—13　**暂时性差异计算表**　单位：万元

年份	原值	净残值	本期计提折旧	累计折旧	本期计提减值准备	累计计提准备	账面价值	税基	暂时性差异
第 2 年	52	2	10	10	0	0	42	42	0
第 3 年	52	2	10	20	0	0	32	32	0
第 4 年	52	2	10	30	12	12	10	22	12
第 5 年	52	2	4	34	0	12	6	12	6
第 6 年	52	2	4	38	0	12	2	2	0

注：(1) 账面价值为资产原值－累计折旧－累计减值准备，如第 4 年账面价值＝52－10×3－12＝10 万元；累计折旧、累计减值准备与账面价值之和与原值相差 2 万元，是残值。本例中，残值不存在暂时性差异。

(2) 税基为当企业收回该资产的账面金额时，为纳税目的将可抵扣的未来流入企业的任何应税经济利益的金额。如第 4 年税基＝52－10×3＝22 万元。

本例中，第 2 年 1 月 1 日至第 3 年 12 月 31 日，甲公司每年计提折旧金额为 10 万元（(52－2)÷5），两年累计折旧金额为 20 万元。每年会计分录为：

借：制造费用等　　100 000

　贷：累计折旧　　100 000

设无其他纳税调整事项，在这 2 年内，无论会计或是税法，均以 10 万元折旧计提数作为利润的扣除，会计的账面价值与税基并不存在任何差异，均为 32 万元（52－20）。

计提所得税会计分录为：

借：所得税费用（(1 100 000－100 000)×25%）　250 000

　贷：应交税费——应交企业所得税（(1 100 000－100 000)×25%）　250 000

第二步，确认递延所得税资产或是递延所得税负债。

本例中，第 4 年 12 月 31 日，在不考虑计提减值准备因素情况下计算确定的固定资产账面净值为 22 万元（52－30）；可收回金额为 10 万元。因此，该公司应计提固定资产减值准备金额为 12 万元，其会计分录为：

借：资产减值损失　120 000

　贷：固定资产减值准备　120 000

第 4 年 12 月 31 日固定资产发生减值时，应先对固定资产计提折旧，然后才能进行计提固定资产减值准备的会计记录。

这时，资产的账面价值与其税基产生了差异。会计的账面价值为 10 万元（52－30－12），税基为 22 万元，资产账面价值比资产的计税税基低，产生可抵扣暂时性差异 12 万元。应确认递延所得税资产 3 万元（12×25%），即递延所得税资产应记借方。

第三步，以所得税费用为轧平账，编制会计分录为：

借：所得税费用（250 000－30 000）　220 000

　　递延所得税资产　30 000

　贷：应交税费——应交企业所得税（(1 100 000－100 000)×25%）　250 000

在资产负债表债务法中，当资产的账面价值低于资产的计税基础时，应确认递延所得税资产，递延所得税资产记借方，所得税费用为应交所得税与递延所得税资产之差；反之，如果确认的资产账面价值比资产的计税基础高，则应确认为递延所得税负债，递延所得税负债记贷方，所得税费用则应为递延所得税负债与应交所得税之和。

第 5 年至第 6 年每年计提折旧时，应按该设备第 4 年 12 月 31 日计提减值准备后的固定资产账面价值 10 万元和尚可使用寿命 2 年，预计净残值 2 万元，重新计算确定折旧率和折旧额，即每年计提折旧金额 4 万元（(10－2）÷2)。每年的会计分录为：

借：制造费用等　40 000

　贷：累计折旧　40 000

第 5 年账面价值为 6 万元，税基为 12 万元，暂时性差异为 6 万元，且账面价值低于税基，应确认为递延所得税资产 1.5 万元（6×25%）①。

---

① 即期末应保留的账面余额，因期初递延所得税资产余额为 30 000 元，本期应予转回 15 000 元。

借：所得税费用　　265 000

　贷：递延所得税资产　　15 000

　　应交税费——应交企业所得税（(1 100 000－100 000)×25%）　　250 000

第 6 年设备报废前计提折旧 4 万元，其账面价值为 2 万元，税基 2 万元，暂时性差异为 0，转回递延所得税资产余额。报废时，残值 2 万元，应交所得税为 25.5 万（(110－10＋2)×25%），会计分录为：

借：制造费用等　　40 000

　贷：累计折旧　　40 000

借：所得税费用　　270 000

　贷：递延所得税资产　　15 000

　　应交税费——应交企业所得税　　255 000

（五）所得税费用的会计处理

所得税费用包括当期所得税费用和递延所得税费用（收益）。企业根据暂时性差异与所得税税率的乘积，可以确定递延所得税资产、递延所得税负债，进而确定递延所得税费用。在税务会计计算出应交企业所得税后，财务会计中的利润表就可以反映当期所得税费用与递延所得税费用（收益）之和的“所得税费用”。

例 8—22

MT 公司税务会计年终经过纳税调整后，确定应纳税所得额 800 万元。财务会计预计公司未来期间能够产生足够的应纳税所得额用以抵扣暂时性差异。年末，根据公司资产、负债项目及其计税基础，暂时性差异计算见表 8—14。

表 8—14　　暂时性差异计算表　　单位：万元

资产、负债项目	账面价值	计税基础	应纳税暂时性差异	可抵扣暂时性差异
固定资产	1 200	1 100	100	
无形资产	260	0	260	
预计负债	140	0		140
合 计	—	—	360	140

假定除上述资产、负债项目外，其他资产、负债项目账面价值与计税基础不存在差异，而且递延所得税资产、递延所得税负债均不存在期初余额，适用所得税税率为 25%。所得税的有关计算如下：

应交企业所得税＝800×25%＝200(万元)

递延所得税负债＝360×25%＝90(万元)

递延所得税资产＝140×25%＝35(万元)

递延所得税费用＝90－35＝55(万元)

所得税费用合计＝200＋55＝255(万元)

根据计算结果，作会计分录如下：

借：所得税费用——当期所得税费用 2 000 000
　贷：应交税费——应交企业所得税 2 000 000
借：所得税费用——递延所得税费用 900 000
　贷：递延所得税负债 900 000
借：递延所得税资产 350 000
　贷：所得税费用——递延所得税费用 350 000

本章重点

企业所得税的确认计量、会计记录和纳税申报。

本章难点

企业所得税年度纳税申报表（A类）的填制、资产负债表债务法及其应用。

基本训练

一、简答题

1. 如何界定企业所得税的纳税人？
2. 如何界定企业所得税的不征税收入与应税收入？
3. 简述企业所得税的税前扣除原则、扣除项目及其扣除标准。
4. 企业已经计提而未实际发放的工薪是否允许在税前扣除？
5. 如何计算居民企业的应纳税所得额？
6. 应纳税所得额与实际应纳税所得额有何区别？
7. 应付税款法有何优点、有何局限性？
8. 简述暂时性差异的产生及其分类。
9. 简述资产负债表债务法的会计处理程序。

二、单项选择题

1. 下列各项中，不属于企业所得税纳税人的企业是（　　）。

A. 在外国成立但实际管理机构在中国境内的企业

B. 在中国境内成立的外商独资企业

C. 在中国境内成立的个人独资企业

D. 在中国境内未设立机构、场所，但有来源于中国境内所得的企业

2. 非居民企业在中国境内未设立机构、场所的，或者虽设立机构、场所但取得的所得与其所设机构、场所没有实际联系的，其来源于中国境内的所得应缴纳的所得税，实行源泉扣缴，以（　　）为扣缴义务人。

A. 支付人　　B. 代收人　　C. 代理人　　D. 受让者

3. 根据企业所得税法的规定，下列收入中可以不征企业所得税的是（　　）。

A. 金融债券利息收

B. 非营利性组织从事生产经营活动的收入

C. 已做坏账损失处理后又收回的应收账款

D. 依法收取并纳入财政管理的政府性基金

4. 某企业盈亏状况如下表，其7年共缴纳企业所得税（　　）万元。

年度	1	2	3	4	5	6	7
所得（万元）	－100	－30	20	20	20	30	40

A. 0　　B. 2.43　　C. 10　　D. 1.62

5. 企业为开发新技术、新产品、新工艺发生的研究开发费用，未形成无形资产计入当期损益的，在按照规定据实扣除的基础上，按研究开发费用的（　　）加计扣除；形成无形资产的，按无形资产成本的150%摊销。

A. 150%　　B. 100%　　C. 50%　　D. 20%

6. 非居民企业取得税法规定的所得，以（　）为纳税地点。

A. 机构、场所所在地　　B. 注册地

C. 实际管理机构所在地　　D. 扣缴义务人所在地

7. 以下各项税金不允许从应税收入总额中扣除的是（　　）。

A. 消费税　　B. 资源税　　C. 增值税　　D. 营业税

8. 《企业会计准则第18号——所得税》主张我国企业所得税会计处理采用（　　）。

A. 应付税款法　　B. 递延法

C. 利润表债务法　　D. 资产负债表债务法

三、多项选择题

1. 下列各项中，属于企业所得税法中“其他收入”的有（　　）。

A. 债务重组收入　　B. 视同销售收入

C. 资产溢余收入　　D. 补贴收入

2. 企业所得税税前扣除的确认原则应体现以下内容（　　）。

A. 权责发生制原则　　B. 配比原则

C. 相关性原则　　D. 确定性原则

E. 合理性原则

3. 根据企业所得税法的规定，下列收入属于征税收入的有（　　）。

A. 特许权使用费收入　　B. 财产转让收入

C. 劳务收入　　D. 国债利息收入

4. 根据企业所得税法的规定，下列收入的确认正确的有（　　）。

A. 权益性投资收益，按照投资方取得投资收益的日期确认收入的实现

B. 利息收入，按照合同约定的债务人应付利息的日期确认收入的实现

C. 租金收入，按照实际收取租金的日期确认收入的实现

D. 特许权使用费收入，按照合同约定的特许权使用人应付特许权使用费的日期确认收入的实现

5. 根据企业所得税法的规定，下列关于企业所得税扣除项目的说法中正确的有（　　）。

A. 企业按规定为自有小汽车缴纳保险费，准予扣除

B. 企业扩大经营，以经营租赁方式租入机器设备的租赁费，按照租赁期限均匀扣除

C. 企业发生的公益性捐赠支出，不超过销售（营业）收入总额12%的部分，准予扣除

D. 企业转让固定资产发生的费用，允许扣除

6. 下列项目中，不可以从应纳税所得额中扣除的有（　　）。

A. 企业支付的违约金

B. 企业之间支付的管理费

C. 企业内营业机构之间支付的租金

D. 非银行企业内营业机构之间支付的利息

7. 下列属于永久性差异的有（　　）。

A. 各项税收的滞纳金、罚金和罚款

B. 非救济性、非公益性捐赠和赞助支出

C. 企业购买国债的利息收入

D. 贿赂等违法支出

8. 暂时性差异是指资产或负债的计税基础与其列示在财务报表上的账面金额之间的差异。按照暂时性差异对未来期间应税金额的影响，分为（　　）两种差异。

A. 应纳税暂时性差异　　B. 可抵扣暂时性差异

C. 永久性差异　　D. 时间性差异

四、计算题

1. 企业某年全年实现收入总额 8 000 万元，含国债利息收入 7 万元、金融债券利息收入 20 万元、从被投资公司分回的税后利润 38 万元。后经聘请的会计师事务所审计，发现有关税收问题如下：

(1) 12 月份，以自产公允价值 47 万元的货物清偿应付账款 50 万元，公允价值与债务的差额债权人不再追要。清偿债务时企业直接以 50 万元分别冲减了应付账款和存货成本。

(2) 12 月份转让一项无形资产的所有权，取得收入 60 万元未作收入处理，该项无形资产的账面成本 35 万元也未转销。

(3) 12 月份通过当地政府机关向贫困山区捐赠家电产品一批，成本价 20 万元，市场销售价格 23 万元。企业核算时按成本价格直接冲减了库存商品。

(4) 企业全年发生的业务招待费 45 万元。

要求：计算业务招待费应调整的应纳税所得额。

2. 企业于某年 12 月 20 日取得的某项环保用固定资产，原价为 300 万元，使用年限为 10 年，会计上采用直线法计提折旧，净残值为 0。假定税法规定类似环

保用固定资产采用加速折旧法计提的折旧可予税前扣除，该企业在计税时采用双倍余额递减法计列折旧，净残值为0。次年12月31日，企业估计该项固定资产的可收回金额为220万元。

要求：

(1) 确认计量该项固定资产的账面价值；

(2) 确认计量该项固定资产的计税基础。

3. 某企业某年度财务会计报表中的利润总额为100万元，已累计预缴企业所得税25万元。该企业当年其他有关情况如下：

(1) 发生的公益性捐赠支出18万元；

(2) 开发新技术的研究开发费用20万元（未形成资产）；

(3) 直接向某足球队捐款35万元；

(4) 支付诉讼费2.3万元；

(5) 支付违反交通法规罚款0.8万元。

要求：

(1) 计算甲企业公益性捐赠支出所得税前纳税调整额；

(2) 计算甲企业研究开发费用所得税前扣除数额；

(3) 计算甲企业当年应纳税所得额；

(4) 计算甲企业当年应纳所得税额；

(5) 计算甲企业当年应汇算清缴的所得税额。

五、会计核算题

1. 甲企业于某年12月31日购入某机器设备，会计上采用直线法计提折旧，税法规定允许采用加速折旧，其取得成本为100万元，使用年限为10年，净残值为0，计税时按双倍余额递减法计列折旧。不考虑中期报告的影响。该企业适用的所得税税率为25%。

要求：确认递延所得税负债并作会计处理。

2. 某公司在开始正常生产经营活动之前发生了500万元的筹建费用，该费用在发生时已计入当期损益，按照税法规定，企业在筹建期间发生的费用，允许在开始正常生产经营活动之后5年内分期计入应纳税所得额。假定该企业在开始生产经营当期，除筹建费用的会计处理与税务处理存在差异外，不存在其他会计和税收之间的差异。（所得税税率为25%。）

要求：确认计量递延所得税资产并作会计处理。

3. 某公司有一个商业房地产的固定资产500万元，残值率为5%，会计上以建筑物使用年限50年作折旧年限，每年计提折旧9.5万元（按直线法，下同），税法规定最低折旧年限20年，每年计提折旧23.75万元。假设该公司每年的利润总额均为100万元，无其他纳税调整项目，所得税税率为25%。

要求：根据上述资料，不考虑其他因素，确认递延所得税资产或递延所得税负债，并作会计处理。

六、案例题

案例1：某企业在所得税汇算清缴时，根据《企业所得税法》第十条第三款、第四款的规定："在计算应纳税所得额时，下列支出不得扣除：（三）税收滞纳金；（四）罚金、罚款和被没收财物的损失。"因此，企业对上一年度账簿记录中的以下各项罚款和罚息作了纳税调整：

(1) 因以前月份少申报税款，向税务机关缴纳罚款及滞纳金共计 8 000 元；

(2) 因违反有关规章制度，被工商部门处罚 50 000 元；

(3) 向工商银行贷款，逾期归还款项，被银行加收罚息 5 000 元；

(4) 单位的司机因交通违章被罚款合计 1 000 元；

(5) 因消防设施维护不到位，受到消防大队的处罚，交纳罚款 6 万元，取得了相关凭证；

(6) 与其他企业签订合同，因未按照合同相关要求执行，支付违约金 10 000 元，取得了相关发票；

(7) 逾期缴纳社会保险费而被征收的滞纳金和利息共计 3 000 元；

(8) 未按要求履行合同而支付罚款 15 000 元。

合计金额 152 000 元。

企业依据《企业所得税法》第十条第三款、第四款的规定，在年度企业所得税纳税申报时，对上述八项罚没费用全额调整增加应纳税所得额，并据以计算申报补缴企业所得税 38 000 元。

分析要求：该企业的所得税纳税调整和申报是否正确？

案例 2：某制药企业为居民企业，系增值税一般纳税人。某年度相关生产经营业务如下：

(1) 企业坐落在某县城，全年实际占地 50 000 平方米，其中，厂房占地 40 000 平方米，办公楼占地 4 500 平方米，医务室占地 900 平方米，幼儿园占地 1 600 平方米，厂区内道路及绿化占地 3 000 平方米。

(2) 企业拥有货车 20 辆（每辆自重吨位 30 吨），客货两用车 5 辆（每辆自重吨位 2 吨、乘 4 人），通勤用的大型客车 5 辆（每辆乘 50 人），5 座小轿车 8 辆。

(3) 当年销售药品共计 12 000 万元（不含税价格）；购进已税原料，取得增值税专用发票，注明购货金额 3 000 万元、进项税额 510 万元，原料全部验收入库；支付购货的运输费用 300 万元，装卸费和保险费 60 万元，取得运输公司及其他单位开具的普通发票；收购农民种植的中草药原药，在经主管税务机关批准使用的收购凭证上注明买价，累计 4 000 万元；另外，医务室当年直接领用了本厂生产的 200 万元（按同类不含税价格计算）药品，与之对应的成本核算在销售产品成本中。

(4) 全年应扣除的销售产品成本 7300 万元，发生销售费用 3 100 万元，发生财务费用 300 万元，发生管理费用 900 万元（未包括应计入管理费用中的税金）。

(5) 3 月份，企业接受其关联企业赠予的机器设备一台并于当月投入使用，发票所列金额为 550 万元，企业自己负担的运输费、保险费和安装调试费 50 万元；全年计入成本、费用的固定资产折旧为 55 万元，企业采用直线折旧法，期限为 10 年，残值率为 5%。

(6) 所发生的财务费用中包括支付银行贷款的利息 180 万元和向其他企业支

付借款 1 500 万元的本年利息 120 万元（同期银行贷款年利率为 6%）。

(7) 所发生的销售费用中含有实际支出的广告宣传费 3 070 万元。

(8) 所发生的管理费用中包含业务招待费 124 万元。

（说明：城镇土地使用税每平方米税额 3 元，载货汽车年纳税额每吨 30 元，乘人汽车 9 座以下的年纳税额 420 元，9 座以上的年纳税额 540 元。）

根据上述资料，该企业进行了相关的纳税调整并计算当年应缴企业所得税。

(1) 允许扣除项目金额。

1) 应纳城镇土地使用税＝(50 000－900－1 600)×3＝14.25（万元）

2) 应纳车船税＝20×30×30＋5×2×30＋5×540＋8×420＝2.44（万元）

3) 销项税额＝12 000×17%＋200×17%＝2 074（万元）

可以抵扣的进项税额＝510＋300×7%＋4 000×13%＝1 051（万元）

应纳增值税＝2 074－1 051＝1 023（万元）

4) 应纳城市维护建设税和教育费附加＝1 023×(5%＋3%)＝81.84（万元）

5) 允许扣除的机器设备的折旧费用＝(550＋50)×(1－5%)÷10÷12×9＝42.75（万元）

6) 允许扣除的财务费用＝180＋120＝300（万元）

7) 允许扣除的广告费用和业务宣传费＝3 070（万元）

8) 允许扣除的业务招待费用＝124（万元）

(2) 收入总额。

企业收入总额＝12 000＋200＝12 200(万元)

(3) 应纳税所得额。

应纳税所得额＝200－14.25－2.44－1 023－81.84－42.75－300－3 070－124
＝7 541.72(万元)

(4) 应纳企业所得税。

应纳企业所得税＝7 541.72×25%＝1 885.43(万元)

分析要求：请问该企业该年度纳税申报是否正确？如不正确，请指出错误之处，并重新计算应纳税所得额和应缴企业所得税。

第9章

个人所得税会计

学习目标

1. 了解个人所得税的税制要素；
2. 理解个人所得税代扣代缴的计算、记录与申报；
3. 掌握非法人企业个人所得税的计算、记录与申报。

引　言

个人所得税的纳税人都是"个人"吗？某些类型的"企业"是否也是个人所得税的纳税人？纳税人与负税人是何关系？他们与纳税会计主体又是什么关系呢？

企业代扣代缴个人所得税与非法人企业缴纳个人所得税，其纳税申报是否相同呢？

第1节　个人所得税税制要素

一、个人所得税的纳税人和纳税范围

个人所得税（personal income tax）是对个人（自然人）的各项应税所得征收的一种直接税。根据个人所得税法规定，在中国境内有住所，或者无住所而在境内居住满一年的个人，从中国境内和境外取得的所得，应依照税法缴纳个人所得税；在中国境内无住所又不居住，或者无住所而在境内居住不满一年的个人，从中国境内取得的所得，也应依法缴纳个人所得税。

个人所得税的纳税人分为居民纳税人和非居民纳税人两种，居民纳税人承担无限纳税义务，应就其来源于中国境内、境外的所得纳税；非居民纳税人承担有限纳税义务，仅就其来源于中国境内的所得纳税。个人所得税纳税义务和纳税范围如表 9—1 所示。

表 9—1　　个人所得税纳税义务和纳税范围

判定标准	居住时间	纳税人性质	纳税义务	境内所得		境外所得	
				境内支付	境外支付	境内支付	境外支付
境内有住所；无住所而在境内居住满一年	1～5 年	居民纳税人	无限纳税义务	纳税	纳税	纳税	免税
	5 年以上			纳税	纳税	纳税	纳税
境内无住所又不居住；无住所而在境内居住不满一年	90 日或 183 天内	非居民纳税人	有限纳税义务	纳税	免税	不纳税	不纳税
	90 日或 183 天内～1 年			纳税	纳税	不纳税	不纳税

二、个人所得税的应税项目

我国现行个人所得税实行分项课征制①，应税所得项目有：工资、薪金所得；个体工商户、个人独资企业、合伙人是自然人的合伙企业的生产经营所得；对企事业单位的承包经营、承租经营所得；劳务报酬所得；稿酬所得；特许权使用费所得；储蓄存款利息、股息、红利所得；个人从事彩票代销所得；个人股票期权所得；财产租赁所得；财产转让所得；偶然所得；经国务院财政部门确定征税的其他所得。

三、个人所得税的税率

1. 七级超额累进税率。适用于工资、薪金所得（税率表见表 9—2）。

表 9—2　　工资、薪金所得税税率表

级数	全月应纳税所得额		税率（%）	速算扣除数
	含税级距	不含税级距		
1	不超过 1 500 元的部分	不超过 1 455 元的部分	3	0
2	超过 1 500 元至 4 500 元的部分	超过 1 455 元至 4 155 元的部分	10	105
3	超过 4 500 元至 9 000 元的部分	超过 4 155 元至 7 755 元的部分	20	555
4	超过 9 000 元至 35 000 元的部分	超过 7 755 元至 27 255 元的部分	25	1 005
5	超过 35 000 元至 55 000 元的部分	超过 27 255 元至 41 255 元的部分	30	2 755
6	超过 55 000 元至 80 000 元的部分	超过 41 255 元至 57 505 元的部分	35	5 505
7	超过 80 000 元的部分	超过 57 505 元的部分	45	13 505

注：(1) 本表所列含税级距与不含税级距，均为按照税法规定减除有关费用后的所得额；
(2) 含税级距适用于由纳税人负担税款的工资、薪金所得；不含税级距适用于由他人（单位）代付税款的工资、薪金所得。

① 个人所得税的征收模式有分项课征、综合课征和混合课征三种类型。

2. 五级超额累进税率。适用于个体工商户、个人独资企业、合伙企业的生产经营所得和对企事业单位的承包、承租经营所得（税率表见表9—3）。

表9—3 个体工商户的生产、经营所得和对企事业单位的承包经营、承租经营所得适用的税率表

级数	全年应纳税所得额		税率（%）	速算扣除数
	含税级距	不含税级距		
1	不超过15 000元的部分	不超过14 250元的部分	5	0
2	超过15 000元至30 000元的部分	超过14 250元至27 750元的部分	10	750
3	超过30 000元至60 000元的部分	超过27 750元至51 750元的部分	20	3 750
4	超过60 000元至100 000元的部分	超过51 750元至79 750元的部分	30	9 750
5	超过100 000元的部分	超过79 750元的部分	35	14 750

注：（1）本表所列含税级距与不含税级距，均为按照税法规定以每一纳税年度的收入总额减除成本、费用以及损失后的所得额；

（2）含税级距适用于个体工商户的生产、经营所得和由纳税人负担税款的对企事业单位的承包经营、承租经营所得；不含税级距适用于由他人（单位）代付税款的对企事业单位的承包经营、承租经营所得。

3. 比例税率。适用于个人所得税的其他八个应税项目，比例税率为20%。

（1）稿酬所得。鉴于稿酬所得的特殊性，在按20%比例税率计算的基础上，再按应纳税额减征30%。

（2）劳务报酬所得。对一次收入超过2万元的畸高所得，实行加成征收，它实际上是一种特殊的、延伸的超额累进税率（税率表见表9—4）。

表9—4 劳务报酬所得适用的税率表

级数	应纳税所得额	不含税收入额	税率（%）	速算扣除数	换算系数
1	不超过3 200元的部分	未超过3 360元的部分	20	0	无
2	超过3 200元至20 000元的部分	超过3 360元至21 000元的部分	20	0	84
3	超过20 000元至50 000元的部分	超过21 000元至49 500元的部分	30	2 000	76
4	超过50 000元的部分	超过49 500元的部分	40	7 000	68

注：（1）表中的含税级距、不含税级距，均为按照税法规定减去有关费用后的所得额。

（2）含税级距适用于由纳税人负担税款的劳务报酬所得；不含税级距适用于由他人（单位）代付税款的劳务报酬所得。

（3）级距金额为每次应税所得额。

（3）若扣缴人已将纳税人应得的收入通过“利润分配”账户明确到个人名下，即属于挂账未分配的股息、红利等，认定为所得的支付，应进行个人所得税的代扣代缴。

四、个人所得税的纳税期限

1. 工资、薪金所得应纳的税款，按月计征，由扣缴义务人或者纳税人在次月15日内缴入国库，并向税务机关报送纳税申报表。特定行业（采掘业、远洋运输

业、远洋捕捞业以及国务院财政、税务主管部门确定的其他行业）的工资、薪金所得应纳税款，可以实行按年计算，分月预缴的方式计征，即工资、薪金所得应纳的税款，按月预缴，年度终了后 30 日内，合计其全年工资、薪金所得，然后按 12 个月平均并计算实际应纳税款，多退少补。

2. 个体工商户、个人独资企业、合伙企业的生产经营所得应纳的税款，按年计算，分月预缴，由纳税人在次月 15 日内预缴，年度终了后 3 个月内汇算清缴，多退少补。

3. 企事业单位的承包经营、承租经营所得应纳的税款，按年计算，由纳税义务人在年度终了后 30 日内缴入国库。纳税人在一年内分次取得承包经营、承租经营所得的，应当在每次取得所得后的 15 日内预缴，年度终了后 3 个月内汇算清缴，多退少补。

4. 个人以非货币性资产投资，应按评估后的公允价值确认非货币性资产转让收入。非货币性资产转让收入减去该资产原值及合理税费后的余额为应纳税所得额。原值为纳税人取得该项资产时实际发生的支出（历史成本）。若无法提供完整、准确的非货币性资产原值凭证，不能正确计算原值的，主管税务机关可依法核定其原值。合理税费是纳税人在非货币性资产投资过程中发生的与资产转移相关的税金及合理费用。

五、个人所得税的减免

1. 省级人民政府、国务院部委和中国人民解放军军以上单位，以及外国组织、国际组织颁发的科学、教育、技术、文化、卫生、体育、环境保护等方面的奖金。

2. 国债和国家发行的金融债券利息。

3. 按照国家统一规定发给的补贴、津贴。

4. 福利费、抚恤金、救济金。

5. 保险赔款。

6. 军人的转业费、复员费。

7. 按照国家统一规定发给干部、职工的安家费、退职费（符合退职条件的）、退休工资、离休工资、离休生活补助费、院士的津贴。

8. 企事业单位按照国家或省级人民政府规定的缴费比例或办法实际缴付的基本养老保险费、基本医疗保险费和失业保险等基本社会保险费（即“三险一金”），免缴个人所得税；个人按照国家或省级人民政府规定的缴费比例或办法实际缴付的基本养老保险费、基本医疗保险费和失业保险费，允许在个人应纳税所得额中扣除。个人实际领（支）取原提存的社会保险费和住房公积金时，免缴个人所得税。

9. 试点地区个人购买符合规定的商业健康保险产品的支出，允许在当年（月）计算应纳税所得额时予以税前扣除，扣除限额为 2 400 元/年（200 元/月）。试点地区企事业单位统一组织并为员工购买符合规定的商业健康保险产品的支出，应分别计入员工个人工资薪金，视同个人购买，按 2 400 元/年（200 元/月）限额予以扣除。限额扣除为个人所得税法规定减去费用标准之外的扣除。

10. 储蓄存款利息，暂免征收个税。从 2015 年 4 月 1 日起，个人以股权、不动产、技术发明成果等非货币性资产进行投资的实际收益，暂减按 10%分期缴纳个人所得税。

11. 个人从公开发行和转让市场取得的上市公司股票，持股期限超过 1 年的，股息红利所得暂免缴纳个税；持股期限在 1 个月（含）以内的，其股息红利所得全额计入应纳税所得额；持股期限在 1 个月以上至 1 年（含）的，暂减按 50%计入应纳税所得额。上市公司派发股息红利时，对个人持股 1 年（含）以内的，暂不扣缴个人所得税；待个人转让股票时，证券登记结算公司根据其持股期限计算应纳税额，由证券公司等托管机构从个人资金账户中扣收并划付登记结算公司，登记结算公司于次月 5 个工作日内划付上市公司，上市公司在收到税款当月的法定申报期内向主管税务机关申报缴纳。

12. 经国务院财政部门批准免税的所得。有下列情况之一的，经批准可以减征个人所得税：残疾、孤老人员和烈属的所得；因严重自然灾害造成重大损失的；其他经国务院财政部门批准减税的。

第 2 节　个人所得税的确认计量

一、个人所得税的计税依据

个人所得税的计税依据为个人取得的各项应纳税所得减去按规定标准扣除费用后的余额。个人取得的应纳税所得，包括现金、实物和有价证券。所得为实物的，应按照取得的凭证上的价格计算应纳税所得额；无凭证的实物或者凭证上所注明的价格明显偏低的，由主管税务机关参照当地的市场价格核定应纳税所得额。所得为有价证券的，由主管税务机关根据票面价格和市场价格核定应纳税所得额。个人所得的项目不同，其扣除标准也不相同：

（一）工资、薪金所得

以职工每月工资薪金收入总额（含公务车补贴收入、提前退休获得的一次性补贴）扣除其每月计提的社会保险费和住房公积金，再减去免征额 3 500 元后的余额，为每月应纳税所得额。

对在中国境内无住所而在中国境内取得工资、薪金所得的纳税人和在中国境内有住所而在中国境外取得工资、薪金所得的纳税人，在每月 3 500 元免征额的基础上，再附加 1 300 元的费用扣除额后，为每月应纳税所得额。

（二）对企事业单位的承包经营、承租经营所得

以纳税人每一纳税年度的收入总额（按照承包经营、承租经营合同规定分得的经营利润和工资、薪金性质的所得），减去必要费用（按月扣除 2 000 元）后的余额，为应纳税所得额。

（三）劳务报酬所得、稿酬所得、特许权使用费所得、财产租赁所得

每次收入不超过 4 000 元的，扣除费用 800 元；4 000 元以上的，扣除 20%的费用，其余额为应纳税所得额。保险营销员的佣金收入可以扣除其展业成本后计税，展业成本按佣金收入的 40%确认计量。

（四）财产转让所得

以转让财产的收入额减去财产原值和合理费用后的余额，为应纳税所得额。

除上述规定外，对个人将其所得通过中国境内非营利的社会团体、国家机关向教育、公益事业和遭受严重自然灾害地区、贫困地区的捐赠，捐赠额不超过应纳税所得额的 30%的部分，可以从其应纳税所得额中扣除。

二、个人所得税应纳税额的计算

（一）工资、薪金所得应纳税额的计算

应纳税所得额＝月工资薪金收入额－社会保险费和住房公积金①－费用扣除标准(免征额)

应纳税额＝应纳税所得额×适用税率－速算扣除数

例 9—1

某纳税人某月扣除社会保险费和住房公积金后的月薪收入是 4 700 元，计算其应纳个人所得税如下：

应纳税所得额＝4 700－3 500＝1 200(元)

应纳税额＝1 200×3%＝36(元)

例 9—2

在天津某外资企业工作的美国专家 GM 系非居民纳税人，某月份取得应税工资收入 10 800 元人民币，计算其应纳个人所得税如下：

应纳税所得额＝10 800－(3 500＋1 300)＝6 000(元)

应纳税额＝6 000×20%－555＝645(元)

（二）劳务报酬应纳税额的计算

应纳税额＝应纳税所得额×适用税率

（1）每次收入不足 4 000 元的：

应纳税额＝应纳税所得额×适用税率＝(每次收入额－800)×适用税率

（2）每次收入在 4 000 元以上的：

应纳税额＝应纳税所得额×适用税率＝每次收入额×(1－20%)×适用税率

对劳务报酬，每次所得超过 20 000 元时，实行加成征收：

① 社会保险大致相当于职工工薪收入的 23%，若按免征额 3 500 元计算，月薪不超过 4 545 元的一般可不缴个税。

应纳税额＝应纳税所得额×适用税率－速算扣除数

例 9—3

某人将其劳务报酬所得 5 000 元，通过民政部门全部捐赠给贫困地区。劳务报酬所得应纳个税减征 30%，应纳个人所得税计算如下：

法定应纳税所得额＝5 000－5 000×20%＝4 000(元)
可以扣除的捐赠额＝4 000×30%＝1 200(元)
实际应纳税所得额＝4 000－1 200＝2 800(元)
实际应纳税额＝2 800×20%＝560(元)

如果是单位或个人为纳税人代付税款，应将支付给纳税人的不含税劳务报酬换算为应纳税所得额，再按规定计算应代付的个人所得税。其计算公式如下：

(1) 不含税收入额未超过 3 360 元的：

应纳税所得额＝(不含税收入额－800)÷(1－税率*)
应纳税额＝应纳税所得额×适用税率**

(2) 不含税收入额超过 3 360 元的：

应纳税所得额＝[(不含税收入额－速算扣除数)×(1－20%)]
÷[1－税率*×(1－20%)]
或 ＝[(不含税收入额－速算扣除数)×(1－20%)]÷换算系数
应纳税额＝应纳税所得额×适用税率**－速算扣除数

注：*是表 9—4 中“不含税收入额”所对应的税率，**是表 9—4 中“应纳税所得额”所对应的税率。

例 9—4

某专家为本公司进行一项工程设计，合同规定，工程设计符合要求后，公司一次性支付该专家 6 万元，其相应的个税由公司代付代缴。公司代付个人所得税计算如下：

代付个人所得税的应纳税所得额＝[(60 000－7 000)×(1－20%)]÷68%
＝62 352.94(元)

代付个人所得税＝62 352.94×40%－7 000＝17 941.18(元)

(三) 稿酬所得应纳税额的计算

应纳税额＝应纳税所得额×适用税率×(1－30%)

(1) 每次收入不足 4 000 元的：

应纳税额＝应纳税所得额×适用税率×(1－30%)
＝(每次收入额－800)×20%×(1－30%)

(2) 每次收入在 4 000 元以上的：

应纳税额＝应纳税所得额×适用税率×(1－30%)

=每次收入额×(1－20%)×20%×(1－30%)

例9—5

某作家3月份获得其小说出版稿酬12 000元，9月份又获得该书加印稿酬11 000元。稿酬应纳个人所得税计算如下：

该稿酬属于一次收入，应合并计算纳税：

实际应纳税额=(12 000+11 000)×(1－20%)×20%×(1－30%)
=2 576(元)

因其是先后两次取得，在实际计税时，应分两次缴税：

3月份应缴个人所得税=12 000×(1－20%)×20%×(1－30%)=1 344(元)

9月份应缴个人所得税=(12 000+11 000)×(1－20%)×20%×(1－30%)－1 344
=1 232(元)

(四) 其他所得应纳税额的计算

应纳税额=每次收入额×20%

财产转让所得的应纳税额的计算公式如下：

应纳税额=(每次收入额－财产原值－合理费用)×20%

例9—6

李某出售一栋房屋获得10万元，而原值为5万元，有关交易费用和税金5 000元，计算其应纳税额如下：

应纳税所得额=100 000－50 000－5 000=45 000(元)

应纳所得税额=45 000×20%=9 000(元)

三、非法人企业个人所得税的计算

(一) 个人所得税的计算

非法人企业是指按税法规定缴纳个人所得税的企业，包括个体工商户、个人独资企业和合伙企业。其生产、经营所得，以每一纳税年度的收入总额，减去成本、费用、税金、损失、其他支出以及允许弥补的以前年度亏损后的余额，为应纳税所得额；从事生产经营以及与生产经营有关的活动取得的货币形式和非货币形式的各项收入为收入总额，具体包括销售货物收入、提供劳务收入、转让财产收入、利息收入、租金收入、接受捐赠收入、其他收入。个人所得税的计算公式如下：

应纳税所得额=收入总额－(成本+费用+税金+损失+其他支出
+允许弥补的以前年度亏损)

应纳个人所得税=应纳税所得额×税率－速算扣除数

企业应当分别核算生产经营活动中的生产经营费用和个人、家庭费用。对于生产经营与个人、家庭生活混用难以分清的费用，其40%视为与生产经营有关费用，准予扣除。

纳税年度发生的亏损，准予向以后年度结转，用以后年度的生产经营所得弥补，但结转年限最长不得超过5年。

按照规定计算的使用或销售存货成本以及转让资产的净值，准予在计算应纳税所得额时扣除。

（二）税前扣除项目和标准

主要扣除项目和标准是：

1. 企业向其从业人员实际支付的合理的工资薪金支出，允许在税前据实扣除。业主的工资薪金支出不得税前扣除，业主的费用扣除标准，依照相关法律、法规和政策规定执行。

2. 按国务院有关主管部门或省级人民政府规定的范围和标准为其业主和从业人员缴纳的基本养老保险费、基本医疗保险费、失业保险费、生育保险费、工伤保险费和住房公积金，准予扣除。为从业人员缴纳的补充养老保险费、补充医疗保险费，分别在不超过从业人员工资总额5%标准内的部分据实扣除，超过部分不得扣除。

业主本人缴纳的补充养老保险费、补充医疗保险费，以当地（地级市）上年度社会平均工资的3倍为计算基数，分别在不超过该计算基数5%标准内的部分据实扣除，超过部分不得扣除。

3. 在生产经营活动中发生的下列利息支出准予扣除：向金融企业借款的利息支出；向非金融企业和个人借款的利息支出，不超过按照金融企业同期同类贷款利率计算的数额的部分。

4. 向当地工会组织拨缴的工会经费、实际发生的职工福利费支出、职工教育经费支出分别在工资薪金总额[①]的2%，14%，2.5%的标准内据实扣除[②]。

5. 发生的与生产经营活动有关的业务招待费，按照实际发生额的60%扣除，但最高不得超过当年销售（营业）收入的5‰。

6. 每一纳税年度发生的与其生产经营活动直接相关的广告费和业务宣传费不超过当年销售（营业）收入15%的部分，可以据实扣除；超过部分，准予在以后纳税年度结转扣除。

7. 研究开发新产品、新技术、新工艺所发生的开发费用，以及研究开发新产品、新技术而购置单台价值在10万元以下的测试仪器和试验性装置的购置费准予直接扣除；单台价值在10万元以上（含10万元）的测试仪器和试验性装置，按固定资产管理，不得在当期直接扣除。

例9—7

某个体户业主准备添置一台测试仪器，以10万元价格成交。根据规定，单

---

① 允许在当期税前扣除的工资薪金支出数额。

② 业主本人向当地工会组织缴纳的工会经费、实际发生的职工福利费支出、职工教育经费支出（比例同上），以当地（地级市）上年度社会平均工资的3倍为计算基数。

台价值10万元及其以上者，不得在当期直接扣除，应按固定资产管理办法逐年折旧。假设测试仪器寿命为5年，按直线法计提折旧，则每年计提折旧额2万元（不留残值）。

如果业主与卖家讨价还价最终以单台价值99 850元成交，所购仪器仅比原单台价值便宜150元，但可以在当期直接扣除仪器购置费99 850元。

第3节 代扣代缴个人所得税的会计记录

一、代扣代缴个人所得税

代扣代缴是指按照税法规定负有扣缴税款义务的单位和个人，在向个人支付劳务报酬时，依法计算其应交个人所得税，从其所得中扣除，并向税务机关报送扣缴个人所得税报告表。

（一）代扣代缴的范围和期限

凡支付给个人应纳税所得的企事业单位或个人，为个人所得税的扣缴义务人。

1. 代扣代缴范围。与个人所得税的纳税范围相同。扣缴义务人向个人支付应纳税所得时，不论纳税人是否属于本单位人员，均应代扣代缴其应纳的个人所得税税款。

2. 代扣代缴期限。扣缴义务人每月所扣的税款，应当在次月15日内缴入国库，并向主管税务机关报送《扣缴个人所得税报告表》、代扣代收税款凭证和包括每一纳税人姓名、单位、职务、收入、税款等内容的支付个人收入明细表以及税务机关要求报送的其他有关资料。

（二）扣缴义务人的义务及应承担的责任

1. 扣缴义务人应指定财务会计部门或其他有关部门的人员为办税人员，由办税人员具体办理个人所得税的代扣代缴工作。代扣代缴义务人的有关领导要对代扣代缴工作提供便利，支持办税人员履行义务；确定办税人员或办税人员发生变动时，应将名单及时报告主管税务机关。

2. 扣缴义务人的法人代表（或单位主要负责人）、财会部门的负责人及具体办理代扣代缴税款的有关人员，共同对依法履行代扣代缴义务负法律责任。

3. 同一扣缴义务人的不同部门支付应纳税所得时，应报办税人员汇总。

4. 扣缴义务人在代扣税款时，必须向纳税人开具税务机关统一印制的代扣代收税款凭证，并详细注明纳税人姓名、工作单位、家庭地址和居民身份证或护照号码（无上述证件的，可用其他能有效证明身份的证件）等个人情况。对工资、奖金所得和利息、股息、红利所得等，经主管税务机关同意，可不开具代扣代收税款凭证，但应通过一定形式告知纳税人已扣缴税款。纳税人为持有完税依据而向扣缴义务人索取代扣代收税款凭证的，扣缴义务人不得拒绝。

5. 扣缴义务人依法履行代扣代缴税款义务时，纳税人不得拒绝。若纳税人拒绝的，扣缴义务人应及时报告税务机关处理，并暂停支付其应纳税所得。否则，其应缴的税款由扣缴义务人负担。应纳税款的计算公式如下：

应纳税所得额=(支付的收入额-费用扣除标准-速算扣除数)÷(1-税率)

应纳税额=应纳税所得额×适用税率-速算扣除数

6. 扣缴义务人应建立代扣代缴税款账簿，正确反映个人所得税的扣缴情况，并如实填写《扣缴个人所得税报告表》及其他有关资料。

(三) 年终奖金、年薪和绩效工资个人所得税的计算

对个人取得的全年一次性奖金（单位向员工发放的一次性奖金、年终加薪、“双薪”以及实行年薪制和绩效工资办法的单位根据考核情况兑现的年薪和绩效工资等），单独作为一个月工资、薪金所得计算纳税；如果上述一次性奖项不是在同一个月发放，企业只能选择其中一项，并按以下计税办法，由扣缴义务人发放时代扣代缴：

1. 先将雇员当月内取得的全年一次性奖金，除以 12 个月，按其商数确定适用税率和速算扣除数。

如果在发放年终一次性资金的当月，雇员当月工资薪金所得低于税法规定的费用扣除额，应将全年一次性奖金减去雇员当月工资薪金所得与费用扣除额的差额后的余额，按上述办法确定全年一次性奖金的适用税率和速算扣除数。

2. 将雇员个人当月内取得的全年一次性奖金，按以上确定的适用税率和速算扣除数计算征税，计算公式如下：

(1) 如果雇员当月工资、薪金所得高于（或等于）税法规定的费用扣除额的，适用公式如下：

应纳税额=雇员当月取得全年一次性奖金×适用税率-速算扣除数

(2) 如果雇员当月工资、薪金所得低于税法规定的费用扣除额的，适用公式如下：

$$\text{应纳税额}=\left(\begin{matrix}\text{雇员当月取得}\\\text{全年一次性奖金}\end{matrix}-\begin{matrix}\text{雇员当月工资、薪金所得}\\\text{与费用扣除的差额}\end{matrix}\right)\times\text{适用税率}-\text{速算扣除数}$$

雇员取得除全年一次性奖金以外的其他各种名目奖金，如半年奖、季度奖、加班奖、先进奖、考勤奖等，一律与当月工资、薪金收入合并，按税法规定计算缴纳个人所得税。

(四) 企业年金个人所得税的计算

企业年金是指在政府强制实施的公共养老金或国家养老金之外，企业在国家政策指导下，根据自身经济实力建立的为本企业职工提供一定程度退休收入保障的补充养老金制度。从 2014 年 1 月 1 日起，年金缴费环节和年金基金投资收益环节实施递延纳税政策，其基本规定是：

1. 年金缴费环节。企事业单位为在本单位任职或受雇的全体职工缴付的企业年金或职业年金（以下统称“年金”）的单位缴费部分，在计入个人账户时，个人暂不缴纳个人所得税。

年金的个人缴费部分，在不超过本人缴费工资计税基数4%标准内的部分，暂从个人当期应纳税所得额中扣除。企业年金个人缴费工资计税基数为本人上一年度月平均工资，月平均工资按国家统计局规定列入工资总额统计的项目计算。月平均工资超过职工工作地所在设区城市上一年度职工月平均工资300%以上的部分，不计入个人缴费工资计税基数。职业年金个人缴费工资计税基数为职工岗位工资和薪级工资之和，合计数超过职工工作地所在设区城市上一年度职工月平均工资300%以上的部分，不计入个人缴费工资计税基数。

实务中，按上述两种标准计算的较低者，可从当期应税所得额中扣除，超过规定标准缴付的年金（包括单位缴费和个人缴费部分），应并入个人当期的工资、薪金所得，依法计征个人所得税。税款由建立年金的单位代扣代缴，并向主管税务机关申报解缴。

2. 年金基金投资运营环节。在年金基金投资运营收益分配计入个人账户时，暂不缴纳个人所得税。

3. 年金领取环节。个人达到国家规定的退休年龄，在财税［2013］103号文件实施之后按月领取的年金，全额按照“工资、薪金所得”项目适用的税率，计征个人所得税；按年或按季领取的年金，平均分摊计入各月，每月领取额全额按照“工资、薪金所得”项目适用的税率，计征个人所得税。财税［2013］103号文件实施之前开始缴付年金缴费，个人在文件实施之后领取年金的，允许其从领取的年金中减除在该文件实施之前缴付的年金单位缴费和个人缴费且已经缴纳个人所得税的部分，就其余额按照“工资、薪金所得”项目征税。

对个人因出境定居或死亡，一次性领取的年金个人账户余额，可按12个月分摊到各月，并就其月分摊额计算缴纳个人所得税。除上述特殊原因外，一次性领取年金不允许采取分摊的方法，而是将一次性领取的总额，单独作为一个月的工资、薪金所得计算缴纳个人所得税。

例9—8

张某2014年1月1日前年金账户余额60万元，2018年末年金账户留存80万元。张某于2019年1月1日起退休，每月领取1.1万元年金，托管人代扣代缴所得税计算如下：

$$应纳税所得额=1.1-1.1\times(60\div80)=0.275(万元)$$

$$应缴个人所得税=2\,750\times10\%-105=170(元)$$

二、企业代扣代缴个人所得税的会计记录

1. 支付工资、薪金代扣代缴所得税。企业作为个人所得税的扣缴义务人，应按规定扣缴该职工应缴纳的个人所得税。代扣个人所得税时，借记“应付职工薪酬”账户，贷记“应交税费——应交代扣个人所得税”账户。

企业为职工代扣代缴个人所得税有两种情况：第一，职工自己承担个人所得税，企业只负有扣缴义务；第二，企业既承担税款，又负有扣缴义务。

例 9—9

某企业为张某、李某每月各发工资 6 200 元（扣除社会保险费和住房公积金）。合同约定，张某为含税所得，李某为税后所得。月末发工资时，企业会计处理如下：

（1）为张某扣缴个人所得税时：

应扣缴个人所得税＝(6 200－3 500)×10％－105＝165(元)

发放工资时作会计分录如下：

借：应付职工薪酬——工资薪金　　6 200
　贷：库存现金　　6 035
　　　应交税费——应交代扣个人所得税　　165

（2）由于李某工资为税后所得，则需要换算为税前所得，再计算个人所得税。其计算公式如下：

应纳税所得额＝(不含税收入额－费用扣除标准－速算扣除数)÷(1－税率①)

应扣缴个人所得税＝应纳税所得额×适用税率－速算扣除数

企业应为李某承担税款如下：

(6 200－3 500－105)÷(1－10％)×10％－105＝183.33(元)

发放工资时作会计分录如下：

借：应付职工薪酬——工资薪金　　6 383.33
　贷：库存现金　　6 200.00
　　　应交税费——应交代扣个人所得税　　183.33

例 9—10

吴某系企业高管，每月税前扣除后的工薪 15 000 元，12 月份获得税前年终奖 15 万元。月末发工资和年终奖金时，企业会计处理如下：

应扣缴当月工薪个人所得税＝(15 000－3 500)×25％－1 005＝1 870(元)

150 000÷12＝12 500 元/月，适用税率 25％，速算扣除数 1 005 元。

年终奖应缴个税＝150 000×25％－1 005＝36 495(元)

应缴个税合计＝1 870＋36 495＝38 365(元)

计提工薪、年终奖和个人所得税时：

借：管理费用　　165 000
　贷：应付职工薪酬——工资薪金　　126 635
　　　应交税费——应交代扣个人所得税　　38 365

支付工薪和年终奖时：

借：应付职工薪酬——工资薪金　　126 635
　贷：银行存款　　126 635

---

① 是不含税所得，按不含税级距所对应的税率。

缴纳个人所得税时：

借：应交税费——应交代扣个人所得税　　38 365

　贷：银行存款　　38 365

2. 支付劳务报酬、特许权使用费、股息、红利等代扣代缴所得税。企业支付给个人的劳务报酬、特许权使用费、稿费、财产租赁费，一般由支付单位作为扣缴义务人向纳税人扣缴税款，并记入该企业的有关期间费用账户。企业在支付上述费用时，借记“管理费用”、“财务费用”、“销售费用”、“应付股利”等账户，贷记“应交税费——应交代扣个人所得税”、“库存现金”等账户；实际缴纳时，借记“应交税费——应交代扣个人所得税”账户，贷记“银行存款”账户。

例 9—11

王工程师向一家公司提供一项专利使用权，一次取得收入 50 000 元。王某应缴纳个人所得税为：

应纳税额＝50 000×(1－20%)×20%＝8 000(元)

该公司的会计记录如下：

借：管理费用　　50 000

　贷：应交税费——应交代扣个人所得税　　8 000

　　　库存现金　　42 000

借：应交税费——应交代扣个人所得税　　8 000

　贷：银行存款　　8 000

3. 向股东支付股利代扣代缴所得税。股份公司向法人股东支付股票股利、现金股利时，因法人股东不缴个人所得税，无代扣代缴问题；若以资本公积转增股本，不属股息、红利的分配，也不涉及个人所得税问题。

公司向个人支付现金股利时，应代扣代缴的个人所得税可从应付现金中直接扣除。公司按应支付给个人的现金股利金额，借记“利润分配——未分配利润”，贷记“应付股利”；当实际支付现金并代扣个人所得税时，借记“应付股利”，贷记“库存现金”、“应交税费——应交代扣个人所得税”。企业派发股票股利或以盈余公积对个人股东转增资本，也应代扣代缴个人所得税，其方法有：

(1) 内扣法。在派发股票股利或以盈余公积对个人股东转赠资本的同时，从中扣除应代扣代缴的个人所得税，借记“利润分配——未分配利润”等，贷记“股本”、“应交税费——应交代扣个人所得税”等，这样处理会改变股东权益结构或使公司法人股与个人股权比例频繁变动。

(2) 外扣法。可由企业按增股金额，向个人收取现金以备代缴，或委托证券代理机构从个人股股东账户代扣。公司派发股票股利或以盈余公积对个人股东转增资本时：

借：利润分配（转作股本的股利）、盈余公积等

　贷：股本、实收资本

计算出应扣缴个人所得税时：

借：其他应收款——代扣个人所得税（配股）

贷：应交税费——应交代扣个人所得税

收到个人股东交来税款或证券代理机构扣缴税款时：

借：银行存款、库存现金

贷：其他应收款——代扣个人所得税（配股）

实际上缴税款时：

借：应交税费——应交代扣个人所得税

贷：银行存款

外扣法下，向个人收取现金或委托证券代理机构从个人股股东账户代扣税款比较困难；如果可能，公司在决定股利分配方案时，可将股票股利与现金股利结合，使现金股利相当或大于个人股东应缴的所得税，这样，即可免除上述不便。

第4节 非法人企业个人所得税的会计记录

一、账户设置

非法人企业是指按税法规定缴纳个人所得税的企业，包括个体工商户、个人独资企业和合伙企业。非法人企业应设置“本年应税所得”账户，本账户下设“本年经营所得”和“应弥补的亏损”两个明细账户。

“本年经营所得”明细账户核算企业本年生产经营活动取得的收入扣除成本费用后的余额。如果收入大于应扣除的成本费用总额，即为本年经营所得，在不存在税前弥补亏损的情况下，即为本年经营所得，应由“本年应税所得——本年经营所得”账户转入“留存利润”账户；如果计算出的结果为经营亏损，则应将本年发生的经营亏损由“本年经营所得”明细账户转入“应弥补的亏损”明细账户。

“应弥补的亏损”明细账户，核算企业发生的、可由生产经营活动所得税前弥补的亏损。发生亏损时，由“本年经营所得”明细账户转入本明细账户。生产经营过程中发生的亏损，可以由以后年度的生产经营所得在税前弥补，但延续弥补期不得超过5年。超过弥补期的亏损，不能再以生产经营所得税前弥补，应从“本年应税所得——应弥补的亏损”账户转入“留存利润”账户，减少企业的留存利润。

二、本年应税所得的会计记录

年末，企业计算本年经营所得，应将“营业收入”账户的余额转入“本年应税所得——本年经营所得”账户的贷方；将“营业成本”、“营业税金及附加”、“营业费用”账户余额转入“本年应税——本年经营所得”账户的借方。“营业外收支”账户如为借方余额，转入“本年应税所得——本年经营所得”账户的借方；

如为贷方余额，转入“本年应税所得——本年经营所得”账户的贷方。

三、弥补亏损的会计记录

企业生产经营活动中发生的经营亏损，应由“本年经营所得”明细账户转入“应弥补的亏损”明细账户。弥补亏损时，由“应弥补的亏损”明细账户转入“本年经营所得”明细账户；超过弥补期的亏损，由“应弥补的亏损”明细账户转入到“留存利润”账户。

例 9—12

某个人独资企业某年营业收入 500 000 元，营业成本 380 000 元，营业费用 60 000 元，营业税金及附加 40 000 元，没有其他项目。

结转本年的收入和成本费用时作会计分录如下：

借：营业收入	500 000	
贷：本年应税所得——本年经营所得		500 000
借：本年应税所得——本年经营所得	480 000	
贷：营业成本		380 000
营业费用		60 000
营业税金及附加		40 000

$$\text{该企业本年应纳税所得额} = 500\,000 - 380\,000 - 60\,000 - 40\,000 - 3\,500 \times 12 = -22\,000(\text{元})$$

转入“应弥补的亏损”明细账户，作会计分录如下：

借：本年应税所得——应弥补的亏损	22 000	
贷：本年应税所得——本年经营所得		22 000

四、留存利润的会计记录

企业应设置“留存利润”账户核算非法人企业的留存利润。年度终了，计算结果如为本年经营所得，应将本年经营所得扣除可在税前弥补的以前年度亏损后的余额转入该账户的贷方；同时计算确定本年应交纳的个人所得税，记入该账户的借方，然后将税后列支费用及超过弥补期的经营亏损转入该账户的借方。该账户贷方金额减去借方金额后的余额，为留存利润金额。

例 9—13

某合伙企业的经营所得是 150 000 元，应缴纳的个人所得税为 37 750 元，税后列支费用为 30 000 元，超过弥补期而转入本账户的以前年度亏损为 20 000 元。以前年度留存利润为 0。

转入经营所得：

借：本年应税所得——本年经营所得	150 000	
贷：留存利润		150 000

计算应纳个人所得税：

借：留存利润 37 750

　贷：应交税费——应交个人所得税 37 750

转入税后列支费用：

借：留存利润 30 000

　贷：税后列支费用 30 000

转入超过弥补期的亏损：

借：留存利润 20 000

　贷：本年应税所得——应弥补的亏损 20 000

留存利润＝150 000－37 750－30 000－20 000＝62 250(元)

五、缴纳个人所得税的会计记录

企业生产经营所得应交纳的个人所得税，应按年计算、分月预缴、年度终了后汇算清缴。企业应在“应交税费”账户下设置“应交个人所得税”明细账户，核算企业预缴和应缴的个人所得税，以及年终汇算清缴个人所得税的补交和退回情况，企业按月预缴个人所得税时，借记“应交税费——应交个人所得税”账户，贷记“库存现金”等账户；年度终了，计算出全年实际应交的个人所得税，借记“留存利润”账户，贷记“应交税费——应交个人所得税”账户。“应交个人所得税”明细账户的贷方金额大于借方金额的差额，为预缴数小于应交数的差额。

补缴个人所得税时，记入“应交个人所得税”明细账户的借方；收到退回的多交的个人所得税时，记入“应交个人所得税”明细账户的贷方，如果多交的所得税不退回，而是用来抵顶以后期间的个人所得税，多缴的个人所得税金额就作为下一年度的预缴个人所得税金额。

例 9—14

某个体企业经过主管税务机关核定，按照上年度实际应交个人所得税金额，确定本年各月的预缴个人所得税金额。上年的应交个人所得税金额为60 000 元。

本年各月的个人所得税预缴金额＝60 000÷12＝5 000(元)

每月预缴个人所得税时：

借：应交税费——应交个人所得税 5 000

　贷：库存现金 5 000

年终，汇算清缴全年个人所得税，确定本年度生产经营活动应交个人所得税为 80 000 元。

借：留存利润 80 000

　贷：应交税费——应交个人所得税 80 000

全年 1—12 月已经预缴个人所得税 60 000 元（5 000×12），记入“应交个人所得税”明细账户的借方，贷方与借方差额 20 000 元（80 000－60 000）为应补缴的个人所得税。补缴个人所得税时：

借：应交税费——应交个人所得税 20 000

贷：库存现金 20 000

如果汇算清缴确定的全年应交个人所得税为 50 000 元，则会计分录如下：

借：留存利润 50 000

贷：应交税费——应交个人所得税 50 000

已预缴个人所得税金额为 60 000 元，应交数为 50 000 元，应交数小于已预缴 10 000 元，由主管税务机关按规定退回。企业收到退税时，会计分录如下：

借：库存现金 10 000

贷：应交税费——应交个人所得税 10 000

如果将企业多交的 10 000 元抵顶下年的个人所得税，只需将该余额转入下一年度即可。

第 5 节 个人所得税的纳税申报

一、个人所得税的计征办法和纳税申报

我国个人所得税实行源泉分项扣缴和纳税人自行申报两种计征办法，以支付所得的单位或个人为扣缴义务人。在两处以上取得应税所得和没有扣缴义务人的，纳税人应当自行申报纳税；自行申报纳税人，应该在取得所得的所在地税务机关申报纳税。纳税人从中国境外取得所得的，应该在户籍所在地税务机关或指定税务机关申报纳税。在两处以上取得的所得，需合并计算纳税的，由纳税人申请、税务机关批准，可在其中一处税务机关申报纳税。纳税人要求变更纳税申报地点的，应经原主管税务机关批准。

总承包企业、分承包企业派驻跨省异地工程项目的管理人员、技术人员和其他工作人员在异地工作期间的工资、薪金所得个人所得税，由总承包企业、分承包企业依法代扣代缴并向工程作业所在地税务机关申报缴纳；通过劳务派遣公司聘用劳务人员跨省异地工作期间的工资、薪金所得个人所得税，由劳务派遣公司依法代扣代缴并向工程作业所在地税务机关申报缴纳。建安企业省内异地施工作业人员的工资、薪金所得个人所得税，向施工所在地税务机关申报缴纳。

二、扣缴个人所得税的纳税申报

扣缴义务人应专门设立代扣代缴税收账簿，正确反映个人所得税的扣缴情况，如实填写《扣缴个人所得税报告表》（见表 9—5）及其他相关资料，及时报送主管税务机关。

表 9—5

扣缴个人所得税报告表

税款所属期：　　年　月　日至　　年　月　日

扣缴义务人名称：　　　　　　　　扣缴义务人所属行业：□一般行业 □特定行业月份申报

扣缴义务人编码：□□□□□□□□□□□□□□□　　　　　　金额单位：人民币元（列至角分）

序号	姓名	身份证件类型	身份证件号码	所得项目	所得期间	收入额	免税所得	税前扣除项目								减除费用	准予扣除的捐赠额	应纳税所得额	税率%	速算扣除数	应纳税额	减免税额	应扣缴税额	已扣缴税额	应补（退）税额	备注
								基本养老保险费	基本医疗保险费	失业保险费	住房公积金	财产原值	允许扣除的税费	其他	合计											
1	2	3	4	5	6	7	8	9	10	11	12	13	14	15	16	17	18	19	20	21	22	23	24	25	26	27
合计																										

谨声明：此扣缴报告表是根据《中华人民共和国个人所得税法》及其实施条例和国家有关税收法律法规规定填写的，是真实的、完整的、可靠的。

法定代表人（负责人）签字：　　　　年　月　日

扣缴义务人公章： 经办人：	代理机构（人）签章： 经办人： 经办人执业证件号码：	主管税务机关受理专用章： 受理人：
填表日期：　年　月　日	代理申报日期：　年　月　日	受理日期：　年　月　日

三、个人所得税生产经营所得的纳税申报

个人所得税生产经营所得的纳税申报分为A表、B表和C表三种；另外，还应填报个人所得税减免税事项报告表。

(一) 个人所得税生产经营所得纳税申报表 (A表) (表9—6)

表9—6 个人所得税生产经营所得纳税申报表（A表）

税款所属期： 年 月 日至 年 月 日 金额单位：人民币元（列至角分）

投资者信息	姓名		身份证件类型		身份证件号码	
	国籍（地区）				纳税人识别号	
被投资单位信息	名称				纳税人识别号	
	类型	□个体工商户 □承包、承租经营单位 □个人独资企业 □合伙企业				
	征收方式	□查账征收（据实预缴）□查账征收（按上年应纳税所得额预缴）□核定应税所得率征收 □核定应纳税所得额征收 □税务机关认可的其他方式				

行次	项目	金额
1	一、收入总额	
2	二、成本费用	
3	三、利润总额	
4	四、弥补以前年度亏损	
5	五、合伙企业合伙人分配比例（%）	
6	六、投资者减除费用	
7	七、应税所得率（%）	
8	八、应纳税所得额	
9	九、税率（%）	
10	十、速算扣除数	
11	十一、应纳税额（8×9－10）	
12	十二、减免税额（附报《个人所得税减免税事项报告表》）	
13	十三、已预缴税额	
14	十四、应补（退）税额（11－12－13）	

谨声明：此表是根据《中华人民共和国个人所得税法》及有关法律法规规定填写的，是真实的、完整的、可靠的。 纳税人签字： 年 月 日	
感谢您对税收工作的支持！	
代理申报机构（负责人）签章： 经办人： 经办人执业证件号码： 代理申报日期： 年 月 日	主管税务机关印章： 受理人： 受理日期： 年 月 日

※注释：第8行“应纳税所得额”根据表9—6对应的方式按如下填写：

项目		合伙企业合伙人	其他
查账征收	据实预缴	第8行=(第3行-第4行)×第5行-第6行	第8行=第3行-第4行-第6行
	按上年应纳税所得额预缴	第8行=上年度的应纳税所得额÷12×月份数	第8行=上年度的应纳税所得额÷12×月份数
核定征收	核定应税所得率征收（能准确核算收入总额的）	第8行=第1行×第7行×第5行	第8行=第1行×第7行
	核定应税所得率征收（能准确核算成本费用的）	第8行=第2行÷(1-第7行)×第7行×第5行	第8行=第2行÷(1-第7行)×第7行
	核定应纳税所得额征收	直接填写应纳税所得额	直接填写应纳税所得额
税务机关认可的其他方式		直接填写应纳税所得额	直接填写应纳税所得额

适用于个体工商户、企事业单位承包承租经营者、个人独资企业投资者和合伙企业合伙人在中国境内取得“个体工商户的生产、经营所得”或“对企事业单位的承包经营、承租经营所得”的个人所得税月度（季度）纳税申报。合伙企业有两个或两个以上自然人合伙人的，应分别填报本表。

实行查账征收的个体工商户、个人独资企业、合伙企业，纳税人应在次月（季）15日内办理预缴纳税申报；企事业单位承包承租经营者如果在1年内按月或分次取得承包经营、承租经营所得的，纳税人应在每月或每次取得所得后的15日内办理预缴纳税申报。实行核定征收的，纳税人应在次月（季）15日内办理纳税申报。

纳税人不能按规定期限办理纳税申报的，应当按照《中华人民共和国税收征收管理法》及其实施细则的规定办理延期申报。

(二) 个人所得税生产经营所得纳税申报表（B表）（表9—7）

表9—7　个人所得税生产经营所得纳税申报表（B表）

税款所属期：　年　月　日至　年　月　日　　金额单位：人民币元（列至角分）

投资者信息	姓名		身份证件类型	身份证件号码	
	国籍（地区）			纳税人识别号	
被投资单位信息	名称			纳税人识别号	
	类型	□个体工商户 □承包、承租经营单位 □个人独资企业 □合伙企业			

行次	项目	金额
1	一、收入总额	
2	其中：国债利息收入	
3	二、成本费用（4+5+6+7+8+9+10）	
4	（一）营业成本	
5	（二）营业费用	
6	（三）管理费用	
7	（四）财务费用	
8	（五）税金	
9	（六）损失	

10	（七）其他支出	
11	三、利润总额（1－2－3）	
12	四、纳税调整增加额（13＋27）	
13	（一）超过规定标准的扣除项目金额（14＋15＋16＋17＋18＋19＋20＋21＋22＋23＋24＋25＋26）	
14	（1）职工福利费	
15	（2）职工教育经费	
16	（3）工会经费	
17	（4）利息支出	
18	（5）业务招待费	
19	（6）广告费和业务宣传费	
20	（7）教育和公益事业捐赠	
21	（8）住房公积金	
22	（9）社会保险费	
23	（10）折旧费用	
24	（11）无形资产摊销	
25	（12）资产损失	
26	（13）其他	
27	（二）不允许扣除的项目金额（28＋29＋30＋31＋32＋33＋34＋35＋36）	
28	（1）个人所得税税款	
29	（2）税收滞纳金	
30	（3）罚金、罚款和被没收财物的损失	
31	（4）不符合扣除规定的捐赠支出	
32	（5）赞助支出	
33	（6）用于个人和家庭的支出	
34	（7）与取得生产经营收入无关的其他支出	
35	（8）投资者工资薪金支出	
36	（9）国家税务总局规定不准扣除的支出	
37	五、纳税调整减少额	
38	六、纳税调整后所得（11＋12－37）	
39	七、弥补以前年度亏损	
40	八、合伙企业合伙人分配比例（%）	
41	九、允许扣除的其他费用	
42	十、投资者减除费用	
43	十一、应纳税所得额（38－39－41－42）或［(38－39)×40－41－42］	
44	十二、税率（%）	
45	十三、速算扣除数	
46	十四、应纳税额（43×44－45）	
47	十五、减免税额（附报《个人所得税减免税事项报告表》）	
48	十六、实际应纳税额（46－47）	
49	十七、已预缴税额	

50	十八、应补（退）税额（48－49）	
附列资料	年平均职工人数（人）	
	工资总额（元）	
	投资者人数（人）	
谨声明：此表是根据《中华人民共和国个人所得税法》及有关法律法规规定填写的，是真实的、完整的、可靠的。 纳税人签字：　　年　月　日		
感谢您对税收工作的支持！		
代理申报机构（负责人）签章： 经办人： 经办人执业证件号码： 代理申报日期：　　年　月　日	主管税务机关印章： 受理人： 受理日期：　　年　月　日	

注释：第 42 行“投资者减除费用”：填写根据实际经营期限计算的可在税前扣除的投资者本人的生计减除费用。第 43 行“应纳税所得额”根据相关行次计算填写：

（1）纳税人为非合伙企业合伙人的：第 43 行＝第 38 行－第 39 行－第 41 行－第 42 行。

（2）纳税人为合伙企业合伙人的：第 43 行＝（第 38 行－第 39 行）×第 40 行－第 41 行－第 42 行。

适用于个体工商户、企事业单位承包承租经营者、个人独资企业投资者和合伙企业合伙人在中国境内取得“个体工商户的生产、经营所得”或“对企事业单位的承包经营、承租经营所得”的个人所得税 2015 年及以后纳税年度的汇算清缴。合伙企业有两个或两个以上自然人合伙人的，应分别填报本表。

个体工商户、个人独资企业投资者、合伙企业合伙人应在年度终了后三个月内办理个人所得税年度纳税申报。企事业单位承包承租经营者应在年度终了后 30 日内办理个人所得税年度纳税申报；纳税人一年内分次取得承包、承租经营所得的，应在年度终了后三个月内办理汇算清缴。

（三）个人所得税生产经营所得纳税申报表（C 表）

适用于个体工商户、企事业单位承包承租经营者、个人独资企业投资者和合伙企业合伙人在中国境内两处或者两处以上取得“个体工商户的生产、经营所得”或“对企事业单位的承包经营、承租经营所得”的，同项所得合并计算纳税的个人所得税年度汇总纳税申报。年度终了后三个月内办理纳税申报。纳税人不能按规定期限报送本表时，应当按照《税收征管法》及其实施细则的规定办理延期申报。

（四）个人所得税减免税事项报告表

纳税人、扣缴义务人纳税申报时，如果有减免个人所得税的情况，应填报该表。该表随《扣缴个人所得税报告表》、《特定行业个人所得税年度申报表》、《个人所得税自行纳税申报表（A 表）》、《个人所得税纳税申报表（适用于年所得 12 万元以上纳税人申报）》和 A 表、B 表、C 表等一并报送。

本章重点

个人所得税的税制要素、代扣代缴个人所得税的确认计量，非法人企业个人所得税的会计处理。

本章难点

扣缴个人所得税报告表和生产经营所得个人所得税纳税申报表的填制。

基本训练

一、简答题

1. 如何界定个人所得税的居民纳税人和非居民纳税人？两类纳税人承担的纳税义务有何不同？

2. 如何界定工薪报酬与劳务报酬？各自承担的纳税义务有何不同？是否符合公平原则？

3. 非法人企业应纳税所得额确认计量与法人企业有无不同？非法人企业应纳所得税如何计算？

4. 如何计算代扣代缴与代付代缴个人所得税？如何进行会计记录？

5. 非法人企业个人所得税如何进行会计处理？

二、单项选择题

1. 中国公民王某当年每月工资 3 550 元，年末一次性取得奖金 8 400 元，王某全年应缴个人所得税为（　　）元。

A. 480　　B. 540　　C. 770　　D. 1 295

2. 某工程师当年将自己研制的一项非专利技术使用权提供给甲企业，取得技术转让收入 3 000 元，又将自己发明的一项专利转让给乙企业，取得收入 45 000 元。该工程师两次所得应纳的个人所得税为（　　）元。

A. 7 640　　B. 7 650　　C. 7 680　　D. 9 200

3. 上年 3 月 1 日，张某与某事业单位签订承包合同经营招待所，承包期为 3 年；当年招待所实现承包经营净利润 150 000 元，按合同规定每年应从承包经营利润中上缴承包费 30 000 元。张某当年应缴纳个税（　　）元。

A. 4 478　　B. 13 650　　C. 4 258　　D. 4 005

4. 当年 8 月，李某出版小说一部取得稿酬 80 000 元，从中拿出 20 000 元通过国家机关捐赠给受灾地区。李某 8 月份应缴纳个人所得税（　　）元。

A. 6 160　　B. 6 272　　C. 8 400　　D. 8 960

三、多项选择题

1. 纳税人取得的以下所得按照“工资、薪金所得”缴纳个人所得税的有（　　）。

A. 单位为职工个人购买商业性补充养老保险

B. 个人为他人提供担保获得的报酬

C. 个人退休后再任职取得的收入

D. 企业为股东购买车辆并将车辆所有权办到股东个人名下

2. 企业支付给个人的劳务报酬、特许权使用费、稿费、财产租赁费，一般由支付单位作为扣缴义务人向纳税人扣缴税款，并记入该企业的有关期间费用账户。企业在支付上述费用时，借记的科目有（　　）。

A. "管理费用"　　B. "财务费用"

C. "营业费用"　　D. "应付利润"

3. 下列各项中，适用5%～35%的五级超额累进税率征收个人所得税的有（　　）。

A. 个体工商户的生产经营所得

B. 合伙企业的生产经营所得

C. 个人独资企业的生产经营所得

D. 对企事业单位的承包经营、承租经营所得

4. 以下在计算个人所得税工资薪金所得时需要减除附加减除费用的有（　　）。

A. 华侨来自境内的工资薪金所得

B. 在中国境内有住所而在中国境外任职的工程师来自境外的工资薪金所得

C. 中国公费留学生留学期间来自境内的工资薪金所得

D. 中国自费留学生留学期间来自境内的工资薪金所得

四、计算题

1. 公民马某当年12月取得工资3 700元（扣除社会保险金和住房公积金），并于12月31日取得全年奖金24 000元。

要求：计算马某当月应纳税额。

2. 某个体工商户8月份产品销售收入10万元，为生产应税产品耗用原材料、物料、电力等共计3.5万元，支付工人工资1.8万元，销售费用0.6万元，销售税金0.5万元，办公费用0.2万元。

要求：计算该个体工商户当月应纳个人所得税。

五、会计核算题

1. 某公司高管吴某取得年终奖金12万元（含税），计算应代扣代缴个人所得税并做相应的会计分录。

2. 某个体工商户经营日用小商品业务，当年9月1日开业，年终累计实现应税所得25 000元，已预缴个人所得税1 500元。

要求：进行年终汇算清缴，并作相应的会计分录。

六、案例题

某个人独资企业，某年度有关经营情况如下：

(1) 取得营业收入200万元；

(2) 发生营业成本130万元；

(3) 发生营业税费5.28万元；

(4) 发生管理费用26万元，其中支付业务招待费10万元；

(5) 12月份购买小货车一辆支出5万元；

(6) 共有雇员10人，人均月工资2 000元，共开支工资24万元；

(7) 投资者个人每月领取工资4 000元，共开支工资4.8万元；

(8) 按照实际支付的工资，共提取三项经费5.04万元（工资与经费未计入成本费用）；

(9) 当年向某单位借入流动资金10万元，支付利息费用1万元，同期银行贷款利息率为4.8%；

(10) 9月份在运输途中发生车祸车辆被损坏，损失达4.5万元，11月取得保险公司的赔款2.5万元；

(11) 对外投资，分得股息3万元。

该个人独资企业自行计算当年应缴纳个人所得税如下：

$$
\begin{aligned}
\text{应纳税所得额} &= 200-130-5.28-26-5-24-4.8-5.04-1-4.5+3 \\
&= -2.62(\text{万元})
\end{aligned}
$$

因此，该企业当年未缴个人所得税。

分析要求：该个人独资企业自行计算结果是否正确？如果不正确，正确的计算结果应该是什么？该个人独资企业是否涉嫌违反税法？

第10章

其他税会计

学习目标

1. 了解财产税、行为税的特点；
2. 理解本章各税种会计记录的特点；
3. 掌握本章各税种的确认、计量、记录与申报。

引　言

为什么本章称之为“其他税会计”？——是因为相对于前述税种，它们比较“小”。别看其“小”，种类却不少，而且其历史之长久、纳税范围（对象）之广、特别的调节作用，可能是前述“大税种”所不具备的。本章仅就其中比较常见六个小税种予以简述，它们在税务会计中也是不可或缺的内容。

第1节　城市维护建设税会计

一、城市维护建设税概述

城市维护建设税是以纳税人实际缴纳的流转税额为计税依据征收的一种具有附加性质的流转税。税款收入由地方人民政府安排，专门用于城镇公用事业和公共设施的维护和建设。凡是缴纳增值税、消费税、营业税的单位和个人，同时都是该税的纳税人。[①] 该税的纳税环节与纳税人缴纳的“三税”相同，即在缴纳“三

① 自2010年12月1日起，外商投资企业、外国企业及外籍个人也是城建税及教育费附加的纳税（费）人。

税”的同一环节上，分别计算缴纳城市维护建设税。

按纳税人所在地不同，其税率分别规定为：市区 7%、县城和镇 5%、乡村 1%。大中型工矿企业所在地在城市市区、县城、建制镇的，税率为 5%。

对下列两种情况，可按缴纳“三税”所在地的规定就地缴纳城市维护建设税：一是由受托方代征代扣“三税”的单位和个人，其代征代扣的城市维护建设税按受托方所在地适用税率；二是流动经营及无固定纳税地点的单位和个人，在经营地缴纳“三税”的，其缴纳按经营地适用税率。

纳税人违反“三税”税法而加收的滞纳金和罚款，不作为城市维护建设税的计税依据，但纳税人在查补“三税”和被处以罚款时，应同时对其偷逃的城市维护建设税进行补税和罚款。

对出口货物按规定应退还增值税、消费税的，不能同时退还已缴纳的城市维护建设税；对海关代征的进口货物增值税、消费税，不征收城市维护建设税。

因减免“三税”而发生的退税，也同时免征或减征城建税。出口货物免抵税额视同实际缴纳的增值税，出口企业应当依据国税局退税机关已审批确认的当期《生产企业出口货物免、抵、退税申报汇总表》中所列的免抵税额，确定申报城建税及教育费附加。国税局稽查机关清理以前年度的增值税税款，也属于企业计提税费的税基范围。

二、城市维护建设税的会计记录

企业进行城市维护建设税的会计记录时，应设置“应交税费——应交城市维护建设税”账户。

例 10—1

某汽车厂所在地为省会城市，当月实际缴纳增值税 275 万元，消费税 400 万元，营业税 25 万元。则

应纳城市维护建设税＝(275＋400＋25)×7%＝49(万元)

借：营业税金及附加　　490 000
　贷：应交税费——应交城市维护建设税　　490 000

缴纳税款时。

借：应交税费——应交城市维护建设税　　490 000
　贷：银行存款　　490 000

教育费附加的计算方法，与城市维护建设税基本相同。仍以上例，设教育费附加计征率为 3%，计算应纳教育费附加，并作会计分录如下：

应纳教育费附加＝(275＋400＋25)×3%＝21(万元)

借：营业税金及附加　　210 000
　贷：应交税费——应交教育费附加　　210 000

例 10—2

5 月底，国税局退税机关已审批某企业免抵退税额 100 万元。其中，退税额

40 万元，免抵税额 60 万元。该企业在收到退税机关返还的《生产企业出口货物免、抵、退税申报汇总表》后，依据免抵税额计算城市维护建设税（税率为 7%）和教育费附加（费率为 3%），有关计算和账务处理如下：

月底，收到《生产企业出口货物免、抵、退税申报汇总表》时：

借：其他应收款——应收出口退税（增值税）	400 000	
应交税费——应交增值税（出口退税抵减应纳税额）	600 000	
贷：应交税费——应交增值税（出口退税）		1 000 000

计提城市维护建设税：

城市维护建设税＝600 000×7%＝42 000(元)

借：营业税金及附加	42 000	
贷：应交税费——应交城市维护建设税		42 000

计提教育费附加：

教育费附加＝600 000×3%＝18 000(元)

借：营业税金及附加	18 000	
贷：应交税费——应交教育费附加		18 000

上缴税费时：

借：应交税费——应交城市维护建设税	42 000	
——应交教育费附加	18 000	
贷：银行存款		60 000

第 2 节 房产税会计

一、房产税概述

房产税是以房产为征税对象，按照房产价格或房产租金收入征收的一种财产税。国务院于 1986 年 9 月 15 日发布了《中华人民共和国房产税暂行条例》，并从当年 10 月 1 日起执行，当时规定房产税只对内资企业和中国公民征收，而对涉外企业和外籍人员仍实行原城市房地产税。自 2009 年 1 月 1 日起，外商投资企业、外国企业和组织以及外籍个人，依照《中华人民共和国房产税暂行条例》缴纳房产税。

（一）房产税的纳税人

凡在我国境内拥有房屋产权的单位和个人均为房产税的纳税人。产权属于国有的，其经营管理的单位和个人为纳税人；产权出典的，承典人为纳税人；产权所有人、承典人不在房产所在地，或者产权未确定或租典纠纷未解决的，房产代管人或者使用人为纳税人。

（二）房产税的纳税范围和计税依据

房产税的纳税对象是我国境内的房产。房产税的纳税范围为城市、县城、工矿区、建制镇，不涉及农村，而且仅限于经营性房产。

房产税以房产评估值（现按原值）为计税依据。房产评估值是指房产在评估时的市场价值，房产评估值由省级人民政府认定的资产评估机构进行评估，每3～5年评估一次，具体时间由省级人民政府确定。

对按房产原值计税的房产，不论是否在“固定资产”账户中记载，均应按房屋原值计算缴纳房产税。房屋原价应根据会计准则规定进行核算，未按会计准则规定核算并记载的，应按规定予以重新调整或重新评估。房产发生变化的，其纳税义务截止到发生变化的当月末。

对于与地上房屋相连的地下建筑，如房屋的地下室、地下停车场、商场的地下部分等，应将地下部分与地上房屋视为一个整体，按照地上房屋建筑的有关规定计算缴纳房产税。

（三）房产税的税率

房产税以房产的计税余值或租金收入为计税依据，采用比例税率。按房产余值计征的，税率为1.2%；按租金收入计征的，税率为12%。

对个人出租住房，不区分用途，按4%的税率征收房产税；对企事业单位、社会团体以及其他组织按市场价格向个人出租用于居住的住房，减按4%的税率征收房产税。

（四）房产税的减免

免缴房产税的房产是：国家机关、人民团体、军队的房产；由国家财政部门拨付事业经费的单位的房产；宗教寺庙、公园、名胜古迹的房产；个人的房产。上述单位和个人用于生产经营的房产除外。房地产开发企业建造的商品房，在售出前，免缴房产税；但在售出前本企业已使用或出租、出借的商品房，应按规定缴纳房产税。

二、房产税的确认计量

购置新建商品房、存量房，出租、出借房产，房地产开发企业自用、出租、出借自建商品房，自交付使用或办理权属转移之次月起，计缴房产税和城镇土地使用税。纳税人因房产、土地的实物或权利状态发生变化而依法终止房产税、城镇土地使用税纳税义务的，其应纳税款的计算应截止到房产、土地的实物或权利状态发生变化的当月末。房产税的基本计算公式是：

应纳房产税＝房产评估值×适用税率

在实务中，一般房产的计税方法是：

1. 按房产原值一次减除10%～30%后的余值计算。

应纳房产税＝房产账面原值×(1－一次性减除率)×1.2%

2. 按租金收入计算。

应纳房产税＝年租金收入×适用税率(12%)

对自用地下建筑，按以下方法计税：

1. 工业用途房产，以房屋原价的50%～60%作为应税房产原值。

应纳房产税＝应税房产原值×[1－(10%至30%)]×1.2%

2. 商业和其他用途房产，以房屋原价的70%～80%作为应税房产原值。

应纳房产税＝应税房产原值×[1－(10%至30%)]×1.2%

房产税按年计算，分期（月、季、半年）缴纳。

三、房产税的会计记录

企业按规定缴纳的房产税，应在“管理费用”账户中据实列支。

预提税金时，作会计分录如下：

借：管理费用

　贷：应交税费——应交房产税

缴纳税金时，作会计分录如下：

借：应交税费——应交房产税

　贷：银行存款

例 10—3

某企业某年1月1日“固定资产”分类账中，房产原值为240万元，当年2月份，企业将50万元的房产租给其他单位使用，每年收租金6万元。3月份房产无变化。当地政府规定，企业自用房屋，按房产原值一次减除20%后作为房产余值纳税。按年计算，分季缴纳。

按房产余值计算1月份应纳房产税：

年应纳税额＝2 400 000×(1－20%)×1.2%＝23 040(元)

月应纳税额＝23 040÷12＝1 920(元)

按房产余值计算2月份应纳房产税：

年应纳税额＝(2 400 000－500 000)×(1－20%)×1.2%＝18 240(元)

月应纳税额＝18 240÷12＝1 520(元)

按租金收入计算2月份应纳房产税：

月应纳税额＝60 000×12%÷12＝600(元)

3月份应纳房产税与2月份相同：

1 520＋600＝2 120(元)

1月份预提税金时，作会计分录如下：

借：管理费用	1 920	
贷：应交税费——应交房产税		1 920

2月份预提税金时，作会计分录如下：

借：管理费用	1 520	
其他业务成本	600	
贷：应交税费——应交房产税		2 120

3 月份与 2 月份相同（分录略）。缴纳第一季度房产税时，作会计分录如下：

借：应交税费——应交房产税　　6 160
　贷：银行存款　　6 160

例 10—4

某公司在某年 7 月 1 日将自有房屋一栋出租，租期 3 年，年租金 80 万元，每年 7 月 1 日收取租金一次。

当公司收到第一年的租金时，为了正确计算当年损益（体现配比原则），公司可以将下半年的租金作为预收款处理，会计分录如下：

借：银行存款　　800 000
　贷：其他业务收入——租赁业务收入　　400 000
　　预收账款——房租款　　400 000

计算应交税费时：

借：其他业务成本——租赁业务税费　　70 000
　待摊费用—— 待摊税费①　　70 000
　贷：应交税费——应交房产税　　96 000
　　——应交营业税　　40 000
　　——应交城建税　　2 800
　　——教育费附加　　1 200

下年结转房屋租赁收入时（也可按月结转）：

借：预收账款——房租款　　400 000
　贷：其他业务收入——租赁业务收入　　400 000

摊销应计税费：

借：其他业务成本——租赁业务税费　　70 000
　贷：待摊费用——待摊税费　　70 000

第 3 节 车船税会计

一、车船税概述

2006 年 12 月 29 日，国务院第 162 次常务会议通过了《中华人民共和国车船税暂行条例》②（中华人民共和国国务院第 482 号令），自 2007 年 1 月 1 日起施行。2011 年 2 月 25 日第十一届全国人民代表大会常务委员会第十九次会议通过《中华人民共和国车船税法》，自 2012 年 1 月 1 日起施行。

（一）车船税的纳税人和扣缴义务人

在我国境内，车辆、船舶（以下简称车船）的所有人或者管理人为车船税的

① 也可以不通过该账户，将其直接记入“其他业务成本——租赁业务税费”。下同。

② 此前是“车船使用税”和“车船使用牌照税”。前者对内资企业和中国公民征收，后者则属涉外税种，对外资企业和外籍人员征收。由于两者并存，使我国对车船的征税既烦琐又复杂，不利于公平税负。

纳税人，应当依法缴纳车船税。“车辆、船舶”是指依法应当在车船登记管理部门登记的机动车辆和船舶；依法不需要在车船登记管理部门登记的在单位内部场所行驶或者作业的机动车辆和船舶。已缴纳车船税的车船在同一纳税年度内办理转让过户的，不另缴税，也不退税。

从事机动车第三者责任强制保险业务的保险机构为机动车车船税的扣缴义务人，应当在收取保险费时依法代收车船税，并出具代收税款凭证。扣缴义务人在代收车船税时，应当在机动车交通事故责任强制保险的保险单以及保费发票上注明已收税款的信息，作为代收税款凭证。

已完税或依法减免税的车辆，纳税人应当向扣缴义务人提供登记地的主管税务机关出具的完税凭证或者减免税证明。纳税人没有按照规定期限缴纳车船税的，扣缴义务人在代收代缴税款时，可以一并代收代缴欠缴税款的滞纳金。

（二）车船税的计税依据和单位税额

车船税属于财产税类，本应按其价值、采用比例税率计税，但鉴于车船种类繁多、变动频繁，如若每次计税都要按其价格或评估价值，难度大，不易操作。因此，采用从量定额计税，计税依据是车船的排气量、整备质量、核定载客人数、净吨位、千瓦、艇身长度，以车船登记管理部门核发的车船登记证书或者行驶证所载数据为准；依法不需要办理登记的车船和应依法登记而未办理登记或者不能提供车船登记证书、行驶证的车船，以车船出厂合格证明或者进口凭证标注的技术参数、数据为准；不能提供车船出厂合格证明或者进口凭证的，由主管税务机关参照国家相关标准核定，没有国家相关标准的参照同类车船核定。

车船的适用税额，见《车船税税目税额表》（表10—1）。国务院财政部门、税务主管部门可以根据实际情况，在《车船税税目税额表》规定的税目范围和税额幅度内，划分子税目，并明确车辆的子税目税额幅度和船舶的具体适用税额。车船的具体适用税额由省、自治区、直辖市人民政府在规定的子税目税额幅度内确定。

表10—1 车船税税目税额表

税目	计税单位	年基准税额	备注
乘用车	排气量1.0升（含）以下，每辆	60元至360元	在设计和技术特性上主要用于载运乘客及随身行李，核定载客人数包括驾驶员在内不超过9人（含）的汽车。
	1.0升以上至1.6升（含），每辆	300元至540元	
	1.6升以上至2.0升（含），每辆	360元至660元	
	2.0升以上至2.5升（含），每辆	660元至1 200元	
	2.5升以上至3.0升（含），每辆	1 200元至2 400元	
	3.0升以上至4.0升（含），每辆	2 400元至3 600元	
	排气量4.0升以上的，每辆	3 600元至5 400元	
商用车	客车每辆	480元至1 440元	除乘用车外，在设计和技术特性上用于载运乘客、货物的汽车，划分为客车和货车。低速载货汽车是指以柴油机为动力，最高设计车速不超过每小时70公里，具有四个车轮的货车。
	货车整备质量每吨	16元至120元	

续前表

税目	计税单位	年基准税额	备注
挂车	整备质量每吨	按照货车税额的50%计算	设计和技术特性需由汽车或者拖拉机牵引，才能正常使用的一种无动力的道路车辆。
专用作业车	整备质量每吨	16元至120元	其设计和技术特性上用于特殊工作的车辆。
轮式专用机械车	整备质量每吨	16元至120元	有特殊结构和专门功能，装有橡胶车轮可以自行行驶，最高设计车速大于每小时20公里的轮式工程机械车。
摩托车	每 辆	36元至180元	无论采用何种驱动方式，最高设计车速大于每小时50公里，或者使用内燃机，其排量大于50毫升的两轮或者三轮车辆。
船舶	净吨位每吨	3元至6元	各类机动、非机动船舶以及其他水上移动装置。非机动驳船按机动船舶税额的50%计算。
游艇	艇身长度每米	600元至2 000元	具备内置机械推进动力装置，长度在90米以下，主要用于游览观光、休闲娱乐、水上体育运动等活动，并应具有船舶检验证书和适航证书的船舶。

（三）车船税的减免

捕捞、养殖渔船，军队、武警专用的车船，警用车船，依照法律规定应当予以免税的外国驻华使领馆、国际组织驻华代表机构及其有关人员的车船免征车船税。

对符合条件的节约能源车船、新能源车船，减半征收车船税。对受严重自然灾害影响纳税困难以及有其他特殊原因确需减税、免税的，可以减征或者免征车船税。具体办法由国务院规定，并报全国人民代表大会常务委员会备案。

省、自治区、直辖市人民政府根据当地实际情况，可以对公共交通车船，农村居民拥有并主要在农村地区使用的摩托车、三轮汽车和低速载货汽车定期减征或者免征车船税。

临时入境的外国车船和香港、澳门、台湾地区的车船，不征收车船税。按照规定缴纳船舶吨税的机动船舶，自车船税法实施之日起5年内免征车船税。依法不需要在车船登记管理部门登记的机场、港口、铁路站场内部行驶或者作业的车船，自车船税法实施之日起5年内免征车船税。

(四) 车船税纳税期限、纳税地点

车船税按年申报，分月计算，一次性缴纳。纳税年度为公历 1 月 1 日至 12 月 31 日。

车船税的纳税地点为车船的登记地或者车船税扣缴义务人所在地。依法不需要办理登记的车船，车船税的纳税地点为车船的所有人或者管理人所在地。

二、车船税的确认计量

(一) 纳税义务的确认

车船税纳税义务发生时间为取得车船所有权或者管理权的当月（以购买车船的发票或者其他证明文件所载日期的当月为准）。纳税人在购车缴纳交强险的同时，由保险机构代收代缴车船税。

(二) 应纳税额的计算

1. 乘用车、商用车客车、摩托车。

应纳税额=应税车辆数×单位税额

2. 商用车货车、挂车、其他车辆。

应纳税额=整备质量吨数×单位税额

3. 船舶机动船舶。

应纳税额=净吨位数×单位税额

4. 购置的新车船，购置当年的应纳税额自纳税义务发生的当月起按月计算。应纳税额为年应纳税额除以 12 再乘以应纳税月份数。

例 10—5

某运输公司拥有商用货车 10 辆（整备质量 20 吨），商用客车 30 辆，乘用车 5 辆。

假设商用货车每吨车船税 60 元，商用客车每辆车船税 1 000 元，乘用车每辆车船税 500 元。公司年应纳车船税计算如下：

商用货车应纳车船税=10×20×60=12 000(元)

商用客车应纳车船税=30×1 000=30 000(元)

商用车应纳车船税=5×500=2 500(元)

应纳车船税合计=44 500(元)

例 10—6

某船务公司 3 月份购入一艘净吨位为 10 050 吨的船舶，一艘 2 000 千瓦拖船，发票日期为当月。拖船按照发动机功率每 1 千瓦折合净吨位 0.67 吨计缴车船税。计算新增船舶拖船当年应纳车船税。

拖船的功率数折合为净吨位数=0.67×20 000=13 400(吨)

船舶、拖船相应税目的具体适用税额为每吨 6 元，则

船舶当年应纳车船税＝10 050×6×10/12＝50 250(元)
拖船当年应纳车船税＝13 400×6×10/12×50%＝33 500(元)
应纳车船税合计＝50 250＋33 500＝83 750(元)

三、车船税的会计记录

企业按规定缴纳的车船税，一般可在“管理费用”账户中列支。

例 10—7

根据例 10—5 计算结果，该运输公司作会计分录如下：

反映应纳车船税时：
借：管理费用　44 500
　贷：应交税费——应交车船税　44 500
实际缴纳车船税时：
借：应交税费——应交车船税　44 500
　贷：银行存款　44 500

第 4 节　印花税会计

一、印花税概述

(一) 印花税的性质和意义

印花税是对经济活动和经济交往中书立、领受凭证行为征收的一种行为税。因其采用在应税凭证上粘贴印花税票的方法作为完税的标记，故名印花税。征收印花税具有多方面的意义：

第一，可以通过对各种应税凭证贴花和检查，加强对凭证的管理，及时了解和掌握纳税人的经济活动情况和税源变化情况，有助于对其他税种的征管。

第二，由纳税人自行贴花完税，并实行轻税重罚，有助于提高纳税人自觉纳税的法制观念。

第三，开辟税源，增加财政收入。印花税虽然税负很轻，但征收面广，可以积少成多，有利于国家积累资金。

第四，有利于在对外经济活动中维护我国的经济权益。

(二) 印花税的纳税人、纳税范围

凡是在我国境内书立、领受下述税法列举凭证的单位和个人，都是印花税的纳税人。

根据书立、领受应税凭证的不同，纳税人可分别称为立合同人、立账簿人、立据人和领受人。对合同、书据等由两方或两方以上当事人共同书立的凭证，其当事人各方都是纳税人，各自就所持凭证的金额纳税。对政府部门发给的权利许

可证照，领受人为纳税人，对某些应税凭证由当事人的代理人代为书立，则代理人有代为纳税的义务。

凡是在我国境内书立、领受和在中国境外书立，但在中国境内具有法律效力、受中国法律保护的下列凭证，均属于印花税纳税范围。具体包括：购销①、加工承揽、建筑工程承包、财产租赁、货物运输、仓储保管、借款、财产保险、技术等合同或者具有合同性质的凭证；产权转让书据，包括财产所有权、版权、商标专用权、专利权、专有技术使用权等转移书据；营业账簿，包括单位和个人从事生产经营活动所设立的各种账册；专利、许可证照，包括房屋产权证、工商营业执照、商标注册证、专利证、土地使用证；经财政部确定征收的其他凭证。

(三) 印花税的税目、税率

印花税的税目分为五大类，即合同或具有合同性质的凭证，产权转移书据，营业账簿，权利许可证照，经财政部确定征税的其他凭证。

印花税采用比例税率和定额税率两种税率。

(1) 比例税率。我国现行印花税的比例税率共有四个档次，即1‰，0.5‰，0.3‰，0.05‰。按比例税率征税的有：各类经济合同及合同性质的凭证、记载有金额的账簿、产权转移书据等。

(2) 定额税率。印花税的定额税率是按件定额贴花，每件5元。它主要适用于其他账簿、权利许可证照等。这些凭证不属资金账或没有金额记载，规定按件定额纳税，可以方便纳税和简化征管。

印花税税目税率如表10—2所示。

表10—2 印花税税目税率表

税目	范围	税率	纳税人	说明
1. 购销合同	供应、预购采购、购销结合及协作、调剂、补偿易货等合同	按购销金额0.3‰贴花	立合同人	
2. 加工承揽合同	加工、定作、修缮、修理、印刷广告、测绘、测试等合同	按加工或承揽收入0.5‰贴花	立合同人	
3. 建设工程勘察设计合同	勘察、设计合同	按收取费用0.5‰贴花	立合同人	
4. 建筑安装工程承包合同	建筑、安装工程承包合同	按承包金额的0.3‰贴花	立合同人	
5. 财产租赁合同	租赁房屋、船舶、飞机、机动车辆、机械、器具、设备等	按租赁金额1‰贴花，税额不足1元的，按1元贴花	立合同人	
6. 货物运输合同	民用航空、铁路运输、海上运输、内河运输、公路运输和联运合同	按运输费用0.5‰贴花	立合同人	单据作为合同使用的，按合同贴花

① 总分公司之间、分公司之间的购货单、订货单也应该按规定缴纳印花税。

续前表

税目	范围	税率	纳税人	说明
7. 仓储保管合同	仓储，保管合同	按仓储保管费用 1‰ 贴花	立合同人	仓单或栈单作为合同使用的，按合同贴花
8. 借款合同	银行及其他金融组织和借款人（不包括银行同业拆借所签订的借款合同）	按借款金额 0.05‰ 贴花	立合同人	单据作为合同使用的，按合同贴花
9. 财产保险合同	财产、责任、保证、信用等保险合同	按保险费收入 1‰ 贴花	立合同人	单据作为合同使用的，按合同贴花
10. 技术合同	技术开发、转让、咨询、服务等合同	按所载金额 0.3‰ 贴花	立合同人	
11. 产权转移书据	财产所有权和版权、商标专用权、专利权、专有技术使用权等转移书据	按所载金额 0.5‰ 贴花	立据人	
12. 营业账簿	生产经营用账册	按实收资本和资本公积两项金额之和 0.5‰贴花①，其他账簿按件贴花 5 元	立账簿人	
13. 权利许可证照	政府部门发给的房屋产权证、工商营业执照、商标注册证、专利证、土地使用证	按件贴花 5 元	领受人	

注：从 2008 年 9 月 19 日起，对买卖、继承、赠与所书立的 A 股、B 股股权转让书据的出让方按 1‰的税率征收证券（股票）交易印花税，对受让方不再征税。企业改制、合并或分立后，其新起用的资金账簿记载的资金，凡原已贴花的部分，不再贴花，未贴花的部分和新增部分，按规定贴花。

二、印花税的计算

（一）按比例税率计算

先确定计税依据，购销合同的计税依据是购销金额，加工承揽合同的计税依据是加工或承揽收入。如果凭证只记载数量，没有记载金额，应按物价部门规定的价格计算确定计税金额；如果物价部门没有确定价格的，应按凭证书立时的市场价格确定计税金额。按比例税率计算税额的计算公式如下：

应纳税额＝凭证所载应税金额×适用税率

印花税票面额最低为 0.10 元，按适用税率计算出的应纳税额不足 0.10 元的凭证，免贴印花税。应纳税额在 0.10 元以上的，按四舍五入规则，其尾数不满 0.05 元的不计，满 0.05 元的按 0.10 元计算。财产租赁合同最低纳税起点为 1 元，

① 企业可供出售金融资产按公允价值变动而增加的资本公积应按年补交印花税。

即税额超过 0.10 元，但不足 1 元的，按 1 元纳税。

（二）按定额税率计算

应纳税额＝应税凭证件数×适用单位税额

例 10—8

甲企业向乙企业购买钢材，双方签订购销合同，总价值为 30 万元，合同书一式两份，计算应纳印花税如下：

甲企业和乙企业都是签订合同的当事人，故均为纳税人。购销合同的税率为 0.3‰，双方各自应纳税额均如下：

300 000×0.3‰＝90(元)

甲、乙两企业各自应购买印花税票 90 元，贴在各自留存的合同上，并在每枚税票骑缝处盖戳注销或划销。

例 10—9

某企业于某年 1 月 1 日，新启用实收资本和资本公积账簿，期初余额分别为 240 万元和 80 万元。年初，计算该企业实收资本和资本公积账簿应纳印花税如下：

应纳税额＝(2 400 000＋800 000)×0.5‰＝1 600(元)

当年年末，实收资本和资本公积账簿的余额分别是 280 万元和 120 万元，则应按增加金额计税（如果年末该账簿的金额减少时，不退印花税）：

年末应纳税额＝(2 800 000－2 400 000＋1 200 000－800 000)×0.5‰
＝400(元)

三、印花税的贴花和免税

（一）印花税贴花

1. 纳税人在应纳税凭证书立或领受时即行贴花完税，不得延至凭证生效日期贴花。

2. 印花税票应贴在应纳税凭证上，并由纳税人在每枚税票的骑缝处盖戳注销或划销，严禁揭下重用。

3. 已贴花的凭证，凡修改后所载金额增加的部分，应补贴印花。

4. 对已贴花的各类应纳税凭证，纳税人须按规定期限保管，不得私自销毁。

5. 合同在签订时无法确定计税金额时，采取两次纳税方法。签订合同时，先按每件合同定额贴花 5 元；结算时，再按实际金额和适用税率计税，补贴印花。

6. 不论合同是否兑现或是否按期兑现，已贴印花不得撕下重用，已缴纳的印花税款不予退税。

7. 未贴或少贴印花税票，除补贴印花税票外，应处以应补印花税票金额 3～5 倍罚款；已粘贴的印花税票，未注销或未划销的，处以未注销、未划销印花税票金额 1～3 倍罚款；已贴用的印花税票揭下重用的，处以重用印花税票金额 5 倍或

2 000 元以上 10 000 元以下的罚款。

（二）印花税免税

1. 已缴纳印花税的凭证副本或抄本。

2. 财产所有人将财产赠给政府、社会福利单位、学校所立的书据。

3. 经财政部批准的其他凭证。

（1）由国家指定的收购部门与村民委员会、农民个人书立的农副产品收购合同；

（2）无息、贴息贷款合同；

（3）外国政府或者国际金融组织向我国政府及国家金融机构提供优惠贷款所书立的合同等。

四、印花税的会计记录

企业在发生纳税义务时，凡是不需要预计应交税款的，或者与税务机关不存在结算、清算关系的（不会形成税款债务），即直接计算缴纳的税金，在进行会计记录时，可以不通过“应交税费”账户核算，如印花税、车辆购置税、耕地占用税、契税等。这样进行会计记录，固然可以简化工作量，但“应交税费”及其二级账户不能反映企业缴纳的全部税种及金额，不能通过一个账户了解企业纳税的全貌，从而不便于分析企业的整体税负。因此，本书对包括印花税在内的所有税种，不论大小（税种、金额），不论是否会形成税金负债，均通过“应交税费”账户核算。

由于印花税的适用范围较广，其应记入账户可视业务具体情况予以确定：若是固定资产、无形资产购销、转让、租赁，作为购买方或承受方、承租方，其支付的印花税应借记“固定资产”、“无形资产”、“管理费用”等；作为销售方或转让方、出租方，其支付的印花税应借记“固定资产清理”、“其他业务支出”等。在其他情况下，企业支付的印花税，则应借记“销售费用”、“管理费用”（如果一次购买印花税和缴纳税额较大时，需分期摊入费用，可通过“待摊费用”账户）。企业在债务重组时，债务人应交的印花税，应借记“管理费用”，贷记“银行存款”；债权人则应借记“长期股权投资”，贷记“银行存款”。

例 10—10

某建筑安装公司 8 月份承包某工厂建筑工程一项，工程造价为 6 000 万元，按照经济合同法，双方签订建筑承包工程合同。订立建筑安装承包合同，应按合同金额 0.3‰贴花。计算应纳税款，并作如下会计分录：

应纳税额＝60 000 000×0.3‰＝18 000(元)

借：管理费用　　18 000
　贷：应交税费——应交印花税　　18 000

同时，

借：应交税费——应交印花税　　18 000
　贷：银行存款　　18 000

各种合同应于合同正式签订时贴花。建筑公司应在自己的合同正本上贴花18 000元，由于该份合同应纳税额超过500元，该公司应向税务机关申请填写缴款书或完税证，将其中一联粘贴在合同上或由税务机关在合同上加注完税标记。

例 10—11

某厂经营情况良好，但某年初，只就5份委托加工合同（合同总标的150万元）按每份5元粘贴了印花税票。经税务机关稽查，委托加工合同不能按件贴印花税票，该企业在此期间还与其他企业签订购销合同20份，合同总标800万元。税务机关作出补缴印花税并对逃税行为作出应补缴印花税票款四倍罚款的决定。

购销合同应补缴印花税＝8 000 000×0.3‰＝2 400(元)

委托加工合同应补缴印花税＝1 500 000×0.5‰－25＝725(元)

补缴印花税款时：

借：管理费用　　3 125

　贷：银行存款　　3 125

上缴罚款时：

借：营业外支出——税务罚款　　12 500

　贷：银行存款　　12 500

例 10—12

M公司向N公司转让专利权一项，转让价格45万元，已提减值准备8 000元，账面余额38万元，M公司应交营业税5%。双方各自应纳印花税计算如下：

应纳印花税＝450 000×0.5‰＝225(元)

M公司应纳营业税＝450 000×5%＝22 500(元)

借：银行存款　　450 000

　　无形资产减值准备　　8 000

　贷：应交税费——应交营业税　　22 500

　　　无形资产　　380 000

　　　营业外收入　　55 500

借：管理费用　　225

　贷：银行存款　　225

N公司作会计分录（价款及税款）如下：

借：无形资产——××专利权　　450 225

　贷：银行存款　　450 225

例 10—13

某企业根据其日常经营情况，当月向主管税务机关购买印花税票11 000元备用，并在当月应税凭证上粘贴2 500元，作会计分录如下：

借：待摊费用　　11 000

　贷：银行存款　　11 000

借：管理费用　2 500
　　贷：待摊费用　2 500

第 5 节　契税会计

一、契税概述

契税是因房屋买卖、典当、赠与或交换而发生产权转移时，依据当事人双方订立的契约，由承受人缴纳的一种财产税。具体分为买契税、典契税、赠与契税三种。改革开放后，我国从 1990 年恢复征收契税。1997 年 7 月 7 日，国务院发布了《中华人民共和国契税暂行条例》，并自当年 10 月 1 日起实施。

（一）契税的纳税人

买卖、典当、赠与、交换房产的当事人双方订立契约后的承受人为契税的纳税人。若是买卖契约，纳税人为买者；若是房产典当，纳税人为受典人；若是房产赠送他人，纳税人是受赠人。

转移土地、房屋权属是指下列行为：

国有土地使用权出让；土地使用权转让（包括出售、赠与和交换，不包括农村集体土地承包经营权的转移）；房屋买卖；房屋赠与；房屋交换。

（二）契税的计税依据

1. 国有土地使用权出让、土地使用权出售、房屋买卖，为成交价格。

2. 土地使用权赠与、房屋赠与，由征收机关参照土地使用权出售、房屋买卖的市场价格核定。

3. 土地使用权交换、房屋交换，为所交换的土地使用权、房屋价格的差额。

4. 精装修房的计税依据为装修价款。

成交价格明显低于市场价格并且无正当理由的，或者所交换土地使用权、房屋价格的差额明显不合理并且无正当理由的，由征收机关参照市场价格核定。

（三）契税的税率

契税实行幅度比例税率，税率为 3%～5%。

（四）契税的减免

1. 国家机关、事业单位、社会团体、军事单位承受土地，房屋用于办公、教学、医疗、科研和军事设施的，免征契税。

2. 因不可抗力灭失住房而重新购买住房的，酌情准予减征或者免征契税。

3. 城镇职工首次购买公有住房，免征契税。

4. 承受荒山、荒沟、荒滩土地使用权，并用于 农林牧渔生产的，免征契税。

5. 财政部规定的其他减征、免征契税的项目。

经批准减征、免征契税的纳税人改变有关土地、房屋的用途，不再属于规定的减征、免征契税范围，应当补缴已经减征、免征的税款。

(五)契税的缴纳

契税的纳税义务发生时间，为纳税人签订土地、房屋权属转移合同的当天，或者纳税人取得其他具有土地、房屋权属转移合同性质凭证的当天。

纳税人应当自纳税义务发生之日起10日内，向土地、房屋所在地的契税征收机关办理纳税申报，并在契税征收机关核定的期限内缴纳税款。

纳税人办理纳税事宜后，契税征收机关应当向纳税人开具契税完税凭证。

纳税人应当持契税完税凭证和其他规定的文件材料，依法向土地管理部门、房产管理部门办理有关土地、房屋的权属变更登记手续。

纳税人未出具契税完税凭证的，土地管理部门、房产管理部门不予办理有关土地、房屋的权属变更手续。企业应按规定填写契税纳税申报表（见表10—3）。

表10—3 **契税纳税申报表**

填表日期： 年 月 日 单位：元、平方米

承受方	名称			识别号	
	地址			联系电话	
转让方	名称			识别号	
	地址			联系电话	
土地、房屋权属转移	合同签订时间				
	土地、房屋地址				
	权属转移类别				
	权属转移面积	平方米			
	成交价格	元			
适用税率					
计征税额	元				
减免税额	元				
应纳税额	元				
纳税人员签章				经办人员签章	
（以下部分由征收机关负责填写）					
征收机关收到日期		接收人		审核日期	
审核记录					
审核人员签章				征收机关签章	

注：本表A4竖式，一式两份：第一联为纳税人保存；第二联由主管征收机关留存。

二、契税的计算

应纳税额＝计税依据×税率

转移土地、房屋权属以外汇结算的，按照纳税义务发生之日中国人民银行公布的人民币市场汇率中间价折成人民币结算。

三、契税的会计记录

预提税金时，作会计分录如下：

借：固定资产、无形资产

　贷：应交税费——应交契税

缴纳税金时，作会计分录如下：

借：应交税费——应交契税

　贷：银行存款

单位也可以不通过"应交税费——应交契税"账户，当实际缴纳契税时，借记"固定资产"、"无形资产"账户，贷记"银行存款"账户。

例 10—14

某企业以 1 000 万元购得一块土地的使用权，当地规定契税税率为 3%，应作会计分录如下：

应纳契税＝1 000×3%＝30(万元)

借：无形资产——土地使用权	300 000	
贷：银行存款		300 000

例 10—15

M 公司接受张某赠与房屋一栋，赠与契约未标明价格。经主管税务机关核定房屋现值为 460 万元（假定评估价值与此相同），设契税税率为 4%。M 公司应作会计分录如下：

应交契税＝460×4%＝18.4(万元)

借：固定资产	4 784 000	
贷：营业外收入		3 450 000
递延所得税负债		1 150 000
应交税费——应交契税		184 000

上交契税时：

借：应交税费——应交契税	184 000	
贷：银行存款		184 000

例 10—16

A 企业以一栋房屋换取 B 公司一栋房屋，房屋契约写明：A 企业房屋价值 5 000 万元，B 公司房屋价值 3 800 万元。经税务机关核定，认为 A，B 双方房屋价值与契约写明价值基本相符。此项房屋交换，B 公司应是房屋产权的承受人，是多得的一方，应为契税的纳税人；假设 B 公司所在地契税税率为 5%。B 公司作会计记录如下：

应交契税＝(5 000－3 800)×5%＝60(万元)

借：固定资产	12 600 000	
贷：应付账款——A 企业		12 000 000
应交税费——应交契税		600 000

第6节 车辆购置税会计

一、车辆购置税概述

为进一步规范政府行为，深化财税体制改革，正确处理税费关系，遏制各种乱收费，参照国际惯例，以税收为主体筹集交通基础设施维护和建设资金，促进汽车工业及道路、水路等相关事业的健康发展，国务院于2000年10月22日颁布了《中华人民共和国车辆购置税暂行条例》，自2001年1月1日起实施并取代车辆购置费。

（一）车辆购置税的纳税人

在我国境内购置应税车辆的单位和个人为车辆购置税的纳税人。“单位”指各类企业和事业单位、社会团体、国家机关、部队等，“个人”指个体工商户及其他个人。“购置”包括购买、进口、自产、受赠、获奖或以其他方式取得并自用应税车辆的行为。

（二）车辆购置税的纳税范围和计税依据

纳税范围包括各类汽车、各类摩托车、电车（有轨、无轨）、挂车（全挂、半挂）、农用运输车（三轮、四轮）。

车辆购置税的计税依据：

1. 纳税人购买自用的应税车辆的计税依据，为购买应税车辆而支付给销售者的全部价款和价外费用（不含增值税）。

2. 纳税人进口自用的应税车辆和非贸易渠道进口的旧车，其计税依据按下式计算：

计税依据＝关税完税价格＋关税＋消费税

3. 纳税人自产、受赠、获奖或以其他方式取得并自用的应税车辆的计税依据，由主管税务机关按国家税务总局规定的不同类型应税车辆的最低计税价格（市场平均交易价格）确认。纳税人购买自用或进口自用应税车辆，若申报的计税价格低于同类型应税车辆的最低计税价格，又无正当理由的，按最低计税价格计缴车辆购置税。国产、进口车辆的最低计税价格暂按下式计算：

最低计税价格＝最低征费额÷10%

式中，最低征费额指在费改税前交通部规定的收费标准。

4. 已缴纳车购税的车辆，因质量问题退车的，可凭生产厂家的退车证明及当初缴车购税的完税凭证，办理退税。因质量问题更换新车的，若新旧车的计税价格相同，只需办理车购税变更手续；若新旧车计税价格不同，应按其差额补税或退税后，再办理变更手续。

（三）车辆购置税的税率和应纳税额的计算

车辆购置税实行从价定率方法计算应纳税额，计算公式为：

应纳税额＝计税价格×税率

车购税的现行税率为 10%。纳税人购买应税车辆的计税价格，为购买应税车辆而支付的全部价款和价外费用，但不包括增值税税款。因发票上的价格包括增值税，在计算车购税时要先减去 17%的增值税，然后再乘以 10%的税率，具体计算方法是：

应纳税额＝车价÷(1＋17%)×10%

式中，车价并非消费者购车时的实际成交价，而是指国税部门规定的车购税最低计税价格，其计算遵循就高不就低的原则，即最低计税价格不等于计税价格。由此可见，车购税的征收实际上有两种计算基准，即购车价格和最低计税价格，哪个价格高，就以哪个价格为计税价格计算缴纳车购税。

例 10—17

某公司某年 1 月份以 97 000 元（含税）购买某型乘用车一辆，该车型最低计税价格为 119 980 元；4 月份又以同样价格购买同样车型汽车一辆，这时的最低计税价格为 97 000 元。应纳车购税计算如下：

1 月份：119 980÷(1＋17%)×10%＝10 255(元)

4 月份：97 000÷(1＋17%)×10%＝8 291(元)

（四）车辆购置税的免税

1. 外国驻华使馆、领事馆和国际组织驻华机构及外交人员的车辆；
2. 军队的车辆；
3. 设有固定装置的非运输车辆；
4. 国务院规定的其他减免税车辆。

减免税车辆因转让、改变用途等原因不再属于减免税车辆时，应在办理过户手续前或办理变更注册登记手续前缴纳车辆购置税，其最低计税价格按下式计算：

$$\text{最低计税价格}=\text{同类型新车最低计税价格}\times[1-(\text{已使用年限}\div\text{规定使用年限})]\times 100\%$$

规定使用年限为：国产车辆按 10 年计算，进口车辆按 15 年计算；超过规定使用年限的车辆，不再缴税。

（五）车辆购置税的缴纳

纳税人购置应税车辆，应向车辆登记注册地的主管税务机关申报纳税；购置不需要办理车辆登记注册手续的车辆，应向纳税人所在地的主管税务机关申报纳税。

纳税人应自购买日、进口日、受赠、获奖等取得日起，60 天内进行纳税申报。

车辆购置税为一次征收制，纳税人应一次缴清。纳税人应在向公安机关车辆管理机构办理车辆登记注册前，缴纳车辆购置税。缴税后，主管税务机关应给纳税人开具车辆购置税完税证明，纳税人需持车辆购置税完税证明，到公安机关办理车辆登记注册手续；完税证明每车一证，随车携带，以备检查。

二、车辆购置税的会计记录

企业购买、进口、自产、受赠、获奖以及以其他方式取得并自用的应税车辆应交的车辆购置税，或者当初购置的属于减免税的车辆在转让或改变用途后，按规定应补缴的车辆购置税，在按规定期限缴纳车购税后，会计根据有关凭证，借记“固定资产”等，贷记“银行存款”（也可以通过“应交税费”账户）。

例 10—18

某公司 8 月份购进一辆小汽车，增值税专用发票所列价款 22 万元，增值税 3.74 万元，9 月份到主管税务机关缴纳车辆购置税。8 月份作会计分录如下：

应纳车辆购置税＝220 000×10％＝22 000(元)

借：固定资产——车辆	279 400	
贷：银行存款、应付账款等		257 400
应交税费——应交车购税		22 000

9 月份缴纳车购税时：

借：应交税费——应交车购税	22 000	
贷：银行存款		22 000

本章重点

几个税种计税依据的确认计量和会计记录。

本章难点

车船税和车辆购置税的计税依据的确认。

基本训练

一、简答题

1. 简述城建税的计税依据及其会计记录。
2. 简述房产税的计税依据及其会计记录。
3. 车船税和车辆购置税有哪些特点？其计税依据如何确认？
4. 印花税和契税有哪些特点？其计税依据如何确认？

二、单项选择题

1. 某企业位于县城，当年 1 月拖欠消费税 50 万元，经查出后补缴了拖欠的消费税，同时加罚滞纳金和罚款合计 10 万元，该企业应纳城建税（　　）万元。

A. 0.4　　B. 2.1　　C. 2.5　　D. 2.9

2. 市区甲企业委托某县城乙企业加工应税消费品，委托方提供材料成本 30 万元，乙企业共收取不含税加工费 12 万元，消费税税率 10%，受托方代扣代缴城建税（　　）万元。

A. 0.23　　B. 0.33　　C. 0.24　　D. 0.34

3. 下列应缴纳印花税的是（　　）。

A. 房屋产权证、工商营业执照、卫生许可证、营运许可证

B. 土地使用证、专利证、特殊行业经营许可证、房屋产权证

C. 商标注册证、税务登记证、土地使用证、营运许可证

D. 房屋产权证、工商营业执照、商标注册证、专利证、土地使用证

4. 甲乙双方交换房屋权属，甲的房屋价值 12.5 万元，乙的房屋价值 20.5 万元，已知契税的税率为 3%，下列各项中正确的是（　　）。

A. 甲是纳税人，应纳契税 0.615 万元

B. 甲是纳税人，应纳契税 0.24 万元

C. 乙是纳税人，应纳契税 0.375 万元

D. 乙是纳税人，应纳契税 0.99 万元

5. 按照房产租金的收入计算房产税所适用税率为（　　）。

A. 12%　　B. 1.2%　　C. 10%　　D. 5%

6. 房产税的从价计征是按房产原值减除（　　）后的余值计算的。

A. 10%～20%　　B. 5%～20%

C. 10%～30%　　D. 5%～30%

7. 纳税人新购置车辆使用的，其车船税的纳税义务发生时间为（　　）。

A. 购置使用的当月起　　B. 购置使用的次月起

C. 行驶证所记载日期的当月　　D. 行驶证所记载日期的次月

8. 车辆购置税的纳税人应自购买日、进口日、受赠、获奖等取得日起，（　　）日内进行纳税申报。

A. 15　　B. 30　　C. 45　　D. 60

9. 纳税人购买自用或进口自用应税车辆，若申报的计税价格低于同类型应税车辆的最低计税价格，又无正当理由的，按（　　）计缴车辆购置税。

A. 最高计税价格　　B. 最低计税价格

C. 组成的计税价格　　D. 平均价格

三、多项选择题

1. 下列各项中，属于城建税计税依据的有（　　）。

A. 实际应纳“三税”的税额

B. 纳税人滞纳“三税”而加收的滞纳金

C. 纳税人逃避“三税”的被处的罚款

D. 纳税人逃避“三税”被查补的税款

2. 下列各项中，符合城建税规定的有（　　）。

A. 只要缴纳“三税”，就要缴纳城建税

B. 因减免“三税”而退库的，相应的城建税可以同时退还
C. 对出口产品退还增值税、消费税，不退还城建税
D. 海关对进口货物征收增值税、消费税，不征收城建税
3. 印花税的征税对象包括（　　）。
A. 合同或具有合同性质的凭证
B. 产权转移书据
C. 银行根据业务管理需要设置的空白重要凭证登记簿
D. 权利许可证照
4. 印花税的纳税义务人，根据不同的纳税对象，可分为（　　）。
A. 立合同人　　B. 代理人
C. 立据人　　D. 领受人
5. 发生下列活动的单位和个人中，应缴纳契税的有（　　）。
A. 销售不动产的房地产公司　　B. 以房屋权属作价投资的某企业集团
C. 房产交换中的支付补价方　　D. 购买商品房的外籍人员
6. 下列契税计税依据的确认正确的有（　　）。
A. 土地使用权的出售、房屋买卖，计税依据为成交价格
B. 土地使用权赠与、房屋赠与，计税依据由征税机关按市场价格核定
C. 土地使用权交换，计税依据为交换双方确定的价格
D. 企业改制重组过程中，同一投资主体内部所属企业之间土地、房屋权属无偿划转的，计税依据为同类市场价格
7. 房产税的计税依据有（　　）。
A. 房产净值　　B. 房产余值
C. 租金收入　　D. 房产市价
8. 有关车船税的纳税人，下列表述正确的有（　　）。
A. 在我国境内车辆、船舶的所有人
B. 在我国境内车辆、船舶的管理人
C. 从事机动车第三者责任强制保险业务的保险公司
D. 从事机动车第三者责任强制保险业务的保险公司的营销人员
9. 属于法定免缴车船税的车船有（　　）。
A. 专项作业车　　B. 警用车船
C. 非机动驳船　　D. 捕捞、养殖渔船
10. 属于车辆购置税免税车辆的有（　　）。
A. 外国驻华使馆的车辆
B. 防汛部门用于指挥的设有固定装置的指定型号的车辆
C. 回国服务的留学人员购买自用的国产小汽车
D. 长期来华定居专家进口一辆自用小汽车

四、计算题

1. 市区某设备厂为一般纳税人，某月份缴纳增值税 24 万元，补缴上月漏缴增值税 6.4 万元，本月又出租一厂房收取租金 18 万元。

要求：计算该设备厂本月应交纳的城建税和补缴的城建税。

2. 某企业某年度有关资料如下：

(1) 实收资本比上年增加100万元。

(2) 与银行签订1年期借款合同，借款金额300万元，年利率5%。

(3) 与甲公司签订以货换货合同，本企业的货物价值350万元，甲公司的货物价值450万元。

(4) 与乙公司签订受托加工合同，乙公司提供价值80万元的原材料，本企业提供价值15万元的辅助材料并收加工费20万元。

(5) 与丙公司签订转让技术合同，转让收入由丙公司按5年（从下一年算起）实现利润的30%支付。

(6) 与货运公司签订运输合同，载明运输费及保管费共计20万元。

要求：逐项计算企业该年度应纳印花税和应纳印花税的合计数。

五、会计核算题

1. 某位于市区的企业，3月份实际缴纳增值税45万元、消费税61万元，其中：出口退税（增值税）2万元，进口货物由海关代征增值税8万元、消费税11万元。

要求：计算应纳城建税和教育费附加，并作相应的会计记录。

2. 某企业1月份与N公司签订购货合同一份，总价值16万元；与B企业签订一份设备购置合同，价值11万元。当月转让股票，转让额450万元；将购置的车辆投保，保险费金额25 000元。

要求：计算应纳印花税，并作相应的会计记录。

3. 某公司6月份以5 600万元购入楼房一栋，并以价值500万元的房屋换入价值530万元的房屋；接受捐赠房屋，价值300万元；当月出售楼房，收入4 100万元。设契税税率5%。

要求：计算该公司应纳契税，并作相应的会计记录。

4. 某公司年初的房产价值9 500万元，其中价值500万元的房产为单身职工住房，价值1 000万元的房产出租，年租金收入12万元。从价计税部分，税率1.2%，一次减除率为20%。经主管税务机关核定，按季缴税。

要求：计算该公司年度、季度应纳房产税，并作第一季度上缴房产税的会计记录。

5. 某小型运输公司拥有并使用以下车辆：(1) 商用货车5辆（整备质量10吨，每吨车船税60元）；(2) 商用客车10辆（每辆车船税1 000元）；(3) 乘用车5辆（每辆车船税500元）。

要求：根据上述资料，分别计算其应纳车船税，并作相应的会计记录。

6. 某公司4月份购进国产卡车2辆，增值税专用发票注明：价款45万元，增值税76 500元；进口小轿车（排气量在3升以上）1辆，CIF价格折合人民币26万元，关税税率50.7%，消费税税率8%，增值税税率17%。当月已向主管税务机关、海关缴纳车辆购置税。

要求：计算应纳车辆购置税，确认卡车、小轿车的入账价值，并作相应的会计记录。

图书在版编目（CIP）数据

纳税会计/盖地编著．—北京：中国人民大学出版社，2015.9
教育部经济管理类主干课程教材．会计与财务系列
ISBN 978-7-300-21904-2

Ⅰ.①纳… Ⅱ.①盖… Ⅲ.①税收会计-中国-高等学校-教材 Ⅳ.①F812.42

中国版本图书馆 CIP 数据核字（2015）第 208457 号

教育部经济管理类主干课程教材·会计与财务系列
纳税会计
盖　地　编著
Nashui Kuaiji

出版发行	中国人民大学出版社		
社　　址	北京中关村大街 31 号	邮政编码	100080
电　　话	010－62511242（总编室）		010－62511770（质管部）
	010－82501766（邮购部）		010－62514148（门市部）
	010－62515195（发行公司）		010－62515275（盗版举报）
网　　址	http://www.crup.com.cn		
	http://www.ttrnet.com(人大教研网）		
经　　销	新华书店		
印　　刷	北京七色印务有限公司		
规　　格	185 mm×260 mm　16 开本	版　　次	2015 年 10 月第 1 版
印　　张	19.75 插页 1	印　　次	2015 年 10 月第 1 次印刷
字　　数	424 000	定　　价	36.00 元

教师教学服务说明

中国人民大学出版社工商管理分社以出版经典、高品质的工商管理、财务会计、统计、市场营销、人力资源管理、运营管理、物流管理、旅游管理等领域的各层次教材为宗旨。

为了更好地为一线教师服务，近年来工商管理分社着力建设了一批数字化、立体化的网络教学资源。教师可以通过以下方式获得免费下载教学资源的权限：

在“人大经管图书在线”（www. rdjg. com. cn）注册，下载“教师服务登记表”，或直接填写下面的“教师服务登记表”，加盖院系公章，然后邮寄或传真给我们。我们收到表格后将在一个工作日内为您开通相关资源的下载权限。

如您需要帮助，请随时与我们联络：

中国人民大学出版社工商管理分社

联系电话：010-62515735，62515749，62515987

传　　真：010-62515732，62514775　　　电子邮箱：rdcbsjg@crup. com. cn

通讯地址：北京市海淀区中关村大街甲 59 号文化大厦 1501 室（100872）

教师服务登记表

姓 名		□先生　□女士	职　　称		
座机/手机			电子邮箱		
通讯地址			邮　　编		
任教学校			所在院系		
所授课程	课程名称	现用教材名称	出版社	对象（本科生/研究生/MBA/其他）	学生人数
需要哪本教材的配套资源					
人大经管图书在线用户名					
院/系领导（签字）： 院/系办公室盖章					